MUJERES Y SÍMBOLOS EN LA ROMA REPUBLICANA.

Análisis jurídico-histórico de Lucrecia y Cornelia

MARÍA JOSÉ BRAVO BOSCH

Profesora Titular de Derecho Romano
Universidad de Vigo

MUJERES Y SÍMBOLOS EN LA ROMA REPUBLICANA.
Análisis jurídico-histórico de Lucrecia y Cornelia

Dykinson, S.L.

Colección "Monografías de Derecho Romano y Cultura Clásica"
Dirección del Prof. Dr. D. Antonio Fernández de Buján

Este libro ha sido sometido a evaluación por parte de nuestro Consejo Editorial
Para mayor información, véase *www.dykinson.com/quienes_somos*

Editorial DYKINSON, S.L.
Meléndez Valdés, 61 - 28015 Madrid
Teléfono (+34) 915442846 - (+34) 915442869
e-mail: info@dykinson.com
http://www.dykinson.es
http://www.dykinson.com

ISBN: 978-84-9148-445-5
Depósito Legal: M-34815-2017

Preimpresión:
Besing Servicios Gráficos, S.L.
besingsg@gmail.com

Optimo atque clarissimo viro,
bonae indolis civi,
dilecto italiano magistro Antonio Metro
hoc opus dono dedico

ÍNDICE

AGRADECIMIENTOS

Es el momento de profesar mi agradecimiento a las personas e instituciones que han ayudado a la consecución de este libro.

En primer lugar, agradezco a la Profª. Dra. Maria Virginia Sanna, Catedrática de Derecho Romano de la Università di Cagliari (Italia), su cálida recepción como *sponsor* durante mi estancia como *Visiting Professor* en dicha Universidad durante el mes de marzo de 2017, con el proyecto '*Women, Politics and Law in Ancient Rome*', y la puesta a disposición de los recursos bibliográficos necesarios para llevar a cabo mi investigación. Del mismo modo, debo referirme al apoyo mostrado por el Dipartimento di Diritto Privato de la Università di Cagliari en la persona de su director, Prof. Dr. Fabio Botta, por la ayuda prestada durante mi estancia en Cagliari, así como a Monica Carta y Roberta Leu, de la oficina 'Visiting Professor', que me ayudaron con magnífica disposición en los problemas de intendencia propios de los primeros días. También quiero darle las gracias a mi querida Elisabetta Oro, amiga generosa y magnífica trabajadora de la Universidad de Cagliari, por su asesoramiento personal y profesional.

Bien es cierto que el trabajo ha sido arduo, duro, y no exento de dificultades en todos estos años, por lo que mi mayor agradecimiento debo mostrárselo a mi Maestro el Prof. Dr. Antonio Fernández de Buján, Catedrático de Derecho Romano de la Universidad Autónoma de Madrid, por su inestimable y continuo apoyo, incluso con la publicación del libro. Me considero muy honrada y afortunada por pertenecer hace ya muchos años a la Escuela de romanistas que dirige con mano maestra en España, de la que han salido tantos magníficos proyectos, monografías, catedráticos, titulares e investigadores multidisciplinares, gracias a su ingente esfuerzo, apoyo y dedicación unido a su irremplazable y reconocido magisterio.

Además, debo manifestar mi gratitud, unida a una sentida admiración, hacia la Profª. Dra. Carmela Russo, Catedrática de Derecho Romano de la Università di Messina (Italia), por haber escrito el magnífico prólogo que introduce el presente trabajo de investigación.

Por último, debo mostrar un sentido reconocimiento al Prof. Dr. Eduardo López Pereira, experto latinista como Catedrático de la Universidad de La Coruña, siempre presente para ayudarme con el análisis de los textos latinos y griegos más comprometidos.

A todos ellos agradezco la culminación de este libro que ha supuesto un enorme esfuerzo en un momento personal de múltiples adversidades, que he conseguido superar con el estudio *ad infinitum* de mujeres irrepetibles, luchadoras y ejemplares de la antigua Roma, que me ayudaron a vencer las vicisitudes de la época actual.

ABREVIATURAS

AFDUDC	*Anuario da Facultade de Dereito da Universidade da Coruña.*
AG	*Archivio Giuridico Filippo Serafini*, Bolonia, Pisa y Módena.
AHDE	*Anuario de Historia del Derecho Español. Instituto Nacional de Estudios Jurídicos*. Madrid.
ANRW	*Aufstieg und Niedergang der römischen Welt*. Berlín-Nueva York.
ARCTOS	*Acta Philologica Fennica*. Helsinki.
AVPA	*Annali del Seminario Giuridico dell'Università di Palermo.*
Blätter fur d. Bayer Gymnas	*Bayerische Blätter für das Gymnasialschulwesen*. Bamberg.
BIDR	*Bullettino dell'Istituto di Diritto Romano "Vittorio Scialoja"*. Roma.
CQ	*The Classical Quarterly*. Oxford.
CSIC	*Consejo Superior de Investigaciones Científicas*. Madrid.
D	*Digesta Iustiniani Augusti.* Th. Mommsen-P. Krüger (eds.). Hildesheim.
ED	*Enciclopedia del Diritto*. Milán.
Index	*Index. Quaderni Camerti di studi romanistici*. Nápoles.
IVRA	*Iura. Rivista Internazionale di diritto romano e antico*. Nápoles.
JRS	*The Journal of Roman Studies*. Londres.
KP	*Der Kleine Pauly. Lexikon der Antike in fünf Bänden*, Munich.
NNDI	*Novissimo Digesto Italiano*. Turín.
PDR	*Pagine di Diritto Romano*. Nápoles.

PWRE	*Paulys Realencyclopädie der klassischen Altertumwissenschaft*. Stuttgart, Múnich.
RGDR	*Revista General de Derecho Romano. Iustel*. Madrid.
RHDFE	*Revue historique de droit française et étranger*. París.
RJUAM	*Revista Jurídica de la Universidad Autónoma de Madrid.*
RIDA	*Revue Internationale des Droits de l'Antiquité*. Bruselas.
RIDROM	*Revista Internacional de Derecho Romano*. Castilla- La Mancha.
RISG	*Rivista Italiana per la Scienze Giuridiche*. Roma-Turín-Milán.
RhM	*Rheinisches Museum für Philologie*. Colonia.
SDHI	*Studia et Documenta Historiae et Iuris*. Roma.
TI	*Tijdschift Voor Rechtsgeschiedenis / Revue d'Histoire du Droit / The Legal History Review*, Haarlem.
ZSS	*Zeitschrift der Savigny Stiftung für Rechtsgeschichte. Romanistische Abteilung*. Weimar.

PRÓLOGO

La pregevole e densa monografia di María José Bravo Bosch, dedicata alla condizione storico-giuridica della donna romana in età repubblicana, si fa apprezzare soprattutto per l'innovativo approccio metodologico. L'autrice, infatti, ci introduce nel mondo femminile romano del tempo attraverso le vicende e la vita di due famose e nobili donne, magnificate nella storiografia romana e diventate nella coscienza e nella memoria collettiva simboli di quei costumi e di quei valori tradizionali che la donna repubblicana doveva incarnare.

Si tratta di un lavoro molto accurato, condotto con rigore metodologico, in cui l'a., attraverso un'attenta ed originale considerazione critica delle vicende storiche di cui ci è giunta notizia nelle fonti giuridiche e letterarie, fornisce una convincente ricostruzione della posizione della donna nella realtà storica e nel diritto, vista nel più generale contesto della situazione politica e sociale dell'età repubblicana.

L'indagine si apre con una panoramica sulla condizione giuridica della donna, quale emerge dalle numerose testimonianze pervenuteci in materia. Da sempre considerate sesso debole, che necessitavano di protezione e di tutela, le donne erano dai giuristi considerate affette da *infirmitas sexus* o *sexus imbecillitas*, soggette a tutela e destinatarie di numerosi provvedimenti limitativi della loro capacità: primo tra tutti il Sc. Velleiano, che vietava alle donne di *intercedere pro aliis*, che l'a. esattamente valuta come una disposizione limitativa della posizione giuridica della donna e non finalizzata a darle protezione. Come certamente alla preservazione delle aspettative ereditarie degli *adgnati* sul patrimonio della donna era indirizzata, almeno ai suoi inizi, la *tutela mulierum*, sebbene in conseguenza dei numerosi conflitti degli ultimi secoli della repubblica e dell'affermarsi del matrimonio *sine manu* in età classica l'istituto andò involvendo ed alle donne venne riconosciuta maggiore libertà ed indipendenza. Ed è proprio in riferimento a questo diverso contesto storico che andrebbe valutata la diversa terminologia rispetto agli altri giuristi usata in riferimento alle donne da Gaio, che parla a proposito di *levitas animi*, espressione dai più considerata appunto come il segno di una maggiore considerazione delle donne e di un atteggiamento favorevole verso la condizione femminile. Un'interpretazione –questa– che l'a. rigetta, sulla base di un'attenta valutazione dei testi gaiani che si richiamano alla *levitas animi* e che sembrano escludere, nella sostanza e nei toni, un atteggiamento positivo e benevolo del giurista verso le donne.

Ciò posto, la ricerca si concentra sulla nota funesta vicenda di Lucrezia, additata nella storiografia romana come la maggiore rappresentante di quei costumi tradizionali e dell'onore della famiglia che costituivano al tempo i beni più preziosi a cui il comportamento delle donne doveva ispirarsi.

Nonostante i dubbi sulla completa veridicità storica dell'episodio, per molti aspetti e più volte contestata, ma che nel suo nucleo essenziale deve a mio avviso considerarsi credibile, l'a. analizza con encomiabile accuratezza sotto il profilo giuridico i vari passaggi di una tragedia divenuta simbolo dei costumi storico-giuridici di un'epoca caratterizzata dal passaggio radicale dalla monarchia alla repubblica, dove la capacità da parte delle donne di proteggere la castità e l'onore familiare, che ne è la morale di fondo, viene additata alla coscienza sociale come esempio di condotta muliebre. In quest'ottica, le minacce subite da Lucrezia, in conseguenza delle quali ella scelse paradossalmente di sottoporsi volontariamente al suo violatore per evitare un'accusa postuma di adulterio con uno schiavo, che avrebbe gettato disonore sulla sua nobile famiglia, potrebbero secondo l'a. essere considerate come un lontano antedecente dell'*actio quod metus causa* promessa nell'80 a.C. alla vittima di un atto di violenza o di *metus*.

Anche in riferimento al suicidio di Lucrezia, visto come la migliore soluzione possibile per garantire l'onore della sua famiglia, l'a. ipotizza convincentemente che la scelta di un'arma tipicamente maschile come il coltello, con cui la storiografia narra che la donna pose fine alla sua vita, nasconda l'intento di presentare Lucrezia come il perfetto equilibrio tra femminilità e forza, capace in tal modo di preservare la nobiltà familiare.

Quanto all'ironia ed alle critiche espresse da S. agostino in riferimento alla scelta suicida di Lucrezia in *de civ. Dei* 1.19. 6-7, non c'è dubbio che –come l'a. sottolinea– esse rappresentino nella nuova realtà un revisionismo storico finalizzato agli interessi cristiani dell'epoca ed al disconoscimento della cultura arcaica che attribuiva carattere eroico al suicidio.

Senz'altro da condividere sono poi, a mio avviso, le osservazioni sui dubbi sollevati da Guarino sul carattere artificiale dell'episodio del suicidio di Lucrezia, imperneato di elementi statici propri delle tragedie greche ed imbevuto di stoicismo, e sulla pretesa inabilità della donna davanti alle pretese di Sesto: osservazioni che inducono l'a. a pronunciarsi in favore della veridicità storica del racconto liviano, almeno nei suoi tratti essenziali, e contro l'asserita inabilità della donna nella sua scelta di sottoporsi volontariamente a Sesto e la presunzione di un certo adulterio che avrebbe giustificato il suicidio.

D'altronde, se Lucrezia fu celebrata nella storiografia come la madre della Repubblica è perché essa venne considerata come il simbolo del cambiamento e del passaggio da un sistema politico ingiusto e corrotto, quale quello impersonato dagli ultimi Tarquini, ad un innovativo sistema, appunto la Repubblica: cambiamento radicale che –osserva esattamente l'a.– non facilmente sarebbe stato accettato dalla cittadinanza romana in un'epoca conservatrice quale quella qui considerata se non in conseguenza di un atto gravemente brutale da parte dei tiranni.

Circa poi i riferimenti al *iudicium domesticum* che Lucrezia secondo il racconto tradizionale avrebbe convocato ed alla mancanza di legittimazione da parte della donna, da più parti sottolineata, l'a. difende la veridicità della notizia considerando il *consilium domesticum* come un organo consultivo a servizio della famiglia, un organo però esclusivamente interno, mancante delle facoltà di un tribunale regolare, che pertanto, come tale, poteva essere convocato anche da una donna.

Nel III capitolo l'a. passa ad occuparsi di Cornelia, la madre dei Gracchi.

Nata da una delle famiglie più nobili ed importanti della Roma antica, Cornelia fu un modello per la sua indipendenza e per l'influenza politica esercitata sulla società romana, soprattutto per la sua condizione di vedova, sempre fedele alla memoria del marito, che ne fece un esempio virtuoso di comportamento da additare alle future generazioni.

La madre, Emilia Tertia, figlia di Lucio Emilio Paolo e moglie di Publio Cornelio Scipione, era già una donna ricchissima e dotata di grande autonomia rispetto alle altre donne del tempo, nota tra l'altro per aver schivato, con abilità ed intelligenza, le restrizioni imposte dalla *lex Voconia* alla capacità successoria delle donne.

Sposatasi con Tiberio Sempronio Gracco, politico già noto per aver utilizzato la sua potestà tribunicia al servizio del popolo e contro gli interessi della classe senatoria, e madre di dodici figli, Cornelia rimaste presto vedova, personificando, nella sua qualità di *univira,* la figura della donna dedita alla famiglia nel ricordo immortale del suo sposo.

Su un piano diverso, la sua condizione di vedova la obbligherà, in assenza del marito, a concentrare i suoi sforzi nell'educazione dei figli, spingendoli verso una vita intellettuale combinata con l'azione politica (che porterà a fare dei figli maggiori i simboli del cambiamento della società tardorepubblicana e delle lotte contro i privilegi della vecchia classe dirigente), ed a godere di una certa indipendenza negli atti giuridici riguardanti la propria famiglia.

Ed è proprio la considerazione delle molteplici attività giuridiche svolte da Cornelia che consente all'a. di soffermarsi su alcuni aspetti della realtà del tempo, come la protezione del decoro e del pudore delle *matres familias*, di cui Cornelia era la figura legendaria, protezione che fu realizzata con l'*edictum de ademptata pudicitia*, finalizzato appunto a garantire una tutela speciale contro gli attentati ai costumi femminili; o le numerose leggi *sumptuariae*, tra cui in specie la *lex Oppia* del 215 a.C., che vietava l'ostentazione pubblica della ricchezza invisa al popolo appena uscito dalle disastrose conseguenze delle guerre puniche: legge che provocherà poi, in occasione della proposta di abrogazione contestata da Catone, la proverbiale mobilitazione politica delle donne che occuparono tutte le strade e gli accessi al Foro romano.

Dotata di una elevata cultura, estesa anche alla filosofia greca ed allo stoicismo, Cornelia esercitò sicuramente una determinante influenza sui figli, specie sui due maggiori, ai quali additò la via della rivoluzione del sistema oligarchico e la necessità di un maggiore equilibrio nelle relazioni politico-sociali, e su Sempronia, che alla fine diventerà la responsabile della trasmissione del nome dell'importante famiglia.

Tutti i progetti legislativi e politici dei due Gracchi, attentamente analizzati dall'a. nella prospettiva qui considerata, sono d'altronde dalla storia strettamente collegati con l'educazione ricevuta, per quanto essa non dette i frutti sperati e non fu ricompensata, come è noto, da risultati sul piano sociale. Cionondimeno, Cornelia non portò alcun odio, ma dedicò il resto della sua vita a glorificare i suoi amati figli, morti in un atto di servizio alla Repubblica e divenuti degni di ammirazione eterna.

Assai interessanti sono, per finire, le considerazioni sulla posizione letteraria di Cornelia nella epistografia romana, assai celebrata in dottrina, che l'a. invita giustamente a valutare con una certa prudenza, pur riconoscendo in lei una non comune abilità ad esprimere discorsi che sicuramente trasmise ai figli introducendoli nell'arte oratoria.

Tutto ciò posto, credo si possano condividere le conclusioni cui l'a. perviene, e cioè che, benché il *ius* non fosse propizio alle donne nel periodo storico considerato, sia Lucrezia che Cornelia seppero conquistarsi nella memoria collettiva una posizione da protagoniste della *Res publica* romana.

A questo punto non credo abbia molto da aggiungere, se non complimentarmi di cuore con la collega spagnola per questa suggestiva indagine, condotta con spirito critico ed acutezza argomentiva, che ci svela un mondo di donne che, nonostante le limitazioni poste dal diritto e la mentalità maschilista della società del tempo, furono capaci di ritagliarsi quell'elevatezza morale e culturale e quell'indipendenza di comportamento che le ha consegnate alla storia. Un'indagine –questa– che sicuramente rappresenterà un punto di riferimento indiscusso per tutte le future ricerche sul mondo femminile romano.

Carmela RUSSO RUGGERI

INTRODUCCIÓN

Todos los mitos tienen un trasfondo histórico. Y la historia es imprescindible para el reconocimiento de la grandeza de un pueblo, así como de sus posibilidades de futuro. Por eso los romanos no dudaron a la hora de utilizar sus mitos de acuerdo con los intereses patrióticos necesarios, especialmente al principio de la configuración de Roma como organización política, en aras de un nacionalismo ideológico e identificador para todos sus conciudadanos. Es evidente que la estratificación jerárquica del mundo romano se fue conformando progresivamente, pero los cánones establecidos para poder pertenecer a un determinado orden social se impusieron de tal modo que Roma se dividió en distintos núcleos de poder, mayor y mejor en la cúspide de la división social estatuida, con un trasfondo claramente discriminatorio con respecto a las mujeres[1], que vivían totalmente supeditadas al hombre en la sociedad patriarcal establecida.

---

[1] A. FERNÁNDEZ DE BUJÁN, *Derecho Privado Romano,* 9ª ed. Madrid, 2016, p. 195: "Resulta obvio afirmar, y no debería, en buena lógica, que hubiere necesidad de hacerlo, que no es la biología, ni la moral, ni la capacidad intelectual, lo que ha determinado las limitaciones que han padecido las mujeres en la sociedad romana, –y, ciertamente, en las sociedades de todas las civilizaciones, hasta prácticamente la segunda mitad del siglo XX, en el denominado 'primer mundo'–, sino que ello obedece a razones culturales o sociales, que en el mundo romano se derivan de la concepción patriarcalista de la familia, que progresivamente atenuada en el propio Derecho Romano, ha subsistido prácticamente hasta casi nuestros días, así como a otras variadas pseudorazones, alguna de las cuales obedece a las coordenadas mentales de la época, como la necesidad de protección de la mujer y otras, producen sólo sonrojo, como la fragilidad somática o su volubilidad de juicio".

Ni que decir tiene que pronto surgieron las luchas de poder entre los diferentes grupos sociales, con la clara pretensión por parte de los privilegiados, los patricios, de perpetuar sus derechos con respecto a la plebe que pertenecía al estrato inferior y por lo tanto debía resignarse con el destino que le había sido otorgado. De acuerdo con estas premisas, la aristocracia romana decidió reconstruir la historia arcaica de Roma con un marcado carácter ideológico, cuyo elemento vertebrador iba a ser el *mos* o *mores maiorum*, reconocidos en las costumbres de los antepasados, para así poder confirmar y conformar a la plebe, que debía cumplir con sus obligaciones como marcaba la antigua tradición romana, y con la creencia de que sólo respetando las costumbres ancestrales el pueblo romano conseguiría el triunfo como sociedad y como Estado[2].

Así, la prevalencia de Roma como potencia mediterránea se justificaba en la preeminencia moral de los valores tradicionales romanos, cuyo respeto y observancia estricta había conseguido una sociedad perfecta capaz de dotar al Imperio romano de los efectivos militares y sociales necesarios para poder perpetuar su poder. Y esta estrategia formaba parte del plan de la historiografía nacionalista al servicio de la clase senatorial que dominaba los recursos del poder, y a cuyas sugerencias explícitas hacían caso real los historiadores del momento. Como veremos a continuación, la Historia de Roma contada por Tito Livio es claramente un recurso publicitario al servicio del Emperador Augusto[3], convencido de las bondades de una moral estricta (para los demás, eso sí) en aras de conseguir una sociedad conservadora y perfecta en la que no se discutan los designios del emperador ni sus deseos que siempre irán en favor de los ciudadanos al servicio del Imperio.

---

[2] Vid. al respecto, G. ORWELL, *1984*, Madrid, 1980, p. 120, en donde se avala la tesis de la aristocracia romana en las palabras del protagonista, Winston: "El que controla el pasado controla el futuro; y el que controla el presente controla el pasado".

[3] F. PINA POLO, *Revista Digital de la Escuela de Historia*, 3, 4, 2011, p. 77: "El modelo de historia total *ab Urbe condita* acuñado por Fabio Píctor y continuado por Catón y por lo demás historiadores del siglo II, hacía explícito el vínculo histórico y moral existente entre los inicios de Roma y su grandeza contemporánea".

Los fundamentos correctos eran los transmitidos de generación en generación desde el inicio de los tiempos, desde la fundación de la gloriosa Roma, en la que las familias protagonistas de la creación de la *civitas* eterna, los patricios, debían ocupar un lugar destacado en la historia y en la sociedad. Pero con la expansión imperialista se corría el peligro de perder los valores tradicionales de toda buena familia romana, y surgió un debate entre tradición e innovación protagonizado por las clases más influyentes[4], cuyos representantes más conservadores aprovecharon la decadencia y relajación de las costumbres en la época imperial para ponerla como nefasto ejemplo del alejamiento de los *mores* necesarios. A mayor cosmopolitismo más relajación de las costumbres y mayor decadencia social, por lo que se hacía necesaria una reforma de la sociedad romana.

De este modo, y a través de la maquinaria de publicidad necesaria, se consiguió el objetivo perseguido, es decir, el convencer a los ciudadanos de Roma de la necesidad de preservar la moral y las costumbres para la consecución de los éxitos externos en materia de conquista, tan necesarios para el equilibrio perfecto de la economía romana, y los réditos internos imprescindibles para la perpetuación del poder de la Urbe, que como consecuencia otorgaba una mayor influencia y autoridad a todos los ciudadanos que en ella residían.

La historiografía romana justificó así éticamente el imperialismo romano, afirmando que la existencia del Imperio venía dada por una tradición moral de los valores conservada sin ambages, lo que redundó en la fortaleza de una Roma inquebrantable como consecuencia de la preservación imperecedera de sus costumbres, algunas ya transformadas en *ius*, eternas como derecho.

Y la nobleza senatorial contribuyó a dicho plan con energía[5], legitimando la memoria de la nobleza al convertirla en historia, todo

---

[4] K. BRINGMANN, *Weltherrschaft und innere Krise Roms im Spiegel der Geschichtsschreibung des zweiten und ersten Jahrhunderts v. Chr.*, A&A 23, 1977, pp. 28-49, en donde trata la percepción de buena parte de la aristocracia romana de que existía una directa relación entre la decadencia moral de Roma y la expansión imperialista.

[5] M. GELZER, *Der Anfang der römischen Geschichtsschreibung*, en *Kleine Schriften* 3, 1964, pp. 93-110, en donde da cuenta de que el estricto control de la memoria colectiva de los primeros siglos de Roma lo llevaban a cabo historiado-

ello imbuido de un planteamiento inmutable ideológico que justificaba su preeminencia social y su presencia indispensable en el plano político. Si los *mores maiorum* se reconocían como fuente primigenia del derecho arcaico romano, la aceptación social e ideológica de tales principios sería tan fuerte que nada ni nadie sería capaz de removerlos. Y eso fue precisamente lo que ocurrió. La inmutabilidad de las costumbres ancestrales contribuía a la grandeza del imperio, y en ese contexto fue precisamente en el que se buscó a las depositarias imprescindibles de la tradición: las mujeres. Ellas debían ser las transmisoras de los valores romanos a fin de continuar con el poder del Imperio, y adaptar su vida a la de sus antecesoras, siempre y cuando fueran reconocidas como nobles heroínas dispuestas a cualquier sacrificio por el bien de Roma. Es decir, la inmutabilidad al servicio de la seguridad, y la genealogía al servicio de la historia, ya que los vínculos de parentesco se sucedían en sus orígenes hasta el antepasado común ilustre, de cuyo infinito valor tenían el deber de custodia las mujeres.

En definitiva, la obligación de dar ejemplo con su propia vida al servicio de la tradición, y la pesada carga de contribuir a la gloria del Estado romano, le correspondía sobre todo a las mujeres, en un protagonismo femenino no exento de trampas, ya que las convertía en el objetivo de los preservadores de la moral si se desviaban mínimamente del plan establecido. Las mujeres debían ser el símbolo silente y conformado del respeto conservador a las costumbres de los antepasados, y cualquier desviación de su papel conllevaría desgracias al pueblo, cuyas supersticiones deberían acallar con un comportamiento intachable.

Por todo ello hemos estimado necesario traer a colación los ejemplos de Lucrecia y Cornelia, símbolos de un comportamiento

---

res que fueron senadores, como sucedió por ejemplo con Fabio Píctor, reconocido como el autor de la primera historia nacional de Roma, como destaca A. MOMIGLIANO, *Fabius Pictor and the Origins of National History*, en *The Classical Foundations of Modern Historiography*, Berkeley-Los Angeles-Oxford, 1990, p. 88 ss.; J. ARMSTRONG, *War and Society in Early Rome. From Warlords to Generals*, Cambridge, 2016, p. 30: "Rome`s first native historian was Q. Fabius Pictor, a Roman aristocrat (and likely hellenophile given his choice of written language, Greek, and genre), who wrote in the second half of the third century".

ejemplar y de una capacidad de sacrificio al nivel de lo que se esperaba de toda mujer romana. Con todo, su condición de mujeres de la nobleza, les resta credibilidad en lo que se refiere al papel universal que debían desempeñar todas en general, aun cuando sea cierto que las mujeres pertenecientes al más alto nivel social influían con su actitud en las anónimas protagonistas de la vida cotidiana. Todavía más, la superioridad moral de la aristocracia justificaba la subordinación y la participación política limitada de la plebe, que debía obedecer a la élite para el buen funcionamiento de la *res publica*[6], por lo que podemos imaginarnos el escaso papel de las plebeyas en la construcción del futuro de la comunidad.

También hemos tomado en consideración la posibilidad de analizar otros ejemplos femeninos, individuales o colectivos, que pudiesen mostrar como las mujeres debían cumplir determinados requisitos de sufrimiento y patriotismo para poder formar parte de la tradición selectiva y en buena parte inventada que conformaba la memoria histórica romana. Ahora bien, aunque haremos referencia a la existencia de las mismas, no hemos estimado procedente dedicar todos nuestros esfuerzos, dirigidos a las mujeres que fueron consideradas un símbolo de honor, a mayor gloria del pueblo romano. Lucrecia y Cornelia representan a la perfección las costumbres inmemoriales, el honor y la nobleza de Roma, el respeto por los *mores maiorum*, y su ejemplo confirma la legitimación de un sistema de valores basado en la desigualdad económica, la subordinación social y la participación en el *cursus honorum* tan sólo de los más privilegiados. Puede parecer una ironía, pero es cierto que la exclusión de las mujeres de la vida política, su dedicación a las tareas propias de la *domus* como el tejido de la lana, el sometimiento a la tutela perpetua[7], y la prohibición de realizar determinados trabajos, los considerados *officia virilia*, son imposiciones aceptadas por la ciudadanía

---

[6] F. PINA POLO, *Revista Digital de la Escuela de Historia*, cit., p. 77.

[7] Con sus excepciones, como se puede apreciar en el trabajo de L. SANZ MARTÍN, *La maternidad y el sacerdocio femenino: excepciones a la tutela perpetua de la mujer en Roma*, en *Anuario Jurídico y Económico Escurialense* 44, 2011, pp. 13-28.

en general como consecuencia del encumbramiento de tan ilustres mujeres, guardianas del honor familiar.

Además, resulta claro que las fuentes históricas, literarias y jurídicas a nuestra disposición resultan ser siempre masculinas[8], lo que nos obligará a analizar la actitud de los escritores presentes en sus escritos, para ver como presentaban a las mujeres de la época de acuerdo con los cánones establecidos para ellas, y las menciones sesgadas de acuerdo con un universo masculino en connivencia partidista con el poder omnímodo del *pater familias*. Es cierto que Tito Livio es considerado el autor que ofrece el relato más completo sobre el mito de Lucrecia, pero ello no obsta para que planteemos ciertas reticencias estilísticas de fondo y forma con respecto a su obra.

Así, nuestro análisis se ha centrado en el aspecto jurídico propio de cada etapa del derecho romano en el que las protagonistas de la historia romana llevan a cabo su proyecto vital de la mejor forma posible, con divergencias claras en la forma en la que el *ius* se desarrollaba de acuerdo con la época vivida. De este modo, veremos cómo Lucrecia tenía una existencia marcada profundamente por los *mores maiorum*, aunque en el momento de concitar a su favor el apoyo de sus familiares después de su violación, y ante la duda por una posible condena por adulterio[9], convoque ella misma el *iudicium domesticum*, algo inusitado por la incapacidad femenina de convo-

---

[8] Vid. al respecto, J. L. POSADAS, *Extranjeras en la historiografía romana del siglo II d. C.*, en *Gerión Anejos* 8, 2004, p. 69: "Es, pues, necesario abordar el estudio de las mujeres romanas en las fuentes disponibles, que son todas ellas masculinas, con nuevas metodologías, analizando las actitudes de los escritores escondidas en sus técnicas literarias de presentación de caracteres, en las opiniones que expresan utilizando a las mujeres, y estudiando, como historiadores que somos, los aspectos ideológicos, morales y políticos, subyacentes en todas esas menciones a mujeres. Y, sobre todo, hay que hacerlo cuantitativamente para evitar generalizaciones cualitativas que no llevan a ninguna parte. Es decir, el objeto de este estudio sistemático no puede ser otro que descubrir las intencionalidades de los escritores al mencionar a las mujeres para poder así utilizar las fuentes de una manera crítica".

[9] S. B. POMEROY, *Diosas, rameras, esposas y esclavas. Mujeres en la antigüedad clásica*, 3ª ed., Madrid, 1999, p. 183: "La legendaria y virtuosa Lucrecia, de acuerdo con el historiador augusteo Livio, estaba tan asustada por la amenaza de Tarquinio de matarla junto a un esclavo desnudo, a su lado y en su propia cama,

catoria de dicho instituto jurídico familiar, y parezca que se rebele contra las normas impuestas por sus antepasados. Hemos optado por considerar que el juicio familiar convocado y celebrado, el *iudicium* o *consilium domesticum*, tema no pacífico en el episodio de Lucrecia ya que no existe unanimidad en la doctrina a la hora de evaluar la existencia de un tribunal familiar convocado al efecto, se trataba en realidad de un órgano consultivo, de un instrumento al servicio de la familia, pero de consumo interno, que carecía de las facultades de un tribunal.

En la misma dirección, el episodio de la violación de Lucrecia y su aceptación "por causa de miedo", por el temor a no poder defender el honor familiar, bien podría considerase como remoto antecedente de la *actio quod metus causa*, acción pretoria introducida hacia el año 80 a.C. por el pretor Octavio para proteger a la víctima de un acto de violencia o *metus*, dirigida contra el autor de tal violencia o miedo.

Con todo, el episodio de Lucrecia, dotado de luces y sombras en cuanto a su veracidad, acaece en una época muy arcaica del derecho, previa a la promulgación de la Ley de las Doce Tablas, considerada esta última ya una fuente normativa arcaica, aunque unánimemente aceptada por la ciudadanía romana durante tanto tiempo que jamás fue derogada explícitamente, por lo que podemos entender la inseguridad jurídica de la época de nuestra mítica Lucrecia y su destino perturbador.

A mayor abundamiento, debemos explicar nuestra elección de Lucrecia como símbolo de la Roma republicana por cuanto pueda parecer extraño. Aun reconociendo que el episodio de la noble romana sucedió al final de la época monárquica, con toda la prevención que merece el relato mítico, fue precisamente ella la causa y la consecuencia de la instauración de un nuevo orden constitucional, la República. Es por ello que consideramos que con ella nació la nueva forma de gobierno, y con tal motivo la hemos considerado como protagonista indiscutible de los inicios del régimen republicano romano. Somos conscientes de las dudas doctrinales, de las divergencias

---

que se sometió a la lujuria de Tarquinio. Aunque violada, ella era técnicamente una adúltera; por esta razón, tomó la honorable decisión de suicidarse".

entre los autores clásicos a la hora de datar el célebre episodio, de la evolución gradual entre el orden monárquico y republicano, pero al margen de la veracidad o no del célebre relato, como analizaremos a lo largo de nuestra investigación, debíamos optar por un comienzo destacado, y de ahí nuestra elección de la figura de la heroína clásica mancillada en su honor y tomada como ejemplo a seguir por todas las matronas romanas.

Además, el comportamiento casto y ejemplar de Lucrecia pronto se convirtió en proverbial, y durante la Edad Media y hasta la época moderna su tradición permaneció intacta y mítica, sirviendo incluso como ejemplo indirecto de las actitudes femeninas en el hogar. Así, como dice la célebre Christine de Pizan en su libro *La ciudad de las mujeres*[10]: "Señora mía, los hombres guardan en su panoplia un dicho que encierra los mayores reproches hacia nosotras: <Dios creó a la mujer para llorar, charlar e hilar>", recordando poco después que "En cuanto a hilar con la rueca, es otro don natural, pero a su vez un trabajo necesario para celebrar el servicio divino y vestir a todas las criaturas dotadas de razón, evitando así el desorden del mundo. Es el colmo de la perversidad reprochar a las mujeres algo que las honra y por lo que merecen agradecimiento". Precisamente la actitud honrosa, elogiada y reconocida como algo esencial en la vida de las mujeres romanas era el tejer la lana, actitud de Lucrecia que será motivo de alabanza de su marido y los amigos del mismo que recorren las distintas casas familiares para observar el comportamiento de sus mujeres, y cuya victoria silenciosa por parte de Lucrecia le valdrá la persecución implacable e ignominiosa de Sexto, hijo del Rey Tarquinio, con las consecuencias irreparables para la virtuosa Lucrecia que acaba con su vida. La elección de Lucrecia como símbolo de rebelión[11], demuestra como la historia de la noble matrona

---

[10] C. DE PIZAN, *La ciudad de las damas*, 2ª ed., trad. esp. M.J. Lemarchand, Madrid, 2001, de donde hemos transcrito el dicho que se contiene en p. 84, mientras que la contestación al dicho indignante de que las mujeres fueron creadas para llorar, charlar e hilar se presenta en p. 87.

[11] D. DE CERRATO, *La cultura dello stupro: miti antichi e violenza moderna*, en *Epistemología feminista*: *Mujeres e identidad*, E. JAIME DE PABLOS (Ed.), Sevilla, 2011, p. 439, en donde se refiere a Lucrecia como símbolo de rebelión ante la agresión sufrida.

romana había impactado en las conciencias colectivas a lo largo de los siglos, puesto que la autora italiana escribe en la época medieval, muy lejana espacial y temporalmente de la tradición histórica de Lucrecia.

A pesar de la evidencia literaria medieval aquí mostrada, nuestro estudio se centrará en el derecho propio de la época de Lucrecia y la fecha datada en correspondencia con la creación de la república, aun siendo conscientes, como pondremos en evidencia a lo largo de nuestra investigación, de las divergencias doctrinales y múltiples dudas con respecto a algunos aspectos del célebre relato. La importancia estriba en el impacto jurídico del acto final de Lucrecia, el suicidio, la inexistencia de una definición adecuada en derecho romano para tal acto terminal y la utilización de un cuchillo para ello y no de veneno, considerado como un medio exterminador más propio de la condición femenina y condenado posteriormente por la *lex Cornelia de sicariis et veneficis*[12].

Todo ello sin olvidar el impacto causado por las palabras de San Agustín, muy posteriores al episodio de Lucrecia pero que tendrán tal repercusión que necesitan de nuestra consideración. Para San Agustín, el derecho y el deber a la vida son lo más importante, y por tanto Lucrecia no se merece ninguna admiración en comparación con la violencia sufrida por las mujeres cristianas romanas a manos de los bárbaros de Alarico durante el saqueo de Roma, acaecido en el año 410 d.C. que decidieron continuar viviendo, conservando su castidad en su intimidad y a los ojos de Dios. El objetivo del análisis realizado por San Agustín no es otro que el de demostrar la superioridad de las mujeres cristianas ante una Lucrecia pagana, y por ello no duda en denostar la figura idealizada por los autores de la antigüedad en su deseo de criminalizar el suicidio en todas sus formas, llegando a plantear de forma capciosa sus dudas sobre la virtud legendaria de Lucrecia, insinuando cierta relajación moral en la figura de la ilustre

---

[12] J. D. CLOUD, *The primary purpose of the Lex Cornelia de sicariis,* en *ZSS* 86, 1969, pp. 272 ss.; J-L. FERRARY, *Lex Cornelia de sicariis et veneficiis*, en *Athenaeum* 79, 1991, pp. 417 ss.; J. B. RIVES, *Magic, Religion and Law: The Case of the lex Cornelia de sicariis et veneficiis*, en *Religion and Law in Classical and Christian Rome*, Munich, 2006, pp. 47 ss.

matrona venerada, lo que negamos de forma contundente de acuerdo con las evidencias que existen a nuestra disposición.

También dedicamos un espacio importante a la teoría de Guarino, por considerar que su análisis del episodio de Lucrecia merecía toda nuestra consideración, aunque la presunción mítica de su suicidio, dando como cierta una relación adúltera que terminó con la muerte de la mujer, como se debía llevar a cabo en el primitivo derecho romano, no nos satisface por lo incompleto del planteamiento, exponiendo nuestro rechazo argumentado al presunto carácter etiológico del acto final de la vida de Lucrecia.

Cornelia es la protagonista del siguiente episodio referido a una mujer ejemplar al servicio de la República romana. Un modelo para el resto de las matronas romanas, tanto por su respeto a las costumbres ancestrales como por representar a la perfección la mujer *univira*[13], casada tan sólo una vez en toda su vida[14], que representa la absoluta dedicación a la familia, con un recuerdo imborrable hacia la memoria de su esposo que le lleva a vivir el resto de su vida dedicada a la educación de sus hijos, por lo que será considerada el símbolo perfecto de mujer romana, un ejemplo a seguir por todas las generaciones futuras con la clara intención de perpetuar el mensaje de la necesidad de mujeres honradas para mayor gloria de Roma.

A mayor abundamiento, el ser descendiente directa del famosísimo general romano Publio Cornelio Escipión el Africano la convier-

---

[13] J. B. FREY, *Signification des termes 'monandros' et 'univirae'*, en *Recherches de Science Religeuse* 20, 1930, pp. 48-60; M. HUMBERT, *Le Remariage à Rome: Etude d'histoire juridique et Sociale*, Milán, 1972, pp. 330 ss.; G. WILLIAMS, *Some Aspects of Roman Marriage Ceremonies and Ideals in JRS*, 48, 1958, pp. 23-25.

[14] Val. Max. 2. 1. 3: *Quae uno contentae matrimonio fuerant corona pudicitiae honorabantur: existimabant enim eum praecipue matronae sincera fide incorruptum esse animum, qui depositae uirginitatis cubile [in publicum] egredi nesciret, multorum matrimoniorum experientiam quasi legitimae cuiusdam intemperantiae signum esse credentes*; R. LANGLANDS, *Sexual morality in Ancient Rome*, Cambridge, 2006, pp. 61-62: "This honour, in the visible form of a crown of *pudicitia* given to women who marry only once, once again associates *pudicitia* with a single marriage. It suggest, more explicitly than the proscriptions on participants in the cult of *pudicitia* itself, that it is the state of being *uniuira* –once-married– that provides evidence of a woman's possession of the quality of *pudicitia*".

te en referencia directa de la estructura republicana y de la defensa de sus ideales[15], por cuanto su padre representaba el triunfo del Estado romano sobre todos los demás, al margen del intento posterior de mancillar el honor del brillante general por parte del Senado.

No nos ha parecido nada fácil la reconstrucción multidisciplinar de la figura de Cornelia, por cuanto las fuentes a nuestra disposición son escasas, fragmentarias y a menudo indirectas, ya que la importancia de sus hijos, los dos tribunos de la plebe primero celebrados y luego denostados y asesinados por su defensa de los derechos de los plebeyos, que les habían encomendado la salvaguarda de sus intereses, supone que la mayor parte de los autores clásicos dirigieran sus esfuerzos en destacar la vida y obras de sus famosos vástagos. Con todo, podemos afirmar sin ambages, que las fuentes explícitas sobre Cornelia son mucho más abundantes que las informaciones concernientes al conjunto de las mujeres romanas, debido a la fama inusual de la que gozó en su propio tiempo.

La necesidad de cohonestar correctamente la vida intelectual de la ilustre matrona con su interés por la vida política de la República romana, el conocimiento sobre las vicisitudes y guerras intestinas entre las élites y la plebe, la educación esmerada de sus hijos y los proyectos legislativos de los mismos, tantas veces rechazados, nos ha obligado a traer a colación los instrumentos jurídicos necesarios para la perfecta comprensión de la posición de Cornelia en el mundo romano. De ahí el análisis de la *lex Voconia*, *lex Oppia*, y *edictum de adtemptata pudicitia* como fuentes del derecho de la época, entre otras, que se deben conocer para poder entender correctamente la posición de Cornelia.

Debemos destacar la fascinación por su figura, su entereza, su inestimable cultura, su dedicación por entero a sus hijos, seguramente por la pérdida temprana de muchos de ellos, y la equilibrada actitud antes los dislates del Estado romano con respecto a su familia y el *fatum* en muchas ocasiones desdichado, como tendremos ocasión

---

15 A. H. BERNSTEIN, *Tiberius Sempronius Gracchus. Tradition and Apostasy*, Londres-Nueva York, 1978, p. 42: "As the younger daughter of the Great Scipio Africanus and of Aemilia, sister of Aemilius Paullus, victor at Pydna, she was connected with the foremost families in Rome".

de ver pormenorizadamente. Hemos querido describir con la mayor precisión posible la figura humana y la idealizada por la tradición, con el deseo de trasladar de la forma más fehaciente posible la realidad de la vida de Cornelia.

A mayor abundamiento, su faceta como escritora la convierte en una importante representante de la epistolografía republicana privada, al margen de la escasez de fuentes al respecto y de la fragmentariedad de las cartas escritas a su hijo Cayo. Pero en ellas se demuestra la tenacidad y el carácter de la ilustre matrona, con tanta influencia sobre su hijo como para conseguir que retirase una ley que no consideraba adecuada, lo que da cuenta además de la capacidad política y estratégica reconocida por el tribuno Cayo Graco en favor de su madre.

La trascendencia de su figura ha sido total y absoluta, hasta el punto de haberle erigido una estatua en su honor, algo imposible e impensable para ninguna otra mujer de aquella época.

El simbolismo de Lucrecia y Cornelia, el ejemplo de ambas en la memoria colectiva romana, ha construído su leyenda, ha contribuido al perenne recuerdo por parte de los romanos de diferentes etapas, muchas muy distantes unas de otras, pero que han sabido demostrar el respeto y admiración por dos mujeres únicas e irrepetibles de acuerdo con la tradición. Y ese es nuestro empeño, desgranar cada una de sus historias, sus leyendas, sus verdades e invenciones, su situación jurídica, su participación en la sociedad patriarcal a la que pertenecían, sus vivencias y deseos, pero también sus miedos y terrores, hasta llegar a imbuirnos del espíritu de cada una de ellas. Y con esta intención hemos dedicado nuestro esfuerzo, sabiendo que el *ius* no les era propicio en aquel momento de la historia, pero que aún así adquirieron su status de protagonistas indiscutibles de la República romana, para mayor gloria.

CAPÍTULO PRIMERO
IMBECILLITAS SEXUS

La consideración de las mujeres como el sexo débil, y por lo tanto, necesitado de tutela y protección, evidentemente masculina, fue una constante en la antigua Roma. Con todo, las mujeres protagonistas de este libro, especialmente Cornelia, no las podemos considerar como seres necesitados de esa protección ante la debilidad de su espíritu. Independientemente de los visos de leyenda en el caso de Lucrecia, ésta defendió, de la mejor forma que ella creía, el honor perdido ante el ultraje del miserable hijo del Rey, y Cornelia, siglos más tarde, actuará como una mujer independiente, y en su viudedad, defenderá la memoria de sus hijos, asesinados por su vis social en defensa de los desfavorecidos, ideas inculcadas por su docta y sabia madre. Creemos que pensar en la condición de sexo débil con respecto a ambas mujeres es una equivocación, y en el caso de Cornelia todavía más, por cuanto la influencia política en sus hijos resulta evidente, y la independencia mostrada en los actos de su vida cotidiana nos muestran a una mujer capaz de defenderse ante las vicisitudes de la vida mejor que nadie.

Bien es cierto que Lucrecia y Cornelia no representaban a la mayoría de las mujeres de su época, pero aún así fueron consideradas por sus coetáneos, descendientes y literatura posterior como símbolos, como un modelo a seguir, como mito en el caso de Lucrecia y como digna de una estatua en el foro romano en el caso de Cornelia. Tales honores se comprenden porque ambas respetaron los *mores maiorum*, y prevaleció ante su ilustre condición la digna representación del honor femenino.

Es decir, el universo femenino, por lo general, tuvo en su contra un lenguaje cotidiano masculino perverso, en el sentido de tener que actuar siempre las mujeres de acuerdo con unas máximas establecidas ante el temor a la infamia, lenguaje que podía de una manera decisiva acreditar o desacreditar el género femenino. Partiendo del concepto decididamente discriminatorio en Roma, y de la exégesis de los textos más controvertidos con respecto a la mujer en el derecho romano, veremos cómo la posición jurídica de la mujer no era igual a la del hombre, sino supeditada al poder patriarcal del mismo, constatación fehaciente a través de los adjetivos más descalificadores dirigidos en general al colectivo femenino.

El pensamiento discriminatorio considerado connatural en virtud del nacimiento de uno u otro género, no significaba que las mujeres fueran denostadas en todo momento, o que no estuvieran presentes en la mente de juristas y legisladores a la hora de elaborar *corpus* doctrinales o conjuntos de normas determinados, porque sí lo estaban, y la discapacidad jurídica no procedía de la invisibilización de las mujeres. La inclusión femenina en la regulación jurídica tenía por objeto a las mujeres, pero con reglas minuciosas y precisas dirigidas a la tutela y la subordinación femenina, en aras de la eterna permanencia del sistema patriarcal.

El derecho romano, precisamente, se distinguió desde sus orígenes por la visibilización de las mujeres en las fuentes de producción y conocimiento del *ius*, pero no nos llevemos a engaño, con la intención netamente masculina y propia del pensamiento de un *paterfamilias*, de someter a estricta vigilancia cualquier exceso femenino que pudiera perjudicar al conjunto de la *gens* familiar. La discriminación de las mujeres y la minusvaloración permanente consiguió el objetivo perseguido: crear en la conciencia de los ciudadanos romanos la idea de que las mujeres debían ser tuteladas de por vida, por su fragilidad de ánimo, y como veremos a continuación, por su débil condición. Lo peor de tal adoctrinamiento fue que las mujeres también terminaron por aceptar el papel atribuido a las mismas en la sociedad[16], y fueron

---

[16] R. RODRÍGUEZ LÓPEZ, *La auctoritas de la gens Julia*, en *Mujeres en tiempos de Augusto*, *Mujeres en tiempos de Augusto. Realidad social e imposición legal*, R. RODRÍGUEZ LÓPEZ/M. J. BRAVO BOSCH (Eds.), Valencia, 2016, p. 459: "Para no caer en el 'antimodelo' la mujer debe autocensurarse, ser casta en el

en múltiples ocasiones las primeras en denunciar la actitud de otras mujeres que no procedían de acuerdo con las normas establecidas. Bien es cierto que las fuentes son de juristas pertenecientes al mundo de los hombres, ya que el *ius* estaba reservado única y exclusivamente a ellos, pero conocemos por diferentes testimonios la postura estricta –con respecto a la moralidad– de mujeres romanas pertenecientes a las más altas esferas que despreciaban la conducta inmoral de sus conciudadanas, parientes, amigas o extrañas.

Los juristas romanos, por lo tanto, debían realizar una construcción jurídica de los términos adecuados para referirse a las mujeres, ya que eran los únicos legitimados para tal función, y con el tiempo fueron utilizando la gran mayoría los mismos epítetos, todos ellos peyorativos.

Un paso de Ulpiano contenido en D. 16. 1. 2. 2-3 (*Ulpianus libro 29 ad edictum*), resulta en principio el más polémico de todos ya que en vez de utilizar el calificativo ya conocido de *infirmitas sexus*, añade una nueva adjetivación del sexo femenino, *sexus inbecillitatem*, que sabemos concita actualmente el mayor rechazo, y por eso lo hemos elegido como antimodelo de denominación del género femenino:

> 2. *Verba itaque senatus consulti excutiamus prius providentia amplissimi ordinis laudata, quia opem tulit mulieribus propter sexus inbecillitatem multis huiuscemodi casibus suppositis atque obiectis.*
>
> 3. *Sed ita demum eis subvenit, si non callide sint versatae: hoc enim divus Pius et Severus rescripserunt. Nam deceptis, non decipientibus opitulatur et est et Graecum Severi tale rescriptum: decipientibus mulieribus senatus consultum non opilatur. Infirmitas enim feminarum, non calliditas auxilium demeruit.*

1. SENADOCONSULTO VELEYANO

Este texto resulta en cierta medida muy contradictorio; por un lado, en virtud del Senadoconsulto Veleyano[17], las mujeres quedan

---

sentido más empobrecedor del término, para evitar cualquier tipo de sospecha del otro, de la sociedad".

[17] Vid. sobre el origen y fundamento del Senadoconsulto: H. VOGT, *Studien zum Senatus Consultum Velleianum*, Bonn, 1952; recensión de M. TALAMANCA

protegidas en caso de ser fiadoras de otras en asuntos de fianzas, o daciones en mutuo por otros, es decir, tomar dinero en préstamo para un tercero[18], ya que se les debe prestar auxilio en caso de ser engañadas. Pero el motivo del engaño no es la seducción por parte de otros[19], o la malicia utilizada con determinadas argucias que las pudieran haber confundido y llevado a engaño, sino que su propia condición de mujeres es la que hizo que por "debilidad de su sexo" hubieran contraído tales obligaciones, y por ese motivo deben ser protegidas[20].

---

en *AG* 143, 1942, pp. 172 ss.; D. MEDICUS, *Zur Geschichte des Senatus Consultum Velleianum*, Colonia-Graz, 1957; recensión de M. TALAMANCA, en *Labeo*, 4, 1958, pp. 99 ss.; A. D'ORS, *Acerca de las acciones <ex SC velleiano>*, en *Estudios Álvarez Suárez*, Madrid, 1978, pp. 337 ss.; M. GARCÍA GARRIDO, *El patrimonio de la mujer casada en el Derecho civil*, Barcelona, 1982, pp. 123 ss.; R. ZIMMERMANN, *The Law of Obligations. Roman foundations of the Civilian Tradition*, Oxford-Nueva York, 1990, pp. 145 ss.; J. J. DE LOS MOZOS TOUYA, *Los actos de intercesión y el Senadoconsulto Veleyano*, en *Derecho Romano de Obligaciones. Homenaje al profesor José Luis Murga Gener*, Madrid, 1994, p. 463 ss., afirmando, con respecto a la fecha de emisión: "No fue anterior al Principado de Claudio, dado que Ulpiano alude a un edicto anterior, de Claudio, y, por otra parte, tampoco pudo ser posterior al año 65, en el cual fue desterrado Casio Longino por Nerón, pues Salvio Juliano cita un dictamen suyo sobre un problema de *intercessio* (D. 16. 1. 16. 1) que tiene que ser anterior a su destierro".

18 D. 16. 1. 2. 4: *Omnis omnino obligatio Senatusconsulto Velleiano comprehenditur, sive verbis, sive re, sive quocunque alio contractu intercesserint*, en donde queda claro que en el Senadoconsulto Veleyano se comprende toda obligación, ya hubieran sido las mujeres fiadoras de palabra, de cosa, o mediante cualquier otro contrato.

19 A. DOS SANTOS JUSTO, *O pensamento jusnaturalista no Direito romano*, en *Fundamenta Iuris. Terminología, principios e Interpretatio*, P. RESINA SOLA (Ed.), Almería 2012, p. 578, en donde destaca la promesa de matrimonio como herramienta útil para seducir a las mujeres: "O senatus consulto Veleiano proibiu as mulheres de intercederem a favor de homens, garantindo as suas dívidas. Isto porque, abusando da ingenuidade ou falta de experiencia das mulheres, os homes conseguíam, principalmente con promesas de casamento, que garantissem as suas dívidas que depois eran obrigadas a pagar. As mais das vezes, as mulheres ficavam na miseria e os homens não cumpriam as promesas de casamento".

20 R. QUADRATO, *Infirmitas sexus e levitas animi: il sesso 'debole' nel linguaggio dei giuristi romani*, en *Scientia Iuris e Linguaggio nel sistema giuridico romano*, F. SINI/R. ORTU (eds.), Milán, 2001, p. 159: "Nel pensiero dei giuristi (dei più, ma non di tutti) anche il sesso –quello femminile, s'intende– è considerato

La acción positiva de la protección se anula con la causa de tal medida, la debilidad femenina como requisito para la concesión del auxilio previsto en el Senadoconsulto, confirmada por D. 16. 1. 2. 3, en donde se deja claro que la protección se concede si no hubieran procedido con malicia, en razón de un rescripto de Pío y Severo en el que se auxilia a las engañadas por su posición civil, las mujeres en general, pero no a las que engañan con malicia. Tal excepción no deja de sorprendernos, puesto que es el hecho de haber nacido mujer el origen de la incapacidad femenina a la hora de contraer obligaciones, por lo que deberíamos entender que esa discapacidad de las mujeres debería ser universal ante la realización de cualquier negocio. ¿Cómo dirimir la supuesta malicia, si ya por nacimiento las mujeres son incapaces? Tal minusvaloración biológica no debería hacer excepciones, y considerar a unas como posibles culpables ante las ventajas de los actos realizados, y a otras como susceptibles de protección ante las desventajas de las obligaciones contraídas.

Con todo, queda claro que es el hecho de ser mujeres y débiles el que constituye el objeto principal de protección por parte del Senadoconsulto Veleyano, que considera necesario ayudar a las mujeres solamente por su condición, imponiendo la necesidad de protegerlas y el rechazo a conceder reclamación contra ellas, como se recoge en D. 16. 1. 2. 1 (*Ulpianus libro 29 ad edictum*)[21], ya que no es justo que ellas desempeñen oficios viriles, *officia virilia*[22], y se liguen con obligaciones de este género:

---

causa di 'infermità': una condizione di invalidità, una menomazione che rende la donna, e quale che sia la sua età, incapace di assolvere a determinati compiti".

[21] El senadoconsulto Veleyano vino precedido de dos edictos de Augusto y Claudio, contenidos en D. 16. 1. 2. *pr.*: *Et primo quidem temporibus divi Augusti, mox deinde Claudii edictis eorum erat interdictum, ne feminae pro viris suis intercederent*, que ya prohibían la intercesión de las mujeres por sus maridos.

[22] D. 3. 1. 1. 5 (*Ulpianus, libro 6 ad edictum*): *Secundo loco edictum proponitur in eos, qui pro aliis ne postulent: in quo edicto excepit praetor sexum et casum, item notavit personas in turpitudine notabiles. Sexum: dum feminas prohibet pro aliis postulare. Et ratio quidem prohibendi, ne contra pudicitiam sexui congruentem alienis causis se immisceant, ne virilibus officiis fungantur mulieres: origo vero introducta est a Carfania improbissima femina, quae inverecunde postulans et magistratum inquietans causam dedit edicto…*, en donde se con-

Postea factum est senatus consultum, quo plenissime feminis omnibus subventum est. Cuius senatus consulti verba haec sunt: "Quod Marcus Silanus et Velleus Tutor consules verba fecerunt de obligationibus feminarum, quae pro aliis reae fierent[23]*, quid de ea re fieri oportet, de ea re ita censuere: quod ad fideiussores et mutui dationes pro aliis, quibus intercesserint feminae, pertinet, tametsi*

---

tiene la prohibición del Edicto del Pretor con respecto, entre otros colectivos, a las mujeres, por razón del sexo, añadiendo que el motivo de la prohibición viene dado por la propia condición femenina, para que las mujeres no se mezclen, contra la honestidad que les corresponde por cuestión de sexo, en causas ajenas ni desempeñen oficios propios de los hombres. Además, pone como ejemplo a Carfania, diciendo que fue una mujer corrompida, que abogó desvergonzadamente, tanto como para dar lugar al edicto; vid. sobre Carfania, E. HÖBENREICH, *Andróginas y monstruos. Mujeres que hablan en la antigua Roma*, en *VELEIA*, 22, 2005, p. 177: "Ulpiano coloca a las mujeres que no pueden postular a favor de terceros en el mismo plano que a ciertos incapaces. ¿Casualmente? Sobre la debilidad física y psíquica de las mujeres se ha escrito mucho; los juristas repiten el *tópos* a propósito de la necesidad de someter a las mujeres a la *tutela mulierum*. Es por tanto su naturaleza la que impone la prohibición, la que reclama un tratamiento especial. Quien viola una prohibición «natural», puede ser calificado de «desnaturalizado». La desviación de la naturaleza pide una amonestación, necesita que el ordenamiento jurídico proteja a todas las personas que se comportan conforme a su especie y que proteja a las «pervertidas» de sí mismas. Dejando al lado los esquemas de comportamiento transmitidos y recibidos de los antepasados que determinaron la exclusión de las mujeres de los oficios civiles y, más en general, de la participación en la vida pública, e ignorando el tono polémico y misógino de Ulpiano, que refleja un juicio masculino y moralizante al establecer el concepto de castidad adecuada para el otro sexo, constatamos una cosa muy significativa: Carfania debe haber sido una mujer habituada a presentarse ante la autoridad judicial presentando demandas, y parece haberlo hecho sin un apoyo o representante masculino. Eso supone conocimiento del derecho, así como experiencia forense. Ciertamente, Carfania no fue un caso aislado"; sobre *officia virilia*, C. PETROCELLI, *La stola e il silenzio. Sulla condizione femminile nel mondo romano*, Palermo, 1989, p. 289; R. RODRÍGUEZ LÓPEZ, *La mujer en el mundo laboral de la Roma antigua*, en *Mulier. Algunas historias e Instituciones de Derecho Romano*, R. RODRÍGUEZ LÓPEZ /M.J. BRAVO BOSCH (Eds.), Madrid, 2013, p. 245: "Las mujeres eran excluidas de toda labor civil y pública (*officia virilia*), no pudiendo ser jueces, ni ejercer magistraturas, aunque indirectamente participaban en la política y en las instituciones".

[23] D. 3. 1. 1. 6, en donde se niega también la postulación ajena a quién con su cuerpo hizo de mujer: *Removet autem a postulando pro aliis et eum, qui corpore suo muliebria passus est...*

ante videtur ita ius dictum esse, ne eo nomine ab his petitio neve in eas actio detur, cum eas virilibus officiis fungi et eius generis obligationibus obstringi non sit aequum, arbitrari senatum recte atque ordine facturos ad quos de ea re in iure aditum erit, si dederint operam, ut in ea re senatus voluntas servetur".

Bien es cierto que podríamos creer en la finalidad protectora de las disposiciones contenidas en el Senadoconsulto, como afirma parte de la doctrina romanística[24], o insistir en el carácter limitativo de la posición jurídica de la mujer en Roma[25], que es la posición que adoptamos. Es cierto que la *intercessio* femenina en asuntos de negocios, asumiendo obligaciones ajenas, era resuelta mediante la oposición a la demanda del acreedor en virtud del Senadoconsulto

---

[24] M. GARCÍA GARRIDO, *Ius Uxorium. El régimen patrimonial de la mujer casada en derecho romano*, Roma-Madrid, 1958, pp. 154 ss.; J. J. DE LOS MOZOS TOUYA, *Los actos de intercesión y el Senadoconsulto Veleyano*, cit., p. 465: "Un fin de exclusión y un fin protector parecen constituir así la *ratio* del precepto. Sin embargo, si se considera con más detenimiento la expresión de estas ideas, resulta, a mi juicio, claramente destacada, la finalidad de protección. En efecto, *non sit aequum* rige las dos oraciones subordinadas de infinitivo que expresan las dos ideas mencionadas, pero es indudable que su significado se refiere en primer lugar a *eius generis obligationibus obstringi*; y aunque gramaticalmente rige también a la frase anterior unida por un *et*, no tiene mucho sentido respecto de *eas virilibus officiis fungi*. Esta última frase tendría pleno sentido si estuviera regida por un *non decet* o expresión similar. Con el modo de expresión efectivamente empleado ambas ideas aparecen concatenadas y se está queriendo decir que 'no es justo que las mujeres resulten vinculadas como consecuencia de la realización de negocios que pertenecen a la esfera de los hombres'. El SC expresa las dos ideas, de exclusividad viril de la *intercessio* y de protección de la mujer. Pero en primer plano está la protección".

[25] P. GIDE, *Étude sur la condition privée de la femme*, 10ª ed., París, 1885, p. 154, en donde afirma que la exclusión femenina de los *officia virilia* fue realizada por causa de la moral pública y en contra de las mujeres: "Le sénatus-consulte Velléien ne s'annonce point comme une innovation législative; il s'autorise d'une ancienne jurisprudence qu'il prétend maintenir et confirmer: *Ita ius ante dictum esse videtur*... L'exclusion de tout office viril fut établie contre les femmes et dans l'intérêt de la morale publique. Si le sénatus-consulte n'est qu'une suite de cette exclusion, il faudra l'interpréter comme étant établi, non en faveur des femmes, mais contre elles"; F. SCHULZ, *Principios de Derecho Romano,* Madrid, 1990, pp. 229 ss. destaca la reacción del Senado ante la emancipación de la mujer, con una disposición de marcado carácter limitativo.

Veleyano[26], para evitar poner en peligro el patrimonio de la mujer. Pero la protección impuesta contenía claramente el prejuicio masculino con respecto a la capacidad negocial de la mujer, entendida como *sexus inbecillitatem*, presumiendo a priori la incapacidad de comprensión de los negocios jurídicos en los que se podía ver inmersa por su condición de fémina.

2. *INFIRMITAS*

El término utilizado con más frecuencia para referirse a la debilidad de las mujeres fue '*infirmitas*'[27]. Esta fragilidad implica todos los aspectos de la condición femenina, y resulta equivalente a una suerte de incapacidad, sin ningún valor autónomo como el perteneciente a la virilidad, es decir, lo femenino sería el elemento negativo, y la convicción moral de la sociedad romana aceptaría de buen grado esta singular acepción.

Uno de los primeros en utilizar estos términos fue Cicerón[28], que utiliza el calificativo de *infirmitas* en relación con la debilidad de las mujeres, en *Pro Murena* 12. 27[29]:

---

[26] C. GÓMEZ BUENDÍA, *Exceptio utilis en el procedimiento formulario del derecho romano*, Madrid, 2016, p. 156: "A la prohibición de intercesión que establece el SC Veleyano se da cumplimiento mediante la concesión del pretor de la *exceptio sc. ti Velleiani* y de acciones ficticias en las que se fingirá que no hubo tal intercesión. Las acciones ficticias son concedidas al acreedor para que pueda ejercitar acciones ya extinguidas por la mujer contra su deudor por novación o para que pueda reclamar del deudor intercedido que no haya llegado a quedar obligado".

[27] A. BERGER, *Encyclopedic Dictionary of Roman Law*, Filadelfia 1953, reimp. 1991, *s.v. infirmitas aetatis* (or *sexus)*: "The weakness of an individual because of his age (or sex). It is given as a reason for guardianship or curatorship over a persona under a certain age or over women".

[28] M. GELZER, *Marcus Tullius Cicero*, en *RE* VII A. 1, 1939, pp. 827 ss.; R. DOMINGO, *Marco Tulio Cicerón*, en *Juristas Universales*, Barcelona, 2004, p. 124-128.

[29] S. DIXON, *Infirmitas sexus: womanly weakness in Roman Law*, en *TI* 52, 1984, p. 343, en donde aclara que la declaración de Cicerón hay que entenderla en el contexto de su estrategia de defensa como abogado: "As part of a general denunciation of lawyers' stratagems, Cicero cited the venerable example of *tutela*

Mulieres omnis propter infirmitatem consilii maiores in tutorum potestate esse voluerunt.

Es cierto que no encontramos todavía la unión del término *infirmitas* con *sexus*, pero del mismo modo Cicerón relaciona la debilidad de juicio con la condición femenina, lo que viene a significar exactamente lo mismo. Con todo, hay que decir que Cicerón no nos ofrece su consideración al respecto, no podemos tildar su intervención de discriminatoria ya que lo único que hace es recordar la decisión de los antepasados con respecto al colectivo femenino, sin rendir un juicio positivo con respecto a esa tutela perpetua obligatoria para las mujeres, pero el recordatorio desde luego no ayuda a la liberación de la tutela por parte de la mujer, aunque el célebre jurista pronunciase dichas palabras en una época cercana a la supresión parcial de la *tutela mulierum* por parte del emperador Augusto, con el objetivo de incrementar la natalidad con la concesión del *ius liberorum*.

2.1. *Tutela mulierum*

Debemos recordar cómo en la antigua Roma las mujeres *sui iuris*[30], es decir, las que por su *status familiae* no deberían estar sometidas a la autoridad de otra persona, se encontraban sujetas a una tutela

mulierum perpetua, whereby a Roman woman *sui iuris* (other than a Vestal) acquired for life a male *tutor* who monitored her economic activities. Cicero depicts the ancestral intention as being subsequently perverted by lawyers, who came up with a category of *tutor* subject to the woman rather than exercising authority over her", citando a continuación el fragmento que completa la oración contenida en el discurso a favor de *Murena*: *hi invenerunt genera tutorum quae potestate mulierum continerentur.*

30 E. CANTARELLA, *La mujer romana*, Santiago de Compostela, 1991, p. 10, y su convicción de que la mujer *sui iuris* es el principio y el fin de su familia, "en otras palabras, no tiene ningún poder sobre los hijos: una primera y no poco importante discriminación con respecto a las mujeres (por otra parte, sobreentendida en una organización patriarcal) a la que seguían muchas otras.

perpetua debido a su condición[31], la *tutela mulierum*[32], mediante la cual, al terminar el periodo de sometimiento a la *tutela impuberum*[33], por razón de edad[34], continuaban su existencia bajo una estricta vi-

---

[31] D. 26. 1. 1. *pr*. (*Paulus libro 38 ad edictum*): *Tutela est, ut servius definit, vis ac potestas in capite libero ad tuendum eum, qui propter aetatem sua sponte se defendere nequit, iure civili data ac permissa*, en donde se ve claramente que la tutela no era un instrumento de fuerza y potestad tan sólo creado para el control de las mujeres, sino de toda persona libre, otorgado por el derecho civil para proteger a los sujetos que en razón de su edad o sexo no podían defenderse por sí mismos.

[32] A. BERGER, *Encyclopedic Dictionary of Roman Law*, cit. *s.v. tutela mulierum*: "Guardianship over women *sui iuris*, i.e., who were neither that of her husband (*manus*). In the developed stage of the institution the principal function of the *tutor mulieris* was to give his authorization (*auctoritas*) to more important transactions or acts performed by the woman, such as manumission of slaves, acceptance of an inheritance, making a testament, assuming an obligation, alienations, constitution of a dowry, and the like. The women's weakness of sex, lightmindedness, and ignorance of business and courtaffairs are given as grounds for their protection through tutelage. The appointment of a woman' guardian was made in the same way as the *tutela impuberum*: by testament of the person in whose power (paternal or marital) she was, by law (*tutela legitima* of the agnates and of members of the *gens*, *gentiles*, in earlier times) or by a magistrate (*tutela dativa*)".

[33] Gayo 1. 189: *Sed inpuberes quidem in tutela esse omnium ciuitatium iure contingit, quia id naturali rationi coueniens est, ut is qui perfectae aetatis non sit, alterius tutela regatur...*

[34] D. 27. 3. 4 (*Paulus libro 8 ad Sabinum*): *Nisi finita tutela sit, tutelae agi non potest: finitur autem non solum pubertate, sed etiam morte tutoris vel pupilli*, en donde da cuenta de que al llegar a la pubertad termina la tutela, pero también por la muerte de tutor o el pupilo; I. 1. 22. *pr.*: *Pupilli pupillaeque cum puberes esse coeperint, tutela liberantur. pubertatem autem veteres quidem non solum ex annis, sed etiam ex habitu corporis in masculis aestimari volebant. nostra autem maiestas dignum esse castitate temporum nostrorum bene putavit, quod in feminis et antiquis impudicum esse visum est, id est inspectionem habitudinis corporis, hoc etiam in masculos extendere: et ideo sancta constitutione promulgata pubertatem in masculis post quartum decimum annum completum illico initium accipere disposuimus, antiquitatis normam in femininis personis bene positam suo ordine relinquentes, ut post duodecimum annum completum viripotentes esse credantur*, en donde además de insistir en la *tutela impuberum* que termina para los *puberes*, refleja la edad establecida para cada sexo como medida de llegada a la pubertad: catorce años para los hombres, doce años para las mujeres.

gilancia, quedando la capacidad de obrar femenina profundamente limitada, sometida al control y autoridad del tutor previsto[35].

Esta institución se configuraba como un reflejo de la estructura familiar arcaica, puesto que no se presentaba como un mecanismo de protección, sino como la necesidad de controlar el patrimonio y los actos realizados por las mujeres, que quedaban así sometidas al hombre en una situación de incapacidad jurídica absoluta y perpetua[36]. Sin embargo, esta naturaleza supuestamente proteccionista de la tutela sobre la mujer, muy presente en los primeros años de esta institución, fue perdiendo poco a poco su significado y su razón de ser, hasta su total erradicación. Bien es cierto que el formalismo de la tutela se protegió durante mucho tiempo, y aunque en la práctica las mujeres llevaban a cabo todo tipo de actos y negocios jurídicos por sí mismas, necesitaban de la autoridad[37], siquiera formal, de su

---

[35] Sabemos que no existió un único tipo de tutela, sin varios, cuya división según su origen ha sido objeto de debate por parte de la doctrina. Con todo, de forma habitual se tiende a clasificar los tipos de tutela en tres posibles (reflejados ya en la cita anterior de BERGER) la tutela testamentaria, la legítima y la dativa: La testamentaria, ordenada en el testamento por quien ejerce la patria potestad o la *manus* sobre la mujer; la legítima, a falta de tutor testamentario, que compete a los agnados, a los gentiles, o al manumisor y sus hijos; la dativa, posterior a las anteriores, que procede a falta de tutor testamentario o legítimo, conferida por el magistrado a instancia de la mujer, con la exigencia de que el tutor propuesto esté presente; vid. al respecto, L. SANZ MARTÍN, *Estudio y comentario de las diferentes clases de tutela mulierum a tenor de lo referido en las fuentes jurídicas romanas. Funciones y responsabilidad del tutor mulierum*, en *Revista General de Derecho Romano* 15, 2010, p. 4 ss.

[36] CANTARELLA, E., *La calamidad ambigua*, Madrid, 1991, p. 209, en donde da cuenta de la diferencia entre géneros en lo que se refiere a la capacidad de obrar en la época republicana: "En el derecho romano, en particular, los hombres se consideraban en grado de administrarse a sí mismos y sus propios intereses al alcanzar la edad púber. Por ello, aunque estuviesen libres de la *patria potestas*, estaban sometidos a tutela hasta que cumplían catorce años. Pero las mujeres –como establecieron las XII Tablas– estaban sometidas a tutela perpetua".

[37] A. ERNOUT - A. MEILLET, *Dictionnaire Etymologique de la Langue Latine*, París, 1959, *s.v. augere*, raíz de nuestra palabra: "Faire croître, accroître; augmenter; amplifier", en el sentido de acrecer, reforzar, aumentar, amplificar, concretando en p. 57 ya con respecto a *auctor*: "en droit, *auctor* désigne le garant", trayendo a colación un texto de Cicerón, *Caec.* 72: "*quod mulier sine tutore, auctore promiserit deberi*".

tutor para poder completar la legalidad de determinadas acciones sometidas a control[38].

En el estudio de esta clase de tutela sobre las mujeres, *tutela mulierum*, cabe destacar dos etapas claramente diferenciadas. Una primera etapa en la que la tutela se configuraba como una manifestación en la que se suplía, mediante esta nueva institución sobre las mujeres, la *potestas* del *paterfamilias* y la *manus* del marido. Su aparición estaba muy relacionada con la estructura primitiva y arcaica del grupo familiar, en el que todos los miembros de la familia estaban bajo la *potestas* del *paterfamilias*[39], titular del poder supremo sobre todos los miembros de la *gens* o grupo gentilicio, que ejercía una autoridad y potestad absoluta y sin ningún tipo de limitación, representado incluso en el *ius vitae et necis*, es decir, el derecho de vida y muerte que le convertía en juez supremo de la vida familiar. La tutela se configura como un mecanismo de protección de las expectativas hereditarias de los agnados sobre el patrimonio de la mujer[40], que siendo *sui iuris*, es principio y fin de su propia familia[41],

---

[38] J. IGLESIAS, *Derecho Romano*, 12ª ed., Barcelona, 1999, p. 364, en donde destaca que en ningún caso actúa el tutor como *negotiorum gestor*, ya que la mujer administra ella misma su propio patrimonio, pero cuyo aval es imprescindible para la legalidad de determinados actos: "La función del tutor no es otra que la prestar su *auctoritas* –y siempre *in presenti*– a los siguientes actos celebrados por la mujer: 1. Enajenación de *res mancipi*. 2. *In iure cessio*. 3. *Acceptilatio*. 4. *Aditio hereditatis*. 5. Testamento. 6. Manumisiones. 7. Constitución de dote. 8. Asunción de toda clase de obligaciones. 9. *Legis actio* y *iudicium legitimum*. 10. *Conventio in manum* mediante *coemptio*. 11. Permiso a la liberta para quedar en contubernio con un esclavo ajeno".

[39] J. A. CROOK, *Law and Life of Rome, 90 B.C.- A. D. 212*, Ítaca-Nueva York, 1967, p. 107, en donde dice que el principio agnaticio de la familia romana se perfecciona así: "Every member, male and female, was in the *potestas* of the oldest surviving male ascendant, the *paterfamilias*".

[40] P. ZANNINI, *Studi sulla tutela mulierum*, II, *Profili strutturali e vicende storiche dell'istituto*, Milán, 1979, p. 1-4; S. DIXON, *Infirmitas sexus: womanly weakness in Roman Law*, cit., p. 343: "Legal historians are generally agreed that the origin of *tutela mulierum* is to be explained in terms of the early Roman system of inheritance and was designed to safeguard male rights rather than to protect women".

[41] D. 50. 16. 195. 5 (*Ulpianus libro 46 ad edictum*): *Mulier autem familiae suae et caput et finis est.*

para que no pueda perjudicar los intereses económicos del tronco agnaticio, convirtiéndose el agnado más próximo en su tutor a fin de preservar el patrimonio familiar[42]. Así se evita la dispersión de los bienes considerados propios de una determinada familia, a la par que se vigila la posible distracción de algunos efectos considerados imprescindibles por parte de las mujeres *sui iuris* que no estén sometidas a potestad alguna.

Una segunda etapa debemos situarla en la época clásica. En ella, la institución de la *tutela mulierum* ha ido evolucionando, al igual que la estructura y organización del grupo familiar. Con el paso del tiempo, la mujer fue ganando ciertas cotas de libertad e independencia entre otros motivos por las consecuencias de los innumerables conflictos bélicos en los que estaba inmersa la República. La desaparición de los padres, maridos y agnados de la vida de las mujeres provocó su presencia en múltiples actos jurídicos que antes hubieran sido inimaginables. Además, hizo su aparición el matrimonio *sine manu*, una nueva forma de unión matrimonial que consiste en la conservación por parte de la mujer del status previo a contraer matrimonio. Es decir, si en el matrimonio *cum manu* la mujer abandonaba a su familia de origen para pasar a formar parte de la familia de su marido, en esta nueva forma de matrimonio pueden suceder dos cosas diferentes: por un lado, que la mujer continúe bajo la patria potestad del *pater* como *alieni iuris*, por otro, que la mujer no quede sometida a la patria potestad de nadie, ni de su padre, ni de su marido, manteniendo la condición de *sui iuris*. En este último caso, la mujer *sui iuris* puede realizar negocios jurídicos e intervenir en los actos de disposición de su patrimonio, pero siempre con la autorización preceptiva de su tutor.

Esta distinción resulta importante a los efectos de conocer mejor a las dos protagonistas del recorrido jurídico-histórico de este libro:

---

[42] A. ARJAVA, *Women and Law in Late Antiquity*, Oxford-Nueva York 1966, p. 112: "As a daughter could inherit a considerable estate, it was in her brothers', uncles', and cousins' personal interest to see that she did not alienate property which would after her death revert to the family. That is why the nearest agnatic male relative automatically became the guardian (*tutor legitimus*), unless the father had appointed someone else in his will. This sistem was already eroded in the late republic, and Claudius finally abolished the agnatic guardianship".

así, podremos entender la posición de Lucrecia, personaje femenino, entre el mito y la leyenda, que representa la máxima virtud de pureza y castidad que se citaba como ejemplo de la vida que debían llevar todas las matronas romanas. Su ubicación temporal, perteneciente al ámbito del derecho romano arcaico, sirve para explicar mejor su violento final, en el que defendió el honor de su familia por encima de su propia existencia tras ser violada por el hijo del último rey etrusco. Resulta evidente que, en un momento tan primitivo del derecho, aún no conformado siquiera con la Ley de las XII Tablas[43], en la que ya se reconoce la exención de la *tutela mulierum* a las vírgenes vestales[44], la dependencia de las mujeres con respecto a los hombres era total y absoluta, por lo que la tutela era un mecanismo connatural al hecho de ser mujer. Así, la *tutela mulierum*, es el reflejo de una estructura arcaica potestativa que se transforma en una situación de incapacidad jurídica absoluta y perpetua de la mujer[45], lo que provo-

---

[43] Gayo 1. 145: ... *Loquimur autem exceptis uirginibus Vestalibus quas etiam ueteres in honorem sacerdotii liberas esse uoluerunt; itaque etiam lege XII tabularum cautum est*; vid. contra la genuidad del texto gayano, S. SOLAZZI, *Glosse a Gaio*, en *Studi Riccobono* 1, Palermo, 1936 p. 168 ss., de acuerdo con el uso impropio del término *ueteres*, que podría haber sido utilizado aquí como los juristas anteriores a los decenviros; en desacuerdo, B. BIONDI, *La legislazione di Augusto*, en *Conferenze augustee nel bimillenario della nascita*, Milán, 1939, p. 203, n. 2, en donde defiende la autenticidad del paso de Gayo, entendiendo que la norma relativa a las vestales fue recogida en la Ley de las XII Tablas.

[44] G. GIANNELLI, *Il sacerdozio delle Vestali romane*; Florencia, 1913; F. MÜNZER, *Römische Adelsparteien und Adelsfamilien*, Stuttgart, 1920; F. GUIZZI, *Aspetti giuridizi del sacerdozio romano. Il sacerdozio di Vesta*, Nápoles, 1968, *passim*; M. BEARD, *The Sexual Status of Vestal Virgins*, en *JRS* 70, 1980, pp.12 ss. donde destaca sobre todo la ambigüedad de las vestales; sobre la historia concreta de algunas de ellas, J. SCHEID, *Claudia, la vestale*, en *Roma al femminile*, Roma-Bari, 1994, pp. 3-19. B. SCARDIGLI, *Vestali integrate nella società romana*, en *Stud, hist., Ha. antig.* 21, 2003, pp. 97-104; sobre la virginidad de las vestales, H. N. PARKER, *Why Were the Vestals Virgins? Or the Chastity of Women and the Safety of the Roman State*, en *The American Journal of Philology*, 125, 4, 2004, p. 568: "It is here that we can seek the symbolic function of the Vestal's virginity. Just as she embodied the city of Rome, so her unpenetrated body was a metaphor for the unpenetrated walls of Rome. This is manifest from the ancient sources. The powers of a Vestal were coterminous with the city walls".

[45] L. SANZ MARTÍN, *Fundamentos doctrinales en torno a la tutela mulierum. Naturaleza y esencia de la tutela mulierum*, en *Revista General de Derecho*

ca que, con el paso del tiempo y el nacimiento de un nuevo tipo de sociedad en el mundo romano, esta institución quede vacía de contenido y poco a poco, la jurisprudencia y la propia sociedad romana la vean como una figura inútil.

De hecho, cuando analicemos al personaje de Cornelia, veremos cómo la situación ha cambiado radicalmente: independientemente de su riqueza, su condición de viuda ejemplar o su procedencia de una familia de noble origen quiritario, lo cierto y verdad es que Cornelia demuestra un grado de independencia en todos sus actos que hace presumir el escaso impacto real de la tutela en aquellos momentos, sobre todo para aquellas mujeres de su condición.

A mayor abundamiento, Cornelia pertenece a una familia de ilustre pasado como defensores de la Patria, inmersa continuamente en conflictos bélicos, sobre todo de carácter internacional, como resulta el protagonismo indiscutible de su padre en la segunda guerra púnica, y de su yerno en la destrucción de Cartago, como veremos en el momento preciso, lo que da cuenta de la ausencia prolongada de la autoridad masculina a la hora de relacionarse jurídicamente en el mundo romano.

Con todo, no podemos olvidar como la institución jurídica de la tutela seguía vigente, y seguirá siendo impuesta con carácter formal aún hasta la época imperial. Esta hipocresía jurídica resulta molesta, por cuanto la autoridad del tutor es necesaria para llevar a cabo determinados actos, reflejando todavía una incapacidad por cuestión de género que no es cierta, ni refleja la personalidad femenina, que cuando tiene acceso a la formación adecuada y a una educación adecuada, demuestra con sus actos que es tan capaz como un hombre,

---

Romano, 12, 2009, p. 5, añadiendo en p. 6: "La mujer romana *sui iuris*, cualquiera que fuese su edad, estaba siempre sometida al peso de la tutela: de impúber a la *tutela impuberum*, y de púber y para siempre a la *tutela mulierum*", trayendo a colación los textos de Gayo pertinentes al respecto, 1. 144: *Permissum est itaque parentibus, liberis quos in potestate sua habent testamento tutores dare: masculini quidem sexus inpuberibus, <femini autem sexus cuiscumque aetatis sint et tum quo> que cum nuptae sint. Veteres enim voluerunt feminas, etiamsi perfectae aetatis sint, propter animi levitatem in tutela esse.*, y 1. 145: *Itaque si quis filio filiaque testamento tutorem dederit, et ambo ad pubertatem pervenerint, filius quidem desinit habere tutorem, filia vero nihilo minus in tutela permanet…*

y en ocasiones mucho más, como demuestran la vida y actos de la propia Cornelia.

Así, en la época de Augusto empieza a agonizar la arcaica y demonizante tutela de las mujeres, con la legislación caducaria de Augusto[46], en concreto por medio de la disposición contenida en la *lex Iulia de maritandis ordinibus* (18 a.C.) y en la *lex Papia Poppaea*[47] (9 d.C.), que otorgaba el derecho, denominado *ius trium liberorum*[48], de verse liberadas de la tutela obligatoria, a las mujeres que tuviesen tres o más hijos, si eran *ingenuae*, o cuatro si eran libertas[49]. Aunque

---

[46] J. EVANS GRUBBS, *Women and the Law in the Roman Empire: A Sourcebook on Marriage, Divorce and widowhood*, Londres-Nueva York, 2002, p. 24: "Augustus, as part of his promotion of marriage and procreation, granted women who served the state by child-bearing the *ius* (*trium*) *liberorum*".

[47] Gayo 1. 145: ... *Tantum enim ex lege Iulia et Papia Poppaea iure liberorum tutela liberantur feminae...; Ibid. id.* 3. 44: *Sed postea lex Papia cum quattuor liberorum iure libertinas tutela patronorum liberaret et eo modo concederet eis etiam sine tutoris auctoritate testamentum facere, prospexit, ut pro numero liberorum quos liberta mortis tempore habuerit, uirilis pars patrono debeatur...*

[48] A. BERGER, *Encyclopedic Dictionary of Roman Law*, cit., *s.v. ius liberorum:* "The most important application of *ius liberorum* concerned women. A freeborn woman with three children and a freedwoman with four children were freed from guardianship to which women were subject and had a right of succession to the inheritance of their children. The women's *ius liberorum* was applied even when the children were no longer alive"; C. 8. 59. 2, cuya denominación del título, *De iure liberorum*, explica la decisión de Justiniano: *Illan iniuriam, quae contra matrem defuncti vel defunctae praeteritis fiebat temporibus, pro iustitiae ratione amputamus, et legitima iura, quae ex Tertulliano senatusconsulto ei praestantur, omnimodo eam haber sancimus, licet tres liberos ingenua, vel libertina quattuor minime pepererit*; M. ZABLOCKA, *Il "ius trium liberorum" nel diritto romano*, en *BIDR*, 30, 1988, pp. 361-390.

[49] Gayo 1. 194: *Tutela autem liberantur ingenuae quidem trium< liberorum iure, libertinae uero quattuor, si in patroni>liberorumue eius legitima tutela sint; nam et ceterae quae alterius generis tutores habeant, uelut Atilianos aut fiduciarios, trium liberorum iure tutela liberantur.*; *Tit. ex corp. Ulp.* 29. 3: *Lex Papia Poppaea postea libertas quattuor liberorum iure tutela patronorum liberavit...*; *Tit. ex. corp. Ulp.* 26. 8: *sed si ius liberorum habeat, ingenua trium, libertina quattuor...*; *Paul. Sent.* 4. 9. 1: *Matres tam ingenuae, quam libertinae, cives Romanae, ut ius liberorum consecutae videantur, ter et quater peperisse sufficit, dummodo vivos et pleni temporis pariant*; por último, *Paul. Sent.* 4. 9. 5: *Septimo mense natus matri prodest*, en el sentido de liberar a la madre, aunque el nacido fuera sietemesino y no un parto ordinario de nueve meses.

tal privilegio se concedía por vía de excepción, esta innovación jurídica transformaba la situación de las mujeres, convirtiéndolas en dueñas de sus propios actos y en pioneras de una libertad jurídica desconocida materialmente hasta ese momento.

A mayor abundamiento, el *ius liberorum* confiere a la mujer no sólo la liberación de la tutela bajo las condiciones que acabamos de ver, sino también la libertad de testar, la exención de la *lex Voconia*, por lo que una mujer podrá ser heredera de un *cives* romano cuya fortuna supere los cien mil ases y recibir todo el caudal testamentario sin reducciones como se hacía con los célibes, y sin disminuir la mitad de su legado, como se hacía con los huérfanos o los *orbae* que no tenían hijos. Además, tienen derechos especiales sobre la sucesión de los manumitidos[50], y en tiempos de Adriano, con el *senatusconsultum Tertullianum*[51], tendrán derecho a la sucesión legítima de los hijos *sui iuris* muertos sin sucesión. Por último, el conocido *ius stolae*[52], o derecho a poder llevar la estola, prenda femenina que atestigua la condición de matrona de quién la lleva, otorga un prestigio social del que las mujeres romanas no están dispuestas a prescindir.

---

[50] Gayo 3. 51-52: 51. *Quod autem ad libertinarum bona pertinet, siquidem intestatae decesserint, nihil noui patronae liberis honoratae lex Papia praestat. Itaque si neque ipsa patrona neque liberta capite deminuta sit, ex lege XII tabularum ad eam hereditas pertinet et excluduntur libertae liberi; quod iuris est etiam si liberis honorata non sit patrona; numquam enim, sicut supra diximus, feminae suum heredem habere possunt. Si uero uel huius uel illius capitis deminutio interueniat, rursus liberi libertae excludunt patronam, quia legitimo iure capitis deminutione perempto euenit, ut liberi libertae cognationis iure potiores habeantur.* 52. *Cum autem testamento facto moritur liberta, ea quidem patrona quae liberis honorata non est nihil iuris habet contra libertae testamentum; ei uero quae liberis honorata sit hoc ius tribuitur per legem Papiam, quod habet ex edicto patronus contra tabulas liberti.*

[51] *Inst*. 3. 3. 2: *Postea autem senatus consulto Tertulliano, quod divi Hadriani temporibus factum est, plenissime de tristi successione matri, non etiam aviae deferenda cautum est: ut mater ingenua trium liberorum ius habens, libertina quattuor ad bona filiorum filiarumve admittatur intestatorum mortuorum, licet in potestate parentis est, ut scilicet, cum alieno iuri subiecta est, iussu eius adeat, cuius iuri subiecta est.*

[52] Fest. *De verborum significatu, s.v. matronas*: *appellabant eas fere, quibus stolas habendi ius erat.*

No será hasta tiempos del emperador Claudio[53], cuando se entienda que la tutela agnaticia era un instrumento periclitado[54], necesitado de refrendo legal para su derogación[55], que conocemos gracias al testimonio de Gayo, 1. 157, en el que además se insiste en la aparición de la misma en la época de las XII Tablas:

> *Sed olim quidem, quantum ad legem XII tabularum attinet, etiam feminae agnatos habebant tutores. Sed postea lex Claudia lata est*[56]*, quae quod ad feminas attinet <tales> tutelas sustulit; itaque masculus quidem inpubes fratrem puberem aut patruum habet tutorem, femina uero talem habere tutorem non potest.*

Del mismo modo, contamos con una constitución del emperador León, en la que se recoge su derogación por parte del emperador Constantino[57]:

> C. 5. 30. 3: *Constitutione divae memoriae constantini lege Claudia sublata, pro antiqui iuris auctoritate salvo manente agnationis iure*

---

[53] G. MELILLO, *La condizione femminile a Roma: Due norme di Claudio*, en *SDHI* 68, 2002, p. 55 ss.

[54] G. MAY, *L'activitè juridique de l'empereur Claude*, en *RHDFE* 15, 1936, p. 235, en donde señala que la tutela legítima de los agnados era el lado débil de la *tutela mulierum*, ya que el tutor era designado por razón de nacimiento, mientras que en los otros tipos de tutela, testamentaria o atiliana, el tutor se elegía de acuerdo con unos criterios de racionalidad.; vid. un estudio interesante sobre los diferentes tipos de tutela, G. BUIGUES OLIVER, *La posición jurídica de la mujer en Roma. Presupuestos para un estudio de la capacidad negocial de la mujer*, Madrid, 2014, p. 103 ss.

[55] M. J. CASADO CANDELAS, *La tutela de la mujer en Roma*, Valladolid, 1972, p. 117: "La tutela agnaticia de las mujeres, que representaba para el tutor sólo un radio de acción exactamente limitado a la *auctoritatis interpositio*, no podía sobrevivir largo tiempo, y el golpe de gracia estuvo a cargo de una disposición del emperador Claudio, en el año 44 d.C., la llamada ley Claudia.

[56] Gayo, 1. 171: *Sed quantum ad agnatos pertinet, nihil hoc tempore de cessicia tutela quaeritur, cum agnatorum tutelae in feminis lege Claudia sublatae sint.*

[57] Vid. del mismo emperador, C. 8. 58 (*Imp. Constantinus A (7) ad populum)*: *Qui iure vetere coelibes habebantur, imminentibus legum terroribus liberentur... Quam rem et circa feminas aestimamus, earumque cervicibus imposita iuris imperia, velut quaedam iuga, solvimus promiscue omnibus.*

tam consanguineus (id est frater) quam patruus ceterique legitimi ad pupillarum feminarum tutelam vocantur (a. 472).

A pesar de caer en el olvido, en el desuso y en la progresiva implantación de otros modos de resolver las lagunas de protección legal de las mujeres, como por ejemplo la figura del *curator minoris* recogida por Justiniano en sus Instituciones para las mujeres situadas en la franja de edad entre 14 y 25 años[58], la institución jurídica de la tutela no fue formalmente abolida[59], quizás porque formaba parte del origen ancestral del respetado *ius civile*[60], pero las mujeres pasaron a tener una amplísima capacidad negocial, con un reforzamiento sustancial de su capacidad de obrar[61].

2.2. *Infirmitas sexus*

La unión del calificativo de *infirmitas* con el vocablo *sexus* sí lo encontramos, por ejemplo, en un texto de Neracio[62], D. 27. 10. 9 (*Ner.* 1 *membran.*):

---

[58] I. 1. 23. *pr.*: *Masculi puberes et feminae viripotentes usque ad vicesimum quintum annum completum curatores accipiunt; qui licet puberes sint, adhuc tamen huius aetatis sunt, ut negotia sua tueri non possint.*

[59] J. F. GARDNER, *Family and Familia in Roman Law and Life*, Londres, 1998, p. 26, en donde señala que no se sabe cuánto tiempo duró la tutela, y que las referencias tardías no prueban que los cambios decididos por el pretor no hubieran tenido lugar; J. EVANS GRUBBS, *Women and the Law in the Roman Empire: A Sourcebook on Marriage, Divorce and widowhood*, cit., p. 24, cuando afirma que la *tutela mulierum* "has disappeared two centuries before Justinian", y por eso los compiladores de la magna obra de Justiniano omitieron cualquier referencia a la misma en el Digesto, el Código de Justiniano y sus Instituciones, así como en el Código de Justiniano, concluyendo que la única fuente para conocer la tutela de las mujeres en el periodo clásico la representa las Instituciones de Gayo.

[60] Cfr. O. TELLEGEN, *Tutela mulierum*, en *Mulier. Algunas historias e Instituciones de Derecho Romano*, R. RODRÍGUEZ LÓPEZ /M.J. BRAVO BOSCH (Eds.), Madrid, 2013, p. 417.

[61] A. FERNÁNDEZ DE BUJÁN, *Derecho Privado Romano,* cit., p. 196.

[62] *The Oxford Classical Dictionary*, N. G. L. HAMMOND/H. H. SCULLARD (Eds.), Oxford, 2ª ed., 1971, *s.v. Neratius*: "*Priscus, Lucius*, a considerable Roman jurist of the age of Trajan and Hadrian; born at Saepinum in

Cuius bonis distrahendis curatores facere senatus permisit, eius bona creditoribus vendere non permisit, quamvis creditores post id beneficium bona vendere mallent; sicut enim integra re potestas ipsorum est, utrum velint, eligendi, ita quum alterum elegerint, altero abstinere debent. Multoque magis id servari aequum est, si etiam factus est curator, per quem bona distraherentur, quamvis nondum explicato eo negotio decesserit; nam et tunc ex integro alius curator faciendus est, neque heres prioris curatoris onerandus, quum accidere possit, ut negotio vel propter sexus, vel propter aetatis infirmitatem, vel propter dignitatem maiorem minoremve, quam im priore a curatore spectata erat, habilis non sit[63]*; possint etiam plures heredes ei existere, neque aut per omnes id negotium administrari expediat, aut quidquam dici possit, cur unus aliquis ex his potissimum onerandus sit.*

En este fragmento, se alude a que el Senado no permitió a los acreedores la venta de los bienes de la persona para cuya enajenación de bienes estaba sometida a curadores, aunque después de este beneficio quisieran vender los bienes. Es un texto indirectamente relacionado con el léxico que estamos analizando, pero que viene a colación en el momento en el que se hace referencia a que no se debe gravar al heredero de un curador (en el texto se refiere al primero en el caso de que fallezca), ya que puede suceder que no sea apto para el negocio por motivos tales como la edad o la debilidad del sexo, siendo suficiente motivo para entender la incapacidad y la exoneración del gravamen.

Samnium. He was *praefectus aerarii Saturni, cos. suff. 97, legatus Augusti pro praetore* of Pannonia, and he was at one time, we are told, thought of by Trajan as his successor", añadiendo a continuación que Neracio fue con Celso, la última cabeza visible de la Escuela Proculeyana, además de ser miembro del *consilium* de Adriano y quizás Trajano. También se comenta la magnífica reputación de Neracio como jurista, demostrada por la cantidad ingente de citas realizadas por juristas posteriores, y además por el hecho de que Paulo escribiese un Comentario *ad Neratium.*

[63] T. MASIELLO, *Modelli culturali e prassi giuridica fra gli Antonini e Severi*, Nápoles, 1979, p. 30, en donde afirma que la incapacidad de la mujer para poder ser *curator* está relacionada con la idea de "un' *infirmitas* intesa in un significato naturalistico biologico".

Del mismo modo, encontramos la misma acepción en un texto de Paulo, contenido en D. 22. 6. 9 *pr.* (*Paul. lib. sing. de iuris et facti ignorantia*):

> *Regula est iuris quidem ignorantiam cuique nocere, facti vero ignorantiam non nocere. Videamus igitur, in quibus speciebus locum habere possit, ante praemisso quod minoribus viginti quinque annis ius ignorare permissum est. Quod et in feminis in quibusdam causis propter sexus infirmitatem dicitur: et ideo sicubi non est delictum, sed iuris ignorantia, non laeduntur. Hac ratione si minor viginti quinque annis filio familias crediderit, subvenitur ei, ut non videatur filio familias credidisse.*

Habida cuenta de la regla general de que la ignorancia del derecho perjudica igualmente, no así la ignorancia del hecho, vemos cómo Paulo concreta las excepciones existentes, la primera en relación con los menores de veinticinco años a los que se exime de perjuicio en caso de ignorancia del derecho, la segunda en referencia a las mujeres, cuya exención de posibles perjuicios se justifica por la debilidad de su sexo, *propter sexus infirmitatem dicitur*.

Cronológicamente hablando, debemos referirnos ahora a los textos de Marciano[64]. El primero de ellos, D. 48. 16. 1. 10[65] (*Marcianus libr. singulari ad senatus consultum Turpillianum*[66]):

---

[64] *The Oxford Classical Dictionary*, cit., p. 647, s. v. *Marcianus*: "One of the last classical Roman jurists, was active in the period after Caracalla. He was the autor of voluminous manuals (*Instituciones, Regulae*) and some monographs, chiefly in the domain of criminal procedure, and perhaps addresses to the new citizens created by the *Constitutio Antoniniana* for the purpose of instructing them in Roman Law. He cites numerous rescripts, especially from the period 198-211. This has led some to conjecture that the held office in the imperial chancery. His writings are elegant, clear, well-arranged, and not unoriginal".

[65] En relación con este paso podemos ver también D. 48. 16. 1. 1 *pr.* (*Marcianus libr. singulari ad senatus consultum Turpillianum*), en el que Marciano afirma que existen tres modos de descubrir la temeridad de los acusadores, sujetos a tres penas, ya que o calumnian, o prevarican, o tergiversan: *Accusatorum temeritas tribus modis detegitur et tribus poenis subicitur: aut enim calumniantur aut praevaricantur aut tergiversantur.*

[66] L. FANIZZA, *Delatori et accusatori: l'iniziativa nei processi di età imperiale*, Roma, 1988, p. 103: "La formazione della rubrica *ad senatusconsultum Tur-*

Accusationem is intulit, qui praescriptione summoveri poterat, ut quilibet adulterii masculo post quinque annos continuos ex die commissi adulterii vel feminae post sex menses utiles ex die divortii: an, si destiterit, hoc senatus consulto plecti debet, belle dubitatur. Movet, quod paene nulla erit accusatio, quam temporis spatium aut personae vitium omnimodo removeret reoque securitatem timoris ac periculi promitteret. Contra movet, quod qualiscumque accusatio illata cognoscentis auctoritate, non accusantis voluntate aboleri debet maioreque odio dignus existimaretur, qui temere ad tam improbam accusationem processisset. Ergo verius est eum quoque de quo loquimur in senatus consultum incidere oportere. Adquin Papinianus respondit mulierem, quae idcirco ad falsi accusationem non admitteretur, quod suam suorumve iniuriam non persequeretur, desistentem senatus consulto Turpilliano non plecti. Num ergo et in ceteris idem responsurus sit? Quid enim interest, propter ***sexus infirmitatem*** *an propter status turpitudinem temporisve finem ad accusationem aliquam non admittatur? Multoque magis excludendi sunt, quod mulieris quidem accusatio vel propter proprium eius dolorem effectum habere potuit, illorum vero accusatio voce dumtaxat tenus intervenit. Adquin idem alias scribit non posse aliquem duos eodem tempore adulterii accusare, marem et feminam, et tamen, si utrique simul denuntiaverit, in utriusque persona abolitionem eum petere debere, ne in hoc senatus consulto incidat. Quid porro refert, propter causas supra scriptas accusatio non valuerit an propter numerum personarum non tenuerit? An haec intersint, plenam habuerit aliquis accusandi facultatem, sed propter personarum coniunctionem ab accusatione summoveatur, an vero stricta ratione quibusdam accusandi facultas non competat? Merito itaque dicendum est omnes excepta muliere et minore nisi abolitionem petierint, in hoc senatus consulto incidere.*

En este texto se pone en discusión la opinión de Papiniano con respecto al Senadoconsulto Turpiliano[67], que establecía la prohibi-

---

pillianum et de abolitionibus criminum nel Digesto, va ricondotta quindi ad apporti diversi della giurisprudenza classica; uno spazio considerevole va ascritto poi alla monografía marcianea *ad senatusconsultum Turpillianum.* Nel titolo, alla denominazione usuale del senatoconsulto si aggiunge *et de abolitionibus criminum*: per questa parte bisognerà ipotizzare una diversa dipendenza".

[67] A. BERGER, *Encyclopedic Dictionary of Roman Law,* cit. s. v. *Senatusconsultum Turpillianum*: "(A. D. 61). Contained provisions against *Tergiversatio*";

ción de desistimiento del acusador, *tergiversator*[68], si no le concedía el magistrado la *abolitio* pertinente[69]. En este texto se relaciona el desistimiento con la prescripción, cuando se interpone la acusación por adulterio[70], que puede ser rechazada por la prescripción si el que la interpuso por causa de adulterio contra el marido la presenta después de cinco años desde el día en el que se cometió el delito, o contra la mujer seis meses útiles después del divorcio. Las dudas aparecen con respecto a la opción de ser castigado con el Senadoconsulto si hubiera desistido. En medio de todas las posibilidades, encontra-

---

E. VOLTERRA, *D. 48, 16, 1 e il Se. Turpilliano nel diritto giustinianeo* en *Studi econ. giu. di Cagliari* 17, 1929, p. 115 ss.; *ibid.*, *s.v. Senatus Consulta*, en *NNDI* 16, Turín, 1969, p. 1070; J. GARCÍA CAMIÑAS, *La lex Remmia de Calumniatoribus*, Santiago de Compostela, 1984, p. 113: "La regulación de la calumnia criminal, establecida por la *lex Remmia de calumniatoribus*, fue completada el año 61 d.C. por el SC. Turpiliano, así llamado por haber sido propuesto por el cónsul *Petronius Turpillianus*"; *ibid.*, *Acerca del Senadoconsulto Turpiliano*, en *Estudios de derecho romano en memoria de Benito Mª Reimundo Yanes*, A. MURILLO VILLAR, Vol. 1, 2000, pp. 93-102; R. MENTXACA, *Los requisitos para acceder a las magistraturas locales con base en los escritos de los juristas clásicos*, en *Veleia* 28, 2011, p. 16: "Sin embargo, desde el año 61 p. C. un *SC Turpillianum* reguló el *desistere ab accusatione* como tipo propio e impuso al *tergiversator*, que es el nombre que recibía la persona que hubiera abandonado dolosamente su acusación sin haber obtenido previamente el indulto, penas varias que iban desde la pérdida del derecho a renovar la acusación a sanciones económicas, así como las penas establecidas en general contra los calumniadores".

68 D. MEDICUS, *s.v.*, *Tergiversatio*, en *KP* 5, Múnich, 1979, pp. 605-606.

69 Abolición que podía ser pública, como puede verse en D. 48. 16. 8. (*Pap. libr.* 2 *de adult.*): *Abolitio aut publice fit ob diem insignem aut publicam gratulationem*, por algún regocijo público, y en D. 48. 16. 10 *pr.* (*Pap. libr.* 2 *de adult.*): *Aut privatim actore postulante. Tertio genere fit ex lege abolitio accusatore mortuo vel ex iusta causa impedito, quo minus accusare possit*, que habla de la abolición pública por disposición de la ley; también podía ser privada, que concedía el tribunal extraordinario o *quaestio*, caso por caso; R. DE CASTRO CAMERO, *Soluciones in iure a una controversia patrimonial: transacción, juramento y confesión*, Sevilla, 2006, p. 70, en donde trae a colación las diferencias entre la *abolitio* privada y pública: "Mientras que en caso de abolición privada no era posible para el acusador volver a acusar por el mismo crimen al acusado, (D. 48. 16. 4. 1 [*Pap.* 15 *resp.*]), en los casos de abolición pública, sin embargo, el acusador disponía de un plazo de 30 días para volver a acusar".

70 Vid. al respecto, P. GARNSEY, *Adultery Trials and the survival of the Quaestiones in the Severan Age*, en *JRS* 57, 1-2, 1967, pp. 56-60.

mos la opinión del célebre jurista[71], que responde que la mujer que no fuese admitida a la acusación de falsedad, porque no se perseguía la injuria de ellas o de los suyos, si desistía, no fuese castigada por el Senadoconsulto Turpiliano.

La duda que se plantea entonces es si Papiniano no debía responder lo mismo con respecto a los demás, ya que no importa que no sea admitida en una acusación por razón de la debilidad de su sexo, por lo torpe de su estado, o por la prescripción temporal. Independientemente del resultado final cuando se dice que con razón todos, excepto la mujer y el menor, si no hubieren pedido la abolición, incurrían en el senadoconsulto, el calificativo empleado en relación a las mujeres vuelve a demostrar la discapacidad connatural a la condición femenina, que la convierte en destinataria de numerosas exenciones legales siempre por el mismo motivo: su torpeza, su debilidad de espíritu, en otras palabras, su falta de capacidad para comprender el alcance de los actos jurídicos que conforman el espacio legal romano, en este caso concreto relacionados con el desistimiento.

Y en D. 49. 14. 18 *pr.* (*Marcianus libr. singulari de delatoribus*):

> *Deferre non possunt mulieres propter* ***sexus infirmitatem****, et ita sacris constitutionibus cautum est.*

De nuevo se insiste en que las mujeres no pueden ser delatoras por razón de la debilidad de su sexo, lo que se dispuso en las sacras constituciones, dando por supuesto que la condición femenina ya implica que son débiles de espíritu, no pueden escapar a su naturaleza y por lo tanto se debe tener en cuenta en las distintas normas, en este caso constituciones que refieren el ánimo débil que discapacita a las mujeres por el mero hecho de serlo.

---

[71] Vid. al respecto, A. TORRENT, *El Senadoconsulto Messaliano y el crimen falsi*, en *Anuario de Historia del Derecho Español*, 50, 1980, p. 118: "En definitiva, a través de estas extensiones de las penas legales por medio, de senadoconsultos y rescriptos imperiales, se va dando certeza a la materia criminal, labor en la que en menor medida que para el Derecho privado, pero que tampoco puede negarse totalmente para el Derecho criminal, colaboro la *interpretatio prudentium*, y no deja de ser sintomático la gran abundancia de comentarios monográficos a los senadoconsultos Silaniano, Liboniano, Turpiliano y a las leyes *Iulia de adulteriis*, *ad leges Corneliae*, etc.".

3. GAYO: *LEVITAS ANIMI*

Mención aparte merece Gayo[72], ya que utiliza la expresión *levitas animi* en vez de *infirmitas sexus* en sus Instituciones[73], una elección que no parece fruto de la casualidad ya que tiene un significado diferente, aunque ambas expresiones tengan una cierta afinidad. En la obra de Gayo no se utilizan jamás los términos latinos *infirmitas, imbecilitas, fragilitas*[74], utilizados con suma frecuencia por el resto de los juristas para describir la supuesta debilidad femenina. Sin embargo, Gayo, una figura ya singular de por sí en lo que respecta a su obra[75], vuelve a distanciarse de sus coetáneos a la hora de describir a

---

[72] D. LIEBS, *Gayo*, en *Juristas Universales*, cit., pp. 179-184, señalando en p. 179 que de los pormenores de la vida de Gayo se ignora casi todo, por lo que deben extraerse de su propia obra, realizada en una época entre los años 140 y 179 d.C.

[73] J. C. LEDLIE, *Gaius*, en *Journal of the Society of Comparative Legislation*, 13, 2, 1913, p. 242, en donde da cuenta de la excelencia técnica de las Instituciones de Gayo: "It exhibits very clearly our author's two most salient characteristics, lucidity of expression and orderliness of arrangement. The style throughout is neat, vigorous, precise. The points are stated tersely and accurately. There is no rethoric, no redundancy. The points are stated tersely and accurately".

[74] J. BEAUCAMP, *Le vocabulaire de la faiblesse féminine dans les textes juridiques romains du III au IV siècle*, en *RHDEF* 54, 1976, p. 487.

[75] Vid. entre la numerosísima bibliografía al respecto: J. E. KUNTZE, *Der Provinzialjurist Gajus, wissenschaftlich abgeschätzt*, Leipzig, 1883; F. KNIEP, *Der Rechtsgelehrte Gajus und die Ediktskommentare*, Jena, 1910; P. KRÜGER, *Geschichte der Quellen des römischen Rechts*, 2ª ed., Leipzig, 1912, p. 204 ss.; F. WIEACKER, *Zur Geschichte des Gaiustextes*, en *Studi in onore di V. Arangio-Ruiz IV*, Nápoles, 1953, pp. 193 ss.; M. KASER, *Gaius und die Klassiker*, en *ZSS*, 70, 1953, pp. 127-178; A. M. HONORÉ, *Gaius*, Oxford, 1962; V. ARANGIO-RUIZ, *Storia del diritto romano*, Nápoles, 1966, en donde acusa a Gayo –en pp. 287 y 288– de ser un autor "privo di valore scientifico"; VV. AA., *Gaio nel suo tempo. Atti del simposio romanistico*, A. GUARINO, L. BOVE (Eds.), Nápoles, 1966; R. MARTINI, *Ricerche in tema di editto provinciale*, Milán, 1969; O. BEHRENDS, *Die Prokuratur des klassischen röm. Zivilrechts*, en SZ 88, 1971, pp. 297 SS.; R. QUADRATO, *Le Institutiones nell'insegnamento di Gaio: omissioni e rinvii*, Nápoles, 1979; D. KELLY, *Gaius noster – Substructure of Western Social Thought*, en *The American Historical Review*, 84, 3, 1979, pp. 609 ss.; A. M. GIOMARO, *Spunti per una lettura critica di Gaio, Institutiones*, Urbino, 1994, con serias dudas acerca de la existencia de Gayo en p. 11; J. M. BLANCH NOUGUÉS, *Certissima iuris regula de Gayo*, en *RIDA* 44, 1997, p. 45 ss.; G. FALCONE, *Appunti sul IV*

las mujeres, prefiriendo la utilización de *levitas animi* para expresar su especial condición.

Tal distinción a la hora de describir el estado femenino ha llevado a parte de la doctrina a reconocer en la obra gayana ecos de un cierto feminismo[76], el deseo de superar la inferioridad secularmente atribuida a las mujeres utilizando para ello un lenguaje más igualitario para describir la condición femenina. Pero no nos llevemos a engaño, a pesar de la incertidumbre y misterio que rodea la figura del ilustre jurista[77], a veces identificada como una mujer que ocultó

comentario delle Istituzioni di Gaio, Turín, 2003; M. BRUTTI, *Gaio e lo ius controversum*, en *AUPA* 55, 2012, especialmente en pp. 96 ss.; F. BRIGUGLIO, *Introduzione allo studio delle Istituzioni di Gaio*, *Biblioteca Gaiana*, I, 2015; D. LIEBS, *Römische Provinzialjurisprudenz*, Friburgo, 2017, especialmente sus conclusiones a partir de la p. 60.

[76] R. QUADRATO, *Infirmitas sexus e levitas animi: il sesso 'debole' nel linguaggio dei giuristi romani*, cit., p. 155 ss.

[77] A. M. HONORÉ, *Gaius*, cit., p. 3 ss., en donde señala que el objetivo principal que pretende con su obra es aclarar los misterios que rodean la vida del gran jurisconsulto clásico que fue Gayo. Partiendo de la declaración de Pomponio (lib. 22 ad *Quintum Mucium*) contenida en D. 45. 3. 39, en la que reconoce a Gayo como '*Gaius noster*', Honoré concluye que Gayo fue o el tutor de Pomponio o su colega de enseñanza: *Cum servus, in quo usum fructum habemus, proprietatis domino ex re fructuarii vel ex operis eius nominatim stipuletur, adquiritur domino proprietatis: sed qua actione fructuarius reciperare possit a domino proprietatis, requirendum est. Item si servus bona fide nobis serviat et id, quod nobis adquirere poterit, nominatim domino suo stipulatus fuerit, ei adquirit: sed qua actione id reciperare possumus, quaeremus. Et non sine ratione est, quod* ***Gaius noster*** *dixit, condici id in utroque casu posse domino*; sin embargo, D. PUGSLEY, *Gaius or Sextus Pomponius*, en *RIDA* 41, 1994, p. 362, afirma que debe tratarse de una interpolación la expresión *Gaius noster*, concluyendo en p. 363 que "*Gaius* and *Pomponius* were one and the same person", o más concretamente que Pomponio fue el autor no sólo de los trabajos que aparecen con su nombre sino también de los trabajos que aparecen con el nombre de Gayo; en contra de la teoría de Pugsley, vid. O. STANOJEVIC, *Gaius and Pomponius. Notes on David Pugsley*, en *RIDA* 44, 1997, comenzando por la p. 338: "I will try here to emphasize the weakness of PUGSLEY's hypothesis, to give some arguments proving that Gaius and Pomponius could not be the same person", realizando diversas objeciones: la primera con respecto al método utilizado por Pugsley, la segunda en relación con la producción científica, considerada imposible por no poder considerar a un autor tan prolífico como para poder llevar a cabo tal ingente número de obras, como refiere en p. 340: "If we apply those

su género para poder realizar su aportación jurídica sin mayores contratiempos[78], no apreciamos en su legado jurídico un intento conciliador o innovador con respecto a las mujeres romanas.

Del análisis de los textos de Gayo en los que se contienen los términos *levitas animi* no podemos colegir un intento de mejorar la consideración del colectivo femenino en la antigua Roma, ni tampoco un significado más benevolente con la adjetivación del espíritu de la mujer en la antigua Roma. Aun poniendo en evidencia el significado en singular de *levitas* y *animi*, veremos cómo utilizados conjuntamente no otorgan una perspectiva innovadora con respecto al género femenino sino una forma diferente de visualizarlas, siempre desde una perspectiva discriminatoria de la que no se desprende el célebre jurista, al hablar de la ligereza de espíritu innata a las mujeres.

Veamos el primer texto de Gayo en el que se contienen las acepciones *levitas animi*, 1.144:

---

estimates the total number is from 440 to 490 volumes. It is a lot and probably impossible for one person to write. Even with books traditionally attributed to each one of them respectively (Gaius between 93 and 150, Pomponius between 320 and 350), those two are the most fertile authors of their time"; la tercera, aunque es cierto que Pomponio y Gato tenían mucho en común, es verdad que también se aprecian diferencias singulares, como revela en p. 341: "One of the striking differences is their destiny in legal history. Gaius is ignored by his contemporaries, except maybe, by Pomponius himself, and by lawyers of the two centuries that followed. Pomponius' work met immediate recognition. He was cited by such great names as Julian and he is one of the favorite authors of Ulpian, who cites his works on more than 300 occasions. Ulpian wrote his commentary on the ius civile by using as a model Pomponius' work Libri ad Sabinum. Later the situation has changed dramatically. The Lex citationis included Gaius in the restricted circle of five Paramount authorities. Pomponius appears nowhere, even among the jurists of the second rank, such as Scaevola, Sabinus, Julian and Marcellus", concluyendo que la diferencia de trato recibida por ambos, por parte de Justiniano y la anterior ley de Citas, demuestra las diferencias considerables con respecto a la naturaleza de su obra; además refiere la clasicidad de Pomponio y el mayor reconocimiento científico de éste, pero admite la innovadora clasificación de Gayo en sus Instituciones, que lo convierten de jurista modesto en un autor de elevado nivel científico, con un claro dominio de la lengua latina, refutando tanto la idea de "piratería intelectual" atribuida a Gayo como el hecho de ser la misma persona él y Pomponio.

[78] R. SAMTER, *War Gaius das männliche pseudonym einer Frau?*, en *Deutsche Juristenzeitung*, 13, 1908, pp. 1386-1391.

> *Permissum est itaque parentibus, liberis quos in potestate sua habent testamento tutores dare: masculini quidem sexus inpuberibus, <femini autem sexus cuiuscumque aetatis sint et tum quo> que cum nuptae sint. Veteres enim uoluerunt feminas, etiamsi perfectae aetatis sint, propter animi leuitatem in tutela esse.*

Así, podemos ver como el jurisconsulto destaca como a los ascendientes se les permite que en su testamento nombren tutores para los descendientes que están bajo su potestad, concretando tal medida en los impúberes de sexo masculino y todos los de sexo femenino, aunque hayan contraído matrimonio. Justifica tal discriminación en el hecho de que ya los antiguos quisieron que las mujeres, aunque fueran adultas, estuvieran bajo tutela debido a su ligereza de espíritu. De este modo vemos como *levitas animi* se reconoce en un defecto común a todas las mujeres, su espíritu ligero, que parece más comprensivo que la expresión *imbecillitas sexus*, pero en realidad no es ningún avance espectacular con respecto a la nomenclatura de género. Como ha precisado ALBANESE[79], el hecho de que Gayo rememore a los antiguos, *veteres*[80], y reclame la autoría de los mis-

---

[79] B. ALBANESE, *Animi levitas femminile in Gai 1.144 e 190*, en *AUPA*, 48, 2003, p. 3: "Tanto più che, punto che mi pare discriminante, in Gai 1.144 il richiamo alla *animi levitas muliebre* è espressamente attribuito ai *veteres* (*veteres enim voluerunt feminas...propter animi levitatem in tutela esse*). Quindi, non è un rilievo che Gaio stesso sottolinea, come propria prospettiva, per staccarsi dalla concezione frequente di chi sottolineava l'*infirmitas sexus*".

[80] Vid. al respecto, A. BISCARDI, *Postille Gaiane*, en *Gaio nel suo tempo. Atti del simposio romanistico*, cit., p. 19: "Nella lingua del diritto, accanto alla sinonimia generica di *veteres* con *antiqui* –o, il che è lo stesso, *maiores nostri*– quel ricorrente collettivo sta ad indicare per lo più, in senso specifico, i 'giuristi del passato', con una gamma di riferimenti variabili, che vanno dalla giurisprudenza pontificale all'attività delle scuole post-classiche d'Oriente, secondo le diverse graduazioni dell'angolo visuale. Difatti, laddove per la letteratura giuridica dell'età preadrianea i *veteres* –como gli *antiqui*– possono essere in qualche caso i giuristi dell'alta e media repubblica, ma il più delle volte s'identificano con quelli dell'ultimo secolo prima di Augusto, per la giurisprudenza classica posteriore la stessa locuzione giunge ad abbracciare tutti i giureconsulti del secolo successivo", concluyendo que la referencia a *veteres* no se traduce como los antiguos, pertenecientes al derecho más arcaico, sino que se referiría a los juristas tardo-republicanos, lo que cambiaría el sentido del texto gayano.

mos en lo que se refiere a la *levitas animi*, no lo convierte en ningún liberador de la injusta tutela femenina, sino todo lo contrario, ya que recurre a la respetada costumbre inveterada de los ancestros y a los *mores maiorum*, como fuente del derecho arcaico para seguir justificando la imposición de la *tutela mulierum* como mecanismo jurídico que vigile la innata debilidad femenina.

A mayor abundamiento, en otro texto gayano encontramos la identificación entre *levitas* e *inconstantia*, sencilla deducción obtenida de la contraposición que realiza el jurista entre el término negativo *levis* y el adjetivo en positivo *constans*, contenidos en D. 21. 1. 18 *pr.* (*Gaius* 1 *ad ed. aed. Curul.*):

> *Si quid venditor de mancipio adfirmaverit idque non ita esse emptor queratur, aut redhibitorio aut aestimatorio (id est quanti minoris) iudicio agere potest: verbi gratia si constantem aut laboriosum aut curracem vigilacem esse, aut ex frugalitate sua peculium adquirentem adfirmaverit, et is ex diverso levis protervus desidiosus somniculosus piger tardus comesor inveniatur. Haec omnia videntur eo pertinere, ne id quod adfirmaverit venditor amare ab eo exigatur, sed cum quodam temperamento, ut si forte constantem esse adfirmaverit, non exacta gravitas et constantia quasi a philosopho desideretur, et si laboriosum et vigilacem adfirmaverit esse, non continuus labor per dies noctesque ab eo exigatur, sed haec omnia ex bono et aequo modice desiderentur. Idem et in ceteris quae venditor adfirmaverit intellegemus.*

Este caso no se refiere en concreto a las mujeres, sino a la venta de un esclavo, y a las acciones que puede ejercitar el comprador en caso de no ser ciertas las características afirmadas por el vendedor con respecto al esclavo transmitido, acciones redhibitoria o estimatoria. Para establecer las excelentes cualidades de un esclavo en venta, se hace alusión a su constancia, laboriosidad, diligencia o frugalidad (relacionada con la compra del peculio gracias a su austeridad), en contraposición con las condiciones negativas de un esclavo ligero, desidioso, perezoso, pesado o dominado por la gula. La clara comparación entre el término constancia y ligereza da cuenta del significado que se le atribuye a la falta de *constans*, entendiendo *levis* como inconstancia, considerado grave como defecto en un esclavo, por lo que debemos colegir que en una mujer romana la atribución de una inconstancia permanente la degrada en su propia condición.

Gayo 1. 190:

> *Feminas uero perfectae aetatis in tutela esse fere nulla pretiosa ratio suassise uidetur; nam quae uulgo creditur, quia leuitate animi plerumque decipiuntur et aequum erat eas tutorum auctoritate regi*[81], *magis speciosa uidetur quam uera*[82]*; mulieres enim quae perfectae aetatis sunt, ipsae sibi negotia tractant, et in quibusdam causis dicis gratia tutor interponit auctoritatem suam; saepe etiam inuitus auctor fieri a praetore cogitur.*

En este paso gayano encontramos una cierta defensa del colectivo femenino en general, cuando Gayo afirma que apenas hay razón alguna de peso que persuada para que las mujeres adultas sigan bajo tutela, ya que lo que vulgarmente se cree, que son engañadas por la ligereza de su espíritu, motivo para someterlas a la autoridad de un tutor, es más una razón aparente que verdadera, *magis speciosa uidetur quam uera.* Las mujeres adultas llevan sus negocios, y hay casos en los que el tutor interpone su *auctoritas* por mero formalismo, e incluso con frecuencia debe autorizar actos contra su voluntad forzado por el pretor[83].

---

81 J. J. DE LOS MOZOS TOUYA, *Los actos de intercesión y el Senadoconsulto Veleyano*, cit., p. 466: "Gayo rechaza en cambio el *tópos* de la *levitas animi* de las mujeres en relación con la *tutela mulierum*, afirmando la razón originaria del interés de los herederos, concluyendo que el problema con respecto a la *intercessio* no es de ligereza del carácter de las mujeres, "sino de situación de inferioridad para determinadas actuaciones como consecuencia de su posición en el mundo civil".

82 C. FAYER, *La familia romana,* Roma, 1994, p. 528: "Solo nella seconda metà del II sec. d.C., il giurista Gaio critica apertamente la motivazione correntemente addotta per giustificare la tutela sulle donne puberi e ne riconosce la speciosità. Egli, infatti, riconosce che nulla *pretiosa ratio* giustificava la *tutela mulierum* e non riesce a convincersi che una donna maggiorenne, che da sè amministrava ormai i suoi affari, dovesse essere sottoposta a tutela".

83 Motivo por el cual, se añade en el siguiente comentario, Gayo 1. 191, que las mujeres no pueden seguir un juicio contra el tutor, mientras que los pupilos sí pueden entablar contra sus tutores un juicio de tutela, una vez que han llegado a la pubertad: *Vnde cum tutore nullum ex tutela iudicium mulieri datur; at ubi pupi-*

Este texto es considerado por QUADRATO de una importancia extraordinaria[84], ya que, en un alarde de audacia y modernidad, que ningún crítico puede oponer al intelectual adrianeo, expresa su propia opinión con respecto a la innecesaria tutela femenina. Bien es cierto que la aseveración gayana se produce en una época del derecho clásico romano en el que las mujeres ya han conseguido ciertos avances, y en donde la arcaica *tutela mulierum* tiene poco recorrido, permaneciendo para el recuerdo sin derogar explícitamente, pero con una realidad más que ínfima en la sociedad romana. Pero aun así se agradecen las palabras del jurista en defensa de un colectivo casi siempre en el punto de vista negativo del *ius romanorum*. ALBANESE[85], por otro lado, no pone en duda que ciertamente el documento de Gayo demuestra una inteligente reacción del jurista con respecto a los remotos andamiajes culturales que estaban subyacentes a las reglas del *ius civile* sobre la *tutela muliebre*. Pero la crítica de la tesis viene dada en lo que se refiere a la valoración del término *levitas*, para nada demostrativo de una consideración positiva con respecto a la mujer.

Así, QUADRATO opta por alabar la sensibilidad de Gayo a la hora de dirigirse a las mujeres, con la expresión –jamás utilizada anteriormente– *levitas animi*, realizando una elección léxica única a la hora de referirse al colectivo femenino, y subrayando la presencia del término *levitas* como algo esencial, diferente, que introduce algo

---

llorum pupillarumue negotia tutores tractant, eis post pubertatem tutelae iudicio rationem reddunt.

84 R. QUADRATO, *Infirmitas sexus e levitas animi: il sesso 'debole' nel linguaggio dei giuristi romani*, cit., p. 177, donde destaca la intención perseguida por Gayo: "mostrare l'inconsistenza della posizione che discriminava la donna, denunciare il carattere chiaramente pretestuoso di una normativa che si appellava alla particolare natura del sesso per motivarne l'inferiorità física e intellettuale e la conseguente incapacità", todo ello acompañado de un relato con sentimiento y vehemencia para suscitar emociones, en donde Gayo expresa sus propias convicciones para persuadir a sus interlocutores.

85 B. ALBANESE, *Animi levitas femminile in Gai 1.144 e 190*, cit., p. 2, en donde añade: "E infine non vi è dubbio che la presa di posizione di Gaio costituisca una prova dell'apertura mentale e della capacità critica di quel giurista, che, ancor oggi, secondo noi a torto, molti continuano a considerare spesso come scrittore mediocre, poco rigoroso, poco chiaro, se non addirittura irrilevante".

nuevo en su discurso, desviándose de la línea tradicional para atraer la mirada del lector, que podrá comprobar como la justificación de la debilidad femenina es inconsistente[86]. Sin embargo, ALBANESE niega la acepción benévola de *levitas*, afirmando que *levis* y *levitas* son términos utilizados en una época anterior a la de Gayo, y además, "sarebbero stati usati con connotazione fortemente negativa"[87]. Además, añade, si tomamos como ejemplo un pasaje de Aulo Gelio,

---

[86] R. QUADRATO, *Infirmitas sexus e levitas animi: il sesso 'debole' nel linguaggio dei giuristi romani*, cit., p. 187: "In confronto all'*infirmitas sexus*, che è la *ratio* antica, ricorrente –un argomento forte, perchè implica un rapporto gerarchico tra i sessi– la *levitas animi* è una giustificazione debole, una ingenuità, un motivo quasi banale, inidóneo perciò a motivare la diversità di trattamento tra maschi e femmine. È qui il punto critico, l'elemento cruciale (e decisivo) di tutta l'operazione gaiana: nell'abbandono di un linguaggio discriminatorio che incarnava e ricalcava schemi vecchi, prefabbricati, e nell'adozione di parole che tenessero conto della realtà, della 'quotidiana sperienza' della donna; la quale non è, per natura, più debole dell'uomo, e non è perciò incapace di operare, di negoziare", añadiendo a continuación que para seleccionar la palabra justa, Gayo optó por la lengua común.

[87] B. ALBANESE, *Animi levitas femminile in Gai 1.144 e 190*, cit., p. 2, en donde reclama nuestra atención en un texto de Cicerón, *Phil.* 2. 31. 77, che incide sobre la *levitas* di Marco Antonio: *At videte levitatem hominis. Cum hora diei decima fere ad Saxa rubra venisset, delituit in quadam cauponula atque ibi se occultans perpotavit ad vesperam; inde cisio celeriter ad urbem advectus domum venit capite obvoluto. Ianitor: 'Quis tu?' 'A Marco tabellarius. ' Confestim ad eam, cuius causa venerat, [deducitur] eique epistulam tradidit. Quam cum illa legeret flens (erat enim scripta amatorie; caput autem litterarum sibi cum illa mima posthac nihil futurum; omnem se amorem abiecisse illim atque in hanc transfudisse), cum mulier fleret uberius, homo misericors ferre non potuit, caput aperuit, in collum invasit. O hominem nequam! Quid enim aliud dicam? magis proprie nihil possum dicere. Ergo, ut te Catamitum, nec opinato cum te ostendisses, praeter spem mulier adspiceret, idcirco urbem terrore nocturno, Italiam multorum dierum metu perturbasti?* El autor nos dice sobre el pasaje en cuestión: "Cicerone accusa Antonio proprio di *levitas* adducendo un episodio specifico. Il triumviro, per via di una tresca con una mima, s'era camuffato da fattorino; aveva trascorso ore in un'osteria; si era ubriacato; aveva consegnato, fingendosi semplice latore, all'attrice una lettera per troncare il rapporto con lei; e però aveva subito scoperto il volto appena la donna si era messa a piangere. Tuttavia, a me sembra che *levitas* per Cicerone, qui come in altri passi, significhi fondamentalmente "leggerezza, incostanza". La *levitas* di Antonio, per Cicerone, non consisteva però tanto nel ridicolo contegno del travestimento, bensì nell'aver mutato avviso alle prime lacrime femminili".

Noctes Atticae 6. 11. 1, podemos observar la sinonimia negativa que se establece entre *levitas* y la inconstancia o la mutabilidad, en otras palabras, la debilidad de espíritu ya mencionada:

> *Neque "levitatem" neque "nequitiam" ea significatione esse, qua in vulgi sermonibus dicuntur. "Levitatem" plerumque nunc pro inconstantia et mutabilitate dici audio et "nequitiam" pro sollertia astutiaque.*

Nosotros creemos que la actitud del jurista Gayo no resulta tan proclive al género femenino como se pudiera pensar. No podemos colegir del empleo de los términos *levitas animi* una encendida defensa en pro de los derechos de las mujeres, en innegable situación de inferioridad, como se aprecia en un conocido texto de Papiniano recogido en D. 1. 5. 9 (*Papinianus libro 31 quaestionum*):

> *In multis iuris nostri articulis deterior est condicio feminarum quam masculorum.*

Su posición debería haber sido de profundo rechazo y no de ambigüedad, aludiendo a que apenas había razón alguna de peso para que las mujeres adultas sigan bajo tutela. Si él creía fervientemente en la igualdad de sexos[88], debería haberlo demostrado en su discurso con la misma claridad que definía muchos otros conceptos en sus Instituciones, y no utilizar medias palabras por el temor a que no fueran bien recibidas. Como dice ALBANESE[89], Gayo podría haber

---

[88] R. QUADRATO, *Infirmitas sexus e levitas animi: il sesso 'debole' nel linguaggio dei giuristi romani*, cit., p. 193: "Per Gaio, insomma, non c'è differenza tra maschio e femmina; non c'è disuguaglianza fra i sessi. Circola in questa visione l'idea di una parità, non solo biológica, ma anche intellettuale, tra uomo e donna", concluyendo que la simpatía de Gayo por las mujeres (al margen de que no suponga ningún indicio de la condición femenina de Gayo, es decir, de la posibilidad de que el jurista hubiera sido una mujer) no es feminismo, sino lucha contra la discriminación.

[89] B. ALBANESE, *Animi levitas femminile in Gai 1.144 e 190*, cit., p. 3: "Gaio avrebbe potuto aggiungere, a conferma della già maturata convinzione della radicale irrazionalità della tutela sulle donne puberi, il fatto che una *lex Claudia*, che egli stesso aveva ricordato poco prima (*Gai* 1.157; cfr. 1.171; ma v.a. *Tit.Ulp.* 11.8; CTh.3.17.2 e C.5.30.30), aveva, già da tempo, certo, soppresso la tutela agna-

añadido el hecho de que una ley Claudia, recordada por él mismo en 1. 157, ya había suprimido la tutela agnaticia sobre las mujeres *sui iuris* con la excepción del patrono sobre la liberta, en realidad una forma de tutela no agnaticia.

A mayor abundamiento, si realizamos una exégesis de las palabras de Gayo, en concreto de la frase en la que dice que apenas hay alguna razón de peso que persuada para que las mujeres adultas estén bajo tutela, no nos parece que estemos ante una actitud de defensa con respecto al colectivo femenino, sino que por el contrario se trata de una expresión indolente, en la que no queda muy clara su posición. Si realmente quería defender al género femenino, dejando meridianamente claro que las mujeres son absolutamente capaces y no necesitan de tutor alguno, debería haber adoptado un tono firme, sin fisura alguna, afirmando rotundamente que no existía ninguna razón, ni un sola, que pudiese persuadir para que las mujeres adultas estuviesen bajo tutela, y que además la historia podía dar múltiples ejemplos de capacidad jurídica de las mujeres, que demostraba lo absurdo que era conservar la *tutela mulierum*, ya que eran protagonistas por derecho propio de sus negocios sin la necesidad de la *auctoritas* preventiva y supuestamente protectora del tutor. El tono dubitativo, en el que añade que estamos antes una razón más aparente que verdadera, no demuestra más que la intención de Gayo de no ofender a nadie, en un intento de equilibrar las distintas posibles opiniones al respecto, algo que en el tema de la defensa del género femenino no se puede realizar.

Por ello, y a la vista de las fuentes traídas a colación, no nos queda más remedio que aseverar la ausencia de un discurso proclive a la defensa de la capacidad femenina, y una relativa ambigüedad buscada con el afán de parecer moderno en sus posiciones, cuando en el siglo II ya habían recorrido un largo camino en defensa de sus libertades las mujeres romanas. Y esa es la única verdad, que no hubo un púlpito masculino adecuado para el equilibrio jurídico de las necesidades femeninas, sino algunos intentos de enmascarar con dulces palabras la realidad en la que vivía el colectivo femenino, que no era

tizia sulle donne *sui iuris* con eccezione di quella del patrono sulla liberta, in realtà non agnatizia ma assimilata alla tutela agnatizia".

otro que el ostracismo ante el *cursus honorum*, el protagonismo en la familia, la clara exclusión de los *officia virilia* y la vida militar, la posibilidad de la defensa jurídica de asuntos ajenos, y la relación entre la supresión de la tutela y el nacimiento de su descendencia. Así el papel irrogado por la historia romana de la necesaria matrona que cuida a su prole se reivindica mediante la materialización de un premio: a mayor descendencia mejor posición de libertad, lo que reduce el papel de las mujeres a sus labores domésticas sin interferencia en el sistema patriarcal al que no pertenecen por razón de su condición.

CAPÍTULO SEGUNDO
EL HONOR DE LUCRECIA: DE LA MONARQUÍA A LA REPÚBLICA

1. INTRODUCCIÓN

Lucrecia es reconocida como la mayor y mejor representante del honor en la antigua Roma, en la época más arcaica, la del derecho quiritario, etapa histórica en la que las costumbres de los antepasados –los *mores maiorum*– y el honor de la familia, reflejado en gran medida en la buena fama de las mujeres, constituían los bienes más preciados para la tradición y el derecho. Bien es cierto que hemos elegido un personaje femenino controvertido en cuanto a su propia historia, ya que es conocido como el mito de Lucrecia el episodio de afrenta al honor que supuso el fin de la primitiva monarquía romana. Pero su representación como máximo ejemplo de virtud, como veremos a continuación, y el cambio político que supuso su acto de honor, nos han llevado a considerar a Lucrecia como la protagonista de nuestra primera historia, en un intento de reconstrucción jurídica, social y política de ese dramático suceso que convulsionó la antigua sociedad romana. De la importancia de este mito y su repercusión en aquella época nos da cuenta GUARINO[90]: "La morte di Lucrezia,

---

[90] A. GUARINO, *Il dossier di Lucrezia*, en *Labeo* 5, 1959, p. 211, en dónde apuesta, en conjunto, por la realidad del episodio, señalando además que era "un dossier chiuso" para los Romanos, pero "non cosí per gli storiografi moderni, che

moglie di Tarquinio Collatino, fu uno dei primi e più gravi scandali della vita pubblica romana".

El episodio, conocido por sus tintes de leyenda con sus luces y sombras en cuanto a su veracidad[91], habla del ultraje sufrido por Lucrecia a manos de Sexto Tarquinio, hijo del último rey etrusco,

---

l'hanno invece riaperto più volte, scorrendolo al lume di una fredda, troppo fredda critica razionalistica e proponendone talvolta addirittura la distruzione".

[91] Vid. al respecto: E. PAIS, *Ancient Legends of Roman History*, trad. M. Cosenza, Londres, 1906, en donde analiza el episodio de Lucrecia en el capítulo 10, "The Legends of Lucretia and of Virginia and the Cults of the Prisci Latini", destacando la similitud entre ambas leyendas en p. 185: "The similarity between the story of Virginia and that of the chaste Lucretia, the wife of Tarquinius Collatinus, extends even to minor details. In the legend of Lucretia (as in that of Virginia) the tragedy is preceded by an embassy to Greece, for the purpose of becoming acquainted with new and better laws. On the death of the one (as on that of the other) there succeed the popular laws of the Valerii. In regard to the causes, Lucretia was dishonored by Tarquinius while the neighboring city of Ardea was being besieged; Virginia was wronged more or less in the same year in which there occurred at Ardea a similar secession on account of a maid. Finally, in both cases there follows a political treaty between Rome and Ardea"; V. GROH, *La cacciata dei re romani. Analisi letteraria e storica*, en *Athenaeum* 6, 1928, p. 289 ss.; a favor, CH. APPLETON, *Trois épisodes de l'histoire ancienne de Rome; les Sabines, Lucrèce, Virginie*, en *Revue historique de droit français et étranger*, 4e sér., t. 3, n° 2, 1924, p. 240: "La première question qui se pose, à propos de cette tragédie, est cella de son historicité…", resaltando que buena parte de las críticas provienen de la máxima "*pulchrum, ergo falsum*", con la convicción de que los actos heroicos que están construidos sobre la moral como pilar fundamental son falsos, de ahí que el episodio de Lucrecia –para los críticos– carezca de veracidad. Appleton niega la realidad de esa máxima en p. 246, argumentando que muchos hechos históricos son relatados con pasión y emoción, tanta como en el episodio de Lucrecia y no por ello dejan de ser verdaderos, como por ejemplo sucedió con las victorias de Napoleón. Con todo, el hecho de que –tras la muerte de Lucrecia– la Monarquía derivase en una revolución que condujo a una nueva forma de gobierno, la República, añade más motivos de sospecha para los descreídos, como destaca el autor en p. 247: "Mais pour les esprits disposés à voir des fictions partout, cela même est un motif de suspicion de plus". En fin, en p. 249 destaca que son varias las discrepancias entre los historiadores a la hora de contar lo sucedido a Lucrecia, pero aunque se trata de divergencias reales: "En général, ne portent que sur des détails sans aucune importance", por lo que nos encontramos con diferencias más aparentes que reales.

Tarquinio el Soberbio[92], quién admirado por la virtud y buena fama de la misma urde un plan hasta conseguir yacer con ella, utilizando para conseguir su objetivo amenazas y engaños que terminan con la violación de la joven patricia. Si tenemos en cuenta que el concepto del honor era el más elevado en estos momentos de la historia de Roma, podemos hacernos una idea de la terrible situación personal y familiar en la que se encontró Lucrecia, al margen de la violencia sufrida –valga la redundancia– con la propia violación[93].

---

92 J. MARTÍNEZ-PINNA, *Algunas observaciones sobre la monarquía romana arcaica*, en *Potestas. Religión, poder y monarquía. Revista del Grupo Europeo de Investigación Histórica*, 1, 2008, en donde describe la situación jurídica y social del reinado del último Tarquinio en p. 199: "El acceso al trono del último de los reyes, Tarquinio el Soberbio, fue sin duda más violento, aunque desde un punto de vista jurídico es probable que no se distanciase mucho de su antecesor. La tradición enmarca este acontecimiento en un escenario propio de la tragedia, donde Tarquinio y su esposa Tulia personalizan la perversidad y la maldad absolutas: los asesinatos primero de sus respectivos hermanos, Arrunte y Tulia minor, y luego del propio rey muestran claramente la imagen que la tradición forjó sobre el último de los reyes. El relato analístico parece inspirado más por una concepción trágica que histórica, de manera que resulta imposible saber cómo se desarrollaron los hechos. Aun así, existen pocas dudas de que Tarquinio llegó al poder con el uso de la violencia, posiblemente mediante un «golpe de Estado» dirigido contra su predecesor. Su entronización podría considerarse como una usurpación, ya que no se adaptó a las normas acostumbradas, pero podría entenderse también como una restauración. El mecanismo que llevó al poder a Servio y a Tarquinio fue muy similar, pero este último podía invocar el principio dinástico, que aunque sin valor en el sistema tradicional de sucesión, podía ofrecer cierto matiz de legitimidad frente a la usurpación de Servio".

93 J. F. GARDNER, *Women in Roman Law and society*, Londres, 1986, p. 120, en donde dice que seguramente muchos casos de violación no eran denunciados por las mujeres por el miedo a ser estigmatizadas frente a los ojos de los hombres, sobre todo en una sociedad como la romana en la que se le daba tanta importancia a la castidad femenina, insistiendo en que en el mundo romano existía seguramente una alta incidencia de casos de violación, algo que podría ser posible pero evidentemente no verificable. De acuerdo con el paralelismo establecido por la autora con respecto al concepto actual de violación: "Rape has been described as probably the most underreported crime. The reasons for women's not reporting rape are numerous and includes, besides personal trauma and the expectation (whether justified or not) of unsympathetic police treatment, the feeling that they are henceforth stigmatised in the eyes of men, even their nearest and dearest, and that their own innocence is regarded as suspect".

Al horror del acto ilícito cometido y al ultraje físico debemos añadirle el sicológico, ya que aunque Lucrecia era la víctima, ella misma consideraba que el honor de su familia había sido mancillado, por lo que debía reparar su deshonor. Su padre era Spurio Lucrecio, líder de una *gens*[94] de gran importancia, la triciptina, y prefecto de la ciudad[95], lo que hacía aún más deshonrosa la afrenta recibida, y por todo ello la joven quiso dar ejemplo quitándose la vida después de explicar la violación sufrida a manos del hijo del Rey.

La terminología moderna que se utilizaría con respecto al episodio de Lucrecia se corresponde con los términos de "violencia sexual"[96]. Pero nosotros nos encontramos aquí inmersos en una eta-

---

[94] Ulpiano, D. 50. 16. 195. 4: *Item appellatur familia plurium personarum, quae ab eiusdem ultimi genitoris sanguine proficiscuntur, sicuti dicimus familiam Iuliam, quasi a fonte quodam memoriae*; vid. sobre el significado e importancia de la *gens* como estructura familiar, como grupo con un árbol genealógico común que los une, G. FRANCIOSI, *Famiglia e persone in Roma antica. Dall'età arcaica al principato*, Turín, 1989, p. 9: "Nell'età più antica la *gens* si presenta come un gruppo che ha coscienza di una discendenza comune (pur se non sempre precisata e talvolta vincolata ad elementi mitologici), che è legato da vincoli di solidarietà, dalla comunanza del *nomen*, dei *sacra*, dei sepolcri, ed è caratterizzato da una successione collettiva in mancanza di *sui heredes* e di *adgnati*", señalando a continuación la diferencia clave entre familia y *gens*: "La familia ha un capostipite, vivo o defunto, non così la *gens* i cui esponenti ricordano talvolta un capostipite mitico, mai reale", y mientras la familia tiene un sistema de parentela basado en grados, los *gentiles* están ligados entre ellos por medio de un parentesco sin grados, poniendo como ejemplo la ley de las XII Tablas, en la que se distingue, en materia de sucesión abintestato, un *adgnatus proximus* de un agnado remoto, mientras no es posible distinguir distintos grados entre los *gentiles*.

[95] Liv. 1. 59. 12: *imperium in urbe Lucretio, praefecto urbis iam ante ab rege instituto, relinquit.*

[96] G. RIZZELLI, *La violenza sessuale su donne nell'esperienza di Roma antica. Note per una storia degli stereotipi*, en *El Cisne II. Violencia, proceso y discurso sobre género*, Lecce, 2012, p. 295: "La nozione di violenza sessuale è moderna. Lo è anche quella di stupro, che presupone il superamento della contrapposizione fra stupro volontario e stupro violento, conseguenza del fatto che il primo ha cessato di essere perseguito in quanto reato"; en la experiencia jurídica romana la conocida hoy como "violencia sexual", aparece regulada como *crimen vis*, quizás ya a partir de la época republicana y seguramente de aquella severiana, a título de "*vis*", como señala F. BOTTA,, *Stuprum per vim illatum. Violenza e crimini sessuali nel diritto classico e dell'occidente tardoantico*, en *Violenza sessuale*

pa de derecho quiritario, muy primitivo y arcaico, en el que hemos preferido emplear siempre que sea posible los conceptos adaptados a la época, independientemente de la utilización de la palabra "suicidio", que –como veremos– no existía como tal, para definir el acto con el que una persona decide acabar con su propia vida.

Otra de las contradicciones en el relato del mito de Lucrecia se refiere al papel de Sexto Tarquinio, el violador. Cuando amenaza a Lucrecia con matarla si no accede a sus pretensiones –para colocar luego a su lado a un esclavo muerto, y decir a sus parientes que la tuvo que matar por haberla sorprendido en flagrante adulterio– no salimos de nuestro asombro, por cuanto es sabido que la facultad de irrogar tamaño castigo ante tal comportamiento deshonroso no corresponde en absoluto a Sexto, carente en todo caso de tal facultad, sino al marido de Lucrecia, Colatino, quién por otro lado no está presente sino a varios kilómetros de distancia, y que además conoce de la conducta siempre honrosa, honorable e irreprochable de su esposa Lucrecia.

Con todo, es cierto que para el rigor dramático de la historia y también para doblegar la férrea voluntad de nuestra protagonista, su violador, y en cierto modo su asesino –puesto que la condujo al suicidio para evitar la deshonra familiar– tenía que utilizar determinadas estratagemas que debían ser tremendamente rudas y directas, puesto que de otro modo no conseguiría el fin último que no era otro que obtener la virtud de la casta Lucrecia. Es el único motivo que se nos ocurre para sostener en esta historia las amenazas de Sexto, y dar cierta veracidad al momento en el que la voluntad de la matrona ejemplar se derrumba, puesto que sabe que si es muerta no podrá contar la verdad de lo acaecido, y la honorabilidad de su *gens*, de su estirpe y de su familia quedará en entredicho para siempre, algo que Lucrecia no está dispuesta a permitir.

---

e società antiche. Profili storico-giuridici, F. LUCREZI/ F. BOTTA/G. RIZZELLI, Lecce, 2011, 2ª ed., pp. 94-95, reconocimiento conocido a través de la experiencia jurisprudencial, en los textos de Marciano, 14, *Inst.* D. 48. 6. 3. 4: *Praeterea punitur huius legis poena, qui puerum vel feminam vel quemquam per vim stupraverit*, y Ulpiano, 4 de *adult.* D. 48. 5. 30 (29) 9: *Eum autem, qui per vim stuprum intulit vel mari vel feminae, sine praefinitione huius temporis accusari posse dubium non est, cum eum publicam vim committere nulla dubitatio est.*

Otro de los puntos a esclarecer en este relato es la impunidad del violador, que, con un tono amenazador, blande una espada sin que nadie del servicio de Lucrecia se percate de la grave situación, algo que resulta muy extraño en una casa en la que se comenta que hay esclavos, al servicio de la *materfamilias*, que por lo tanto deberían de estar pendientes de las visitas de su dueña y cercanos a ella por si los pudiera necesitar. El hecho de que el episodio de la violación transcurra durante la noche no resta interrogantes a esta cuestión, ya que los esclavos deberían estar cerca de Lucrecia para atenderla y socorrerla en todo momento, y no se comprende como la violenta actitud de Sexto no es escuchada por nadie ni percibida como un terrible peligro para la ilustre matrona. Bien es cierto que el relato de Livio ayuda a comprender este momento porque pone en boca de Sexto la amenaza que profiere a Lucrecia para que esté callada, porque si deja escapar una palabra morirá. Pero no es menos verdad que la amenaza de la muerte no la acobarda, al margen de que bien podría habérsele escapado un grito involuntario ante la aparición de Sexto en su habitación, antes de que éste le obligase a mantener cerrada la boca.

Al margen de estos interrogantes y otros que pudiéramos hacernos con respecto al episodio de Lucrecia[97], el relato liviano no está exento de fuerza literaria, de intensidad y de dramatismo que impele al lector a seguir todo el suceso con ganas de llegar a un

[97] I. DONALDSON, *The Rapes of Lucretia:A Myth and its Transformations*, Nueva York, 1982, p. 6, en donde pone en evidencia las múltiples dudas que se le presentan a la doctrina con respecto a la veracidad del célebre episodio, poniendo en cuestión a unos historiadores más que a otros: "One extreme view is that the entire story is a fiction invented in the third century BC (by Fabius Pictor, the earliest Roman historian) in order to conceal the unpleasant fact that the last king of Rome was expelled not by a civil uprising by a foreign power. Another is that it is not really a Roman story at all, but rather an elaboration of a legend belonging to certain religious cults in Ardea, which were brought to Rome only in the second half of the fourth century BC. Neither of these views has won universal acceptance amongst historians", destacando a R. M. OGILVIE (*A Commentary on Livy Books 1-5*, Oxford, 1965), máxima autoridad en los primeros libros de Livio, que adopta una postura ecléctica, sin negar la historia, concibiéndola como un conglomerado de eventos pasados y presentes, en el sentido de haber incorporado a la misma elementos de ficción, folclore y hechos transferidos.

feliz desenlace que por otro lado nunca llega, sino que muy al contrario, se convierte en un trágico final para Lucrecia, que consigue así, con su magnífico ejemplo, imbuir a todas las mujeres de la necesidad de defender el honor familiar a toda costa, incluso con su propia vida si fuera necesario[98]. Esa es la moraleja de este relato, publicitada por todos los autores que hacen referencia al célebre episodio, la necesidad femenina de proteger la honra familiar, de no dejar que sangre extraña infecte la nobleza de la familia real, agnada y cierta, que es el fundamento de toda familia romana, dejando entrever que la decadencia del pueblo romano tiene relación con la permisividad con respecto a la conducta humana, en especial referida a las mujeres[99].

---

[98] J-N. ROBERT, *Eros romano: Sexo y moral en la Roma antigua*, trad. esp. E. Bajo Álvarez, Madrid, 1999, p. 4: "La historia de Lucrecia es, sin duda, una de las más representativas de la virtud romana".

[99] S. DIXON, *The Roman Family,* Baltimore, 1992, p. 21, en donde hace la siguiente reflexión: "In the modern world, there is a dissonance between the image of the past as a more moral and more spiritual place than the materialistic, restless present and the equally firm and widespread view that we have improved over the ages and that the present age represents a peak of civilization and material progress. In the ancient world there was no such conflict, for the view was general that the current age represented a decline from the standards of the past. In fact, the past was usually mentioned in order to underline this contrast and to set an example to readers of the behavior to which they ought to aspire. Romans associated the decline with growing luxury and security. The stereotype was that early Romans were always physically brave and prepared to go to war, that they were poor, that they lived essentially in peasant families. The precise timing of the decline tended to be vague, but there was general agreement that the particular age in which the authors wrote was a considerable step below this earlier, golden age. As in the modern world, women and children were often used to symbolize the moral decline, and their faults were sometimes related to their role within the family. Thus Lucretia, the subject of an early political legend, was seen as the perfect wife of early Rome, chaste and industrious", poniendo a continuación en evidencia como los autores latinos hacían comparaciones entre las mujeres virtuosas de la Roma arcaica y las de su propia época, pudiendo citar como ejemplo a Juvenal, quién contrastaba la posición de las mujeres ejemplares de la primera historia romana con las frívolas y adúlteras de su época, en un intento de relacionar la relajación de las costumbres femeninas con la vulgarización de la familia romana y del declive de la propia institución, algo muy peligroso para el futuro del *populus romanus*.

2. RELATO

De acuerdo con la tradición, transcurría el año 509 a.C. cuando en el campamento que sitiaba la ciudad de Ardea[100], los oficiales Lucio Tarquinio Colatino[101], marido de Lucrecia, y sus primos –entre los cuales se encontraba Sexto Tarquinio– hijos del rey Tarquinio de sobrenombre "el soberbio", hicieron una apuesta sobre la virtud de sus esposas[102]. Como todos alababan la vida virtuosa de sus mujeres, decidieron ir a comprobar la veracidad de sus afirmaciones.

Se dirigieron en primer lugar a Roma y comprobaron que las esposas reales se divertían en fiestas y banquetes, para dirigirse a continuación a la casa de Lucio Tarquinio, en Colacia, donde encontraron a Lucrecia[103], rodeada única y exclusivamente de sus esclavas,

---

[100] Resulta interesante destacar la ubicación de Ardea, por cuanto pueda representar como lugar de culto de donde surge la leyenda de Lucrecia, como afirma E. PAIS, *Ancient Legends of Roman History*, cit., p. 189: "The stories of Lucretia and of Virginia are, then, but late elaborations of legends related to the cults of Ardea – cults which were transplanted to Rome in the second half of the fourth century. The cults of all the neighboring Latin cities were, at different times, similarly transferred to the capital of Latium. Therefore, it is fully inteligible how, in adapting itself to new soil, the myth should have been enriched with new elements of local color, and how various touches, historical in character, were added by the annalists of the second and first centuries B.C.".

[101] T. P. WISEMAN, *Roman Republic, year one*, en *Greece&Rome* 45, 1, 1998, p. 20, en donde describe a Lucio Colatino como un magnífico ciudadano, lleno de virtudes y sin los vicios de sus familiares los Tarquinos, cuando se refiere a la historia de Lucrecia: "Her husband was an excellent citizen; it is true he was related to the Tarquins, but he had none of their power, none of their wealth, and none of their vices. He and Lucretia loved each other and were faithful to each other; and when Collatinus had to go away to the wars, Lucretia stayed at home and prayed for his safe return".

[102] Debemos traer a colación aquí la observación realizada por E. D'AMBRA, en *Roman Women*, Cambridge-Nueva York, 2007, p. 62: "For better or worse, the Roman discourse on marriage cast the bride as an instrument of exchange and every matron as a potential source for scandal", señalando que después de todo, la vida ejemplar de Lucrecia y su belleza, así como su virtud como matrona romana fueron las que provocaron el escándalo posterior.

[103] *The Encyclopaedia Britannica: a Dictionary of Arts, Science, Literature and general information*, 11 ed., Vol. 17, Nueva York, 1911, *s.v. Lucretia*, p. 106:

evitando todo contacto con los hombres, tejiendo lana[104], ejemplo de máxima virtud femenina para los primitivos romanos, como una perfecta *matrona*[105], dedicada a las labores del hogar. La apuesta la ganó Colatino, presentándose a continuación todos ante Lucrecia, quién haciendo los honores les ofreció una cena en su propia casa, sin saber nada de la apuesta anterior y feliz de tener a su marido en casa, ya que mantenían una excelente relación.

"A Roman lady, wife of Lucius Tarquinius Collatinus, distinguished for her beauty and domestic virtues".

[104] A. H. M. JONES, *The Cloth Industry under the Roman Empire*, en *The Economic History Review*, New Series, 13, 2, 1960, p. 184: " Lanificium was one of the standard virtues of the Roman matron, and Augustus, to set a good example, made his wife, daughter and grand-daughter occupy themselves in weaving wool, and even went so far as to wear their products himself"; F. CENERINI, *La donna romana*, Bolonia, 2009, p. 33, en donde destaca el tejido de la lana como un cometido virtuoso de las mujeres romanas: "Le parole chiave della rappresentazione ideale femminile matronale sono dunque poche esempre le stesse: *casta*, cioè che ha rapporti sessuali solo all'interno del matrimonio a fini procreativi; *pudica*, modesta e riservata; *pia*, dedita alle pratiche del culto e al rispetto della tradizione del *mos maiorum*, il costume degli antenati, considerato l'unico codice morale di comportamento valido per i Romani: *frugi*, semplice e onesta; *domiseda*, che sta in casa; *lanifica*, che sta al telaio".

[105] A. BERGER, *Encyclopedic Dictionary of Roman Law*, cit., *s.v. Matrona*: "An honorable wife of a Roman citizen even when he is not *pater familias* and is still under paternal power. In public a *matrona* appeared in dress reserved for married women (a *stola* with a purple border)"; A. ERNOUT-A. MEILLET, *Dictionnaire étymologique de la langue latine*, cit., *s.v. mater*: "Il comporte, comme *pater*, une idée de respect, que n'a pas la forme familiére mamma, et s'ajoute au nom d'une déesse, comme *pater* au nom d'un dieu, pour l'honorer, et sans que l'idée de maternité soit nécessairement impliquée dans l'appellation"; LEWIS&SHORT, *A Latin Dictionary*, Oxford,1879, reimp.1995, *s.v. Matrona*: a married woman, wife, matron (whether she was *in manu* or not; consequently more general in its application than *mater familias*, which always denoted one who was *in manu*); the word very early acquired the accessory idea of (moral or social) dignity, rank. *Matronae* is thus used even by *Ennius* of women of quality, ladies: *matronae opulentae, optimates, Enn. ap. Cic. Fam.* 7, 6 (Trag. v. 294 Vahl.); cf., "in like manner, in *Plautus*: *ubi istas videas summo genere natas Summates matronas*," *Plaut. Cist.* 1, 1, 26; "so Cicero applies to the noble women carried off from the Sabines the term *matronae*," *Cic. Rep.* 2, 7, 13; "*matrona laris*," the lady of the house", *Juv.* 3, 110.

Esta narración detallada nos la ofrece Livio[106], I. 57. 4-11, quién a lo largo de su extenso relato se descubre como un admirador de la figura de Lucrecia[107], –al margen de la diferencia temporal que los separa, ya que el autor escribe su historia varios siglos después del episodio sucedido[108]– por lo que representa como símbolo de valentía y castidad en una sociedad en la que impera el sistema patriarcal:

> *In his statiuis, ut fit longo magis quam acri bello, satis liberi commeatus erant, primoribus tamen magis quam militibus; regii quidem iuuenes interdum otium conuiuiis comisationibusque inter se terebant. Forte potantibus his apud Sex. Tarquinium, ubi et Collatinus cenabat*

---

[106] Reconocido por la doctrina como el más detallista y concreto a la hora de ofrecer el relato completo del episodio de Lucrecia. Vid. por ejemplo, V. GROH, *La cacciata dei re romani. Analisi letteraria e storica*, cit., p. 303, en donde señala que aunque la narración de Dionisio de Halicarnaso es larguísima, "non contiene tuttavia tutti gli elementi della tradizione. Un semplice confronto con Livio ce lo fa vedere"; A. GUARINO, *Il dossier di Lucrezia*, cit., p. 211: "Rileggiamo la stupenda e concisa narrazione di Livio".

[107] D. TROUT, *Re-textualizing Lucretia: Cultural subversión in the city of God*, en *Journal of Early Christian Estudies* 2.1, 1994, p. 58: "For Livy, Lucretia was a paradigm of castitas and virtuous deportment: her volitional death validated ideals of feminine chastity central both to the Roman conception of the family and to the health of society. And even if these ideals were largely male generated, reflecting the concerns of a patriarchal order, they undoubtedly were seconded by the supportive words and actions of countless Roman matrons".

[108] Vid. al respecto, A. FONTÁN, *Tito Livio. Historia de Roma desde la fundación de la ciudad (ab urbe condita)*, Libros I y II, traducción (con introducción y notas), *CSIC*, Madrid, 1997, p. XIV: "Tradicionalmente se fija el nacimiento de Tito Livio en el 59 a.C., siguiendo a San Jerónimo, que en su *Crónica* dice que en este año (1958 del cómputo jeronimiano) nacen el orador Mesala Corvino y Tito Livio Patavino (o el paduano), *scriptor historicus*. Pero resulta que se ha observado –hace sesenta años– que la fecha de Mesala Corvino está errada, pues nació en el 64 a.C. La noticia de Jerónimo parece poner especial énfasis en la rigurosa coetaneidad de los dos personajes, que tienen ambas importantes facetas literarias, uno como historiador y el otro como orador, amigo de las letras y protector de poetas hasta el punto de rivalizar en esta materia con Mecenas. La confusión pudo producirse antes de Jerónimo o por obra de éste, al traducir a una nueva cronología la tradicional romana de los fastos consulares… En estas condiciones, yo me inclino por la fecha más temprana, que casa mejor con la vasta cultura y la serena madurez con que el escritor Livio compone –hacia el año 27– los primeros capítulos de su historia, y con el crédito literario que sin duda tenía ya…".

Tarquinius, Egeri filius, incidit de uxoribus mentio. Suam quisque laudare miris modis; inde certamine accenso Collatinus negat uerbis opus esse; paucis id quidem horis posse sciri quantum ceteris praestet Lucretia sua. 'Quin, si uigor iuuentae inest, conscendimus equos inuisimusque praesentes nostrarum ingenia? Id cuique spectatissimum sit quod necopinato uiri aduentu occurrerit oculis.' Incaluerant uino; 'Age sane' omnes; citatis equis auolant Romam. Quo cum primis se intendentibus tenebris peruenissent, pergunt inde Collatiam, ubi Lucretiam haudquaquam ut regias nurus, quas in conuiuio lusuque cum aequalibus uiderant tempus terentes, sed nocte sera deditam lanae inter lucubrantes ancillas in medio aedium sedentem inueniunt. Muliebris certaminis laus penes Lucretiam fuit. Adueniens uir Tarquiniique excepti benigne: uictor maritus comiter inuitat regios iuuenes. Ibi Sex. Tarquinium mala libido Lucretiae per uim stuprandae capit; cum forma tum spectata castitas incitat. Et tum quidem ab nocturno iuuenali ludo in castra redeunt[109].

Nuestra protagonista, Lucrecia, queda reflejada como una mujer virtuosa, honorable, irreprochable en su conducta, moderada, prudente, casta, que guarda la ausencia de su marido mientras se dedica a las tareas domésticas en su propia casa lejos de las miradas de otros hombres, como corresponde a una mujer romana de su condición[110],

---

109 J. BARTOLOMÉ GÓMEZ, *La leyenda de la violación de Lucrecia y el relato del reinado de Tarquinio en Tito Livio*, en *Veleia* 10, 1993, p. 255: "En la narración de la violación, como hemos señalado, pueden observarse dos partes claramente definidas: una fase de preparación y la materialización. La primera tiene dos funciones, la de crear el marco adecuado para el desarrollo de la acción posterior y la de proporcionar la calificación del único personaje que nos falta por conocer, la victima del drama, Lucrecia. Esta fase de preparación está deliberadamente construida como una unidad en sí misma, con un principio y un final claramente delimitados. Situación: "*In his statiuis... Forte potantibus apud Sex.Tarquini incidit de uxoribus mentio.* Partida a Roma y Colacia*: citatis equis auolant Romam... pergunt inde Collatiam*. Regreso*: Et tum quidem ab nocturno iuuenali ludo in castra redeunt* (57.4-11)", añadiendo que la falta de esta escena en Dionisio de Halicarnaso le otorga un mayor valor a la narración del paduano, concluyendo: "Esta escena posee para Lucrecia el mismo valor calificante que los episodios anteriores para Sexto y Bruto. En ella Lucrecia se nos presenta como modelo de *uirtus* femenina", en clara oposición con las mujeres pertenecientes a la casa real.

110 V. RODRÍGUEZ ORTIZ, *Historia de la violación. Su regulación jurídica hasta fines de la Edad Media*, Madrid, 1997, p. 40, dónde resalta que las activida-

ya que el aislamiento voluntario en ausencia del marido servía para proteger todavía más el honor del mismo, puesto que la reclusión en casa reducía los riesgos de la vida social romana, y cualquier posible tentación por parte de la mujer.

Al mismo tiempo, vemos como la honestidad de Lucrecia seduce a Sexto Tarquinio, impresionado por su belleza a la par que por su comportamiento, y como una mala pasión se apodera de él, que lo conduce a desear más que nada poseer por la fuerza a nuestra heroína, pasión que no desaparecerá con su vuelta al campamento, sino que crecerá en la mente del hijo del tirano, que urdirá un plan para conseguir a Lucrecia.

Podemos observar también en el relato de Livio como intenta en todo caso extraer una lección para la generación a la que escribe, lectora de sus obras[111], muy distante en el tiempo con respecto a Lucrecia, y muy diferente con respecto a las costumbres y el respeto a la familia. El autor latino alaba la figura de Lucrecia por cuanto representa un modelo femenino a imitar[112], y destaca su heroicidad en mayúsculas durante la descripción minuciosa del

des propias de la mujer "la mantenían encerrada en su casa, lejos de las miradas de otros hombres que no fuesen su marido. De hecho, se valoraba mucho que la mujer casada evitara presentarse en público, permaneciendo en la alcoba nupcial, depositaria de su virginidad. Incluso para comprarse la ropa debía enviar a mujeres de edad o a jovencitas".

[111] A. FONTÁN, *Tito Livio. Historia de Roma desde la fundación de la ciudad (ab urbe condita)*, Libros I y II, cit., p. XIX, en donde da cuenta de como Livio contaba ya con un gran prestigio literario cuando escribe la gran historia, como obra de madurez, y que el prefacio y el libro primero: "Están, además, escritos con la autoridad y con la firmeza del que sabe que va a ser seguido por lectores que confían en su capacidad y, por lo tanto, habla con seguridad. Suponen también una previa reflexión metodológica y estilística que, hubiera sido expresada o no en los diálogos y en la carta, debió ser elaborada al concebir estos trabajos".

[112] Liv. *Ab urbe condita, Praef.* 10: *Hoc illud est praecipue in cognitione rerum salubre ac frugiferum, omnis te exempli documenta in inlustri posita monumento intueri; inde tibi tuaeque rei publicae quod imitere capias, inde foedum inceptu foedum exitu quod uites*, en donde destaca que lo más saludable cuando se analiza la historia es que se contemplan lecciones de todo tipo, y sobre todo, modelos a imitar para uno o para el propio Estado, o experiencias a evitar por sus desastrosas consecuencias.

episodio[113], realizando una comparación explícita entre Lucrecia, matrona honorable y las otras mujeres de costumbres relajadas que no complacen en absoluto con su comportamiento a sus maridos, impresionados por la virtud ejemplar de nuestra protagonista.

Al margen de que en la protohistoria latina existieran hombres austeros y matronas honorables y castas que contribuyeron a cimentar la grandeza de Roma, Livio creyó firmemente, con una honradez subjetiva, en la grandeza de los personajes que describió en su magna obra, alentando además a las nuevas generaciones con un nacionalismo reivindicador, que era del agrado de los lectores del autor provinciano; éstos confiaban en la devoción de Livio hacia los personajes que describía y creían en la bondad de los héroes presentados, como auténticos protagonistas de la historia Romana.

En función de la gloria de Roma él creó una armonía preestablecida, lo que da cuenta de su innata capacidad como divulgador y como talento literario de primer orden[114], pero no es menos verdad que la actitud investigadora de Livio deja mucho que desear. Es cierto que siempre reivindicamos a los clásicos, pero en este caso concreto, en el que Livio ha contribuido sin duda a conocer mejor la figura de Lucrecia, a la que encumbró como matrona romana representante del honor y la castidad, las fuentes a las que acude el autor latino no las verifica conscientemente ni las somete a crítica para

113 Cuya madurez de estilo se descubre en la adaptación de los recursos literarios a la naturaleza concreta del pasaje. Como afirma A. FONTÁN, *Tito Livio. Historia de Roma desde la fundación de la ciudad (ab urbe condita)*, Libros I y II, cit., p. XXXIX: "Sabe dar también una andadura dramática de los momentos culminantes de la guerra de Aníbal, y a bellos episodios como los de Lucrecia y Virginia, y reviste de estatura épica a personalidades tan singulares como los héroes Bruto o Camilo y el antihéroe Aníbal. Todo lo cual no impide el mantenimiento de una constancia estilística en léxico, sintaxis y estilo".

114 Cfr. E. BICKEL, *Historia de la literatura romana*, trad. esp., Madrid, 2009, p. 259: "En su lengua ha sabido, conservando su estilo propio, utilizar el enriquecimiento del latín conseguido por la gran poesía de la época augústea. La abundancia de su vocabulario, la elegancia de su estructura de la frase, con el empleo de construcciones participiales, y la variedad de su expresión tienen que suscitar asombro. Livio fue un fenómeno orientador en la transformación del estilo histórico de la lengua latina… Livio utilizó con maestría todos los recursos de las escuelas de elocuencia", atrayendo la mirada de todos con su obra monumental.

obtener la verdad[115], puesto que el fin último no es otro que el de escribir una obra patriótica que ayude a la mayor gloria de Roma, sin importar la veracidad de las fuentes[116].

3. VIOLACIÓN

Pocos días después, Sexto Tarquinio, impresionado por la belleza y la virtud de Lucrecia[117], llevó a cabo un plan para romper el voto de fidelidad de ésta. Se presentó ante ella con una excusa, con un solo acompañante, y Lucrecia, con la mejor de sus intenciones, y como correspondía a un amigo y pariente de su marido, sin sospechar para nada el peligro, le ofreció la cena y la posibilidad de dormir esa noche en su casa para poder descansar adecuadamente antes de emprender de nuevo el viaje de regreso.

---

[115] M. VON ALBRECHT, *Historia de la literatura romana*, I, trad. esp., Barcelona, 1997, en donde después de reconocer en la p. 774 que Livio no busca tanto en documentos como en fuentes secundarias, afirma en p. 776: "Livio se atiene fielmente a la tradición. En contraste con los analistas no conoce tendencias abiertamente actualizadoras, ni añade elementos novelescos. Es, pues –dentro de los límites que se ha puesto–, cuidadoso con la verdad". No creemos que se pueda considerar fiel a la verdad sino a la tradición oral en el caso de Lucrecia, tan distante en el tiempo con respecto a la época del autor paduano, que conocía sin duda la historia, y la acrecentó literariamente para engrandecer como mito a Lucrecia. Bien es cierto que en p. 799 reconoce que Livio como historiador no está a la altura de los criterios de Polibio, pero "a pesar de ello, transmite, aunque sea acríticamente, abundantes informaciones sonre la república romana".

[116] E. BICKEL, *Historia de la literatura romana*, cit., p. 258: "Es sobremanera notoria su indiferencia hacia los documentos que, sin embargo, tenía en abundancia a su disposición en los templos y archivos de Roma; tanto el respeto a su autoridad como la capacidad de utilizarlos estuvieron ausentes de él… Por supuesto que un cierto instinto debió de guiar a Livio para la elección de sus propios garantizadores, dada la masa de literatura histórica en la Roma augústea… pero el instinto, que constantemente había llevado a Livio a la consulta de narradores de cuentos en vez de a los investigadores e informadores serios, está también mediatizado por el hecho de que él no se había propuesto en parte otra cosa, de una manera ingenua e inconsciente, que tratar retóricamente la materia".

[117] F. CENERINI, *La donna romana*, cit., p. 28: "Il figlio del re, Sesto Tarquinio, viene preso dal desiderio (*mala libido*) di violentare Lucrezia, eccitato dalla sua belleza e dalla sua *spectata castitas* (comprovata moralità)".

En un principio, de acuerdo con el relato de DONALDSON[118], cuando su agresor entró en su dormitorio armado con una espada, pensó en una táctica de persuasión, dirigida a hacer creer a Lucrecia que se casaría con ella, que la haría reina si se doblegaba ante él y le otorgaba sus favores sexuales. Pero luego cambió de opinión, y cuando Lucrecia lo rechazó, amenazó con matarla y colocar a su lado a un esclavo desnudo muerto[119], para poder justificar después que había vengado el deshonor de la familia al haberla encontrado en flagrante adulterio. Bien es cierto que la posibilidad de terminar con la vida de los que son sorprendidos en adulterio no correspondía en absoluto a Tarquinio, sino al *paterfamilias* en virtud del *ius vitae et necis* o en este caso concreto a su marido, sabiendo además que en esta época arcaica este tipo de delitos se sustanciaban ante un tribunal familiar, el *iudicium domesticum*, como analizaremos en detalle más adelante.

A mayor abundamiento, faltan aún varios siglos para llegar a la legislación del emperador Augusto, quién convertirá el adulterio en un delito público a través de la *lex Iulia de adulteriis coercendis*[120],

---

118 I. DONALDSON, *The Rapes of Lucretia: A Myth and its Transformations*, cit., p. 4: "At first he attempted to seduce the startled Lucretia by promising that he would marry her and make her his queen; then he threataned her with death if she did not let him have this way. Finding her adamant, Tarquin then tried another tactic".

119 Como pariente de Colatino, Sexto Tarquinio podría haber alegado justificación legal para tal asesinato; vid. A. WATSON, *Rome of the XII Tables: Persons and Property*, Nueva Jersey, 1975, p. 36. Además, la relación sexual entre una mujer casada y un esclavo se consideraba especialmente atroz, como señala S. B. POMEROY, *Goddesses, Whores, Wives and Slaves: Women in Classical Antiquity*, Nueva York, 1975, pp. 160-161.

120 Vid. sobre la ley: E. VOLTERRA, *In tema di accusatio adulterii*, en *Studi Bonfante*, 2, Milán, 1930, pp. 109 ss., ahora en *Scritti giuridici* 1, Nápoles, 1991, pp. 313 ss.; D. DAUBE, *The accuser under the Lex Iulia de Adulteriis*, en *Salonica Congress of Byzantine Studies,* Atenas, 1955, pp. 8 ss., ahora en *Collected Studies in Roman Law*, 1, Frankfurt, 1991, pp. 561 ss.; A.M. RABELLO, *Il ius occidendi iure patris della lex Iulia de adulteriis coercendis e la vitae necisque potestas del paterfamilias*, en *Atti Sem. Rom. Intern.*, Perugia, 1972, pp. 228 ss.; B. ALBANESE, *Vita necisque potestas paterna e lex Iulia de adulteriis coercendis*, en *Studi Mussotto*, 2, Palermo, 1980, pp. 5 ss., ahora en *Scritti*, 1, Palermo, 1991, pp. 1487 ss.; D. NÖRR, *The matrimonial Legislation of Augustus: an Early Instance of Social Engineering,* en *The Irish Jurist,* 16, 1981, pp. 350 ss.; C. RUSSO RU-

crimen publicum, susceptible de ser enjuiciado ante un tribunal popular que no permitirá esconder la deshonra dentro de la propia familia, quedando al descubierto ante toda la sociedad romana la comisión de un delito de adulterio. Lo que sí sorprende es el protagonismo de Tarquinio como guardián del honor familiar que en absoluto le corresponde, al margen del horror y la estupefacción que nos produce el comprobar como el autor del sacrilegio contra el honor se erige igualmente en el escrupuloso vigilante de la moral de Lucrecia, a la que no se puede acusar de tacha alguna en su virtuosa vida.

Con todo, ante tal posibilidad, al saber que el honor de su familia sería mancillado a pesar de su virtud inquebrantable, la voluntad de Lucrecia se quebró[121], para a continuación ser violada[122] –por Sex-

---

GGERI, *Qualche osservazione in tema di ius occidendi ex lege Iulia de adulteriis coercendis*, en *BIDR*, 92-93, 1989-1990, pp. 93 ss.; R. LAMBERTINI, *Ancora sui leggitimati a uccidere iure patris ex lege Iulia de adulteriis*, en *SDHI*, 58, 1992, pp. 362 ss.; G. RIZZELLI, *Lex Iulia. Studi sulla disciplina di adulterium, lenocinium, stuprum*, Lecce, 1997, *passim*; P. PANERO ORIA, *Ius occidendi et ius accusandi en la lex Iulia de adulteriis coercendis*, Valencia, 2001, *passim*; T. SPAGNUOLO VIGORITA, *La data della lex Iulia de adulteriis*, en *Iuris Vincula, Studi Talamanca*, 8, Nápoles, 2001, pp. 81 ss.; E. MALDONADO DE LIZALDE, *Lex Iulia de adulteriis coercendis del Emperador Cesar Augusto (y otros delitos sexuales asociados)*, en *Anuario Mexicano de Historia del Derecho,* 17, 2005, pp, 365 ss.; A. FERNÁNDEZ DE BUJÁN, *Reflexiones a propósito de la realidad social, la tradición jurídica y la moral cristiana en el matrimonio romano*, en *RGDR* 6, junio 2006, pp. 12 ss.; M.V. SANNA, *Matrimonium iniustum, accusatio iure viri et patris e ius occidendi*, en *AUPA*, 54, 2010-2011, pp. 203 ss.; *Matrimonio e altre situazioni matrimoniali nel diritto romano classico. Matrimonium iustum-matrimonium iniustum*, Nápoles, 2012, p. 93 y ss.; A. TORRENT, *Derecho penal matrimonial romano y poena capitis en la represión del adulterium*, en *RIDROM*, octubre 2016, pp. 242 ss.

121 CH. APPLETON, *Trois épisodes de l'histoire ancienne de Rome*, cit., p. 256: "Tous les historiens s'accordent à dire qu'elle céda, non pas à la crainte de la mort, mais à celle du déshonneur".

122 Vid. al respecto, I. DONALDSON, *The Rapes of Lucretia:A Myth and its Transformations*, cit., *passim*, sobre la violación de Lucrecia, con un análisis de los distintos autores y obras que trataron este mito a lo largo de la historia; M. M. MATTHES, *The Rape of Lucretia and the Founding of Republics*, Pennsylvania, 2000, *passim*, en la que ofrece un análisis de las distintas obras que toman como referencia el mito de Lucrecia, en un intento de los autores de justificar su teoría política republicana, como se extrae –por ejemplo– del relato de Livio, en donde para vengar

to[123]– aunque aún le quedaron fuerzas para –a continuación del terrible suceso– llamar a su marido y a su padre para que acudieran a su encuentro cada uno con un amigo fiel, porque había sucedido un hecho terrible.

Estamos en el momento en el que se consuma la violación, destruyendo la inmaculada vida que hasta el momento había llevado Lucrecia, despojándola de su honor y por ende el de su propia familia. La violencia sexual en este caso concreto se visualiza perfectamente, y entra dentro de los elementos constitutivos de una violación, como nos explica BOTTA[124]: "La fattispecie tipica della violenza carnale è oggettivamente scomponibile in fattori costitutivi semplici. Accanto cioè all'elemento rappresentato dall'esercizio della violenza (quale costringimento di un soggetto non consenziente) sta l'oggetto della costrizione violenta consistente nella consumazione di un atto sessuale che, in quanto tale, è (senza dubbio da ben prima della legislazione giulia) di per sé illecito, poiché commesso nella persona di chi non può disporre sessualmente del proprio corpo (*virgo* o *vidua* di onesta condizione) o di chi del proprio corpo non può disporre sessualmente in quella 'direzione soggettiva'(*nupta* con soggetto diverso dal marito o *masculus cum masculo*)".

La violación de la joven patricia ha suscitado desde antiguo mucha más atención que ningún otro episodio de la historia romana arcaica[125]. Es un episodio brutal, lleno de dramatismo[126], en el que se

---

la castidad de Lucrecia, los tiranos, representantes de la Monarquía, deben ser expulsados de Roma para establecer una mejor forma de gobierno, la República.

[123] *The Encyclopaedia Britannica: a Dictionary of Arts, Science, Literature and general information*, cit., *s.v. Lucretia*, p. 106: "Having been outragued by *Sextus Tarquinius*, one of the sons of *Tarquinius Superbus*, she informed her father and her husband, and, having exacted and oath of vengeance from them, stabbed herself for death".

[124] F. BOTTA, *Stuprum per vim illatum. Violenza e crimini sessuali nel diritto classico e dell'occidente tardoantico*, cit., pp. 88-89.

[125] R. A. BAUMAN, *The Rape of Lucretia "Quod metus causa" and the Criminal Law*, en *Latomus* 52, 3, 1993, p. 550: "The rape of the Roman matron Lucretia by Sextus Tarquinius, son of the last Etruscan king, has received more attention than any other episode of early Roman history".

[126] R. M. OGILVIE, *Early Rome and the Etruscans*, Londres, 1976, p. 79: "The rape of Lucretia is pure melodrama".

mezclan violencia y miedo, con diferentes resultados en el empleo de *uis* y *metus* por parte de su agresor, Sexto Tarquinio. Así, mientras parecería más lógico que Lucrecia accediese ante la amenaza de la muerte, resulta que tal posibilidad no la mueve de sus convicciones, y sin embargo el miedo a la deshonra familiar la lleva a no resistirse más[127]. Es fruto de las costumbres de la época y de la tradición del honor de una sociedad romana primitiva que aún debía evolucionar, pero es la verdad sobre una Lucrecia valerosa y casta que paradójicamente para defender su honor deberá someterse a su violador porque de lo contrario sufrirá una acusación póstuma falsa de adulterio con un esclavo de la que no podrá defenderse y arrastrará al deshonor a toda su familia.

La violación, en este caso concreto, no se reduce al yacimiento de un hombre con una mujer –como nos transmite la tradición– obtenido sin el consentimiento de ésta mediante el empleo de la fuerza, sino que se añade un elemento nuevo, la utilización de la intimidación o fuerza moral como medio para conseguir el fin, siendo en todo caso una violación.[128]

Como hemos dicho anteriormente, nos sorprende la posibilidad atribuida a Sexto de vengar el honor familiar, por cuanto no se puede irrogar ese papel. El único protagonista activo para decidir en caso de adulterio de forma tan contundente sería el marido de Lucrecia, Colatino, no presente –evidentemente– en la casa durante el brutal suceso, por lo que Sexto no podría amenazar a Lucrecia con tal opción: "Te mato, coloco a un esclavo desnudo muerto a tu lado y digo que os sorprendí en flagrante adulterio, lo que me permite acabar con tu vida, Lucrecia, por haber rechazado mi pasión". Con todo, la posibilidad de enmudecer a Lucrecia, que ya no podría defenderse

---

[127] F. CENERINI, *La donna romana*, cit., p. 28: "Non è la paura della morte a vincere la resistenza di Lucrezia, bensí quella del disonore".

[128] V. RODRÍGUEZ ORTIZ, *Historia de la violación. Su regulación jurídica hasta fines de la Edad Media*, cit., pp. 44-45, en donde distingue la violación de Rea Silvia mediante la fuerza física de la de Lucrecia obtenida mediante intimidación, para añadir en p. 48: "Lucrecia, tras su violación, aún no perdiendo su entereza corporal, ya que es casada, se siente corrompida igualmente, aunque se trate de un corrompimiento no físico sino de tipo social, corrompimiento que le impide seguir con vida, pues sin su honra su existencia ya no vale nada".

de las acusaciones póstumas de deshonor, contribuye a una mayor intensidad del relato e incluso a darle una mayor veracidad, ya que tan sólo dará su honra –la célebre matrona– si el honor de su familia puede verse seriamente perjudicado.

El relato nos lo ofrece Livio, I. 58. 1-6:

> *Paucis interiectis diebus Sex. Tarquinius inscio Collatino cum comite uno Collatiam uenit*[129]. *Ubi exceptus benigne ab ignaris consilii cum post cenam in hospitale cubiculum deductus esset, amore ardens, postquam satis tuta circa sopitique omnes uidebantur, stricto gladio ad dormientem Lucretiam uenit sinistraque manu mulieris pectore oppresso 'Tace, Lucretia' inquit; 'Sex. Tarquinius sum; ferrum in manu est; moriere, si emiseris uocem.' Cum pauida ex somno mulier nullam opem, prope mortem imminentem uideret, tum Tarquinius fateri amorem, orare, miscere precibus minas, uersare in omnes partes muliebrem animum. Ubi obstinatam uidebat et ne mortis quidem metu inclinari, addit ad metum dedecus: cum mortua iugulatum seruum nudum positurum ait, ut in sordido adulterio*[130] *necata dicatur. Quo terrore cum uicisset obstinatam pudicitiam uelut uictrix libido*[131], *profectusque inde Tarquinius ferox expugnato decore muliebri esset, Lucretia maesta tanto malo nuntium Romam*

---

[129] J. BARTOLOMÉ GÓMEZ, *La leyenda de la violación de Lucrecia y el relato del reinado de Tarquinio en Tito Livio*, cit., p. 256: "La segunda parte, la violación propiamente dicha, se subdivide en tres actos claramente caracterizados por el predominio de un personaje central. Estas fases están marcadas por la entrada y salida en escena del personaje principal, que encabeza cada sección. A) *Paucis interiectis diebus Sex. Tarquinius... profectus inde Tarquinius.* B) *Lucretia maesta... prolapsa in uolnus moribunda cecidit.* C) *Brutus illis luctu occupatis*. La presencia inicial de la mención del nombre actúa como indicador temático, al que se añaden la descripción del personaje como agente y la concesión exclusiva de la palabra".

[130] A. BERGER, *Encyclopedic Dictionary of Roman Law*, cit. *s.v. adulterium*, en donde recoge la posible venganza inmediata del marido sobre la adúltera después de consultar con el tribunal familiar: "Earlier customary law admitted only immediate revenge of the husband on the adulteress or punishment by him after consultation with the family council(*consilium propinquorum*) in a procedure similar to a judicial trial (see *iudicium domesticum*)", pero no la muerte por alguien que no sea el marido, como resulta Sexto en este caso concreto.

[131] R. A. BAUMAN, *The Rape of Lucretia "Quod metus causa" and the Criminal Law*, cit., p. 551: "Livy's language is carefully chosen; he is drawing an analogy (*uelut*, a typical analogy-introducing word) between physical violence and

eundem ad patrem Ardeamque ad uirum mittit, ut cum singulis fidelibus amicis ueniant; ita facto maturatoque opus esse; rem atrocem incidisse.

Debemos destacar ahora, sin tener la intención de realizar una exégesis completa del episodio, la breve descripción que realiza Livio de la propia violación. Si comparamos las descripciones detalladas de batallas y de otros episodios con la sobriedad narrativa de este pasaje, vemos como la armónica combinación de las técnicas historiográficas cultivadas por el autor latino hasta el momento[132], retrocede en aras de una sobriedad que parece impuesta a propósito por la necesidad dramática de este episodio. La justificación de la ruptura con el orden estilístico anterior reside en el intento de revestir a Lucrecia de una estatura moral infinitamente superior a la de su agresor, como la matrona ideal romana.

Para ello lo que hace el autor paduano es contar velozmente la pérdida del honor de Lucrecia, destacando que fue vencido su obstinado pudor ante el terror que le había inspirado Sexto, con la amenaza de la deshonra familiar si la mataba y ponía a su lado a un esclavo desnudo degollado. Incide en detalles como que el esclavo, sería muerto y degollado, algo que sinceramente no aporta más valor al relato, pero de nuestra protagonista no dice nada, no explica su expresión al verse acorralada, ni si Sexto arremetió con más violencia –si cabe– contra ella, ni tampoco describe el dormitorio donde dormía, en un afán claro de respetar la conciencia incólume de Lucrecia, que pierde su pudor físicamente pero no espiritualmente, y que debe ser tratada con la mayor delicadeza a la hora de referirse a ella y al gravísimo momento de la violación. Es por ello que se habla del delito cometido pero con una exquisitez oratoria que busca respetar

---

non physical duress, between *uis* and *metus*, with the fear of dishonour prevailing where the fear of death had failed".

132 A. FONTÁN, *Tito Livio. Historia de Roma desde la fundación de la ciudad (ab urbe condita)*, Libros I y II, cit., p. XXXVIII, en donde declara que, a su juicio, como el de muchos otros, la realización historiográfica de Tito Livio es más completa que ninguna otra, lo que "justifica que se la incluya entre las obras maestras de la literatura antigua, como la obra de un gran clásico".

al máximo a Lucrecia en su dolor, con una falta de elocuencia que no es propia de Livio[133], sino del terrible suceso que le ha tocado narrar.

El final de la narración nos resume todo, ya que *rem atrocem incidisse* equivale a un terrible acontecimiento, como es la violación sufrida. De este modo, vemos como pudo contar la verdad de lo sucedido, en medio del dolor y la tristeza por la mancillación de su honor; y a pesar de que su marido, acompañado por Lucio Junio Bruto –como concretaremos más adelante, protagonista del cambio político de la Monarquía en República– y su padre, acompañado por Publio Valerio, hijo de Voleso, intentaban consolarla con el hecho de que ella no era la culpable sino la víctima, además de prestar juramento ante ella de que vengarían la afrenta[134], Lucrecia respondió que se absolvía de la culpa, pero no del castigo. A continuación pronunció de forma solemne la célebre frase *nec ulla deinde impudica Lucretiae exemplo uiuet*[135], –recogida en Livio 1. 58. 10– con la que justificó su suicidio, declarando que desde ese momento ninguna mujer deshonrada podría tomar a Lucrecia como ejemplo para seguir con vida[136], ya que la deshonra persistía a pesar de ser ella la víctima, por lo que debía depurar el acto sexual ilícito con su propia muerte.

---

133 A. FONTÁN, *Tito Livio. Historia de Roma desde la fundación de la ciudad (ab urbe condita)*, Libros I y II, cit., p. XXXIII: "La elocuencia, finalmente, era la vocación de Livio, que había aprendido de Cicerón que los antiguos historiadores romanos –los famosos analistas– no pecaban por falta de veracidad, sino por rudeza y cortedad de lenguaje".

134 G. RIZZELLI, *In has servandae integritatis custodias nulla libido inrumpet (Sen. Contr.2. 7. 3). Donne, passioni, violenza*, en *Violenza sessuale e società antiche. Profili storico-giuridici*, cit., p. 154, n. 11: "La donna appare agli antichi autori particolarmente incline alla vendetta".

135 Comentada por numerosos autores, pudiendo destacar el trabajo de J. BARTOLOMÉ GÓMEZ, *La leyenda de la violación de Lucrecia y el relato del reinado de Tarquinio en Tito Livio*, cit., p. 259: "Las últimas palabras de Lucrecia que preceden al suicidio sirven de resumen del significado del episodio, la actitud ejemplar de la matrona romana que se concreta en la exaltación de la *uirtus* femenina", así como el análisis material del texto de Livio en p. 250 y ss. para poner en evidencia la firme decisión de Lucrecia en cuanto a su destino independientemente de la llamada a sus parientes, convencida de que la única salida a su deshonor es la muerte para reparar el honor de su propia familia.

136 E. CANTARELLA, *Dammi mille baci. Vere uomini e vere donne nell'Antica Roma*, 5ª ed., Milán 2016, p. 46: "Le donne romane sono avvertite: così

Casi de inmediato, convencida de la necesidad de comenzar la reparación del honor de la familia en su propia persona y en un momento de desesperación ante el honor perdido –aunque nos parezca incomprensible hoy en día siendo ella la víctima inocente[137]– se clavó un cuchillo en el corazón que terminó con su vida, pero que restituyó su bien más preciado, el honor[138].

Veamos a continuación el texto de Livio, I. 58. 6-12, en donde nos ilustra sobre la teoría de la no culpabilidad de un acto obtenido mediante coacción, como confirma la propia familia de Lucrecia, *ab coacta in auctorem delicti*, sin olvidar que el paduano toma su versión a través de otras fuentes de analistas muy posteriores a la época de Lucrecia, en la que ya había cambiado la tradicional reticencia a absolver a las mujeres adúlteras por parte del tribunal familiar a pesar de haber sido sometidas con un consentimiento forzado[139]:

---

debe fare una moglie, se il suo corpo –anche contro la sua volontà– è appartenuto a un altro uomo. Un esemplo tra i più celebri e amati dai romani".

[137] I. DONALDSON, *The Rapes of Lucretia: A Myth and its Transformations*, cit., p. 11, en donde establece el siguiente paralelismo: "The fact that Lucretia should find it necessary to kill herself may seem explicable partly in terms of the status of women in Roman society. Searching for a posible modern parallel, we may think of the many Muslim women who killed themselves after being raped during the recent war in Bangladesh, knowing that their men would not take them back".

[138] P. PAVÓN, *Valerio Máximo y la asimetría sexual en la severidad del castigo*, en *Latomus* 67, 3, 2008, p. 691: "El exceso de celo en conservar el honor familiar queda apoyado por las leyes antiguas y las costumbres y siempre recae sobre la parte más débil, la mujer", en donde considera que la pena ante la sospecha de un acto de deshonra cometido por una mujer era siempre excesiva, pero necesaria según la mentalidad romana de la época a los efectos de conservar a la par que el honor de la mujer el del padre, el del marido, el de su familia y el de su comunidad. Por todo ello: "La *severitas* en la represión de los actos o de una idea inmoral mantenía a la comunidad a salvo de una crisis de sus valores y, en definitiva, de sus cimientos institucionales".

[139] R. A. BAUMAN, *The Rape of Lucretia "Quod metus causa" and the Criminal Law*, cit., p. 565: "Livy got his versión of the Lucretia story from an annalist who wrote in the first half of the first century, at a time when the traditional refusal of the family court to acquit women of adultery on the grounds of forced consent was being challenged. The challenge was not mounted prior to the early first century; the family court, never noted for progressive thinking, would not have ventured on to ground that had not already been cleared by public jurisdictions. Nor do

Sp. Lucretius cum P. Ualerio Uolesi filio, Collatinus cum L. Iunio Bruto uenit, cum quo forte Romam rediens ab nuntio uxoris erat conuentus. Lucretiam sedentem maestam in cubiculo inueniunt. aduentu suorum lacrimae obortae, quaerentique uiro 'satin salue?' 'minime' inquit; 'quid enim salui est mulieri amissa pudicitia? uestigia uiri alieni, Collatine, in lecto sunt tuo; ceterum corpus est tantum uiolatum, animus insons; mors testis erit. sed date dexteras fidemque haud impune adultero fore. Sex. est Tarquinius qui hostis pro hospite priore nocte ui armatus mihi sibique, si uos uiri estis, pestiferum hinc abstulit gaudium.' dant ordine omnes fidem; consolantur aegram animi auertendo noxam ab coacta in auctorem delicti: mentem peccare, non corpus, et unde consilium afuerit culpam abesse. 'uos' inquit 'uideritis quid illi debeatur: ego me etsi peccato absoluo, supplicio non libero; nec ulla deinde impudica Lucretiae exemplo uiuet.' cultrum, quem sub ueste abditum habebat, eum in corde defigit, prolapsaque in uolnus moribunda cecidit. conclamat uir paterque.

Del texto se deduce la comprensión del marido con respecto al episodio de Lucrecia frente a Sexto porque no lo considera en modo alguno un acto de adulterio sino una violación, un ataque cruel, brutal y despiadado contra su virtuosa esposa. Es importante la aclaración por cuanto desde la época de Rómulo una ley regulaba la situación de la mujer adúltera[140], declarando que podía ser castigada –como veremos inmediatamente, con la muerte– la mujer que hubiese cometido adulterio, siendo el propio marido[141] la persona compe-

the occasional prosecutions of women, prior to the first century, by jurisdictional magistrates, notably the aediles, give any indication of the acceptance of *inreprehensa voluntas*".

140 A. GUARINO, *Romolo e l'adulterio*, en *PDR* 4, 1994, pp. 54 ss.; *Diritto Privato Romano,* 12ª ed., Nápoles, 2001, p. 579, n. 42. 2. 2: "L'uccisione dell'adultera (non del suo amante) attribuita dalla tradizione ad una *lex Romuli*, era una possibilità implicata dalla *potestas* del marito (o del suo *pater familias*), cui l'*uxor in manu* era sottoposta, nonchè eventualmente dalla *potestas* del padre (se ancora vivo) cui era sottoposta l'*uxor sine manu*".

141 G. FRANCIOSI, *Famiglia e persone in Roma antica. Dall'età arcaica al principato*, cit., p. 33: "Il marito è giudice della propia moglie; il suo potere non ha limiti: se essa ha commesso qualche fallo, la punisce; se ha bevuto vino o se ha relazioni con un altro uomo la condanna. Se l'uomo coglie la moglie in flagrante

tente para juzgarla y condenarla en un juicio familiar con parientes. Esta ley la recoge Dionisio de Halicarnaso, 2. 25. 1-2[142]:

1. Ὁ δὲ Ῥωμύλος οὔτε ἀνδρὶ κατὰ γυναικὸς ἐγκλήματα δοὺς φθαρείσης ἢ τὸν οἶκον ἀδίκως ἀπολιπούσης οὔτε γαμετῇ κατ᾽ ἀνδρὸς αἰτιωμένῃ κάκωσιν ἢ ἄδικον ἀπόλειψιν οὔτε περὶ προικὸς ἀποδόσεως ἢ κομιδῆς νόμους θεὶς οὔτε ἄλλο τῶν παραπλησίων τούτοις διορίσας οὐδ᾽ ὁτιοῦν, *ἕνα δὲ νόμον ὑπὲρ ἁπάντων εὖ ἔχοντα, ὡς αὐτὰ τὰ ἔργα ἐδήλωσε, καταστησάμενος εἰς σωφροσύνην καὶ πολλὴν εὐκοσμίαν ἤγαγε τὰς γυναῖκας.*

2. Ἦν δὲ τοιόςδε ὁ νόμος· γυναῖκα γαμετὴν τὴν κατὰ γάμους ἱεροὺς συνελθοῦσαν ἀνδρὶ κοινωνὸν ἁπάντων εἶναι χρημάτων τε καὶ ἱερῶν. Ἐκάλουν δὲ τοὺς ἱεροὺς καὶ νομίμους οἱ παλαιοὶ γάμους Ῥωμαϊκῇ προσηγορίᾳ περιλαμβάνοντες φαρραχείους ἐπὶ τῆς κοινωνίας τοῦ φαρρός, ὃ καλοῦμεν ἡμεῖς ζέαν. αὕτη γὰρ ἦν ἀρχαία καὶ μέχρι πολλοῦ συνήθης ἅπασιν αὐτοῖς ἡ τροφή· φέρει δὲ πολλὴν καὶ καλὴν ἡ Ῥωμαίων γῆ [τὴν ζέαν]. Καὶ ὥσπερ {ἡμεῖς οἱ} Ἕλληνες τὸν κρίθινον καρπὸν ἀρχαιότατον ὑπολαμβάνοντες ἐπὶ τῶν θυσιῶν κριθαῖς καταρχόμεθα οὐλὰς αὐτὰς καλοῦντες, οὕτω Ῥωμαῖοι τιμιώτατόν τε καρπὸν καὶ ἀρχαιότατον εἶναι νομίζοντες τὰς ζέας διὰ τούτων ἁπάσης ἐμπύρου θυσίας κατάρχονται. μένει γὰρ ἔτι καὶ οὐ μεταπέπτωκεν εἰς πολυτελεστέρας ἀπαρχὰς τὸ ἔθος.

---

adulterio può ucciderla impunemente. Nel caso di adulterio del marito, invece, la donna non osi toccarlo neppure con un dito, perché non ne ha il diritto"; con todo, no existe unanimidad en la doctrina a la hora de acordar si era competente solo el marido si era el *paterfamilias*, o si le competía de todos modos aunque el *paterfamilias* fuera otro, de modo que la capacidad para juzgar a la mujer le correspondería al marido por el hecho de serlo, independientemente de que la mujer no fuera *conventa in manum*; vid. A. ESMEIN, *Le délit d'adultère a Rome et la loi Julia de adulteriis coercendis, étude de droit pénal romain*, París, 1878, p. 75: "Le mari romain avait incontestablement ce pouvoir lorsque la femme était *in manu*... si l'*uxor* était *filiafamilias*, elle trouvait encore un juge dans le père, armè du droit de vie ou de mort"; C. CORSANEGO, *La repressione romana dell'adulterio*, Roma, 1936, p. 16: "È opinione concorde che nell'etá republicana la sorpresa in flagrante desse al marito il diritto di vendetta con lo *ius vitae ac necis* sulla moglie e che tale diritto competesse pure al *paterfamilias* quando esercitava ancora la patria potestà sulla figlia sposata"; en fin, las fuentes parecen apostar por el poder marital a la hora de matar a su mujer a pesar de no ser *conventa in manum*,como podemos ver, por ejemplo, en Catón, *apud. Gell.* 10. 23.5; Hor. *Sat.* 2. 7. 61 ss.

[142] La referencia completa a la legislación se encuentra contenida en *Dion.* 2. 25-26.

La pena de muerte sancionada por la ley de Rómulo[143], la recoge Dionisio en 2. 25. 6:

6. Ταῦτα δὲ οἱ συγγενεῖς μετὰ τοῦ ἀνδρὸς ἐδίκαζον· ἐν οἷς ἦν φθορὰ σώματος καί, ὃ πάντων ἐλάχιστον ἁμαρτημάτων Ἕλλησι δόξειεν ἂν ὑπάρχειν, εἴ τις οἶνον εὑρεθείη πιοῦσα γυνή. Ἀμφότερα γὰρ ταῦτα θανάτῳ ζημιοῦν συνεχώρησεν ὁ Ῥωμύλος, ὡς ἁμαρτημάτων γυναικείων αἴσχιστα, φθορὰν μὲν ἀπονοίας ἀρχὴν νομίσας, μέθην δὲ φθορᾶς.

La dureza del castigo no debe sorprendernos aún cuando la reciprocidad en la condición masculina no exista[144]. De este modo, si un hombre era sorprendido en adulterio no sucedía nada, siempre que no fuese con mujer casada o *ingenuae et honestae*, por cuanto era la mujer la que debía preservar la sangre de los antepasados en la transmisión genética a los hijos, y de ahí la severidad en la represión del adulterio para evitar que entrase en la familia como miembro alguien ajeno a la pureza de las raíces de la misma[145].

---

143 Vid. en contra de la *communis opinio* de aceptar la autoría de Rómulo como el responsable de la legislación represiva del adulterio, P. GIUNTI, *Adulterio e leggi regie. Un reato fra storia e propaganda*, Milán, 1990, pp. 57 ss. en donde propone en pp. 155 ss. la probable autoría de Numa Pompilio, a quién la tradición atribuye varias leyes con respecto al matrimonio y a la familia. Según la autora, Dionisio escribe en el momento inmediatamente posterior a la legislación familiar de Augusto, es decir, después del 18 a. C. ya aprobadas la *lex Iulia de maritandis ordinibus* y la *lex Iulia de adulteriis coercendis*, y atribuye la antigua legislación a Rómulo en un intento de identificarlo con el nuevo *Romulus*, es decir, con la figura de Augusto; R. ASTOLFI, *Il matrimonio nel diritto romano preclassico*, 2, Padua, 2002, pp. 133 ss. en donde afirma que no fue una *lex regia* la que introdujo la represión del adulterio mediante la muerte infligida a la mujer adúltera por parte de su marido, sino que la norma que autorizaba la pena de muerte a la mujer infiel –o a la mujer que bebía vino– era de origen consuetudinario, y fue adoptada por Roma de la civilización del antiguo Lacio.

144 C. FAYER, *La familia romana. Parte Terza. Concubinato. Divorzio. Adulterio*, Roma, 2005, p. 190: "Per il diritto romano solo la donna violava la fedeltà coniugale e si rendeva colpevole di adulterio, mentre, se il marito aveva relazioni extramatrimoniali, purché non con donne sposate o *ingenuae et honestae*, non commetteva adulterio".

145 G. RIZZELLI, *In has servandae integritatis custodias nulla libido inrumpet (Sen. Contr. 2.7.3) Donne, passioni, violenza*, en *Violenza sessuale e società antiche*, F. LUCREZI/F. BOTTA/ G. RIZZELLI (eds.), cit., p. 156: "La pretesa vulnerabilità femminile alle passioni, sopratutto a quella erotica, si ripercuote –si

Así podemos entender el texto de Aulo Gelio, *Noct. Attic.* 10. 23. 5, cuando confirma la desigualdad entre hombres y mujeres al recoger las palabras de Catón –pronunciadas siglos después de la ley de Rómulo pero que demuestran la vigencia de la misma– al decirle a un hombre que si lo sorprende su mujer en flagrante adulterio, "No puede tocarte ni siquiera con un dedo":

> *De iure autem occidendi ita scriptum: In adulterio uxorem tuam si prehendisses, sine iudicio inpune necares; illa te, si adulterares sive tu adulterarere*[146], *digito non auderet contingere, neque ius est*[147].

---

crede– gravemente sulla familia e sulla comunità. Sulla familia, in primo luogo, a causa dell'adulterio che altera il corretto riprodursi della stirpe e mette in crisi il matrimonio, strumento, fra l'altro, per stringere alleanze all'interno dei gruppi oligarchici, che rafforzano in tal modo il proprio potere politico ed economico".

[146] E. PERUZZI, *Origini di Roma. I. La famiglia*, Florencia, 1970, p. 85: "È chiaro… che, per il fatto stesso di essere una forma passiva, *adulteror* implica l'idea della persona che subisce offesa contro la propia volontà, affermazione che corresponde al vero nel caso che soggetto di *adulterari* sia la donna; l'uomo non può essere costretto da una donna ad un rapporto contro la propia volontà, può esservi però indotto con seduzione e in questo senso va interpretato l'*adulterarere* del passo di Catone riportato da Gellio".

[147] Vid. Aul. Gel, *Noct. Attic.* 10. 23. 1-4, para comprender todo el discurso de Catón, pronunciado con la clara intención de desvirtuar las inadmisibles pretensiones de las mujeres con respecto a ser iguales que los hombres, recogiendo también la prohibición de beber vino: *Verba ex oratione M. Catonis de mulierum veterum victu et moribus; atque inibi, quod fuerit ius marito in adulterio uxorem deprehensam necare. I. Qui de victu atque cultu populi Romani scripserunt, mulieres Romae atque in Latio aetatem abstemias egisse, hoc est vino semper, quod "temetum" prisca lingua appellabatur, abstinuisse dicunt, institutumque ut cognatis osculum ferrent deprehendendi causa, ut odor indicium faceret, si bibissent. II. Bibere autem solitas ferunt loream, passum, murrinam et quae id genus sapiant potu dulcia. Atque haec quidem in his, quibus dixi, libris pervulgata sunt; III. sed Marcus Cato non solum existimatas, set et multatas quoque a iudice mulieres refert non minus, si vinum in se, quam si probrum et adulterium admisissent. IV. Verba Marci Catonis adscripsi ex oratione, quae inscribitur de dote, in qua id quoque scriptum est in adulterio uxores deprehensas ius fuisse maritis necare: "Vir" inquit "cum divortium fecit, mulieri iudex pro censore est, imperium, quod videtur, habet, si quid perverse taetreque factum est a muliere; multatur, si vinum bibit; si cum alieno viro probri quid fecit, condemnatur."*

Con todo, Ulpiano apuesta por el equilibrio conyugal cuando afirma que si un marido acusa a su mujer de adulterio, el juez debe probar los *mores*[148], la moralidad del propio marido para ver si los de la mujer eran *bonos mores colendi auctor*, un buen ejemplo de cómo debía comportarse ella, ya que parece injusto que un marido exija a su mujer un nivel de moralidad del cual él carece. La opinión del insigne jurista se recoge en Digesto 48. 5. 14 (13) 5:

> *Iudex adulterii ante oculos habere debet et inquirere, an maritus pudice vivens mulieri quoque bonos mores colendi auctor fuerit: periniquum enim videtur ese, ut pudicitiam vir ab uxore exigat, quam ipse non exhibeat.*

La violación de la joven patricia tiene otras versiones[149], como la de Dionisio de Halicarnaso[150], que recoge directamente la violación, cuando Sexto es enviado a Colacia en misión militar y se alo-

---

148 C. GIOFFREDI, *s.v. mores*, en *NNDI* 10, Turín, 1964, p. 921: "La grande importanza del costume sociale, nel suo conformarsi a dei valori permanente di moralità edi giustizia, é bene avvertita dai Romani della repubblica che vedono in esso uno dei pilastri della soliditá della comunità romana: celebre il verso di Ennio: *moribus antiquis res stat romana virisque* (in Cic. *de rep.* 5.1.1.). ... É nell istituto del *regimen morum*, affidato ai censori, che si precisa il concetto di *mores*, inteso come complesso di comportamenti cui il *civis* é tenuto sul piano morale e sociale, cioè il concetto di *boni mores*. I censori... colpiscono con la loro *nota* chi tenga una condotta riprovevole nella vita pubblica, familiare o provata: cosí ogni mancanza nell'amministrare la cosa pubblica, l'inadempimento dei doveri religiosi, l'abuso nell'esercizio della *patria potestas* o del potere maritale, e ogni atto immorale", añadiendo además que la nota censoria comportaba la *ignominia*.

149 Al margen de las que recogemos directamente en el texto, podemos señalar las siguientes versiones entre los escritores griegos: Diodoro Sículo, *Bibliotheca Historica*, 10.20; Dión Casio, *Historia romana, fr.* II, 11.13-19; Plutarco, *Parallelae siue Vitae Illustrium uirorum, Publicola*,1.3; entre los autores latinos podemos destacar a Varrón, *De lingua latina*, 6.6-7; Cicerón, *De republica*, 2.20; 5.22-23; Valerio Máximo, *Factorum et dictorum memorabilium libri*, 6. 1.1; Eutropio, *Breuiarium ab urbe condita*, 1.8; Claudiano, *In Eutropium liber prior*, 18.446-447, *Laus Serenae*, 149-154; San Jerónimo, *Aduersus Iouinianum*, 1.46; vid. D. TROUT, *Re-textualizing Lucretia: Cultural subversión in the city of God*, cit., p. 61, en donde da cuenta de que la versión de Livio provocó una literatura posterior muy favorable a la figura de Lucrecia, como dueña de una virtud ejemplar: "Livy told his story well; through the years that followed, Lucretia remained a virtually uncontested *exemplum virtutis*. For

ja en casa de su pariente Colatino, esposo de Lucrecia, en ausencia de éste, circunstancia que aprovecha para llevar a cabo su ominoso delito, o la de Ovidio[151], quién mantiene los prolegómenos de las intenciones de Sexto, pero desprovistas del tono moralizante de Livio como narrador, sino más bien en un tono romántico, nada apropiado con respecto a la violencia posterior:

> *Iuvenis furiales regius ignis concipit et caeco raptus amore furit, forma placet niveusque color flavique capilli, quique aderat nulla factus ab arte decor; verba placent et vox, et quod corrumpere non est, quoque minor spes est, hoc magis ille cupit, iam dederat cantus lucis praenuntius ales, cum referunt iuvenes in sua castra pedem, carpitur adtonitos absentis imagine sensus ille. recordanti plura magisque placent: 'sic sedit, sic culta fuit, sic stamina nevit, neglectae collo sic iacuere comae, hos habuit voltus, haec illi verba fuerunt, hic color, haec facies, hic decor oris erat.' ut solet a magno fluctus languescere flatu, sed tamen a vento, qui fuit, unda tumet, sic,*

Valerius Maximus, Seneca, Quintilian, and Plutarch her name was synonomous with chastity and a courage deemed unusually masculine".

150 *Ant. Rom.* 4. 64. 2-5: ἐν τούτῳ δὴ τῷ καιρῷ Σέξτος ὁ πρεσβύτατος τῶν Ταρκυνίου παίδων ἀποσταλεὶς ὑπὸ τοῦ πατρὸς εἰς πόλιν, ἣ ἐκαλεῖτο Κολλάτεια, χρείας τινὰς ὑπηρετήσων στρατιωτικὰς παρ' ἀνδρὶ κατήχθη συγγενεῖ Λευκίῳ Ταρκυνίῳ τῷ Κολλατίνῳ. προσαγορευομένῳ. τοῦτον τὸν ἄνδρα Φάβιος μὲν υἱὸν εἶναί φησιν Ἠγερίου, περὶ οὗ δεδήλωκα πρότερον, ὅτι Ταρκυνίῳ τῷ προτέρῳ βασιλεύσαντι Ῥωμαίων ἀδελφόπαις ἦν καὶ Κολλατείας ἡγεμὼν ἀποδειχθεὶς ἀπὸ τῆς ἐν ἐκείνῃ τῇ πόλει διατριβῆς αὐτός τε Κολλατῖνος ἐκλήθη καὶ τοῖς ἐγγόνοις ἀφ' ἑαυτοῦ τὴν αὐτὴν κατέλιπεν ἐπίκλησιν: ἐγὼ δὲ καὶ τοῦτον [p. 108] υἱωνὸν εἶναι τοῦ Ἠγερίου πείθομαι, εἴ γε τὴν αὐτὴν εἶχε τοῖς Ταρκυνίου παισὶν ἡλικίαν, ὡς Φάβιός τε καὶ οἱ λοιποὶ συγγραφεῖς παραδεδώκασιν: ὁ γὰρ χρόνος ταύτην μοι τὴν ὑπόληψιν βεβαιοῖ. ὁ μὲν οὖν Κολλατῖνος ἐπὶ στρατοπέδου τότε ὢν ἐτύγχανεν, ἡ δὲ συνοικοῦσα αὐτῷ γυνὴ Ῥωμαία, Λουκρητίου θυγάτηρ ἀνδρὸς ἐπιφανοῦς, ἐξένιζεν αὐτὸν ὡς συγγενῆ τοῦ ἀνδρὸς πολλῇ προθυμίᾳ τε καὶ φιλοφροσύνῃ. ταύτην τὴν γυναῖκα καλλίστην οὖσαν τῶν ἐν Ῥώμῃ γυναικῶν καὶ σωφρονεστάτην ἐπεχείρησεν ὁ Σέξτος διαφθεῖραι, παλαίτερον μὲν ἔτι εἰργόμενος, ὁπότε κατάγοιτο παρὰ τῷ συγγενεῖ, τότε δὲ καιρὸν ἁρμόττοντα οἰόμενος ἔχειν. ὡς δὲ μετὰ τὸ δεῖπνον ἀπῆλθε κοιμησόμενος ἐπισχὼν τῆς νυκτὸς πολὺ μέρος, ἐπειδὴ καθεύδειν ἅπαντας ἐνόμιζεν, ἀναστὰς ἧκεν ἐπὶ τὸ δωμάτιον, ἐν ᾧ τὴν Λουκρητίαν ᾔδει καθεύδουσαν, καὶ λαθὼν τοὺς παρὰ ταῖς θύραις τοῦ δωματίου κοιμωμένους εἰσέρχεται ξίφος ἔχων.

151 *Fast.* 2. 721-852, el relato completo.

quamvis aberat placitae praesentia formae, quem dederat praesens forma, manebat amor. ardet et iniusti stimulis agitatus amoris comparat indigno vimque dolumque toro[152].

3.1. *Actio quod metus causa*

Por último, el suceso de la violación de Lucrecia y su aceptación "por causa de miedo", por el temor a no poder defender el honor familiar, bien podría considerarse como remoto antecedente de la *actio quod metus causa*[153], acción pretoria introducida hacia el año 80 a.C.[154] por el pretor Octavio[155] –de ahí el nombre de *formula octaviana*– para proteger a la víctima de un acto de violencia o *metus*[156], dirigida contra el autor de tal violencia o miedo.

---

[152] Ovidio, *Fast.* 2. 761-780.

[153] Vid. al respecto, E. CALORE, '*Actio quod metus causa*'. *Tutela della vittima e azione in rem scripta*, Milán, 2011, *passim*.

[154] A. WATSON, *The Development of the Praetor's Edict*, en *JRS* 60, 1970, p. 105: "An edict on *metus* was issued almost certainly by the Octavius, who was consul in 75 B.C. and hence praetor not later tan 78".

[155] *Cic. ad Quintum fratrem* 1.1.7.21: *Adiungenda etiam est facilitas in audiendo, lenitas in decernendo, in satisfaciendo ac disputando diligentia. Iis rebus nuper C. Octavius iucundissimus fuit, apud quem proximus lictor quievit, tacuit accensus, quoties quisque voluit dixit et quam voluit diu; quibus ille rebus fortasse nimis lenis videretur, nisi haec lenitas illam severitatem tueretur: cogebantur Sullani homines, quae per vim et metum abstulerant, reddere; qui in magistratibus iniuriose decreverant, eodem ipsis privatis erat iure parendum. Haec illius severitas acerba videretur, nisi multis condimentis humanitatis mitigaretur.*

[156] C. V. DAREMBERG/ E. SAGLIO, *Dictionnaire des antiquités grecques et romaines*, París, 1904, s.*v. metus*: "Expression technique du droit romain pour désigner la contrainte morale appliquée à une personne, afin de lui faire un certain acte, en la menacant d'un mal imminent"; A. BERGER, *Encyclopedic Dictionary of Roman Law*, cit. *s.v. metus*: "Use of duress in order to compel a person to conclude a transaction, to assume an obligation or to make a payment,is a private crime (*delictum*) which may be prosecuted by the person who acted under duress by a special action, *action quod metus causa*. If sued for the fulfillment of a promise given under duress, he might oppose the *exceptio metus*. Under certain circumstances a *restitution in integrum* was granted".

Es una acción penal[157], ejercitable durante un año y por la que se puede obtener una condena por el cuádruplo de la prestación realizada o el daño sufrido, siempre considerada dentro de los vicios derivados de un negocio jurídico. También se podía oponer una *exceptio metus* sin limitación temporal frente a la acción ejercitada, y se podía incluso conceder una *in integrum restitutio* frente a los terceros que obtuviesen lucro como consecuencia del miedo ejercido, aunque no fueran ellos los autores del mismo.

Posteriormente la compilación justinianea, el *Corpus Iuris Civilis*[158], recogió también la doctrina relativa al *metus* o miedo reconociendo la inexistencia de toda obligación contraída bajo miedo o coacción. El Digesto 4. 2 lleva por título "*Quod metus causa gestum erit*", de lo que se hubiere hecho por causa de miedo, en donde recoge las opiniones de los juristas al efecto, que bien pudieran ser aplicadas al caso de Lucrecia de forma general.

En primer lugar dice Ulpiano, en D. 4. 2. 1 (*libr.* 11 *ad. Edictum*):

> *Ait Praetor: QUOD METUS CAUSA GESTUM ERIT, RATUM NON HABEBO. Olim ita edicebatur: QUOD VI METUSVE CAUSA; vis enim fiebat mentio propter necessitatem impositam contrariam voluntati, metus instantis vel futuri periculi causa mentis trepidatione. Sed postea detracta est vis mentio ideo, quia quodcunque vi atroci fit, id metu quoque fieri videatur.*

---

[157] No infamante, como explica A. D'ORS, *El comentario de Ulpiano a los edictos del 'metus'*, en *AHDE* 51, 1981, p. 290: "La accion penal no tiene efecto infamante, pero esto se debe precisamente, no a la suficiente gravedad del *quadruplum*, sino a la posibilidad de que se de contra una persona que no intervino en la coacción. Como hemos dicho, el delito sancionado por la acción *quod metus causa* no es el de coacción violenta, que ya queda castigada por la legislación criminal, sino el de retener algo que el demandante no debería haber perdido. La agravación con *infamia* no era pertinente contra tal demandado".

[158] G. GLOVER, *Metus in the Roman Law of Obligations*, *Fundamina* 31, 2004, p. 1: "The *Corpus Iuris Civilis* remains our most valuable source of authority with regard to how duress cases were treated in Roman times", aunque critica la descoordinación y la falta de coherencia a la hora de analizar la legislación, así como la existencia de proposiciones legales contradictorias con respecto al *metus* y las coacciones.

De este modo, podemos ver como el Pretor no daba por válido lo realizado por causa de miedo, y aunque anteriormente se mencionaba la fuerza contraria a la voluntad, así como el miedo, se suprimió después la mención de la fuerza, ya que lo que se hace por fuerza atroz, se hace también por miedo. Bien es cierto que no se acepta cualquier miedo o un temor cualquiera, sino que debe tratarse de un mal mayor, como concreta Ulpiano en D. 4. 2. 5 (*libr.* 11 *ad. Edictum*):

> *Metum accipiendum Labeo dicit non quemlibet timorem*[159], *sed maioris malitatis.*

Y debe tratarse de un miedo actual, presente, no la simple sospecha del que se pueda producir, como especifica el mismo Ulpiano en D. 4. 2. 9 (*libr.* 11 *ad. Edictum*), de acuerdo con la opinión de Pomponio:

> *Metum autem praesentem accipere debemus, non suspicionem inferendi eius. Ei ita Pomponius libro vicesimo octavo scribit; ait enim metum illatum accipiendum, id est, si illatus est timor ab aliquo...*

Vamos a ver a continuación un caso significativo recogido en el Digesto relacionado más directamente con el episodio de Lucrecia: Incurren en la ley Julia también los que recibieron alguna cosa por un estupro descubierto. Aquí resulta que el Pretor debe intervenir sin tener en cuenta que fue la persona adúltera la que dio algo, sino el hecho de que entregó algo por miedo a otro.

Es la actuación directa de alguien que da algo a cambio de no ser descubierto su adulterio, por el miedo a la muerte infundido por otro, como nos transmite Paulo en D. 4. 2. 8. *pr.* (*libr.* 11 *ad. Edictum*):

---

[159] D. 4. 2. 7 *pr.*, Ulpiano (*libr.* 11 *ad. Edictum*), en donde explica qué temor se contempla en el edicto, de acuerdo con el libro séptimo de Pedio, no siendo objeto del mismo el temor a la infamia, que es precisamente el temor que tiene Lucrecia: *Nec timorem infamiae hoc Edicto contineri Pedius dicit libro septimo, neque alicuius vexationis timorem per hoc Edictum restituí. Proinde,si quis meticulosus rem nullam frustra timuerit, per hoc Edictum non restituitur, quoniam neque vi, neque metus causa factum est.* Con todo, y al margen de las contradicciones de este título, el texto de Paulo que veremos a continuación en D. 4.2. 8. 2 nos ayudará, por vía de excepción, a encontrar un resquicio para la protección legal del caso de Lucrecia que aquí evidenciamos.

> *Isti quidem et in legem Iuliam*[160] *incidunt, quod pro comperto stupro acceperunt. Praetor tamen etiam, ut restituant, intervenire debet; nam et gestum est malo more*[161]*, et Praetor non respicit, an adulter sit, qui dedit, sed hoc solum, quod hic accepit metu mortis*[162] *illato.*

Nos encontramos ante un caso significativo: Incurren en la ley Julia también los que recibieron alguna cosa por un estupro descubierto. Aquí resulta que el Pretor debe intervenir sin tener en cuenta que fue la persona adúltera la que dio algo, sino el hecho de que entregó algo por miedo a otro. Estamos ante el caso de alguien que

---

[160] La *lex Iulia de adulteriis*, promulgada el 18 o 17 a.C. por el emperador Augusto, recogía como *crimina* tanto el *adulterium* como el *stuprum*, concediendo al marido y al padre una acusación privilegiada, *iure viri et patris*, para emprender dentro de los sesenta días del divorcio, y una vez transcurrido dicho plazo, aún se podía conceder una *accusatio iure stranei*, a través de la acusación de cualquier ciudadano. Vid. M. V. SANNA, *Donne Honoratae*, en *Mujeres en tiempos de Augusto*, cit., en donde abunda en los motivos de la legislación matrimonial de Augusto en pp. 553-554: "Augusto intendeva, pertanto, perseguire sia l'incremento demográfico sia il risanamento dei costumi della società romana. Il modello ideale della matrona romana, mai abbandonato, veniva dall'Imperatore riproposto in maniera decisa, con le sole correzioni necessarie per adattarlo alla nuova realtà: si doveva non solo incrementare la popolazione, ma restaurare il buon costume nella famiglia, ponendo un freno alla dilagante corruzione dei costumi, rifondando un'etica matrimoniale basata sulla rigida moralità dei tempi antichi… L'intento di riportare in vita gli antichi costumi appare ancora più evidente nella *lex Iulia de adulteriis*, con la quale venivano perseguite come crimina tutte le unioni sessuali al di fuori del matrimonio delle *donne honoratae*, sia l'*adulterium*, relazione sessuale di una donna sposata con un uomo diverso dal marito, sia lo *stuprum*, relazione sessuale di una virgo o una vidua di onorata condizione. Rimasero, invece, fuori dalla previsione legislativa le condotte delle *donne non honoratae, in quas stuprum non committitur*".

[161] Vid. al respecto, R. A. BAUMAN, *The Rape of Lucretia, 'Quod metus causa' and the Criminal Law*, en cit., p. 553: "The praetor should also intervene to order *restitutio*, for the act was morally wrong (*gestum est malo more*) and the Praetor does not look at whether the giver is an adulterer, but only at whether the receiver inspired a fear of death".

[162] Vid. sobre la muerte en caso de adulterio: E. CANTARELLA, *Adulterio, omicidio legittimo e causa d'onore in diritto romano*, en *Studi Scherillo*, Milán, 1972, pp. 243-274; La teoría de S. TREGGIARI, *Roman Marriage*, Oxford, 1991, p. 270 y ss. y en especial la p. 293 en donde plantea que el derecho a matar era desconocido hasta la legislación de Augusto no resulta convincente.

da algo a cambio de no ser descubierto su adulterio, por el miedo a la muerte infundido por otro.

A mayor abundamiento, insiste Paulo en D. 4. 2. 8. 2 (*libr.* 11 *ad. Edictum*):

> *Quod si dederit, ne stuprum patiatur vir seu mulier, hoc Edictum locum habet, quum viris bonis iste metus maior, quam mortis esse debet.*

Es decir, si un hombre o una mujer dieron algo para no sufrir estupro, este Edicto les será de aplicación, ya que para los hombres buenos este miedo debe ser mayor que el de la muerte. Siguiendo a BAUMAN[163], podemos decir que aunque el jurista Paulo no cite expresamente aquí la ley Julia es de suponer que si era válida para el adúltero que dio algo por temor a ser descubierto, con mayor motivo lo será para la víctima del estupro, como resulta claramente ser el caso de nuestra protagonista Lucrecia.

Bien es cierto que la protección del Edicto se dirige a quién da algo para no sufrir *stuprum* y no protege a quién cede al mismo, pero precisamente Lucrecia quiere proteger su honor y por ello sufre el daño. Para darle solución a nuestro caso debemos acudir a la vía de excepción: si lo que quiere proteger el Pretor es el consentimiento obtenido por causa de *metus*, lo importante y esencial es que el miedo insuperable de Lucrecia a ser mancillado el honor familiar fue el que la condujo a doblegarse, sin que por ello pueda quedar fuera de la protección edictal.

Resulta también de interés la opinión de Ulpiano contenida en D. 4. 2. 3. 1 (*libr.* 11 *ad. Edictum*):

---

163 R. A. BAUMAN, *The Rape of Lucretia, 'Quod metus causa' and the Criminal Law*, cit., p. 553: "Paul does not expressly cite the *lex Iulia* at this point, but if giving by the adulterer was in the *lex* it is reasonable to suppose that giving by the rapist's victim was also there", en donde añade a continuación que nos encontramos con un supuesto muy parecido al de Lucrecia, pero con una diferencia: "Under the edict the remedy was restoration of what had been given, but there was no way of restoring what Lucretia had given, for she had not bought off her attacker. For an exact parallel with her case we must look to the remedy by way of an *exceptio*: that is on all fours with Lucretia's defence, for in both cases it is simply a question of setting aside consent procured by *metus*".

Sed vim accipimus atrocem et eam, quae adversus bonos mores fiat, non eam, quam Magistratus recte intulit, scilicet iure licito et iure honoris, quem sustinet...

El insigne jurista deja claro que se entiende por fuerza sólo la atroz y la que se haga contra las buenas costumbres, no la que debidamente empleó el magistrado con lícito derecho y con la dignidad que representa. Es aquí donde debemos hacer referencia al significado de *adversus bonos mores* por ser precisamente el baluarte de Lucrecia a la hora de ceder ante las pretensiones delictivas de su agresor sexual. Sólo el deseo de perpetuar los *boni mores*[164] en su propia familia, salvaguardando su honor, será el que provoque el final de su resistencia, y no ningún otro motivo posible.

El término *mores*[165] hace referencia a dos posibles acepciones[166]: Las costumbres y usos locales legales establecidos, la denominada

---

164 M. J. BRAVO BOSCH, *Los boni mores en el edictum de convicio*, en *Droit et Moeurs. Implication et influence des moeurs dans la configuration du droit*, Jaén, 2011, pp. 239 ss. en donde además de concretar el significado de *boni mores* en el *convicium* se realiza un análisis general de ambos términos.

165 E. VOLTERRA, *Sui mores della 'familia' romana*, en *Rendiconti Accademia Nazionale dei Lincei*, ser., 8ª, IV, 1949, p. 528, en donde critica la postura de los romanistas modernos cuando utilizan –para designar las normas vigentes en el seno de una familia romana– el término *mores familiares* o simplemente *mores*: "Questa terminología ha avuto un'immeritata fortuna, tanto da dare un'apparenza di verità a quello che invece è un exclusivo prodotto dell'immaginazione ed a persuadere gli studiosi dell'esistenza reale di tali norme: spessissimo infatti in manuali e monografie si menzionano i *mores familiares* e, sulla base di questo dato fantastico, ma accettato da tutti senza discussione, si costruiscono ardite ipotesi o si azzardano tentativi di risoluzione di delicati problema di origini. Ora, mai nelle fonti giuridiche e letterarie troviamo il termine usato in tale accezione, sebbene sempre ed esclusivamente lo vediamo adoperato dagli antichi scrittori per designare antiche norme consuetudinarie del popolo romano, non giá applicate nell'interno delle *familiae* o di una *familia*, ma formatesi nell'ambito e nella sfera giuridica della *civitas* o come tali vigenti per tutti i cittadini romani, siano essi *sui iuris* o *filiifamilias*". Esta es también nuestra opinión, como dejamos claro en el texto, pero hemos querido dejar evidencia de la magnífica y meridiana explicación de Volterra para no dejar hueco a ningún tipo de duda al respecto.

166 C. GIOFFREDI, *s.v. mores*, en *NNDI* 10, cit., p. 919: "*Mos* ricorre nelle fonti giuridiche romane come termine interessante il diritto, in due sensi: quello di consuetudine o diritto consuetudinario, e quello di costume sociale e morale".

consuetudo[167], y la moral local y social establecida por una comunidad, como *regimen morum* o *boni mores huius civitatis*[168], siendo esta última acepción la más cercana al tema que nos ocupa por ser la más antigua, aunque también sea la de menor relieve jurídico.

Es evidente que en un delito como la violación se contravienen las buenas costumbres y se lleva a cabo contra las normas morales de la comunidad[169], por lo que la condena del mismo será inmediata, ya que no se trata aquí de un adulterio sino de un acto forzado, a través del miedo imbuido a ser encontrada en una situación deshonrosa para su familia y sin la posibilidad de defenderse al ser muerta.

4. SUICIDIO

A mayor abundamiento, debemos destacar el hecho de que el término suicidio no existía como tal en la terminología latina[170], por lo

---

[167] Vid. con respecto a la *consuetudo* en derecho romano: A. PERNICE, *Zum römischen Gewohnheitsrecht*, en *ZSS* 20, 1899, pp. 127-171; A. E. EVANS, *Custom and precedent in the Roman Law writers*, en *BIDR* 46, 1939, pp. 408-413; A. SCHILLER, *De consuetudine in iure Romano*, en *BIDR* 45, 1938, pp. 347-356; F. SENN, *La leçon de la Rome Antique sur le fondement de la forcé obligatoire de la notion de bonnes moeurs*, en *Recueil d'études sur les sources du Droit en l'honneur de F. Gény, T. I, Aspects historiques et philosophiques*, Sirey, 1935, I, pp. 53-68; J. GAUDEMET, *Coutume et raison en droit romain*, en *Revue Historique de droit francais et étranger*, 17, 1938, pp. 141 ss.; J. A. C. THOMAS, *Custom and Roman Law*, en *Tijdschrift voor Rechtsgeschiedenis*, 31, 1963, pp. 39-53; L. BOVE, *La consuetudine in diritto romano*, Nápoles, 1971, *passim*; y más recientemente, nos ha parecido muy interesante el artículo de F. GALLO, *La consuetudine grande sconosciuta*, en *Rivista di Diritto Romano* 13, http://www.ledonline.it/rivistadirittoromano/, pp. 1 ss., aunque sea con una visión especialmente dirigida al ámbito justinianeo.

[168] Cfr. J. PLESCIA, *The Development of the Doctrine of Boni Mores in Roman Law*, en *RIDA* 34, 1987, p. 269, añadiendo en p. 270 que para considerar a un *paterfamilias* como *bonus et diligens* debemos atender a sus actos, que deben ser realizados "in conformity with the behavioral standards of his community".

[169] I. DONALDSON, *The rapes of Lucretia. A Myth and its transformations*, cit., p. III, donde afirma: "To the Romans, it was a story of great political and moral importance, which helped to keep alive certain crucial ideas about the nature of kingly rule, wifely conduct, and personal and political liberty".

[170] B. ALAIMO, *De suicidii nomine et quibusdam eius definitionibus*, en *Antonianum* 31, 1956, p. 194, n. 36, para comprobar que *suicidium* es un vocablo

que los vocablos utilizados para describirlo eran diferentes en cada ocasión, dependiendo de los medios utilizados para acabar con la vida, y es por ello que en el texto de Livio no aparece la palabra suicidio sino el hecho de clavarse un cuchillo en el corazón[171], para a

ajeno al latín clásico y medieval; M. BATTAGLINI, *Libertà e determinazione nel suicidio, in Roma antica*, en *Scritti in onore di Gaspare Ambrosini*, I, Milán, 1970, p. 94: "Il termine suicidio è di origine molto recente ed è totalmente ignoto sia al latino classico che a quello delle epoche più tarde"; R. MENTXACA ELEXPE, *El suicidio en la antigüedad clásica, en particular en el mundo romano*, en *IV Ciclo de Conferencias sobre el mundo clásico. De la humanidad en el Derecho a los derechos humanos: de Roma a los tiempos actuales*, Bilbao, 2008, p. 93: "A diferencia de lo que ocurre con otros vocablos latinos como *parricidium* u *homicidium* cuyo empleo está perfectamente acreditado en escritos de juristas o historiadores romanos ya en los últimos siglos de la República Romana, el término *suicidium* (*sui+caedere*) es ajeno al latín clásico y medieval"; G. HINOJO ANDRÉS, *Las designaciones de la muerte voluntaria en Roma*, en *Hápax* 3, 2010, p. 60: "El término suicidio, común –con las lógicas variantes fonéticas– a muchas lenguas modernas de Europa, deriva de un pretendido término latino *suicidium* que nunca existió en latín clásico ni en latín tardío y, lo que es más importante, nunca pudo existir. En efecto, los hablantes de la lengua de Roma nunca formaron los compuestos con primer elemento pronominal, ni con *suus-sui*, ni con ningún otro, como puede comprobarse con la consulta de cualquier diccionario latino, incluso de los más ingentes, o de los modernos soportes informáticos que contienen prácticamente todos los escritos latinos antiguos conservados. Para un conocedor de la lengua del Lacio *suicidum/suicida* sólo podría aludir o sugerir "la matanza del cerdo", "el matarife": de *sus-suis* "cerdo", más el sufijo *–cidium,-cida*, derivados del verbo *caedo* que significa "matar", "dar muerte"; pero el vocablo nunca existió, ni siquiera para esta designación, porque los romanos pensaban con buena lógica que no eran comparables en absoluto un homicidio y una festiva matanza del cerdo y por ello no podía utilizarse el mismo sufijo para denominar ambos hechos; era y es una palabra impensable, y por tanto bárbara, en la lengua latina y debería serlo en cualquier lengua románica o neolatina".

171 A. J. L. VAN HOOFF, *From Authotanasia to Suicide: Self-killing in Classical Antiquity*, repr. Nueva York, 2002, p. 54: "In a general sense a suicide is somebody who uses his own hand against himself", aunque añade a continuación que en ocasiones la decisión de morir es ejecutada por otras personas, por lo que "this type of elicited killing of one self raises some questions about the definition of self-murder". También refiere el caso concreto de Lucrecia, en p. 50, diciendo que es uno de los pocos casos de mujeres que se suicidaron con éxito por medio de un cuchillo, daga o espada, y añade: "Her suicide, committed from pure shame, is the archetype of female ideals in Roman society, and is told as a true story by the storians".

continuación desplomarse moribunda, entre los gritos de su padre y su marido: *cultrum, quem sub ueste abditum habebat, eum in corde defigit, prolapsaque in uolnus moribunda cecidit.*

Otras expresiones utilizadas son *voluntaria mors*[172], para referirse de un modo más general, o *ambitiosa mors*[173], para calificar el acto de quitarse la vida como un suicidio político.

La importancia del acto con el que Lucrecia decide poner fin a su vida[174], reside en el hecho de que lo hace para proteger el honor de su familia[175], ya que la cultura romana estaba marcada por la idea

---

172 Suet. *Tib.* 54; A. J. L. VAN HOOFF, *Voluntary Death in Latin*, en *Ad Litteras. Latin Studies in Honour of J.H. Browers*, Nijmegen, 2000, pp. 143 ss.

173 Tac. *Agr.* 42; T. HILL, *Ambitiosa mors. Suicide and Self in Roman Thought and Literature*, Nueva York-Londres, 2004, pp. 6 ss. en donde se refiere de modo explícito a la época de finales de la República y comienzos del Imperio, tiempo ya lejano con respecto a Lucrecia, pero que sigue manteniendo el hilo conductor del suicidio como acto honroso en defensa del honor familiar, sin tener nada que ver con una depresión, que es el motivo que se relaciona más frecuentemente hoy en día con el suicidio, al margen de alguna excepción que se encarga de traer a colación. Así, en p. 7: "Roman 'suicide', however, as described in our sources is nothing like this. To begin with, the *Romana mors* is only very rarely associated with anything even broadly recognizable as 'depression', or with any form of pathological state at all. In the pages of Tacitus, it is true, there is found one individual, a certain Plautius Silvanus, who might be said, in the modern phrase, to have commited suicide 'while the balance of mind was disturbed. Beyond this single instance, the 'Roman death' is in fact notable largely for the dispassion with which it is attempted. Roman aristocratics are frequently depicted in our sources as killing themselves in response to events –such as imminent defeat by an enemy army or condemnation on a serious criminal charge– to which the despairing death might be considerd a reasonable or understandable reaction. Even in these situations, however, such deaths are described in terms reminiscent more of resignation than of anguish".

174 Tomamos en consideración la conocida definición de suicidio de E. DURKHEIM, *Le suicide. Étude de sociologie*, París, 1897, p. 5: "On appelle suicide toute mort qui résulte médiatement ou immédiatement dún acte positif ou négatif, accompli para la victime elle-même"; vid. al respecto, A. BAYET, *Le suicide et la morale*, París, 1922, p. 21, en donde dice que la definición de Durkheim tiene la doble ventaja de tener un fundamento objetivo y ser neutra desde un punto de vista moral, asumiendo tal definición como suya propia.

175 T. STEVENSON, *Women of Early Rome as Exempla in Livy, AB Urbe Condita, Book 1*, en *Classical World* 104, 2, 2011, p. 9: "Her subsequent suicide, motivated primarily by concern for her husband and family, takes place after her husband and father have sworn revenge", añadiendo que el máximo interés de

de que la genealogía de una buena familia romana debía ser pura, el deshonor no tenía cabida jamás en ninguno de sus miembros porque un acto deshonroso manchaba para siempre la *gens* familiar[176].

A mayor abundamiento, a diferencia de lo que ha sucedido con la mentalidad moderna europea, que entiende el suicidio como un acto negativo e intolerable[177], en los primeros tiempos de la historia de Roma el suicidio no estaba mal visto sino todo lo contrario[178], y además no será condenado por el Derecho Romano como tal[179], sino que será –siglos más tarde– tan sólo perseguido si conlleva, por ejemplo,

---

Lucrecia es ser un ejemplo para las demás mujeres en el futuro, de ahí su suicidio para evitar que ninguna mujer adúltera pudiera utilizar el episodio de Lucrecia para evitar ser castigada, si Lucrecia seguía viva después del ultraje sufrido.

[176] Cic. *Top.* 6. 29: *gentiles sunt inter se qui eodem nomine sunt*; *Fest. s.v. gentilis* (L. 83): *gentilis dicitur et ex eodem genere ortus, et is, qui simili nomine appellatur, ut ait Cincius: gentiles mihi sunt, qui meo nomine appellantur*; como consecuencia de lo que acabamos de ver, resulta muy difícil de creer que se pudiera recuperar el honor familiar si se mancillaba el nombre gentilicio; G. FRANCIOSI,, *Famiglia e persone in Roma antica. Dall'età arcaica al principato*, cit., p. 10: "La *gens* è caratterizzata dal *nomen gentilicium* che si aggiunge al *praenomen* individuale (es. *Marcus Fabius*)"; *id.* p. 104: "In un sistema esogamico l'importanza del *nomen* è fondamentale poiché il divieto di sposare una donna (o, recíprocamente, un uomo), della stessa *gens* si identifica col divieto di sposare una donna (o un uomo) che porti lo stesso *nomen*", hablando incluso de un propio derecho consuetudinario propio de la *gens*, *mores* contenidos en diversas fuentes.

[177] P. D. CONESA NAVARRO/R. GONZÁLEZ FERNÁNDEZ, *Honesta Mors. Suicidas y muertes inducidas de mujeres de la antigua Roma*, en *Mujeres en tiempos de Augusto: realidad social e imposición legal*, cit., p. 586: "En contraste con la actitud negativa que ha imperado en el pensamiento moderno europeo, en el mundo antiguo y bajo ciertas circunstancias acabar con la propia vida (o con la de algún familiar) era consentido generalmente como una solución aceptable a una situación intolerable. Que existe un abismo entre el concepto antiguo y la noción moderna de suicidio es algo evidente".

[178] W. LARREMORE, *Suicide and the Law*, en *Harvard Law Review*, 17, 5, 1904, p. 331: "Cato the Younger, who is probably the most illustrious of suicides, upon the eve of his act discoursed with much vehemence in justification of the right 'to set himself at liberty'".

[179] Y. GRISÉ, *Le suicide dans la Rome antique*, Montreal-París, 1982, p. 284: "Á Rome peut-étre plus qu'ailleurs, loin de nier tout désir de vivre, le suicide fut vécu comme l'affirmation méme d'un goût de vivre tel qu'on plaçait la qualité de la vie au-dessus d'une quantité dejours vécus trop médiocrement: on ne refusait pas la vie, mais une condition de vie".

la privación al Fisco de la confiscación penal previa de los bienes de un condenado a muerte que se suicida para evitarlo[180]. Pero en este momento tan arcaico de la historia romana, el hecho de que Lucrecia ponga fin a su vida para preservar el honor inmaculado de su familia se verá como un gesto propio de la mayor lealtad posible, como un gesto único de entrega en defensa del valor y del honor de su propia *gens familiar*[181], hasta el punto de ser reconocida como una auténtica heroína por las fuentes literarias y jurídicas referidas a esa época[182], influidos sin duda también por la hermosa juventud de nuestra protagonista[183].

---

[180] Como explica detalladamente R. MENTXACA ELEXPE, *El suicidio en la antigüedad clásica*, cit., pp. 114 ss. durante la República y al principio del Imperio el suicidio de las personas libres era impune. Aún más, los imputados que se suicidaban en un proceso de acusación de *crimen maiestatis*, *perduellio* u otro *crimen* capital podían dejar su patrimonio a sus herederos, sustrayéndolo al fisco, ya que antes de la condena el suicidio se consideraba muerte natural no susceptible de confiscación por causa de una condena capital. Esta suerte de suicidio ventajoso sufrió cambios poco a poco para convertirse en el siglo II d.C. en un suicidio que no reportaba ninguna ventaja, ya que la persona libre que lo llevaba a cabo en una causa criminal para evitar el embargo patrimonial era asimilado al *confessus*, lo que daba lugar a la confiscación de su patrimonio si se daban las circunstancias de una acusación formal, cuya condena acarrease embargo patrimonial, y no hubiese llevado a cabo un suicidio de los considerados legítimos, como recoge D. 48. 21.3 .4 y D. 48. 21.3 .6.

[181] P. D. CONESA NAVARRO/R. GONZÁLEZ FERNÁNDEZ, *Honesta Mors. Suicidas y muertes inducidas de mujeres de la antigua Roma*, en *Mujeres en tiempos de Augusto: realidad social e imposición legal*, cit., p. 587, en donde se señala que lo que se pretendía "era conseguir por medio de ese acto que suponía la muerte, borrar cualquier atisbo de infamia o deshonra para la propia causante y también para su familia. Sin temor a equivocarnos podemos situar el honor como el eje dominante de este tipo de *romana mors*. Una suerte de *honesta mors*. Una muerte virtuosa que embelleciera una vida deshonrada. Una muerte honesta por la eficacia de aquello que es honesto, es decir, de la virtud y del alma que menosprecia los bienes eternos o simplemente una muerte honrosa preferible a una vida infame".

[182] F. NAVARRO ANTOLÍN, *El suicidio como motivo literario en los elegíacos latinos*, en *Emerita* 65, 1, 1997, p. 44, n. 13: "El suicidio de Lucrecia llegó a constituir un auténtico tema nacional"; Vid. Varr. *Lat*. VI. 7; Cic. *Rep*. II. 25; Liv. I. 58. 10-12; Val. Max. VI 1. 1; [Sen.] *Oct*. 301-304; Sil. XIII 821-822; D.C. *frag*. 1-36. 26; Plut. *Pub*. 1. 3; Serv. *Aen*. VIII 646; [Aur. Vict.] *Vir*. IX 1-5; Claud. *Laus Serenae Reginae* 153-159.

[183] A. J. L. VAN HOOFF, *From Authotanasia to Suicide: Self-killing in Classical Antiquity*, cit., p. 31, en donde da cuenta de la escasa atención que prestaron

De hecho, en la célebre obra sobre suicidio de GEIGER[184], Lucrecia se cita como el primer ejemplo de suicidio, afirmando que la legendaria Lucrecia resulta generalmente alabada por su espíritu valiente y como ejemplo de la mujer romana: "So wird die sagenhafte Lukrezia wegen ihres Heldengeistes un mutigen Todes allgemein als Beispiel römischer Frauentreue gerühmt".

A mayor abundamiento, el hecho de que Lucrecia pusiese fin a su vida mediante un cuchillo, y no mediante la utilización de cualquier otro instrumento que sirviera eficazmente para terminar con su vida, da cuenta de la necesidad de presentar a nuestra protagonista como una mujer noble, ya que en la época de Tito Livio, narrador de esta historia, ya se tenía como muerte infame y deshonrosa la que se llevaba a cabo mediante el empleo de una cuerda, el ahorcamiento[185], o el lanzamiento desde una altura suficiente para terminar con la vida, lo que conllevaba incluso el confiscamiento de los bienes del suicida. Con todo, un rescripto de Adriano evitará la confiscación de los bienes del suicida que ha llevado a cabo tal acto reprobable como consecuencia del dolor irreparable producido por la pérdida de un hijo de cuya muerte hubiera sido acusado, como se recoge en D. 48. 21. 3. 5:

> *Videri autem et patrem, qui sibi manus intulisset, quod diceretur filium suum occidisse, magis dolore filii amissi mortem sibi irro-*

---

los escritores clásicos al suicidio de mujeres de edad avanzada: "Self- killing by old women does not attract the attention of ancient authors. Old women are even less visible than women in general. Out of thirteen cases only five are historical. The other eight are sacrificed by writers of fiction to the 'values' which an old woman represents, such as being the doormat of the young".

184 K. A. GEIGER, *Der Selbstmord im klassischen Altertum*, Ausgburg, 1888, p. 37.

185 A. WACKE, *Il suicidio nella storia del diritto*, en *Studi in onore di Cesare Sanfilippo*, III, Milán, 1983, p. 691: "L'orrore dei greci e dei Romani per la morte dell'impiccato, da loro reputata del tutto contro natura, deriva dal convincimento che attraverso lo stringimento delle vie respiratorie l'anima non possa uscire dalla bocca e che ciò ne precluda l'ingresso nell'al di là. A causa della chiusura dell'anima nel corpo, l'uomo veniva considerato come morto non giustamente e il suo cadavere come impuro". Todo ello al margen de la consideración que podemos traer a colación con respecto a la muerte de Judas, el apóstol traidor a Jesucristo, que muere ahorcado y que desde ese mismo instante representa para el cristianismo un ejemplo de muerte indigna y condenable.

gasse; et ideo bona eius non esse publicanda, Divus Hadrianus rescripsit.

Al margen de estos ejemplos generales y posteriores al episodio que estamos analizando, aunque esclarecedores en la regulación del suicidio, debemos tener en cuenta que el hecho de presentar la acción suicida de Lucrecia como la mejor solución posible, o como la alternativa honrosa y eficaz que serviría para preservar la genuidad de su familia, debía realizarse de acuerdo con las reglas estatuidas en aquel arcaico mundo romano. Por eso, y en aras de una solución que dejase sin mancha alguna a la familia de Lucrecia, que conseguiría así evitar la tacha de inmoral gracias a la decisión valiente e inmediata tomada por la heroína de la leyenda, se debía tomar en consideración un instrumento mortal a salvo de la infamia, por lo que la muerte de Lucrecia se llevó a cabo mediante el cuchillo salvador de la honra perdida. Bien es cierto que la espada se consideraba el medio más noble para terminar con la vida, pero en el caso de Lucrecia no podemos imaginarnos a una noble mujer romana desenvainando una espada, por su peso y desconocimiento en el empleo de las armas, lo que provocó la aparición del cuchillo, escondido hábilmente hasta el momento preciso en el que terminó con su violentada existencia.

No debemos eternizarnos con otras consideraciones, pero sí tenemos que dejar, por último, constancia de la simbología presente en el cuchillo segador de la vida de nuestra protagonista. No se suicida con veneno[186], condenado por la *lex Cornelia de sicariis et venefi-*

---

[186] Vid. al respecto, Liv. 8.18: *Foedus insequens annus seu intemperie caeli seu humana fraude fuit, M. Claudio Marcello C. Valerio consulibus. – Flaccum Potitumque varie in annalibus cognomen consulis invenio; ceterum in eo parui refert quid veri sit –. Illud peruelim – nec omnes auctores sunt – proditum falso esse venenis absumptos quorum mors infamem annum pestilentia fecerit; sicut proditur tamen res, ne cui auctorum fidem abrogaverim, exponenda est. Cum primores civitatis similibus morbis eodemque ferme omnes eventu morerentur, ancilla quaedam ad Q. Fabium Maximum aedilem curulem indicaturam se causam publicae pestis professa est, si ab eo fides sibi data esset haud futurum noxae indicium. Fabius confestim rem ad consules, consules ad senatum referunt consensuque ordinis fides indici data. Tum patefactum muliebri fraude civitatem premi matronasque ea venena coquere et, si sequi extemplo velint, manifesto deprehendi posse. Secuti indicem et coquentes quasdam medicamenta et recondita alia invenerunt; quibus*

cis[187], siempre entendido como un medio exterminador más propio de la condición femenina[188], sino con un metal, propio de la condición masculina, seguramente en un intento de presentar a Lucrecia como el perfecto equilibrio entre feminidad y fortaleza, capaz de todo con tal de preservar el honor familiar.

---

in forum delatis et ad viginti matronis, apud quas deprehensa erant, per viatorem accitis duae ex eis, Cornelia ac Sergia, patriciae utraque gentis, cum ea medicamenta salubria esse contenderent, ab confutante indice bibere iussae ut se falsum commentam arguerent, spatio ad conloquendum sumpto, cum submoto populo [in conspectu omnium] rem ad ceteras rettulissent, haud abnuentibus et illis bibere, epoto [in conspectu omnium] medicamento suamet ipsae fraude omnes interierunt. Comprehensae extemplo earum comites magnum numerum matronarum indicaverunt; ex quibus ad centum septuaginta damnatae; neque de veneficiis ante eam diem Romae quaesitum est. Prodigii ea res loco habita captisque magis mentibus quam consceleratis similis visa; itaque memoria ex annalibus repetita in secessionibus quondam plebis clauum ab dictatore fixum alienatas[que] discordia mentes hominum eo piaculo compotes sui fecisse, dictatorem clavi figendi causa creari placuit. Creatus Cn. Qvinctilius magistrum equitum L. Valerium dixit, qui fixo clauo magistratu se abdicaverunt. Aquí se narra un episodio singular, un proceso por envenenamiento acaecido durante el consulado de Marco Claudio Marcelo y Gayo Valerio Potito en el que habían fallecido de forma misteriosa varios personajes ilustres. Muchas matronas fueron denunciadas por una esclava, y ante la acusación de tener venenos en casa, ellas respondieron que eran medicamentos. Por ello fueron retadas a beberlos, y al hacerlo murieron. Quizás por la connotación negativa del veneno el autor paduano no quiso evidenciar en el relato de Lucrecia ninguna relación con el envenenamiento y optó por un instrumento afilado parecido a la espada, considerada como una forma noble de terminar con la vida.

[187] Marciano, en D. 48. 8. 1. 1 *(libro XIV Inst.)*.: *Praeterea tenetur, qui hominis necandi causa venenum confecerit, dederit...;* queda claro en un fragmento posterior de Ulpiano, que no existe ninguna diferencia entre que uno mate, o entregue algo suficiente como causa para provocar la muerte, en D. 48. 8. 15 (*ad legem Iuliam et Papiam*): *Nihil interest, occidat quis, an causam mortis praebeat.*

[188] G. RIZZELLI, *Note sul veneficium*, en *Mulier. Algunas historias e Instituciones de Derecho Romano*, cit., p. 300: "Spesso le fonti presentano donne quali autrici di venefici. Puó trattarsi di qualcuna, in genere di bassa estrazione sociale, dedita professionalmente alla preparazione di *venena*, come Locusta, colei che fornisce il veleno ad Agrippina per assassinare Claudio e a Nerone per sopprimere Britannico: conosciuta per i suoi molti delitti e a lungo tenuta tra gli strumenti del regno la dice Tacito. Oppure di una persona di condizione sociale elevata, addirittura un'imperatrice, come Livia Drusilla, moglie di Augusto, sospettata, a torto o a ragione, delle morti di Marcello, di Gaio e Lucio, e, persino, dello stesso principe, per assicurare la successione a suo figlio, Tiberio Claudio Nerone".

4.1. Teoría de San Agustín

Con todo, el más crítico con la decisión tomada por Lucrecia fue San Agustín[189], quién a diferencia de Tito Livio y Ovidio[190], quiénes consideran a Lucrecia como un ejemplo de virtud que fue además una heroína que consiguió la libertad del pueblo romano terminando con la opresión de la Monarquía para establecer la República, aborda el suicidio de Lucrecia desde un punto de vista cristiano[191]. Para San Agustín, el derecho y el deber a la vida son lo más importante, y por tanto Lucrecia no se merece ninguna admiración en comparación con la violencia sufrida por las mujeres cristianas romanas a manos de los bárbaros de Alarico durante el saqueo de Roma[192],

---

189 *De civitate Dei*, 1. 19.

190 Vid. al respecto, T. GONZÁLEZ ROLÁN/ P. SAQUERO SUÁREZ-SOMONTE, *Textos castellanos cuatrocentistas sobre dos mujeres de la antigüedad romana abocadas al suicidio*, en *Cuadernos de Filología Clásica. Estudios Latinos* 34, 1, 2014, p. 75: "La reconstrucción que el historiador y el poeta nos ofrecen del episodio se desarrolla según dos orientaciones, a saber, una primera que tiende a salvar el honor de Lucrecia y la honorabilidad de su marido transfiriendo el suceso del plano personal al público, de modo que la violencia ejercida por Sexto Tarquinio no es más que un reflejo de los abusos de un régimen injusto encabezado por su padre, Tarquinio el Soberbio, al que le tiene sin cuidado la dignidad del pueblo romano. Y una segunda, sobre todo visible en Ovidio, que presta una atención particular a la dimensión psicológica-emotiva de los protagonistas, la fogosidad de Sexto Tarquinio, la defensa de la castidad de Lucrecia, quien no solo se castiga a sí misma, sino que exige a sus familiares y amigos que venguen su afrenta, una más de las que continuamente sufren en particular las mujeres y en general el pueblo romano".

191 Al margen de la crítica que subyace por el mismo hecho del abismo temporal entre la época en la que sucede el episodio de Lucrecia y la crónica de los autores cristianos, incluida la de San Agustín, es cierto que el suicidio se considera un pecado grave, y por ello ni la propia literatura posterior, que intenta mitificar el quitarse la vida ante la pérdida del honor, o en otras ocasiones, ante la pérdida del ser amado, podrán evitar la dura condena del suicida. Cfr. AL. ALVAREZ, *The Savage God. A Study of Suicide*, reimp. Londres, 2002, p. 172: "In the end, a mortal sin is a mortal sin. What the Church condemns, no poetry can exonerate".

192 Algunos de los estudios más fidedignos son: F. G. MAIER, *Augustine und das antike Rom*, Stuttgart, 1955, *passim*; P. COURCELLE, *Histoire littéraire des grandes invasions germaniques*, 3ª ed., París, 1965, pp. 31-77.

acaecido en el año 410 d.C. que decidieron continuar viviendo[193], conservando su castidad en su intimidad, dentro de su propia conciencia a los ojos de Dios[194].

Bien es cierto que la mayoría de los primeros escritores cristianos sostenían que era preferible perder la vida antes que la castidad, aunque ésta se hubiera perdido de forma involuntaria[195], pero para San Agustín la culpabilidad o la inocencia mental son la clave del problema y a la par la solución del mismo, defendiendo enérgicamente la elección de las mujeres que decidieron no suicidarse a pesar de haber sido violadas por los bárbaros, ya que la vida es el bien supremo y Dios el titular de la misma, estableciendo un límite con respecto a los hombres, no autorizados para disponer de la vida en contra de los planes divinos. De ahí la defensa singular que hace de las mujeres cristianas que habían perdido su castidad, pero ello no es óbice para que critiquemos la posición extrema que adopta el padre

---

193 *De civitate Dei,* 1. 19. 10: *Non hoc fecerunt feminae Christianae, quae passae similia uiuunt tamen nec in se ultae sunt crimen alienum, ne aliorum sceleribus adderent sua, si, quoniam hostes in eis concupiscendo stupra commiserant, illae in se ipsis homicidia erubescendo commiteerent. Habent quippe intus gloriam castitatis, testimonium conscientiae; habent autem coram oculis Dei sui nec requirunt amplius, ubi quid recte faciant non habent amplius, ne deuient ab auctoriate legis diuinae, cum male deuitant offensionem suspicionis humanae.*

194 Tertull. *virg. vel.* 3. 7: *Omnis publicatio virginis bonae stupri passio est. Et tamen vim carnis pati minus est, quia de officio naturae venit; sed cum spiritus ipse violatur in virgine sublato velamine, didicit amittere, quod tuebatur*, en donde el autor cristiano sostiene que sería preferible para una virgen perder la integridad del cuerpo antes que la del espíritu; en la misma dirección, con el convencimiento de que resulta preferible la virginidad de la mente antes que la del propio cuerpo, Ambr. *virgin.* 2.23-25 (Migne 16, 213): *Quomodo deos suos colunt, qui sic vindicant: aut quemadmodum ipsi vivunt, qui ita judicant? Hic puella non quod de religione ambigeret; se de pudore trepidare, ipsa secum: Quid agimus? Hodie aut martyr, aut virgo: altera in nobis invidetur corona. Sed nec virginis nomen agnoscitur, ubi virginitas auctor negatur. Nam quemad-modum virgo, si meretricem colas: quemadmodum virgo, si adulteros diligas, quemadmodum virgo, si amorem petas? Tolerabilius est mentem virginem quam carnem habere. Utrumque bonum, si liceat: si non liceat, saltem non homini castæ, sed Deo simus. [...] Flevit, tacuit, ne eam vel loquentem adulter audiret: nec pudoris elegit injuriam, sed Christi recusavit. Æstimate utrum adulterare potuerit corpus, quae nec vocem adulteravit.*

195 Cfr. J. F. GARDNER, *Mitos romanos*, trad. esp. I. Benasar/M. Morán, Madrid, 2008, p. 67.

de la Iglesia con respecto a Lucrecia[196], que no tenía nada que ver con el momento histórico-religioso en el que escribe el autor cristiano ni con la brutalidad cometida por los invasores bárbaros contra las mujeres de esa época. No tiene sentido más que el de utilizar un mito poderoso como el de la casta matrona romana como símbolo contrario a la religión cristiana, y derribando ese mito romano poder conseguir el beneplácito de la sociedad contemporánea a San Agustín con respecto a la pureza de las vírgenes violadas[197].

Incluso las preguntas capciosas que hace sobre la figura de Lucrecia no dejan de sorprendernos[198], aún cuando su mayor interés sea el de condenar el suicidio como contrario a los planes de Dios[199], puesto que las insinuaciones de que Lucrecia se suicidó porque en el

---

[196] Vid. al respecto, J. McCABE, *St. Augustine and his age*, Nueva York-Londres, 1903, p. 359: "He attacks the suicide of Lucretia and Cato in a petty spirit".

[197] O. VELÁSQUEZ, *El 'de civitate dei' de San Agustín en la perspectiva romana de la gloria*, en *Onomazein* 2, 1997, p. 352: "La violación de la célebre Lucrecia, y su posterior suicidio, es ocasión para magnificar la actitud de las vírgenes cristianas violadas en el saqueo de Roma. Ella, "mujer romana, muy ávida de alabanzas", prefiere el suicidio a la deshonra. Las vírgenes cristianas, habiendo padecido lo mismo, viven, puesto que llevan dentro la gloria de la castidad".

[198] La actitud de San Agustín frente a Lucrecia no ha dejado indiferente a ningún autor, pudiendo citar como ejemplo a P. BROWN, *Agustín*, trad. esp. Madrid, 2001, p. 321: "Los africanos eran, en verdad, famosos por su habilidad para desenmascarar los hechos, y el sarcasmo había sido siempre el arma más formidable de Agustín. Al aplicarlos al pasado romano, Agustín demostró una total falta de 'gravedad' romana: la centelleante *controversia* en la que acumula indirectas contra la castidad de Lucrecia, podía aparecer de un singular mal gusto (al fin y al cabo, Paulino de Nola, un buen cristiano romano, se había enorgullecido de llamar a su esposa 'mi Lucrecia')".

[199] D. TROUT, *Re-textualizing Lucretia: Cultural subversión in the city of God*, cit., p. 63: "On the issue of suicide Augustine could submit a categorical condemnation calling upon reservations long-upheld in philosophical traditions as well as the Mosaic injunction, "Thou shalt not kill." But the consolation of victims of rape and, especially, the rebuttal of Christianity's present detractors required a more calculated argument, one couched in an idiom easily understood regardless of religious sympathies or affiliations. However much these issues impinged upon the more theoretical matters of history and theodicy, the trauma of rape and suicide presented Augustine with pastoral and intellectual problems whose solutions he elected first and foremost to broach through a retextualization of Lucretia's ancient story".

fondo había consentido[200], y se sentía culpable por haber cometido adulterio[201], reflejan un comportamiento misógino en el propio autor cristiano[202], un revisionismo histórico dirigido claramente a los intereses cristianos de la época[203], y un claro desconocimiento sobre

---

[200] Vid. al respecto, G. RIZZELLI, *La violenza sessuale su donne nell'esperienza di Roma antica. Note per una storia degli stereotipi*, cit., p. 305, en donde describe el discurso de San Agustín, dirigido tendencialmente a identificar la voluntad de la víctima de violencia con el deseo erótico, sugiriendo "piuttosto, che questo possa aver condizionato la prima, inducendo la donna a consentire all'unione, e che dell'esistenza di tale consenso possano essere spie anche segni minimi, se adeguatamente considerati. Da ció, la necessità di una minuziosa ricerca di indizi, che è, innanzitutto, diligente analisi psicologica"; en concreto, con respecto al capítulo de Lucrecia, reconoce en p. 306 que "Agostino sottopone ad analisi molto accurata la vicenda e gli attegiamenti della protagonista per introdurre il sospetto della sussistenza di un suo dissimulato consenso, di cui sarebbe rilevante indizio il suicidio, privo di reale motivazione al di suori del rimorso per il proprio coinvolgimento nell'accaduto".

[201] D. TROUT, *Re-textualizing Lucretia: Cultural subversión in the city of God*, cit., pp. 63-64: "But if Lucretia was not an adulteress, Augustine observed, then her suicide, the murder of an innocent person, was clearly a crime even in the eyes of Roman law. Unfortunately Lucretia could not be exonerated of both adultery and homicide; if acquitted of one, she was necessarily guilty of the other. Lucretia's "self-murder," Augustine concluded, could only be pardoned if she was in fact guilty of adultery–that is, if "seduced by her own lust," she had knowingly yielded some degree of mental consent "to an act that perhaps could not have taken place without some carnal pleasure".

[202] Cfr. T. CHIUSI, *La fama nell'ordinamento romano. I casi di Afrania e di Lucrezia*, en *Storia delle donne* 6-7, 2010-2011, p. 102: "Agostino ha supposto che col suicidio ella volesse redimersi dall'aver in qualche modo non solo accettato ma anche voluto l'atto sessuale con Tarquinio… Tale fraintendimento, che oltre che a circostanze storiche e politiche contingenti, si può ricondurre alla mentalità misogina di Agostino…", y en la misma página en n. 39: "Lo scopo di Agostino è quello di dimostrare la superiorità delle donne cristiane sottoposte a violenza nei confronti di quelle pagane. Per questo il comportamento di Lucrezia viene sottoposto ad un esame acribico, il cui risultato è che se Lucrezia si è uccisa è perchè in qualche modo si riteneva colpevole. Tale colpa può solo essere l'aver, in qualche modo, consentito alla violenza…".

[203] R. M. MARINA SÁEZ, *Personajes legendarios femeninos de la Roma antigua en De civitate Dei*, en *Género y enseñanza de la Historia*, A. DOMÍNGUEZ ARRANZ/R.M. MARINA SÁEZ (eds.), Madrid, 2015, p. 313: " En definitiva, resulta evidente que la crítica del *exemplum* de Lucrecia está destinada, más que a refutar a los paganos, a un público eminentemente cristiano al que se ofrece un

la cultura arcaica romana que atribuía carácter heroico al suicidio voluntario, como hemos visto hace un momento.

Así lo refleja San Agustín en *De civitate dei*, 1. 19. 6-7:

> *An forte ideo ibi non est, quia non insontem, sed male sibi consciam se peremit? Quid si enim (quod ipsa tantummodo nosse poterat) quamuis iuueni uiolenter inruenti etiam sua libidine inlecta consensit idque in se puniens ita doluit, ut morte putaret expiandum? Quamquam ne sic quidem se occidere debuit, si fructuosam posset apud deos falsos agere paenitentiam. Verum tamen si forte ita est falsumque est illud, quod duo fuerunt et adulterium unus admisit, sed potius ambo adulterium commiserunt, unus manifesta inuasione, altera latente consensione: non se occidit insontem, et ideo potest a litteratis eius defensoribus dici non esse apud inferos inter illos, "qui sibi letum insontes peperere manu." Sed ita haec causa ex utroque latere coartatur, ut, si extenuatur homicidium, adulterium confirmetur; si purgatur adulterium, homicidium cumuletur; nec omnino inuenitur exitus, ubi dicitur: "Si adulterata, cur laudata*[204]*; si pudica, cur occisa?".*

---

modelo de conducta femenino diferente al que se había propiciado en otras épocas, más necesitadas de paradigmas heroicos, y que todavía defendían algunas corrientes contemporáneas como el donatismo".

204 M. OTERO VIDAL, *¿Si adultera, cur laudata*?, en *Scriptura* 12, 1996, p. 33,en donde explica su enfoque ginecocrítico a Lucrecia, a su violación y posterior suicidio: "El análisis feminista revisa los elementos que configuran este ideal, que, sin duda, se trata de un modelo conflictivo,y propone la interpretación crítica de todos los aspectos que intervienen modélicamente en la historia de Lucrecia: espacios y labores diferentes para mujeres y varones, la belleza, la castidad, la seducción, la pasión, el honor, laculpa, la violación, el adulterio, el sacrificio,el suicidio… Al hablar de las mujeres en la historia y en la literatura clásicas, siempre hace falta ser muy críticas porque, por un lado, pueden parecernos exóticas y alejadas de la actualidad, pero, por el otro,constituyen precisamente los modelos básicos de nuestra cultura que han hipotecado e hipotecan el ser y el devenir de las mujeres a lo largo de la historia occidental". Independientemente de lo que ya hemos dicho en la introducción con respecto a la intención de nuestro trabajo con respecto a las mujeres romanas, debemos precisar que no se puede ver el caso de Lucrecia con una mirada actual, con nuestra perspectiva desde el siglo XXI, y menos sin destacar el interés jurídico y político con el que se escribió el episodio de Lucrecia. La virtud, el honor, la venganza, la necesidad de cambiar una forma de gobierno por otra es la que inspira a los autores latinos y posteriores a tratar la figura de Lucre-

El objetivo del análisis realizado por San Agustín no es otro que el de demostrar la superioridad de las mujeres cristianas ante una Lucrecia pagana, y por ello no duda en denostar la figura idealizada por los autores de la antigüedad en su deseo de criminalizar el suicidio en todas sus formas, al margen de los motivos que conduzcan a él. De otro modo no se entendería la inquina hacia la figura de Lucrecia, llegando a preguntarse: "Si es adúltera, ¿Por qué la alaban?, y si es honesta, ¿Por qué la matan?", en su intento de sembrar la duda sobre la virtud legendaria de Lucrecia[205], identificando la culpa con el adulterio y el suicidio con el homicidio, adoptando una postura intransigente y emitiendo un juicio muy severo incluso con respecto a la literatura cristiana de la época.

Estas cuestiones tan espinosas planteadas por el autor cristiano son criticadas en el fondo y en la forma por la doctrina de forma podríamos decir unánime[206], pero también es cierto que "el dilema de Agustín", así denominado por DONALDSON[207], se debe analizar

---

cia, y no compartimos la idea de que ello hipoteque la evolución posterior de las mujeres en la historia occidental.

[205] T. GONZÁLEZ ROLÁN/ P. SAQUERO SUÁREZ-SOMONTE, *Textos castellanos cuatrocentistas sobre dos mujeres de la antigüedad romana abocadas al suicidio*, cit., p. 79, en donde destacan el discurso obvio que hace San Agustín sobre la violación, al decir que formula "una obvia premisa general, a saber, que en los casos de violación la culpa es del violador y no de la mujer forzada, que en modo alguno ha consentido con quien la poseyó"; San Agust. *De civitate Dei,* 1.19.1: *An forte huic perspicuae rationi, qua dicimus corpore oppresso nequaquam proposito castitatis ulla in malum consensione mutato illius tantum esse flagitium, qui opprimens concubuerit, non illius, quae oppressa concumbenti nulla uoluntate consenserit, contradicere audebunt hi, contra quos feminarum Christianarum in captiuitate oppressarum non tantum mentes, uerum etiam corpora sancta defendimus?*

[206] W. EMPSON, *Introduction of the Poems of Shakespeare*, en *The Complete Signet Classic Shakespeare*, Nueva York, 1972, p. 1670, en donde describe el ataque de San Agustín como "desvergonzado".

[207] I. DONALDSON, *The Rapes of Lucretia: A Myth and its Transformations*, cit., p. 29, cuyo primer capítulo, Lucretia, contiene un apartado con el nombre "The questioning of the Myth: Augustine's Dilemma"; sobre las cuestiones planteadas por San Agustín en la misma obra: "Hence Augustine drives inexorably to his conclusion. "There is no posible way out", he writes; "If she is adulterous, why is she praised? if chaste, why was she put to death?"; sobre el juicio riguroso llevado a

a la luz de los acontecimientos de la época en la que escribe el autor, desgarradores por su dureza con respecto al colectivo de mujeres cristianas, que son los que inducen a tomar partido de una forma totalmente subjetiva a nuestro escritor. San Agustín no se muestra indiferente ante las desgracias acaecidas en Roma, sino que adopta una actitud activa en la defensa de las mujeres cristianas a las que se les ha arrebatado su honorabilidad por medio de las violaciones sufridas a manos del ejército godo de Alarico.

Nadie hubiera imaginado ni por asomo la posibilidad, siquiera remota, de la caída del Imperio Romano, y sin embargo se había producido. La destrucción de Roma, símbolo de un modo de vida civilizado, se había producido, y San Agustín es el único de su época que reacciona de inmediato ante la debacle. Si a ello añadimos sus continuos desencuentros con los donatistas[208], podemos entender el cúmulo de sensaciones negativas que poblaban la mente del obispo africano a la hora de describir la caída del imperio romano.

Es cierto que en su obra *De civitate Dei* va a transfomar la visión que los romanos tenían de su pasado, y que en un ejercicio de ambivalente consideración con respecto a los antiguos romanos, sutil e irreversible, vacía la gloria del pasado romano con la convicción de proyectarlo en la "Ciudad de Dios"[209]. Ese deseo será el que conduz-

---

cabo por el escritor con respecto a Lucrecia, en la misma página 29: "To subject the behaviour of a legendary heroine of the ancient world to such severely legal scrutiny may at first seem some what excessive and absurd".

[208] La reacción de San Agustín contra el donatismo se contiene en el interesante estudio de R. CRESPIN, *Ministère et Saintetè: Pastorale du clergé et solution de la crise donatiste dans la vie et la doctrine de S. Augustine*, París, 1965, *passim*; además, W. H. C. FREND, *Donatist Church. A Movement of Protest in Roman North Africa*, Oxford, 1952, pp. 229 ss.; contra la tesis de Frend, E. TENGSTRÖM, *Donatisten u. Katholiken: soziale, wirtschaftliche u. politische Aspekte einer nordafrikanischen Kirchenspaltung*, Gotemburgo, 1964, *passim*; sobre la actitud donatista hacia la Iglesia, vid. J. P. BRISSON, *Autonomisme et christianisme dans l'Afrique romaine*, París, 1958, pp. 123-153; con respecto a la publicidad donatista de la época de San Agustín, P. MONCEAUX, *Histoire littéraire de l'Afrique chrétienne*, 5, París, 1920, pp. 309-339.

[209] P. BROWN, *Agustín*, cit., p. 324: "*La ciudad de Dios* no puede explicarse basándose en sus orígenes inmediatos. Es particularmente superficial considerarlo como un libro acerca del saqueo de Roma. Agustín podía muy bien haber escrito un libro "Sobre la Ciudad de Dios" sin que mediara tal acontecimiento. Lo que el sa-

ca al anciano obispo a ese crítica ácida y corrosiva contra la figura de Lucrecia, para evitar que el retrato idealizado de esa figura mítica esconda actitudes permisivas en la moral de los cristianos, que debe permanecer incólume ante cualquier desafío.

La contextualización de los hechos es siempre fundamental, porque en el propio análisis de DONALDSON se percibe la diferencia entre la sociedad moderna y la antigua a la hora de abordar el suicidio de Lucrecia. De este modo debemos entender la siguiente cuestión que plantea: ¿Por qué una víctima de violación cuya conducta moral es irreprochable, debe sentirse obligada a quitarse la vida? Respondiendo de inmediato que aunque hoy estemos en una mejor posición para entender sicológicamente el shock, la humillación y la depresión que conduce a algunas mujeres violadas al suicidio, la idea de la muerte voluntaria de la víctima de un acto de violencia sexual que resulte por ello admirada socialmente supone para el sentir colectivo algo moralmente repulsivo, no exento de cierta perplejidad[210].

Como conclusión, debemos decir que no compartimos en absoluto las dudas y la ironía utilizada con respecto a Lucrecia porque –al margen de las consideraciones posibles con respecto a su cualificación como mito o leyenda– su vida y muerte representa jurídicamente la realidad de aquella época arcaica, propia de un derecho romano quiritario. Por un lado, la existencia virtuosa de Lucrecia como matrona; por otro, su rechazo absoluto a las intenciones de Sexto, a su declaración de amor, a sus intimidaciones, a ser violada, pero un

---

queo sí hizo fue proporcionar a Agustín un auditorio específico y desafiante en Cartago; y, en este sentido, el saqueo de Roma aseguró que un libro que podría haber sido una obra de pura exégesis para los colegas cristianos eruditos… se convirtiera en una confrontación deliberada con el paganismo", concluyendo que la obra en sí misma no es una pista para poder interpretar los tiempos, sino que estamos ante la cuidada respuesta de un anciano a una creciente obsesión.

[210] I. DONALDSON, *The Rapes of Lucretia: A Myth and its Transformations,* cit., p. 21, en donde añade a continuación que existe una concepción diferente del mito de Lucrecia en la antigua Roma que en la actualidad: "It is was chiefly makes the story strange for us, an alien myth; between our values and those of ancient Rome ther seems to be an unbridgeable gap. This sense of strangeness and discomfort is not new; it has been expressed in one form or another –though not without contention– since at least the fifth century AD".

rechazo aún mayor al hecho de poder ser ella la causante de la pérdida del honor familiar, principio y fin de toda familia romana de prestigio que Lucrecia no podía permitir de ninguna manera. Por último, y antes de su suicidio, arenga a su padre y a su marido en presencia de amigos de la familia para que venguen su muerte, expresión clara de la antigua composición privada, la venganza, que se permitía en el antiguo derecho con motivo de la defensa de los *mores maiorum*. Estas costumbres de los antepasados regían todos los actos de las familias arcaicas romanas, preservando la necesaria observancia de las costumbres ancestrales como medio para poder construir una sociedad sólida y con futuro, permitiendo el resarcimiento del daño sufrido en forma de acción de regreso para compensar la pérdida que sufría una familia a manos de otra.

Bien es verdad que en este caso concreto la venganza resulta difícil de comprender por cuanto Lucrecia accede finalmente ante la amenaza del deshonor[211], ante las amenazas de Sexto de matarla junto a un esclavo, con lo que ello supondría, perder el honor familiar por ser una adúltera[212], y no poder defenderse al ser muerta. Y todo ello además acompañado de la imposibilidad de ser enterrada, ya que la pena inherente al adulterio conllevaba la pérdida de sepultura. Cómo justificar aquí la venganza como devolución del daño irrogado por Sexto resulta precisamente del suicidio posterior. Lucrecia se quita la vida por la violación sufrida, pero después de haber contado lo sucedido, y lo hace para salvar el honor familiar. Ahí nace el derecho de su familia a vengar la afrenta sufrida en la virtud mancillada de Lucrecia, que toma esa drástica decisión para evitar el deshonor.

---

211 A. BORGO, *Lucrezia. Riflessioni sulla storia di un personaggio letterario*, en *Bollettino di Studi Latini* 41, 2011, pp. 43-60, en donde señala que Lucrecia sólo se doblegó ante la posibilidad de sufrir deshonor, y fue sólo en ese momento cuando su voluntad se plegó a la violencia de Sexto.

212 A. ESMEIN, *Le délit d'adultère a Rome*, cit., p. 3: "Le vieil Ètat romain reposait, on le sait, sur l'organisation de la famille; et la famille elle même était bâtie sur une idée fondamentale, la religión du foyer, le culte des ancêtres... l'adultère de la femme était le plus grand crime qui se pùt imaginer".

5. TEORÍA DE GUARINO

Entre todas las argumentaciones posibles al caso de Lucrecia existe una que debemos destacar. Es la teoría de Guarino, cuyo análisis pormenorizado de la historia de Lucrecia merece toda nuestra atención, ya que la minuciosidad al tratar el pasaje mítico resulta imprescindible para conocer el marco espacial, temporal e historiográfico del episodio de Lucrecia.

Además, y al margen de nuestra máxima consideración con respecto a la valía intelectual y académica del profesor napolitano, pondremos en evidencia nuestras diferencias de opinión en cuanto a ciertos aspectos del célebre mito femenino, ya que aunque compartimos la opinión de veracidad histórica en lo esencial de la famosa narración, independientemente de las fabulaciones y exageraciones cometidas por Tito Livio que ya hemos traído a colación al referirnos al relato, no consideramos acertada la propuesta de debilidad de Lucrecia ante las pretensiones de su agresor Sexto, como argumentaremos a continuación.

Guarino refiere la ausencia de cualquier freno moral por parte de Sexto Tarquinio, quién, a pesar de conocer la vida honrada de Lucrecia y su actitud altamente moral con respecto a su familia y su marido, Lucio Tarquinio Colatino[213], no duda en diseñar una estrategia miserable para conseguir su propósito de acceder a ella. En el segundo acto del drama, nos encontramos a Sexto que viaja a *Collatia* acompañado por un *comes*[214], circunstancia que aprovecha Guarino para evidenciar ciertos anacronismos presente en esta historia. La posibilidad presentada por Sexto a Lucrecia de poner un esclavo

---

[213] *The Oxford Classical Dictionary*, 2ª ed. Nueva York, 1970, *s.v. Tarquinius Collatinus, Lucius*, p. 1039: "Was traditionally the husband of Lucretia. When her story was connected with the fall of the monarchy, *Collatinus* was regarded as a founder of the Republic, and one of the first consuls (509 B.C.). The legend of his consulship also served to harmonize the double tradition about the dedication of the temple of the Capitoline Triad, which was associated both with a Tarquin and with the beginning of the Republic: a consul *Tarquinius* replaced his royal namesake...".

[214] LEWIS&SHORT, *A Latin Dictionary*, cit., *s.v. comes: "a companion, associate, comrade, partaker, sharer, partner"*.

muerto a su lado, y –después de matarla a ella también– contarle a todos la necesidad legal de poner freno al adulterio cometido mediante la muerte de ambos, no resulta probable ya que la existencia de la esclavitud en esa época arcaica adolece de un refrendo histórico veraz. De este modo, "probabilmente il *comes* di Sesto era un amico o un cliente, che gli fece scorta lungo il camino malfido da Ardea a Collatia"[215].

Precisamente la amenaza suprema de la muerte infame dirigida a Lucrecia consigue que ésta ceda al horror y a la vergüenza que le produce la presencia y los deseos de Sexto, y es aquí donde se aprecia la mayor intensidad en el análisis de Guarino. De acuerdo con su tesis, "l'episodio è vero[216], perchè se fosse stato inventato[217], Lucrezia non si sarebbe comportata da donna, ma da eroina o da martire"[218], prefiriendo la muerte en todo caso antes que yacer con su agresor. Precisamente porque se comporta como una mujer débil, que ya estaba en un profundo sueño del que fue despertada con sobresalto, cede a las pretensiones inmorales de Sexto, acostumbrado a obtener sin ningún problema todo lo que quiere debido a su origen real, aunque en esta ocasión tenga que utilizar con una astucia insana su afán seductor.

Veamos la descripción de Guarino en cuanto a la realidad sicológica del hecho de la violación: "E invece Lucrezia cedette a Sesto, si

---

215 A. GUARINO, *Il dossier di Lucrezia*, cit., p. 212.

216 M. BATTAGLINI, *Libertà e determinazione nel suicidio, in Roma antica*, cit., p. 149, en donde no considera que el episodio sea real: "Troppo incerta e discussa è la legenda di Lucrezia, per poter fondare su di essa una costruzione sicura", en referencia al origen del suicidio en Roma, que no cree se pueda sustentar en un episodio tan frágil en cuanto a su veracidad.

217 Vid. al respecto, A. GUARINO, *In difesa di Messalina*, en *Labeo* 20, 1974, p. 13, en donde podemos observar de nuevo como el autor napolitano da veracidad por exclusión a los episodios que adolecen de una nota de normalidad. Es decir, si un episodio resulta poco ortodoxo, como parecen ser los de Lucrecia y Mesalina, cada uno con sus radicales diferencias, entonces seguramente sean ciertos, porque si su narración fuera en un contexto normal, cabría esperar una mayor invención. Como señala en la p. 13: "La conferma è, del resto, nell'episodio supremo in cui Messalina trova la rovina e la morte: episodio troppo clamoroso per poter essere stato il frutto di una radicale invenzione".

218 A. GUARINO, *Il dossier di Lucrezia*, cit., p. 216.

rilassò. Perchè? Ma perchè era di notte, l'ora della debolezza; perchè Lucrezia era stata sorpresa nel sonno; perchè Sesto, arso di passione, non le dava, con la sua sofocante insistenza, il modo di ricomporre i sensi, i pensieri, la volontà. In condizioni diverse, perfettamente sveglia e padrona di sè, Lucrezia, come cualunque altra moglie onesta, non avrebbe ceduto alle lusinghe e alle minacce di Sesto[219], avrebbe riso di esse, avrebbe chiamato aiuto; nella situazione esposta da Livio e dagli altri storici essa lo avrebbe igualmente potuto fare, ma solo se fosse stata un'eroina". Es decir, que Lucrecia cedió en medio de un contexto muy propicio a su debilidad, por lo que no se trataría de una violación, sino de la seducción por parte de Sexto, que aprovechó la atmósfera adecuada para cometer el ilícito adulterio.

Es decir, que la ausencia de un relato inverosímil de fortaleza heroica y la presentación de un acto de debilidad humana por parte de Lucrecia, cuyo análisis sicológico nos brinda la veracidad de la conducta femenina de este terrible suceso, es la que nos conduce hacia la credibilidad del relato, y como añade el autor napolitano: "Ma oltre che psicologicamente vero, il fatto è vero storicamente"[220].

Aún más, de la verdad contenida en el segundo acto debemos colegir la falsedad del acto tercero, artificioso con respecto a una nueva Lucrecia capaz de terminar con su vida con tal de reparar el deshonor irrogado a su familia. De nuevo es Guarino quién propone una clara discordancia en el relato de Livio: "Ma, se l'atto secondo del dramma di Lucrezia corrisponde ad ogni verosimile realtà, il

[219] Algo improbable, si conocía la historia de su familia y de él mismo. Sirva como ejemplo, el episodio comentado en P. LÓPEZ BARJA DE QUIROGA/F. J. LOMAS SALMONTE, *Historia de Roma,* Madrid, 2004, pp. 38-39, en donde describe la tiranía de Tarquinio el Soberbio, que consigue el trono mediante un espantoso crimen y que le da a su hijo Sexto el siguiente consejo cuando se había hecho con el control de la ciudad de Gabios: debía cortar las espigas que sobresalían por encima de las demás, dándole a entender que debía eliminar a la aristocracia más importante si quería mantenerse en el poder.

[220] A. GUARINO, *Il dossier di Lucrezia,* cit., p. 216, en donde añade: "Il carattere eroico, che essi tentano in ogni modo di assegnare a Lucrezia, è contradetto dalla debolezza di lei nella notte della seduzione. Ben altrimenti, ripeto, avrebbe agito in quella notte una Lucrezia immaginaria, l'eroica Lucrezia del giorno dopo. Si rivela, dunque, se non vado errato, il nucleo di verità storica della narrazione famosa".

contrario debe dirsi per l'atto terzo, che denuncia la sua falsità storica e la sua retorica artificiosità in ogni tratto"[221]. ¿Cómo pueden los presentes –en la convocatoria realizada por Lucrecia– sustraerse a impedirle el suicidio, frenando de forma eficaz cualquier intento de quitarse la vida, si se trata de una mujer rodeada por varios hombres de su familia que deberían disuadirla e impedirle por todos los medios que llevara a cabo su amenaza de quitarse la vida como castigo por lo sucedido?

Estos y otros interrogantes son los que nos presenta Guarino para convencernos de la estructura artificial del suicidio de Lucrecia, rodeada de elementos estáticos como en las tragedias griegas, aplicando impecablemente las reglas del estoicismo, muy posterior a la época histórica del célebre episodio y además radicalmente diferente al ambiente histórico, espacial y temporal del mismo.

A mayor abundamiento, Lucrecia no tenía que suicidarse para que su marido vengase el honor arrebatado, ya que Colatino podía vengarse de Sesto Tarquinio por haber cometido adulterio, abusando de la hospitalidad de su casa, con el agravante de parentesco entre ambos incluido.

Creer, además, que el cambio político que se produjo como consecuencia del suicidio de Lucrecia fue inmediato, con el advenimiento radical de la República[222], no es del agrado de nuestro autor, que se inclina por una "evoluzione progressiva, e non di un mutamento rivoluzionario e subitaneo, della compagine statale arcaica"[223]. No se entiende por parte de la doctrina cómo de un acto de esta naturaleza, aún siendo absolutamente condenable como sería una violación,

---

221 *Id. Ibid.*, p. 216.

222 Vid. al respecto, V. GROH, *La cacciata dei re romani*, cit., p. 312: "Il nostro proposito è ora di esaminare il modo in cui si è compiuto in Roma il passaggio dalla monarchia alla repubblica. Si sa che, contro il racconto tradizionale affatto concorde tramandatoci dalla storiografia antica, più di uno tra gli scienziati moderni inclina a credere, che anche a Roma non sia avvenuto un crollo improvviso della monarchia e una cacciata dei re, bensí un'evoluzione lenta, durante la quale sarebbe diminuta l'autorità regia e sarebbe a mano a mano cresciuta la competenza dei magistrati, fino a raggiungere lo stato di cose generalmente conosciuto nei tempi storici della repubblica".

223 A. GUARINO, *Il dossier di Lucrezia*, cit., p. 214.

pero de una trascendencia podríamos decir menor, puede colegirse un cambio político tan trascendental para la historia de Roma[224], como resultó la caída de los reyes etruscos y de la Monarquía como institución para el futuro del pueblo romano, y su transformación en una nueva forma de gobierno, la República.

En definitiva, y nombrándose a sí mismo como investigador objetivo, Guarino afirma: "Di buon grado oppur no, Lucrezia aveva ceduto a Sesto Tarquinio. Era stato commesso adulterio… Nessuna giustificazione sarebbe potuta valere a lavare la macchia. Incombeva sul *pater familias* dell'adultera il diritto-dovere di ucciderla, a titolo di *supplicium*[225]. Questo è tutto. Lucrezia, l'adultera, doveva morire[226]. Non è improbabile che si sia sottratta con il suicidio al supplizio inevitabile[227]. La nuova e più esatta rubrica e <adulterio>. Una rubrica, del resto, che la Storia non ignora"[228].

Ante las afirmaciones vertidas con respecto a Lucrecia y las vicisitudes del controvertido episodio debemos rechazar varias de las reflexiones aquí vertidas, y es por ello que vamos a reconsiderar las opciones presentadas por Guarino, defendiendo nuestra propia versión.

---

[224] V. ARANGIO –RUIZ, *Storia del diritto romano*, 7 ª ed., Nápoles, 1957, pp. 30 ss.

[225] San Agustín, *De civitate Dei*, 1. 19. 4: *Sed quid est hoc, quod in eam grauius uindicatur, quae adulterium non admisit? Nam ille patria cum patre pulsus est, haec summo est mactata supplicio…* en donde al margen de otras dudas e interrogaciones deja claro que en el caso de Lucrecia fue sacrificada con irreparable suplicio.

[226] A. GUARINO, *In difesa di Messalina*, cit., p. 13, en donde, a diferencia de Lucrecia que se suicidó sin ninguna vacilación al respecto, dice de Mesalina: "Mesalina, che non sa morire di propia mano, con dignità di matrona", afirmación que parece hacer referencia al acto final de Lucrecia.

[227] M. BATTAGLINI, *Libertà e determinazione nel suicidio, in Roma antica*, cit., p. 148: "Il caso de Lucrezia è, a mio parere, da considerare proprio come un suicidio che abbia sostituito la esecuzione della pena di morte, che era quella comminata in Roma, nell'epoca regia, per la donna adultera o di condotta impudica", añadiendo a continuación que en el relato de Livio se aprecia claramente el sentido del suicidio en sustitución de la pena de muerte en las palabras de Lucrecia "*Ego me, etsi peccato absolvo, supplicio non libero*".

[228] A. GUARINO, *Il dossier di Lucrezia*, cit., p. 217.

En primer lugar, si la época histórica del episodio de Lucrecia se distinguía por la ausencia de esclavos, como propone el autor napolitano, no es menos cierto que entonces Lucrecia estaría todavía más desvalida a la hora de enfrentarse a Sexto durante la noche, ya que por mucho que gritase, la ausencia de esclavos en la casa provocaría que nadie acudiera en su auxilio, que fue en definitiva lo que ocurrió. Y todo ello al margen de que en el relato de Livio se contiene la amenaza de Sexto de que si profería cualquier grito mataría a un esclavo y a ella misma para teatralizar la escena de adulterio cometido que obligaba a Sexto a matarla, y de que el comienzo del episodio transmitido por el autor paduano da cuenta –en el momento de la apuesta que realizan el marido de Lucrecia y los demás con respecto al pudor de sus propias esposas– de la actitud de Lucrecia, que teje lana en casa y no se prodiga en ninguna fiesta fuera del domicilio familiar, rodeada por sus esclavas mientras se dedica a las labores propias de una mujer romana en la época arcaica.

En segundo lugar, condenar la supuesta debilidad de Lucrecia no nos parece acertada. ¿Por qué no puede ser la heroína de su condición moral? ¿Por qué no pensar que se sentía en inferioridad física, y por ello prefirió ser violada para poder luego defender la honorabilidad de su *gens*, sabiendo que si estaba muerta la deshonra caería *in aeternum* sobre sus descendientes? ¿Por qué no podemos pensar que ella, al ser despertada de forma violenta, estaba todavía más indefensa por lo inesperado y la somnolencia del momento? ¿Por qué Lucrecia no pudo pensar en la crueldad de Sexto, su violador, conociendo casi seguro las historias que se contaban de él y su familia[229],

---

229 Livio 1. 53. 4; 1. 54. 8-9; G. URSO, *I romani e la deportazione delle classi dirigente nemiche*, en *Aevum*, 72, 1, 1998, p. 91, en donde pone de manifiesto la crueldad de padre e hijo cuando el primero recomienda crípticamente a Sexto acabar de forma drástica con la clase dirigente de Gabios: "La deportazione della classi dirigente della città nemiche da parte dei Romani ha, secondo la tradizione, un'origine molto antica, risalente all'epoca di Tarquinio il Superbo. L'episodio in questione riguarda la città di Gabii, conquistata *fraude ac dolo* dal figlio del re, Sesto Tarquinio. Egli, fingendo di essere fugito da Roma in seguito a gravi contrasti con suo padre, si guadagnò la fiducia dei Gabini; poi, su consiglio del Superbo, fecce uccidere *primores civitatis*, molti palesemente, altri di nascosto; ad alcuni fu risparmiata la vita".

y eligió vivir para poder reproducir la realidad del horror sufrido a su padre y a su marido?

A mayor abundamiento, el hecho de que Lucrecia se sienta culpable y lleve a cabo el acto final de su muerte no significa que en su fuero interno sea consciente del momento de debilidad transcurrido la noche anterior con Sexto, porque es de todos sabido que una de las consecuencias sicológicas de una violación es la autoculpabilidad, acompañada de otras reacciones emocionales como la ira y el deseo de venganza, entre las más destacadas[230]. Por lo tanto, no resulta descabellada la reacción de nuestra protagonista sino acorde con la brutal realidad que le había tocado vivir. Se siente culpable, como tantas víctimas de violación, y si pensamos por un momento en el arcaico periodo en el que vivía Lucrecia, podemos tener por seguro que su reacción al quitarse la vida para salvaguardar el honor familiar y evitar la censura social[231], fuera bien recibida en aquel momento y en aquel contexto concreto, aunque no fuese considerado un justo castigo en correspondencia con su comportamiento de la noche anterior.

Por otro lado, compartimos la opinión decidida del autor napolitano en lo que se refiere al cambio gradual del orden político. Es cierto que el célebre episodio de Lucrecia se ha utilizado como sím-

---

230 Vid. al respecto, uno de los trabajos más destacados en la investigación sobre la violación como es el de A. WOLBERT BURGESS/ L. LYTE HOLMSTROM, *Rape Trauma Syndrome*, en *Am. J. Psychiatry*, 131, 9, 1974, pp. 981-986, en donde refieren la existencia del síndrome del trauma de violación consistente en una fase aguda y un proceso de reorganización a largo plazo, describiendo como reacciones típicas de la primera fase precisamente la autoculpabilidad y el deseo de venganza, presentes en las más de cien mujeres adultas, víctimas de violación, entrevistadas y atendidas en su proceso de evolución después de la agresión sexual sufrida. Es un estudio ambicioso ya que abarca el estudio de las víctimas en todas las facetas de su conducta, y nos ayuda a comprender la reacción de Lucrecia, que lejos de ser desmedida y ficticia, se corresponde con las evidencias registradas de la victimología analizada.

231 D.G. KILPATRICK/ P.A. RESICK/ L.J. VERONEN, *Effects of a Rape Experience: A Longitudinal Study*, en *Journal of Social Issues*, 37, 4, 1981, p. 118: "The items included in this subscale do indicate confusion and may reflect the continued occurrence of flashbacks or concern about social censure for some of the victims". Si hoy en día aún existe el riesgo de censura por parte de la sociedad a las mujeres violadas, imaginemos por un momento cómo podía ser la vida de esas mujeres en la Roma arcaica.

bolo de la rebelión ante el tirano cuyo hijo, Sexto, abusando de su posición de poder, llevó a cabo el brutal delito de violación contra Lucrecia, cuya consecuencia inmediata fue el advenimiento de la República, pero parece más lógico pensar en un cambio gradual de la forma de gobierno para poder ser aceptada por los ciudadanos romanos sin ningún problema, ya que los cambios radicales en aquella época conservadora de las costumbres hasta límites insospechados no nos parecen los más adecuados. Con todo, tenemos claro que la simbología de un acto brutal que conduce a la desaparición de la estirpe tirana debío ser bien considerada por los autores clásicos a la hora de cohonestar la historia de la noble Lucrecia y la publicitada Roma republicana, y es por ello que no dudaron en conectar ambos episodios de una forma singular, unida para siempre en la historia.

Por lo que respecta a la actitud inmóvil de su familia, ante el hecho de extraer el cuchillo de sus ropajes para luego terminar con su vida, protagonizado por Lucrecia, creemos que es habitual la inacción de las personas ante el shock, o la inmovilidad connatural ante un episodio grotesco, vil y desmedido en el que el actor principal es el hijo de un rey, que supongo llenó de estupor a los presentes en el relato de la honorable mujer romana. Y lo inusual del episodio, para nada en consonancia con cualquier otro acto típico de la vida cotidiana, convirtió en poco menos que estatuas de sal a los que escuchaban atónitos, enfurecidos con el miserable violador y entristecidos por Lucrecia, por lo que bien pudieron ser poco precavidos a la hora de prever la reacción terminal de suicidio realizado por Lucrecia. La inmediatez es el rasgo principal del epílogo de su vida, y se puede entender que en medio del caos de sentimientos que se entremezclaban en su familia no hubiesen reaccionado con celeridad ante la acción suicida para poder salvar a Lucrecia de la muerte.

El presunto carácter etiológico del acto final de la vida de Lucrecia no nos parece lógico a la vista de las evidencias puestas en consideración a lo largo de todo el estudio dedicado a la misma. Bien es cierto que Guarino da visos de veracidad a la existencia de nuestra protagonista e incluso al episodio de la violación cometida por el hijo de Tarquinio el Soberbio, pero la presunción mítica de su suicidio, dando como cierta una relación adúltera que terminó con la muerte de la mujer, como se debía llevar a cabo en el primitivo derecho romano, no nos satisface por lo incompleto del planteamiento. Nada obsta a que el episodio de Lucrecia fuera veraz, sin negar las exageraciones cometidas por los autores clásicos –al servicio de la propaganda imperial– que mitificaron casi hasta el endiosamiento a una mujer romana que defendió con su vida su honor, y por ende, a su familia.

6. DE LA MONARQUÍA A LA REPÚBLICA

Lo que sucedió después del suicidio de Lucrecia lo conocemos también a través de la narración de Livio 1. 59, en un epílogo deslumbrante en cuanto a las consecuencias del acto de Tarquinio, ya que la Monarquía, desmoronada a través de un acto irreparable como la violación cometida por el hijo del Rey, traerá consigo una nueva forma de representación política, la República romana[232], a través de la revolución ciudadana impulsada por Bruto[233], presente

---

[232] A. FELDHERR, *Spectacle and Society in Livy's History*, Berkeley-Los Ángeles-Londres, 1998, p. 187: "While the first six kings of Rome receive a generally positive tratment as the originators of the public instituions that still defined the Roman state, the reign of the last King, Tarquinius Superbus, becomes in Livy's text an anomalous interruption in the course of Roman history, a period when all the city's political traditions are overturned, against whiche the newly founded Republic can be defined".

[233] La tradición recoge la excesiva dureza con la que trató posteriormente a sus hijos, al pretender éstos otra revolución involucionista en el sentido de querer volver a instaurar la monarquía: Mandó que los flagelaran, ataran a un palo para luego ejecutarlos como castigo por haber intentado restaurar la tiranía de los Tarquinios que él había derrotado, como nos transmite Valerio Máximo, 5. 8. 1: *Comicae lenitatis hi patres, tragicae asperitatis illi. L. Brutus, gloria par Romulo, quia ille urbem, hic libertatem Romanam condidit, filios suos dominationem Tarquini a se expulsam reducentes summum imperium obtinens conprehensos proque tribunali uirgis caesos et ad palum religatos securi percuti iussit. exuit patrem, ut consulem ageret, orbusque uiuere quam publicae uindictae deesse maluit*; sobre el castigo, Livio 2. 5: *De bonis regiis, quae reddi ante censuerant, res integra refertur ad patres. Ibi vicit ira; vetuere reddi, vetuere in publicum redigi. Diripienda plebi sunt data, ut contacta regia praeda spem in perpetuum cum iis pacis amitteret. Ager Tarquiniorum qui inter urbem ac Tiberim fuit, consecratus Marti, Martius deinde campus fuit. Forte ibi tum seges farris dicitur fuisse matura messi. Quem campi fructum quia religiosum erat consumere, desectam cum stramento segetem*

en el momento de la muerte de Lucrecia, que sabrá aprovechar inteligentemente la indignación del pueblo para conseguir su objetivo de derrocamiento del régimen establecido, aunque el orden social establecido siga siendo el mismo con la nueva configuración de la República[234].

---

magna vis hominum simul immissa corbibus fudere in Tiberim tenui fluentem aqua, ut mediis caloribus solet. Ita in vadis haesitantes frumenti acervos sedisse inlitos limo; insulam inde paulatim, et aliis quae fert temere flumen eodem invectis, factam; postea credo additas moles manuque adiutum, ut tam eminens area firmaque templis quoque ac porticibus sustinendis esset. Direptis bonis regum damnati proditores sumptumque supplicium, conspectius eo quod poenae capiendae ministerium patri de liberis consulatus imposuit, et qui spectator erat amovendus, eum ipsum fortuna exactorem supplicii dedit. Stabant deligati ad palum nobilissimi iuvenes; sed a ceteris, velut ab ignotis capitibus, consulis liberi omnium in se averterant oculos, miserebatque non poenae magis homines quam sceleris quo poenam meriti essent: illos eo potissimum anno patriam liberatam, patrem liberatorem, consulatum ortum ex domo Iunia, patres, plebem, quidquid deorum hominumque Romanorum esset, induxisse in animum ut superbo quondam regi, tum infesto exsuli proderent. Consules in sedem processere suam, missique lictores ad sumendum supplicium. Nudatos virgis caedunt securique feriunt, cum inter omne tempus pater voltusque et os eius spectaculo esset, eminente animo patrio inter publicae poenae ministerium. Secundum poenam nocentium, ut in utramque partem arcendis sceleribus exemplum nobile esset, praemium indici pecunia ex aerario, libertas et civitas data. Ille primum dicitur vindicta liberatus; quidam vindictae quoque nomen tractum ab illo putant; Vindicio ipsi nomen fuisse. Post illum observatum ut qui ita liberati essent in civitatem accepti viderentur; Polibio 6. 54; Flor. 1. 9; P. PAVÓN, *La cárcel y el encarcelamiento en el mundo romano*, Madrid, 2003, p. 210, en donde afirma que este caso es el primero que se conoce sobre una condena de cárcel impuesta por un padre a sus hijos: "El primer testimonio conocido que recogen las fuentes sobre la aplicación de un encarcelamiento por parte de un padre a sus hijos se sitúa en un momento inmediatamente posterior a la caída de la monarquía. En la conjuración organizada para restaurar la monarquía, participaron miembros de las familias nobles, entre los cuales estaban, precisamente, los hijos del primer cónsul, Lucio Junio Bruto, y los sobrinos de su colega, Lucio Tarquinio Colatino. Éstos fueron denunciados por esclavos cuando se reunieron junto con otros patricios para restaurar la monarquía de los Tarquinios. Los conjurados fueron encarcelados y juzgados como traidores de la patria, siendo desnudados por los lictores quienes les golpearon con las vergas antes de ser decapitados con el hacha".

[234] G. ALFÖLDY, *Historia social de Roma*, trad. esp., V. Alonso Troncoso, 3ª ed. Madrid, 1996, p. 21: "El orden social arcaico de Roma, que había cristalizado durante el siglo VI a.C., bajo el gobierno de los reyes etruscos, no fue exclusivo de

Livio 1. 59. 1-8:

Brutus illis luctu occupatis cultrum ex uolnere Lucretiae extractum manante cruore prae se tenens, 'Per hunc' inquit 'castissimum ante regiam iniuriam sanguinem iuro, vosque, di, testes facio me L. Tarquinium Superbum[235]*, cum scelerata coniuge et omni liberorum stirpe ferro igni quacumque dehinc ui possim exsecuturum, nec illos nec alium quemquam regnare Romae passurum.' Cultrum deinde Collatino tradit, inde Lucretio ac Valerio, stupentibus miraculo rei, unde nouum in Bruti pectore ingenium. Vt praeceptum erat iurant; totique ab luctu uersi in iram, Brutum iam inde ad expugnandum regnum uocante, sequuntur ducem.*

Elatum domo Lucretiae corpus in forum deferunt, concientque miraculo, ut fit, rei nouae atque indignitate homines. Pro se quisque scelus regium ac uim queruntur. Mouet cum patris maestitia, tum Brutus castigator lacrimarum atque inertium querellarum auctorque quod uiros, quod Romanos deceret, arma capiendi aduersus hostilia ausos. Ferocissimus quisque iuuenum cum armis uoluntarius adest; sequitur et cetera iuuentus. Inde praesidio relicto [Collatiae] ad portas custodibusque datis ne quis eum motum regibus nuntiaret, ceteri armati duce Bruto Romam profecti. Vbi eo uentum est, quacumque incedit armata multitudo, pauorem ac tumultum facit;

---

la época monárquica. El orden social establecido en su día siguió vigente en gran medida tras la abolición de la realeza, solo que las funciones del monarca, que había sido jefe supremo del ejército, primer juez y sacerdote, fueron repartidas entre la aristocracia. Ciertamente, las luchas entre patricios y plebeyos a lo largo de la quinta centuria prepararon e iniciaron el proceso de disolución de la estructura social arcaica, si bien no hasta su completa liquidación, y de ahí también que muchas de sus notas características pudiesen sobrevivir no sólo a ese siglo sino incluso a toda la República"; vid. sobre la historia social de la República romana: L. HARMAND, *Societé et économie de la République romaine*, París, 1976, *passim*; F. DE MARTINO, *Storia Economica di Roma antica*, Florencia, 1979, pp. 19 ss.

[235] L. BESSONE, *La gente Tarquinia*, en *Rivista di Filologia e di Istruzione Classica*, 110, 1982, p. 394, en donde pone de manifiesto las discrepancias entre Livio y Dionisio de Halicarnaso con respecto a la ascendencia del rey tirano: "Seppur con qualche dubio e appellandosi alla maggioranza degli storici consultati, Livio fa di Lucio Tarquinio Superbo un figlio di Tarquinio Prisco (1.46.4) mentre per Dionigi di Alicarnasso il Superbo e il fratello Arrunte non possono essere figli del Prisco per motivi cronologici: sono invece i suoi nipoti, figli dell'unigenito maschio del Prisco premorto di poco al padre (4.1.1; 4.2)".

> *rursus ubi anteire primores ciuitatis uident, quidquid sit haud temere esse rentur. Nec minorem motum animorum Romae tam atrox res facit quam Collatiae fecerat; ergo ex omnibus locis urbis in forum curritur. Quo simul uentum est, praeco ad tribunum celerum, in quo tum magistratu forte Brutus erat*[236]*, populum aduocauit. Ibi oratio habita nequaquam eius pectoris ingeniique quod simulatum ad eam diem fuerat, de ui ac libidine Sex. Tarquini, de stupro infando Lucretiae et miserabili caede, de orbitate Tricipitini cui morte filiae causa mortis indignior ac miserabilior esset.*

Así, podemos apreciar en el relato apasionado de Livio como después de muerta Lucrecia, Bruto[237], mientras los demás estaban entregados a su dolor, extrajo el cuchillo de la herida de Lucrecia mientras exclamaba que era necesario perseguir a Tarquinio el Soberbio[238], a su esposa y a toda su descendencia a sangre y fuego con todos los medios necesarios, hasta conseguir que nadie reinase ya en Roma. Colatino, Lucrecio y Valerio, maravillados ante el comportamiento de Bruto –considerado hasta el momento un hombre de pocas luces, con escasas capacidades[239]– juraron según la fórmula, y

---

236 *Tito Livio. Historia de Roma desde la fundación de la ciudad (ab urbe condita)*, Libros I y II, trad. de A. FONTÁN, cit., p. 99, en donde afirma: "Si los *celeres* eran la escolta del rey no es verosímil que su mando estuviera confiado a Bruto"; además, Cic. *De rep.* 2. 47, señala que Bruto no ocupaba ningún cargo, sino que era un *privatus*.

237 I. DONALDSON, *The Rapes of Lucretia: A Myth and its Transformations*, cit., p. 6, en donde considera a Lucio Junio Bruto como uno de los pocos personajes reales de esta historia, al margen de otras consideraciones: "Lucius Junius Brutus, for example, may have been a real person, though his character as presented in this story is evidently the product of much fictitious elaboration, and contains a number of logical and chronological oddities".

238 J. MANGAS/F. BAJO, *Los orígenes de Roma*, Madrid, 1989, p. 102, en donde trae a colación el trato dado a este rey por parte de los historiadores antiguos "con unos tintes sombríos que le muestran como el prototipo del mal tirano. Su advenimiento al poder se produjo después de haber asesinado a su predecesor y suegro, puesto que estaba casado con Tulia, hija de Servio Tulio. Esta serie de sucesiones violentas ha hecho suponer a muchos que estos tres reyes actuaron a modo de jefes de bandas personales, que se fueron imponiendo por la fuerza y probablemente con la connivencia de grupos familiares romanos y/o etruscos asentados en Roma".

239 V. GROH, *La cacciata dei re romani. Analisi letteraria e storica*, cit., p. 306, cuando dice que Livio fue el único escritor que se preocupó en el relato de Lu-

salieron con Bruto[240] –siguiéndolo ya como jefe– a concitar a la gente contra la monarquía. Condujeron el cadáver de Lucrecia al foro, consiguiendo enervar el ánimo popular al contar lo sucedido. La indignación se apoderó de los ciudadanos mientras Bruto proponía tomar las armas, y mientras vigilaban que nadie le llevase la noticia a la familia real del levantamiento, los demás marcharon a Roma con Bruto en donde la conmoción por el crimen contra Lucrecia fue considerable. Bruto, como tribuno de los céleres[241], magistratura que desempeñaba entonces según nos cuenta Livio, pronunció un discurso en el que describió la execrable violación de Lucrecia y su

---

crecia de explicar los detalles y de ser lógico, lo que se reconoce por ejemplo cuando describe la sorpresa del pueblo, "abituato a vedere Bruto scemo, quando questi improvisamente si presenta come capo della ribellione. Gli altri autori non se ne preoccuparono. Ma Livio, nonostante tutto il suo zelo, non ha potuto cambiare interamente il contenuto della tradizione: anche lui non ci spiega come mai il supposto scemo avesse potuto coprire la carica di *tribunus celerum*"; en la misma dirección, más actual, T. P. WISEMAN, *Roman Republic, year one*, en *Greece&Rome* 45, cit., pp. 19-20, en donde explica la historia de Lucio Junio Bruto, quién para salvarse de la muerte urdida contra su padre y sus hermanos por parte de Tarquinio el Soberbio, se hizo pasar por idiota para mantenerse a salvo: "Lucius Junius was the youngest son of a worthy citizen foully murdered by the king's agents in the days of Tarquin the Proud. The other sons were killed too, but Lucius pretended to be an idiot, and was contemptuously spared by the assassins. He had to keep up the pretence ashe grew up, and became known to all as Stupid Lucius. The king's sons, who were as arrogant as their father, used Stupid Lucius as a butt for their cruel mockery".

240 *The Encyclopaedia Britannica: a Dictionary of Arts, Science, Literature and general information*, cit., *s.v. Lucretia*, p. 106: "Lucius Junius Brutus, her husband's cousin, put himself at the head of the people, drove out the Tarquins, and stablished a republic. The accounts of this tradition in later writers presents many points of divergence".

241 Si aceptamos la concepción de Bruto como alguien idiota, resulta difícil aceptar que pudiera ser tribuno de los céleres, a no ser que su condición de pariente de la familia real le hiciese partícipe de ciertas atribuciones al margen de su escasa o nula capacidad. Por otro lado, si resulta que Bruto era inteligente, pero se escondía bajo la capa de una idiotez que le proporcionase seguridad ante Tarquinio el Soberbio, para evitar que éste le matase, tampoco debería haber aceptado ese cargo, para seguir ocultando su verdadera personalidad. Por ello, adoptan un punto de vista escéptico con respecto a su historicidad: E. GJERSTAD, *Legends and Facts of Early Roman History*, Lund, 1963, p. 45, y A. ALFÖLDY, *Early Rome and the Latins*, Ann Arbor, 1965, pp. 82-83.

lastimosa muerte, así como la soledad de Triciptino, para el cual más deplorable que la muerte de su hija era la causa de ella.

Livio 1. 59. 9 -13:

> *Addita superbia ipsius regis miseriaeque et labores plebis in fossas cloacasque exhauriendas demersae: Romanos homines, uictores omnium circa populorum, opifices ac lapicidas pro bellatoribus factos. Indigna Ser. Tulli regis memorata caedes et inuecta corpori patris nefando uehiculo filia, inuocatique ultores parentum di. His atrocioribusque, credo, aliis, quae praesens rerum indignitas haudquaquam relatu scriptoribus facilia subicit, memoratis incensam multitudinem perpulit ut imperium regi abrogaret exsulesque esse iuberet L. Tarquinium cum coniuge ac liberis. Ipse, iunioribus qui ultro nomina dabant lectis armatisque, ad concitandum inde aduersus regem exercitum Ardeam in castra est profectus: imperium in urbe Lucretio, praefecto urbis iam ante ab rege instituto, relinquit. Inter hunc tumultum Tullia domo profugit exsecrantibus quacumque incedebat inuocantibusque parentum furias uiris mulieribusque.*

Podemos comprobar como en el relato de los acontecimientos se muestra a un Bruto dotado de oratoria que dirige sus invectivas contra el Rey Tirano al que anteriormente temía, y a cuya familia pertenecía, haciéndose pasar en el pasado por una persona carente de capacidad intelectual para salvar su vida, y ahora convertido en el revolucionario que guiará a la muchedumbre en la lucha contra la tiranía, en un nuevo escenario político que conducirá hasta la conformación de la República[242].

---

[242] Vid. la siguiente reflexión de A. MASTROCINQUE, *La cacciata di Tarquinio il Superbo. Tradizione Romana e letteratura greca*, en *Athenaeum*, 62, 1-2, 1984, p. 229, con respecto al papel desempeñado por Bruto, no circunscrito o ceñido exclusivamente a un protagonismo político, sino también como defensor de los ritos y cultos romanos: "Forse dunque Bruto venne chiamato in cause come figura risolutrice del drammatico trapasso storico tra monarchia e repubblica perché era l'eroe capace di operare, mediante il culto, un riscatto dell'integrità física e psichica del suo popolo. Non saprei dire se la storia degli ultimi re s'innestò sullo schema del mito della fondazione dei Compitalia o se il proceso fu l'inverso. La storia degli ultimi re, da Servio al Superbo, resulta cosí compenetrata dai tratti caratteristici di una storia sacra autenticamente romana che potrebbe affermarsi pure che la vicenda dei re di Roma e quella dell'origine del culto per i Lari furono concepite insie-

Así, convence a la plebe de los trabajos miserables a los que se ven obligados, como cuando habla del vaciado de las cloacas[243]. A continuación rememora la cruel muerte del rey Servio Tulio y la terrible actitud de su hija Tulia, que lanzó su carro sobre el cadáver de su padre después de ser arrojado por las escaleras por su yerno Tarquinio, marido de Tulia[244], para enardecer todavía más a la multitud. Y a través de todos estos recuerdos consigue su objetivo, que no es otro que –a través de la indignación popular masiva– obtener el

me, prima che intervenisse l'opera degli storiografi ellenizzati. La genesi letteraria della saga di Bruto si configura dunque mediante un proceso di assimilazione di tratti ellenizzanti ed una parallela eliminazione di tratti mitici ed episodi di magia, sempre meno graditi all'annalistica, al teatro e alla mentalità dei romani"; para mayor información sobre las fiestas de los Lares, *Compitalia,* celebrada sin fecha fija en los primeros días del mes de enero, como fiesta de purificación en las encrucijadas (*compita*) de los caminos: Prop. 4. 1. 23; Cic. *In Pis.* 4. 8; Macr. 1. 16. 6; Dion. Halic. 4. 14; W. OTTO, *Mania und Lares*, en *Arch. F. lat. Lexikog. U. Gramm.*, 15, 1906. pp. 13 ss.; L. DELATTE, *Recherches sur quelques fêtes mobiles du calendrier romain*, París, 1937, pp. 43 ss.; K. MEULI, *Altrömischer Maskenbrauch*, en *Mus. Helv.* 12, 1955, pp. 215 ss.

243 Liv. I. 56. 2: *foros in Circo faciendos Cloacamque Maximam, receptaculum omnium purgamentorum urbis, sub terra agendam;* Dion. de Halicar. 4. 44. 1; Strab., 5. 3. 8; Plin. *Nat. Hist.* 36. 104; E.NACK/W.WÄGNER, *Roma. El país y el pueblo de los antiguos romanos*, trad. esp., Barcelona, 1960, p. 52, en donde se atribuye al rey Tarquinio Prisco, "el haber avenado, mediante un canal de desagüe subterráneo (*Cloaca máxima*), la depresión existente entre el Palatino y el Capitolio, en la que en tiempos primitivos estuvo situado el cementerio de la población del Palatino", destacando que se trata de una construcción de bóveda de cañón, de unos 4 metros de altura y sillares de toba, que desemboca en el río Tíber; C. FAYER, *Aspetti vi vita quotidiana nella Roma arcaica*, Roma, 1982, p. 62, en donde describe la actividad edilicia de Tarquinio el Soberbio, que completó la obra iniciada por Tarquinio Prisco, perfeccionando el sistema de canalización y saneamiento de la Cloaca Máxima.

244 Liv. 1. 46. 8: Dion. de Halic. 4. 38-39; T. J. CORNELL, *Los orígenes de Roma, c. 1000-264 a.C: Italia y Roma de la Edad de Bronce a las guerras púnicas*, trad. esp., Barcelona, 1999, pp. 151-158; a mayor abundamiento, J. A. LÓPEZ FÉREZ, *Personaje históricos griegos o romanos en el Quijote*, en *Anales Cervantinos* 11, 2008, pp. 120-121, en donde señala la referencia a Tulia en Don Quijote 1. 14. p. 125, aunque considerándola hija de Tarquinio –como se presentaba anteriormente en un romance castellano– cuando Ambrosio increpa a Marcela, ya que con sus desdenes propició la muerte de Grisóstomo: "¿O a pisar arrogante este desdichado cadáver, como la ingrata hija al de su padre Tarquino?".

beneplácito para impulsar a la multitud a que marche contra el rey, y así poder mandarlo con toda su familia al exilio[245].

De acuerdo con el relato proporcionado por Livio[246], Bruto marchó después al campamento de Ardea a sublevar al ejército contra el rey; dejó el mando de Roma a Lucrecio, nombrado con anterioridad prefecto de la ciudad por el rey[247]. En medio de aquel revuelo, Tulia huyó del palacio y, a su paso, hombres y mujeres la maldecían e invocaban a las furias vengadoras de los padres.

Independientemente de otras cuestiones ya aquí tratadas, la consecuencia política más importante del ultraje sufrido por Lucrecia fue sin duda la deposición del último rey etrusco[248], la persecución y expulsión de Roma de Tarquinio y de toda su familia[249], lo que trajo

---

245 G. CRIFÒ, *Ricerche sull'exilium nel periodo republicano*, Milán, 1961, p. 2, en donde explica que el carácter penal del exilio se produce a partir de la mitad del siglo I a.C., por lo que el significado anterior, en concreto referido a la época monárquica e inicio de la República de la que nos ocupamos, es impreciso, y según el autor, no se trataba de un simple medio de presión política, sino que el principio de justificación del exilio en Roma no era otro que la libertad del individuo.

246 E.NACK/W.WÄGNER, *Roma. El país y el pueblo de los antiguos romanos*, cit., p. 65, en donde señala que Livio utilizó exposiciones de hechos "extraídas de obras de valor diverso. En realidad, era algo totalmente extraño para la Antigüedad una investigación crítica de las fuentes históricas en el sentido actual, con aprovechamiento de todos los trabajos anteriores y la aplicación de una valoración independiente e imparcial de la materia que ha de tratar el historiador".

247 R. M. OGILVIE, *A Commentary on Livy Books 1-5*, cit., p. 289, en donde considera a Lucrecio una figura útil para la transición hacia la nueva organización política.

248 V. GROH, *La cacciata dei re romani*, cit., p. 294 ss.

249 Una de las consecuencias de la historia más arcaica de Roma es la escasez de fuentes y la disparidad de criterios de las mismas en cuanto a la genealogía, en este caso circunscrita a los siete reyes etruscos. Por ello resulta de interés el trabajo de J. MARTÍNEZ-PINNA, *Diodoro Sículo y los reyes de Roma*, en *Gerión* 29, vol. 1, 2011, pp. 120-121: "Según Diodoro, Tarquinio el Soberbio era hijo de Tarquinio Prisco, en lo que coincide con Livio y en última instancia con Fabio Píctor; Dionisio por el contrario prefiere seguir a Calpurnio Pisón, quien establece una relación de abuelo-nieto entre los dos Tarquinios, con una generación intermedia entre ambos, pero sin que ello implique modificar la duración total de la época monárquica. Pero es muy posible que tal elección no le haya sido sugerida a Dionisio por su fuente inmediata, sino que más bien parece producto de su propia investigacion. De ahí también las contradicciones en las que incurre el mismo Dionisio respecto a

consigo la sustitución del sistema monárquico por el régimen republicano en el año 509 a. C.[250], es decir, la instauración de la República como máxima institución política representante de los intereses del pueblo romano durante más de seis siglos de su historia[251].

---

otros miembros de la familia de los Tarquinios. Así puede deducirse de otra noticia sobre la genealogía de los Tarquinios que figura en los fragmentos de Diodoro, cuando éste define a Bruto, el "padre de la República", como sobrino de Tarquinio el Soberbio, de acuerdo con Livio, Dion Casio y el pseudo-Aurelio Víctor. Indirectamente Diodoro coincide también con Dionisio, según el cual Bruto era nieto de Tarquinio Prisco, al igual que el Soberbio. Pero aquí Dionisio entra en contradicción con su propio esquema genealógico, pues al situar a Bruto en la generación siguiente a la de Tarquinio el Soberbio, se hace necesario alejar más a Bruto de Tarquinio Prisco. En definitiva, Diodoro pudo haber seguido la misma línea de tradición que Dionisio, pero sin modificar el vínculo parental entre los Tarquinios, solución que parece más probable que la otra alternativa representada por el filón de Livio".

[250] Esta fecha ha sido objeto de disputa doctrinal en el pasado, pudiendo destacar a K. HANELL, *Das altrömische eponyme Amt*, Lund, 1946, *passim*, quién afirmaba que el año 509 a.C., no era el primer año de la República sino más modestamente el primer año del nuevo culto a Júpiter Capitolino, añadiendo que la primera parte de los Fasti era en realidad una lista de magistrados epónimos relacionados con el culto a Júpiter, y no una lista de los magistrados epónimos del Estado Romano, eliminando la evidencia de los Fastos Capitolinos; contra, A. MOMIGLIANO, *An interim report on the origins of Rome*, en *JRS* 53, Londres, 1963, p. 103: "This elimination seems to me unacceptable: it is arbitrary and would compel us to put he struggles between patricians and plebeians under *Servius Tullius* and *Tarquinius Superbus*"; P. A. BRUNT, *Classi e conflitti sociali nella Roma republicana*, trad it. V. Calvani/M. Foladore, Roma, 1972, p. 13: "Secondo la tradizione, i romani cacciarono il re etrusco Tarquinio il Superbo, e fondarono la repubblica, nel 509; questa datazione è piuttosto discussa, ma secondo il mio punto di vista con un certo margine di approssimazione può considerarsi corretta".

[251] E. GLENDINNING, *Reinventing Lucretia: Rape, Suicide and Redemption from Classical Antiquity to the Medieval Era*, en *International Journal of the Classical Tradition*, 2013, p. 61: "On a dark night in 510 BC, the noble, virtuous Lucretia, Roman matron and dutiful wife, was brutally raped by Sextus Tarquinius, the son of the last king of Rome. As the sun rose the next day, Lucretia gathered her family about her and, after recounting her horrific experience the previous night, stabbed herself through the heart to end the pain. Little did she know that her deed would set in motion an uprising that would drive the kings out of the city forever and establish Republican government in Rome for hundreds of years to come".

Lucrecia es una de las madres fundadoras de la República romana[252], con todo lo que ello supone, ya que justifica el cambio de un modelo agotado de gobierno como podía ser la Monarquía, por otro nuevo y aceptado unánimemente como resultó ser la República. Por lo tanto la figura de Lucrecia puede ser considerada como el símbolo del cambio, y su violación como el ultraje continuo que hacía a Roma el tirano Tarquinio[253]. Tal comparación permite sublimar la personalidad valiente y decidida de Lucrecia, equiparada a la *civitas* romana, y situada en un plano de igualdad a la vez que de cambio de un sistema político injusto y corrompido, por uno nuevo y esperanzador, la República romana.

El ámbito público y privado se entremezclan en el relato de Lucrecia[254], la vida privada de una familia se convierte en el cambio público de una comunidad que espera tiempos mejores de la nueva organización política que se implanta con motivo de la desaparición de la virtuosa y honorable *materfamilias*. A mayor abundamiento, se comprende todavía mejor el mito si entendemos el relato como un suceso político en el que, todos los que participaron quisieron ornamentar lo acaecido de la mejor forma posible a fin de conseguir la aceptación unánime del pueblo.

La correspondencia entre la vil acción contra Lucrecia y la violencia contra los últimos Reyes de Roma les sirvió a los antiguos para tranquilizar su conciencia, creando una astuta analogía entre la muerte de una *materfamilias* defensora del honor familiar y la expulsión, destierro y muerte de los soberbios Tarquinios, evitando las crí-

---

252 E. CANTARELLA, *Dammi mille baci. Vere uomini e vere donne nell'Antica Roma*, cit., p. 46: "La morte di Lucrezia consente la nascita della Repubblica, e con essa la conquista della libertà".

253 I. DONALDSON, *The Rapes of Lucretia: A Myth and its Transformations*, cit., p. 9: "In many versions of the story, the political symbolism is plain: Lucretia is not simply Lucretia, but the figure of violated Rome; the rape epitomizes the wider tyranny of the Tarquins. The symbolism of the story runs two ways: if Rome is like Lucretia, Lucretia is also like Rome and its neighbouring cities".

254 A. FELDHERR, *Spectacle and Society in Livy's History*, cit., p. 196: "It is the suicide of Lucretia that begins the process of publicization that converts her rape from a private outrage, as indeed Sextu's crime would have been regarded prior to Augustu's moral legislation, to the event that provoques a national revolution".

ticas ante un cambio tan sustancial en el plano político como resultó ser la nueva República.

Livio 1. 60:

> *Harum rerum nuntiis in castra perlatis cum re nova trepidus rex pergeret Romam ad comprimendos motus, flexit viam Brutus –senserat enim adventum– ne obvius fieret; eodemque fere tempore, diversis itineribus, Brutus Ardeam, Tarquinius Romam venerunt. Tarquinio clausae portae exsiliumque indictum: liberatorem urbis laeta castra accepere, exactique inde liberi regis. Duo patrem secuti sunt qui exsulatum Caere in Etruscos ierunt*[255]*. Sex. Tarquinius Gabios tamquam in suum regnum profectus ab ultoribus veterum simultatium, quas sibi ipse caedibus rapinisque concierat, est interfectus.*
>
> *L. Tarquinius Superbus regnavit annos quinque et viginti. Regnatum Romae ab condita urbe ad liberatam annos ducentos quadraginta quattuor. Duo consules inde comitiis centuriatis a praefecto urbis ex commentariis Ser. Tulli creati sunt, L. Iunius Brutus et L. Tarquinius Collatinus.*

Cuando se enteraron en el campamento de estos acontecimientos, el rey, alarmado por la revuelta, marchó sobre Roma para reprimir la sublevación; Bruto, al percibir su regreso, dio un rodeo para no encontrarse con él y, casi a la vez, pero por caminos diferentes, Bruto llegó a Ardea mientras Tarquinio hizo lo propio a Roma. Allí

---

[255] G. CRIFÒ, *Ricerche sull'exilium nel periodo republicano*, cit., p. 101, en donde habla de la tradición relativa a Tarquinio el Soberbio y de los datos que interesan, más o menos elaborados, pero no inverosímiles, referidos a los numerosos exilios de su *gens*: "Respinto da Roma, il re sarebbe rifugiato dapprima a Caere, insieme a due sei suoi figli; si sarebbe rivolto ai Veienti e ai Tarquiniesi: questi ultimi sono mossi ad aiutarlo dal *nomen* e dalla *cognatio* (Liv. 2.6.4). Successivamente i Tarquinii si rivolgono a Porsenna, *Lars* di Chiusi, *ne se, oriundos ex Etruscis, eiusdem sanguinis nominisque, egentes exulare pateretur* (Liv. 2.9.1). Intervenuto un accordo fra Porsenna e i Romani, Tarquinio, *spe omni reditu incisa exsulatum ad generum Mamilium Octavium Tusculum abiit* (Liv. 2.15.7). Perduta la battaglia del Regillo, la *cohors exulum Romanorum*, che aveva seguito il Superbo, si disperde; Tarquinio il Superbo muore a Cuma, *quo se post fractos opes Latinorum ad Aristodemum tyrannum contulerat*".

le notificaron el destierro. A Bruto[256], como libertador de Roma, lo recibieron con alegría, y los hijos del rey fueron expulsados. Dos de ellos siguieron a su padre al destierro a Cere, en Etruria; Sexto Tarquinio, que se marchó a Gabios como quien se dirige a su propio reino, fue muerto en venganza por los antiguos odios que él mismo había suscitado contra su persona con sus asesinatos y rapiñas. Lucio Tarquinio el Soberbio reinó veinticinco años. La monarquía duró en Roma, desde la fundación de la ciudad hasta su liberación, doscientos cuarenta y cuatro años. A continuación, se nombraron dos cónsules en los comicios por centurias convocados por el prefecto de la ciudad de acuerdo con las normas de Servio Tulio: Lucio Junio Bruto y Lucio Tarquinio Colatino.

Así comienza la historia de la República romana, con sus tintes de leyenda, pero impregnada del júbilo ciudadano que negaba la propia vigencia de la Monarquía como forma de representación del pueblo romano, creando un nuevo orden constitucional. Evidentemente Livio, al igual que tantos otros historiadores romanos, estaba impregnado del espíritu republicano e imbuido de un sentimiento contrario a los intereses monárquicos, entendiendo que sólo la dualidad ejercida en el poder evitaba los excesos del mismo, como sucedía con la representación consular como forma suprema de gobierno, acompañada del control del Senado que evaluaba y vigilaba la actividad anual ejercida por los cónsules. Seguramente por eso entendió el cambio repentino de la Monarquía a la República como la crónica política perfecta combinada con la muerte violenta de Lucrecia, sin meditar pausadamente la posibilidad de que el cambio político fuese progresivo[257], más comprensible en una etapa arcaica del derecho y con una sociedad reacia a los cambios, que no verían amenazada su

---

256 A. MASTROCINQUE, *La cacciata di Tarquinio il Superbo. Tradizione Romana e letteratura greca*, cit., p. 457: "La cacciata di Taquinio il Superbo da parte di Bruto rappresentava un modelo di comportamento esemplare. Il tiranicida che, dopo aver finto per anni di essere stolto, si rivelava quale sagace organizzatore del movimiento popolare…".

257 J-N. ROBERT, *Eros romano: Sexo y moral en la Roma antigua*, cit., pp. 4-5: "Ciertamente, no hay que darle a esta leyenda demasiado contenido político. Roma no le debe a la violación de Lucrecia la instauración de un régimen de tipo republicano".

posición con una nueva conformación de gobierno que pudiera perjudicar sus intereses consolidados secularmente.

Con todo, no debemos olvidar que en el año 509 a.C., la forma habitual de gobierno era la Monarquía, de ahí la trascendencia en el cambio singular traducido en la creación de la República romana. Es por ello que el mito de Lucrecia, independientemente de sus luces y sombras en cuanto a su veracidad[258], resulte clave para entender la aceptación unánime por parte del pueblo romano de esa nueva organización política, tan distante y distinta de la anterior en su conformación y forma de comprender las nuevas reglas y normas de una renacida sociedad romana, más libre que nunca[259].

7. EL TRIBUNAL FAMILIAR: *CONSILIUM DOMESTICUM*

Nuestro propósito ahora es analizar en relación con el episodio de Lucrecia la convocatoria de un tribunal familiar. Así, y en rela-

---

[258] J. MANGAS/F. BAJO, *Los orígenes de Roma*, cit., p. 106: "Las razones de la caída de tarquinio son bastante confusas y sujetas a varias interpretaciones. Lo único que es admitido sin ninguna duda, es que no fue debido a causas exclusivamente internas, ni se trató de un asunto de mujeres, como nos lo presenta la tradición, con la leyenda de Lucrecia".

[259] E.NACK/W.WÄGNER, *Roma. El país y el pueblo de los antiguos romanos*, cit., p. 53: "De suerte que, a través del velo legendario que cubre el período primitivo de Roma, se traslucen principalmente dos hechos importantes para la historia posterior de la ciudad. Las poblaciones vecinas de latinos y sabinos se fundieron en una sola comunidad urbana, y con ello formaron la base para la futura ciudad cosmopolita. La joven Roma perdió pronto su libertad, a manos de sus poderosos vecinos, los etruscos. Sin embargo, aprovechóse de la superior cultura y civilización urbana del vencedor, y, merced a su floreciente economía y diligente actividad constructora, se elevó rápidamente desde sus modestos principios a la categoría de una importante y populosa ciudad. Pero los romanos conservaron el carácter que habían heredado de sus mayores, y, sobre todo, la lengua latina. Finalmente, hallaron el suficiente valor y energía para sacudirse el yugo extranjero y volver a tomar en sus propias manos las riendas del gobierno de su república", fragmento que resume a la perfección la historia de la Roma monárquica hasta su caída y sustitución por la *res publica romana*.

ción con este caso debemos señalar el pasaje de Valerio Máximo[260] 6. 1. 1, en donde Lucrecia, antes de suicidarse, lamenta delante del *concilium necessarium*[261] la violación sufrida:

> *Dux romanae pudicitae Lucretia... a Sex. Tarquinio regis Superbi filio per vim stuprum pati coacta, cum gravissimis verbis iniuriam suam in concilio necessariorum deplorasset, ferro se, quod veste tectum adtulerat, interemit causamque tam animoso interitu imperium consulare pro regio permutandi populo romano praebuit.*

El *iudicium domesticum*[262], no resulta un tema pacífico en el episodio de Lucrecia, y de hecho no existe unanimidad en la doctrina a la hora de evaluar la existencia de un tribunal familiar convocado al efecto. Y todas estas divergencias provienen, por una parte, derivadas de la confesión de la propia Lucrecia[263], que si bien fue tomada por la fuerza, podría ser considerada culpable –de no creer su versión– lo que supondría algo muy dañino para el honor del marido y de su familia[264], pero ayudaría a la versión del *consilium domesticum*; por otra parte estarían los que directamente niegan la existencia

---

260 Vid. al respecto, E. VOLTERRA, *Il preteso tribunale domestico in diritto romano*, *Scritti giuridici* II. *Familia e Successioni*, Nápoles, 1991, p. 125: "Non solo nelle numerose fonti che riferiscono intorno alla legenda di Lucrezia, non si fa mai alcun accenno alla convocazione di un tribunal domestico, ma dal racconto di Livio, che probabilmente ha costuito la fonte di Valerio Massimo, possiamo trarre elementi per l'interpretazione del passo di questo ultimo autore".

261 Dionisio de Hal. 4. 66.1-3, se refiere también al *concilium necessarium.*

262 A. BERGER, *Encyclopedic Dictionary of Roman Law*, cit., *s.v. Iudicium domesticum*: "A domestic court in which the head of the family (*pater familias*) exercised his jurisdiction over family members under his power. It was an ancient customary institution in which his unlimited power found its most evident expression. In the case of major crimes he was assisted by the family council (*concilium propinquorum*) but the judgment lay with him.

263 S. TREGGIARI, *Roman Marriage. Iusti coniuges from the Time of Cicero to the Time of Ulpian*, Oxford, reimp. 2002, p. 265: "She summoned her father and her husband to tell them she had been raped. Since she is about to impose on herself the penalty which would (according to the Augustan Law) have been appropriate for adultery, her procedure is entirely correct if her father was among those who would have judged her".

264 A. BALDUCCI, *Intorno al iudicium domesticum*, en *Archivio Giuridico "Filippo Serafini"*, 191, 1976, p. 78.

de un juicio familiar, ya que Lucrecia, al carecer de *patria potestas*[265], no estaría legitimada para convocar el *iudicium domesticum*, potestad reservada única y exclusivamente al *paterfamilias*, por lo que la convocatoria efectuada por una mujer sería nula de pleno derecho, o inexistente desde el principio por cuanto no es el sujeto activo legitimado para la convocatoria de un tribunal familiar.

En relación con lo anterior, debemos recordar que la demostración más clara del poder del *pater* sobre los miembros de su grupo familiar, resulta ser el *ius vitae necisque*[266], el derecho de vida y muerte que tiene sobre sus hijos, poder absoluto que le atribuye el ordenamiento jurídico romano. El poder sancionador del padre[267],

---

[265] Sobre la *patria potestas*: M. KASER, *Der Inhalt der patria potestas*, en *ZSS* 58, 1938, pp. 62 ss.; *id.*, *Zur altrömischen Hausgewalt*, en *ZSS* 67, 1950, pp. 474 ss.; C., CASTELLO, *Studi sul diritto familiare e gentilizio romano*, Milán, 1942, pp. 67 ss.; J. CROOK, *Patria Potestas*, en *The Classical Quaterly*, 17, 1, 1967, pp. 113-122; J. PLESCIA, *Patria potestas and Roman revolution*, en *The Conflicts of Generations in Ancient Greece and Rome*, Amsterdam, 1976, pp. 143 ss.; A. RABELLO, *Efetti personali della patria potestas*, Milán, 1979, *passim;* G. LOBRANO, *Pater et filius eadem persona*, Milán, 1984, *passim*; E., HÖBENREICH/V. KÜHNE, *Las mujeres en Roma antigua*, Lecce, 2009, p. 32: "A las mujeres no les es concedido el ejercicio de la *patria potestas*, no existe una correspondiente potestad moderna. Aunque la designación de una mujer como *mater familias* es difundida, ello simplemente indica que se ha casado con un *pater familias* y disfruta de la honorable posición de una matrona".

[266] F. DE MARTINO, *s.v.* "Famiglia", en *NNDI* 7, Turín, 1981, p. 44: "Il *pater familias* ha sovranità esclusiva ed incondizionata sulle persone e le cose. Questa sovranità si chiama nell'età classica *potestas*, ed è il cardine su cui è fondata la famiglia romana", refiriéndose al *paterfamilias* como el árbitro de la vida de los sometidos a él, pudiendo procesar al hijo en el *iudicium domesticum*, y sancionarlo con una serie de penas que llegan hasta la muerte, la cual puede ser sustituida por el exilio como sucede en derecho público, y "tale insieme di poteri è energicamente denominato *ius vitae et necis*"; G. LONGO, *s.v.* "*Pater familias*", en *NNDI* 12, Turín, 1982, p. 556, en donde al reconocer el *ius vitae et necis* como derecho correctivo y punitivo, afirma que el derecho imperial clásico restringió tal derecho, aportando "restrizioni sintomatiche, che indicano il proceso di smantellamento, che le concezioni primitive venivano subendo gradualmente e che culmineranno, con una eversione del sistema, in epoca postclassica e nella compagine legislativa del diritto giustinianeo".

[267] Como expresión de la patria potestad, el poder absoluto de la misma es contestado por C. CASTELLO, *Studi sul diritto familiare e gentilizio romano*, cit.,

que le otorga el derecho de vida y muerte sobre los *filii familias* parece la expresión de una facultad ilimitada[268] que sitúa al *pater* en una posición inalcanzable para los sometidos a él. En este contexto, el *consilium domesticum* en el caso de Lucrecia se nos muestra como un mecanismo de derecho procesal que puede ayudar a conformar esa potestad disciplinaria al servicio del *paterfamilias*, reglamentando ese derecho de vida y muerte y ordenándolo dentro del sistema jurídico romano, en otras palabras, el *consilium domesticum* bien pudiera ser el cauce legal que limita y ordena la *vitae necisque potestas*[269] del *paterfamilias*, o únicamente un órgano interno de la familia con carácter consultivo. Con todo, la clara intención de Lucrecia de invocar al padre nada más suceder el terrible episodio

p. 104, cuando afirma: "La *patria potestas* fin dall'epoca più antica della storia di Roma, pur avendo un amplissimo contenuto, non è solo limitata da norme religiose, morali, di costume, affettive, ecc. ma anche da norme giuridiche".

[268] C.F. AMUNÁTEGUI PERELLÓ, *Origen de los poderes del paterfamilias. El paterfamilias y la patria potestas*, Madrid, 2009, p. 51: "La *vitae necisque potestas*, con su sabor inhumano, permanece como una de las instituciones más intrigantes del Derecho Romano y buena parte de las discusiones relativas al carácter limitado o ilimitado de la *patria potestas* se centran en él", concluyendo en p. 114, después de analizar diversas fuentes, que existieron limitaciones jurídicas al derecho de vida y muerte desde los primeros tiempos de la historia de Roma, descartando la existencia de una patria potestad arbitraria e injusta.

[269] Vid. al respecto, E. SACHERS, *s.v. Potestas patria*, en *REPW* 43, Munich, 1953, col. 1046 ss.; R. YARON, "*Vita Necisque Potestas*", en *Tijdschrift voor Rechtsgeschiedenis* 30, 1962, p. 243: "*Vita necisque potestas* (*vnp*) has been aptly described as the core (Kernstück) of *patria potestas*, denoting the widest extent of the power enjoyed by the *paterfamilias*", destacando a continuación la unanimidad de los historiadores a la hora de tratar el tema de la *vita necisque potestas* al margen de diferencias en cuanto a la época de su desaparición; R. WESTBROOK, "*Vita necisque potestas*", en *Historia: Zeitschrift für Alte Geschichte* 48, 2, 1999, p. 203: "The essential feature of the phrase, which gives it its dramatical appeal, is its duality: 'life and death' or more precisely 'life and killing'. But that duality reveals an inherent imbalance. It accords the right to change another's state from live to dead (*necis potestas*), but there appears to be no concomitant right to change from dead to live, for the obvious reason that it is impossible to raise the dead", añadiendo que desde un punto de vista legal esta doble expresión resulta superflúa, por cuanto si tienes el derecho de decidir sobre la vida esto implica lo contrario, es decir, el poder terminar con la misma.

de la violación, da cuenta de la importancia que tenía el *consilium domesticum* en el seno de la familia romana.

Por lo que respecta a la relevancia jurídica de este supuesto tribunal doméstico, debemos destacar que su existencia ha sido objeto de controversia por parte de la doctrina y así, mientras unos apuestan por la realidad de tal institución[270] como claro ejemplo del poder del *paterfamilias*[271] en el Derecho romano, otros dudan de la legitimidad de este tribunal para enjuiciar a un miembro de la familia en caso de cometer un acto ilícito, entendiendo como *consilium domesticum* exactamente lo que dice su propia denominación, un consejo familiar consultivo pero no vinculante en sus decisiones con respecto a los miembros de la unidad familiar[272].

Es cierto que no existe un único término para referirse a este tribunal familiar, sino distintos conceptos que aparecen en fuentes

---

[270] A favor de un *consilium domesticum* con funciones jurisdiccionales, G. GEIB, *Geschichte des römische Criminalprozess*, Leipzig, 1842, p. 82; A. W. ZUMPT, *Das Criminalrecht des römische Republik* I Berlín, 1865, p. 356; P. BONFANTE, *Corso di diritto romano* I, Roma, 1925, pp. 74 ss.; R. DÜLL, *Iudicium domesticum, abdicatio und apoceryxis*, en *ZSS* 63, 1943, pp. 55 ss.; G. WESENER, *s.v. Iudicium domesticum*, en *REPW* 9, Stuttgart, 1962, p. 373; C. RUSSO RUGGERI, *Ancora in tema di iudicium domesticum*, en *Iuris Antiqui Historia. An International Journal on Ancient Law*, 2, 2010, p. 52, cuando afirma con respecto a la existencia como tribunal familiar, "Non credo possa essere messa in discussione".

[271] F. DE MARTINO, *s.v.* "Famiglia", en *NNDI* 7, cit., p. 44, cuando afirma que la *potestas* del *pater familias* es perpetua y se ejercita sobre: "a) *filii familias*, cioè i figli e i loro discendenti, nati in *matrimonium iustum* (*liberi*), nonchè sulle mogli di costoro entrate nella famiglia in virtù del matrimonio *cum manu*; b) la moglie *in manu*; c) le persone ammesse nel grupo mediante un atto di volontà del padre, in luogo di figli (*adrogatio*, adozione); d) le persone cedute al *paterfamilias* in espiazione di delitti commessi in suo danno (*in causa mancipi*); e) i servi".

[272] A. GUARINO, *Diritto Privato Romano,* cit., p. 533: "Che il *paterfamilias* non avesse autonomia di decisione e dovesse sottoporre le questioni da risolvere (e in particolare le decisioni punitive da prendere) ad un *iudicium domesticum* composto sotto la sua presidenza dai sottoposti più autorevoli, è una leggenda che le fonti attribuiscono ai più antichi tempi, ma che la critica storica ha ormai convincentemente sfatato… La verità è solo che il costume sociale, altamente civile, dei Romani tratteneva sin dai più antichi tempi i *patres familiarum* dal valersi effettivamente e drasticamente delle loro facoltà e li induceva altresì, con ogni probabilità, a consultarsi con i loro familiari: costume sociale ma non costume giuridico e perciò vincolante".

literarias, epigráficas y jurídicas en relación con esta especial jurisdicción. La ausencia de un término técnico–jurídico claro que se identifique con el instituto del *consilium domesticum* no ayuda al conocimiento de esta jurisdicción, aunque el análisis de los múltiples conceptos referentes al *iudicium domesticum* nos pueden ayudar a concretar en una sola acepción las características principales de este órgano singular, presidido por un *pater familias* que somete a juicio con su consiguiente veredicto la actuación fuera de la ley de alguno de los miembros de su núcleo familiar. Por otro lado, los sujetos a la patria potestad son los *filii familias*, ya que los esclavos no se encuentran en la misma posición jurídica, al ser los primeros ciudadanos de pleno derecho y los segundos personas carentes de derechos y propiedad de su amo, sometidos a la *dominica potestas*.

A la hora de enfocar el tribunal doméstico habrá que diferenciar entre unos y otros, siendo única y exclusivamente *iudicium domesticum* el juicio dirigido contra un *filius familias*, puesto que la actuación punitiva que tenga por destinatario a un esclavo ya de por sí sometido al poder absoluto de su *dominus* no es un *iudicium domesticum*. Por lo que respecta a la esposa del *pater familias*, la *mater familias*, su posición, dependiendo de la forma elegida para contraer justo matrimonio[273], debe ser también objeto de estudio a fin de delimitar si puede ser objeto de un *consilium domesticum* por parte del marido, como competencia expresa y exclusiva del marido, *iure pro-*

---

[273] Vid. al respecto, A. FERNÁNDEZ DE BUJÁN, *Reflexiones a propósito de la realidad social, la tradición jurídica y la moral cristiana en el matrimonio romano (I)*, cit., p. 7, en donde señala que la esposa está sometida a la autoridad del *paterfamilias*: "Si ésta ha contraído uno de los tipos de matrimonio, enmarcados dentro de la institución denominada *conventio in manum*, que tiene como corolario la integración de la mujer en la familia de su marido, como hija, *loco filia*, si el marido era *sui iuris*, o como nieta, *loco nepta*, si el marido era *alieni iuris* y, por tanto, estaba sometida a potestad ajena, o bien las esposas de sus hijos sometidos a patria potestad, o bien personas que hayan quedado sometidas a su potestad como consecuencia de la realización de una *adrogatio* o de una *adoptio*… Cabía, asimismo la posibilidad de que la mujer, al contraer matrimonio, decidiese no integrarse en la familia de su marido lo que suponía una situación diferente, con separación de bienes entre los cónyuges, e incluso si la mujer era *sui iuris*, no sometida a potestad ajena, debía contar con un tutor que le autorizase determinados actos".

prio, o si se trata de una competencia delegada de la autoridad pública para reprimir un acto ilícito de un miembro del grupo familiar.

A mayor abundamiento, no resulta claro de las fuentes existentes si el *consilium domesticum* estaba concebido como tribunal de jurisdicción civil o penal[274], lo que sin duda no ayuda al esclarecimiento de la verdadera función punitiva de este tribunal familiar. Es más, no parece que las fuentes se preocupen de analizar históricamente el *consilium domesticum* ni tengan entre sus prioridades el poner de relieve la configuración jurídica de este instituto, ni se esfuercen en hacer cumplida referencia a la composición del mismo, con contadas excepciones[275]. Con todo, su carácter colectivo resulta claro, lo que viene en ayuda de quienes sostienen que la composición plural del *consilium domesticum* confirma su objetivo de justificación social de los actos que realice el *paterfamilias*, en los casos que revistan especial gravedad[276].

---

[274] E. VOLTERRA, *Il preteso tribunale domestico in diritto romano*, cit., 1991, p. 130: "È fin troppo chiaro che manca ogni riferimento per poter classificare questa pretesa «giurisdizione» (la quale si applicherebbe solo alle persone *in potestate*) come giurisdizione civile o come giurisidizione criminale ed è anche chiaro come non possa in alcun modo considerarsi come pronunzia di *verba legitima*, nè come dichiarazione di norma applicabile alla specie, nè come statuizione discrezionale del diritto da parte di un organo imparziale e nemmeno come espressione di *imperium*", concluyendo que este último término en el lenguaje jurídico romano es aplicable exclusivamente al poder que tienen algunos magistrados romanos, pero jamás al poder reconocido en el ámbito jurídico de la *civitas* al *paterfamilias* sobre sus esclavos y *filii familias*.

[275] A. RUGGIERO, *Nuovi riflessioni in tema di tribunale domestico*, en *Sodalitas, Scritti in onore di Antonio Guarino*, 4, Nápoles, 1984, p. 1600: "Il *consilium*, oltre che di *amic*i, resulta sempre composto di persone legate da un vincolo di consanguineità e mai viene presa in considerazione la sola adgnatio"; I. NUÑEZ PAZ, *Consentimiento matrimonial y divorcio en Roma*, Salamanca, 1988, p. 88, cuando al definir el *consilium domesticum* declara: " Se trataba de un consejo familiar que asesoraría, o limitaría tal vez, la omnímoda potestad del primitivo *paterfamilias*: Estaba constituido por un tribunal de parientes del marido y de la mujer, cuya misión fundamental era la de garantizar la posición económica de ésta, en el caso de que pareciera inmune de aquella culpa que las costumbres consideraban como legítima causa de repudio".

[276] A. WATSON, *Rome of the XII Tables*, Princeton, 1975, pp. 42 ss.; P. VOCI, *Storia della patria potestas da Augusto a Diocleziano*, en *Iura* 31, 1980, pp. 419 ss.

Otra indefinición que necesita respuesta es la de no haberse planteado con claridad en las fuentes conocidas si la potestad jurisdiccional del *pater familias* es excluyente de cualquier otro juicio (de carácter público), o si por el contrario nos encontramos ante un juicio complementario del principal estatuido por el Estado Romano, que le cede facultades jurisdiccionales, pero sin renunciar al papel protagonista en la condena de los actos susceptibles de ser perseguidos.

También resulta necesario concretar quienes son los sujetos objeto del *consilium domesticum*, ya que los *filii familias* lo son en virtud de su parentesco civil con el *paterfamilias*, independientemente de su filiación natural, constituyendo su familia agnaticia[277].

Como afirma Ulpiano en D. 50. 16. 195. 2:

> ... *Iure proprio familiam dicium plures personas, quae sunt sub unius potestate aut natura, aut iure subiectae, utputa patremfamilias, matremfamilias, filiumfamilias, filiamfamilias, quique deinceps vicem eorum sequuntur, utputa nepotes et neptes, et deinceps. Pater autem familias appellatur, qui in domo dominium habet; recteque hoc nomine appellatur, quamvis filium non habeat; non enim solam personam eius, sed etius demonstramus, Denique et pupillum patremfamilias appellamus, et quum paterfamilias moritur, quotquot capita ei subiecta fuerint, singulas familias incipiunt habere; singuli enim patrumfamiliarum nomen subeunt. Idemque eveniet et in eo, qui emancipatus est; nam et hic sui iuris effectus propriam familiam habet. Communi iure familiam dicimus omnium agnatorum;nam et si patrefamilias mortuo singuli singulas familias habent, tamen omnes, qui sub unius potestate fuerunt, recte eiusdem familiae appellabuntur, qui ex eadem domo et gente proditi sunt.*

El resumen sería que por derecho propio llamamos familia a las personas que por naturaleza o derecho están sujetas a la potestad de

[277] Vid. A. FERNÁNDEZ DE BUJÁN, *En el matrimonio romano: Reflexiones a propósito de la realidad social, la tradición jurídica y la moral cristiana*, en *El Notario*, 2008, p. 32: "La concepción agnaticia de la familia –en la que se integraba el matrimonio *cum manu*, caracterizado por el sometimiento de la mujer a la potestad de su marido o del cabeza de familia– que se fundamentaba en la subordinación de los miembros de la unidad familiar a la potestad del paterfamilias, comenzó a cuestionarse en los últimos siglos de la república".

uno solo, concretando que padre de familia es el que tiene el dominio en la familia y se llama así aunque no tenga hijos. Lo importante es que por derecho común decimos familia a la de todos los agnados.

En relación con los *filiifamilias* podemos concretar que un hijo adoptado por un padre de familia en Roma o un hijo dado en agnación son considerados *filii familias* a los efectos jurídicos de la jurisdicción familiar que nos concierne, y sin embargo los hijos naturales dados en adopción o agnados de otro no están sometidos a la *potestas* del *pater*. Tal circunstancia, extraña a la concepción moderna de familia, en cuanto el vínculo de sangre es el prevalente siendo en derecho romano mucho más importante el parentesco civil, dificulta todavía más el conocimiento jurídico de la institución de este consejo familiar, *consilium domesticum*. Incluso en algún caso será el padre natural el que realice un *iudicium domesticum* al hijo, lo que no ayuda en absoluto a la clarificación de quiénes están sujetos a la potestad jurisdiccional en el seno familiar[278].

Otro episodio con una mujer como protagonista es el de *Pomponia Graecina*, que nos presenta Tácito en *Ann.* 13.32:

> *Et Pomponia Graecina insignis femina, A. Plautio, quem ovasse de Britannis rettuli, nupta ac superstitionis externae rea, mariti iudicio permissa, isque prisco instituto propinquis coram de capite famaque coniugis cognovit et insontem pronuntiavit, longa huic Pomponiae aetas et continua tristitia fuit.*

La frase *mariti iudicio permissa*, parece tener el significado jurídico de una concesión de competencias al marido para juzgar a su mujer, por otro lado, no sometida a la *manus* de su marido, como parece colegirse de la expresión *nupta*, sin más concreción, en lo que vendría a ser un nuevo juicio familiar, pero de un marido que no es

---

[278] En el caso de las vírgenes vestales, como afirma M. BEARD, *The sexual status of vestal virgins*, cit., p. 15, se alude al *consilium domesticum*, pero para diferenciarlo del juicio pontifical en caso de delito: "Moreover the control of a father over his daughter would have been almost identical to the control of a husband over a wife in manus and the operation of any *consilium domesticum* has been shown to be quite different from that of the pontifical college in cases of Vestal incest".

el *paterfamilias* de la mujer, y que en consecuencia queda excluida de su patria potestad. VOLTERRA pone de manifiesto su rechazo a la existencia de un *consilium domesticum* en este caso concreto, admitiendo tan solo la posibilidad de una autorización imperial para poder enjuiciar actos de dudosa moralidad cometidos por la esposa de Plaucio, bajo sospecha de haber abrazado otra religión distinta a la oficial, lo que no era considerado un delito, sino un acto reprobable desde el punto de vista moral y político[279].

BALDUCCI[280], sin embargo, apuesta por el carácter jurisdiccional de la decisión de Plaucio, afirmando que Tácito emplea términos jurídicos en el texto dedicado a Pomponia, lo que vendría a refrendar la naturaleza legal del juicio de Plaucio, además de recordar que cuando se define como un *prisco instituto*, se hace una clara referencia al *iudicium domesticum*, ya que todos los escritores latinos sabían de su antigüedad. Además, el hecho de que los actos inmorales diesen lugar, por lo general, "a provvedimenti di polizia", no significa que se pueda excluir que el padre o marido tuvieran en el seno familiar facultades jurisdiccionales. Este caso viene en ayuda del posible *consilium domesticum* contenido en el episodio de Lucrecia, en el que el padre y marido de la víctima son los llamados a realizar el juicio doméstico en el ámbito familiar.

Otro testimonio es el proporcionado por Séneca, en *de clem.* 1. 15. 2-7:

> *Tarium, qui filium deprensum in parricidii consilio damnavit causa cognita, nemo non suspexit, quod contentus exilio et exilio delicato*

[279] E. VOLTERRA, *Il preteso tribunale domestico in diritto romano*, cit., p. 121, añadiendo en p. 122: "E del tutto arbitraria è l'ipotesi del Profumo che Pomponia Graecina fosse cristiana. Con ogni probabilità si trattava invece soltanto di decidere se l'esercizio della *religio externa* da parte della donna si accompagnasse o meno ad atti licenziosi od immorali, per i quali non potesse istituirsi un giudizio pubblico: si rientrerebbe cioè nei limiti previsti dalla norma introdotta da Tiberio e ci troveremmo di fronte ad un'applicazione da parte di Nerone della norma stessa".

[280] A. BALDUCCI, *Intorno al iudicium domesticum*, cit., p. 85, añadiendo en la página 86: "Ma ci sembra, infine, che il Volterra non abbia tenuto conto alcuno della tacitiana frase «*prisco instituto propinquis coram*», dalla quale resulta che non di una delega imperiale si trata, ma di un potere nascente da un «*prisco instituto*», dai *mores*".

Massiliae parricidam continuit et annua illi praestiti, quanta praestare integro solebat. Cogniturus de filio Tarius advocabit in consilium Caesarem Augustum[281]*; venit in privatos penates, absedit, pars alieni consilii fuit, non dixit «immo in meam domum veniat» quod si factum esset, Caesaris futura cognitio erat, non patris. Audita causa, excussis omnibus, et his, quas adulescens pro se dixerat, et his, quibus arguebatur, ne ea omnium fieret, quas Caesaris fuisset; deinde, priusquam aperirentur codicilli, iuravit se Tarii, hominis locupletus, herditatem non aditurum... et postquam adprobavit gratuitam esse severitatem suam, quod principi semper curandum est, dixit relegandum quo patri videretur.*

También aquí las diferencias doctrinales son muy claras: mientras la mayoría de los autores están convencidos de que el *consilium domesticum* era competente para juzgar el delito de *parricidium*, debiendo citar en primer lugar a BONFANTE[282], cuando afirma que el *paterfamilias* puede conocer del crimen de parricidio, "tutto quanto il diritto punitivo del *paterfamilias* non è poi altrimenti spiegabile che come l'esercizio di un impero giurisdizionale",

---

281 R. DÜLL, *Iudicium domesticum, abdicatio und apoceryxis*, cit., p. 59: "Der *Paterfamilias*, der Zensorwürde bekleidete, beinahe den ganzen Senat in sein Hausgerichtskonsil beizog und im Fall des Tarius wegen Verwandtenmords wird berichtet, daβ der Vater bei der Untersuchung gegen seinen Sohn den Augustus mit in den Familienrat bat, der auch annahm und mitstimmte".

282 P. BONFANTE, *Corso di Diritto Romano*, cit., p. 74: "Gli esempi numerosi della storia manifestano che esso viene in campo non per mancamenti all'ordine domestico, ma per veri delitti contro la patria, contro la famiglia, contro le persone e contro i beni; delitti in cui più tardi concorre l'azione dello Stato con quella del *paterfamilias*. È il *crimen affectati, regni*, la congiura contro lo Stato, o la fuga davanti al nemico, l'accusa di fratricidio o di parricidio, il delito di concussione. Le forme sono quelle di un giudizio pubblico; come il magistrato ha un *consilium* di sua libera scelta, cosí il *paterfamilias* convoca all'uopo un *consilium necessariorum* o *porpinquorum* o anche di amici e di persone autorevole –in un caso, si narra, un *paterfamilias* chiamò a consiglio quasi tutto il senato– ed ha luogo un vero giudizio, *iudicium domesticum*"; en esta misma dirección, como partidario de la teoría política de Bonfante, vid. E. BETTI, *Wesen des altrömischen Familienverbardes. Gausgemeinchaft und Agnatengenossenschaft*, en *ZSS* 71, 1954, pp. 1 ss; *Ancora in difesa della congettura del Bonfante sulla familia romana*, en *SDHI* 18, 1952, pp. 241 ss; G., SCHERILLO/ A. DELL'ORO, *Manuale di Storia del Diritto romano*, Milán, 1958, pp. 82 ss.

VOLTERRA[283] niega que se trate de un *consilium domesticum*, por estar previsto un proceso público para el *parricidium*, siendo este caso tan solo un ejemplo de la habilidad de un *paterfamilias* para salvar a su hijo de una condena segura a muerte mediante suplicio, consiguiendo su condena al exilio en Marsella, pena sensiblemente inferior a la dictada en un proceso público.

Con todo, KUNKEL[284] critica esta posición, afirmando que obedece a una concepción ajena a la romana, señalando que en la organización judicial romana existían conflictos competenciales entre determinados tribunales, lo que prueba que el principio de jurisdicción única y exclusiva de los tribunales romanos para algunos delitos no es del todo cierta ni exacta.

Otro pasaje que se puede citar es el recogido en Livio 2. 41. 10, sobre Espurio Casio:

> *Sunt, qui patrem auctorem eius supplicii ferant: eum cognita domi causa verberasse ac necasse, peculiumque filii Cereri consecravisse; signum inde factum ese et inscriptum «ex Cassia familia datum». Invenio apud quosdam, idque proprius fidem est, a quaestoribus Caesone Fabio et L. Valerio diem dictam perduellionis, damnatumque populi iudicio, dirutas publice aedes, ea est area ante Telluris aedem, ceterum sive iluud domesticum sive publicum fuit iudicium, damnatur Servio Cornelio Q. Fabio consulibus.*

En relación con el anterior, y con la leyenda de Spurio Casio, Valerio Máximo 5. 8. 2:

---

283 E. VOLTERRA, *Il preteso tribunale domestico in diritto romano*, cit., p. 138: "Anche in questo passo di Seneca, dunque, a cui tanto frequentemente si richiamano gli autori moderni, non si trova alcuna conferma della tesi che combattiamo e tanto meno la prova dell'esistenza di una giurisdizione famigliare riconosciuta nel sistema giuridico romano, la quale avrebbe poturo avocare a sè la cognizione di reati e giudicare in sostituzione e in luogo di quella ordinaria emanante dalla *civitas*".

284 W. KUNKEL, *Das Konsilium im Hausgericht*, *ZSS* 83, 1966, pp. 222-223: "Allein dies ist ganz unrömisch gedacht. Schon innerhalb der staatlichen Rechtspflege gab es in Rom Kompetenzüberschneidungen, die beweisen, daβ sich das Prinzip der ausschlieβlichen Zuständigkeit bestimmter Gerichte für bestimmte Streitfälle niemals vollständig durchgesetzt hat".

Cassius filium, qui tribunis plebis agrariam legem primus tulerat multisque aliis rebus populariter actis animos hominum amore sui devinctos tenerbat, postquam illam potestatem deposuit, adhibito propinquorum et amicorum consilio adfectati regni crimine domi damnavit verberibusque adfectum necari iussit ac peculium eius Cereri consecravit.

En este caso concreto prevalece la ejemplaridad de la condena, por cuanto el padre juzga y condena a muerte a su hijo, acusado de alta traición, en un *consilium domesticum* que evidentemente no se ha constituido para ayudar a su descendiente, sino para salvaguardar el honor familiar frente a la *civitas*[285].

Existen más episodios que contienen noticias genéricas acerca de la jurisdicción del *pater*, pudiendo nombrar a Suetonio, *Claudio,* 16:

Recognitione equitum iuvenem probi plenum, sed quem pater probatissimum sibi affirmabat, sine ignominia dimisit. Habere dicens censorem suum.

Valerio Maximo, 5. 9. 1:

L. Gellius omnibus honoribus ad censuram defunctus, cum gravissima crimina de filio, in noverca conmissum stuprum et parricidium cogitatum, propemodum explorata haberet, non tamen ad vindictam continuo procucurrit, sed paene universo senatu adhibito in consilium expositis suspicionibus defendendi se adulescenti potestatem fecit spectataque diligentissime causa absolvit eum cum consilii tum

[285] Vid. al respecto, N. DONADIO, *Iudicium domesticum, riprovazione sociale e persecuzione pubblica di atti commessi da sottoposti alla patria potestas*, en *Index* 40, 2012, pp. 180-181, en donde afirma que conviene llamar la atención sobre la "esemplarità della pena, che sarebbe stata inflitta a Cassio tra le mura domestiche… La manifestazione esterna della disapprovazione paterna, per l'agire di Spurio Cassio, è forte, cosí come esemplare è la pena inflitta al colpevole, proprio perchè il capo famiglia vuole salvaguardare l'intero nucleo, che fa a lui riferimento, dalla disapprovazione sociale e conservarsi in armonia con i valori della città e con il suo ordinamento: solo la credibilità che tragga forza dall'esempio concreto dato dai suoi membri con il proprio comportamento, specie se riferito alla vita pubblica, può preservare al grupo di familiari, di congiunti e di amici, l'accesso al governo della *res publica* e il suo proliferare all'interno della compagine cittadina".

etiam sua sententia. Quod si impetu irae abstractus saevire festinasset, admisisset magis scelus quam vindicasset.

Aulo Gelio, 10. 23. 3-4:

Atque haec quidem in his, quibus dixi, libris pervulgata sunt, sed Marcus Cato non solum existimatas, sed et multatas quoque a iudice mulieres refert non minus, si vinum in se quam si probrum et adulterium admisissent. Verba Marci Catonis adscripsi ex oratione, quae inscribitur de dote, in qua id quoque scriptum est, in adulterio uxores deprehensas ius fuisse maritis necare: Vir, inquit, cum divortium fecit, mulieri iudex pro censore est, imperium, quod videtur, habet, si quid perverse taetreque factum est a muliere; multitatur, si vinum bibit; si cum alieno vitro probri quid fecit, condemnatur.

Por otro lado, es cierto que no encontramos en las distintas fuentes una forma única de citar el *consilium domesticum*, lo que sin duda no ayuda a confirmar la autenticidad de este tribunal familiar. Así, mientras Cicerón, en *Pro Caec.* 2. 6, habla de un *disceptator domesticus*[286]:

Quod quoniam iam in consuetudinem venit, et id viri boni, vestri similes, in iudicando faciunt reprehendendum fortasse minus, querendum vero magis etiam videtur, ideo quod omnia iudicia aut distrahendarum controversiarum aut puniendorum maleficiorum causa reperta sunt, quorum alterum levius est, propterea quod et minus laedit, et persaepe disceptatore domestico diiudicatur; alterum est vehementissimum, quod et ad graviores res pertinet et non honorarium operam amici, sed severitatem iudicis ac vim requirit.

Séneca, en *De benef.* 3. 11. 2, se refiere a *domesticos magistratus*:

Deinde alia condicio parentium est, qui beneficia, quibus dederunt, dant nihilo minus daturique sunt, nec est periculum, ne dedisse ip-

---

286 R. DÜLL, *Iudicium domesticum, abdicatio und apoceryxis*, cit., p. 68: "Ein solcher *disceptator* wird bei Cicero, pro Caec. 2.6 erwähnt, wo darauf hingewiesen wird, daβ manche *controversiae* wenig tiefgreifenden Charakter haben und sehr häufig schon durch den Schlichter im Haus zur Erledigung kommen: *minus laedit et persaepe disceptatore domestico diiudicatur*".

sos mentiantur; in ceteris quaeri debet, non tantum an receperint, sed an dederint, horum in confesso merita sunt, et, quia utile est iuventuti regi, inposuimus illi quasi domesticos magistratus, sub quorum custodia contineretur.

Y otros hablan en concreto de un *iudicium domesticum*, como Cicerón[287], *in L. Pisonem*. 40. 97[288]:

Ad horum omnium iudicia tot atque tanta domesticum iudicium accessit sententiae damnationis tuae, occultus adventus, furtivum iter per Italiam, introitus in urbem desertus ab amicis, nullae ad senatum e provincia litterae, nulla ex trinis aestivis gratulatio, nulla triumphi mentio; non modo quid gesseris, sed ne quibus in locis quidem fueris, dicere audes.

Séneca, en *Contr.* 2. 3. 18:

Cestius ac figura declamavit ut rogaret patrem, tamquam exoratus esset raptae pater; deinde ad hanc sententiam transiit: numquid peiorem causam habeo, si apud alterum iudicem vici? Eadem figura declamavit Hispo Romanus, sed transiit mollius: scio quid responderi possit mihi: facile est domestico iudici satisfacere; videro te, cum ad raptae patrem veneris.

y Tertuliano, *Apologeticum*, 1. 1:

Si denique, quod proxime accidit domesticis[289] *iudiciis, nimis operata infestatio sectae huius os obstruit defensioni: liceat veritati...ad aures vestras pervenire.*

---

[287] Vid. al respecto, TH. MOMMSEN, *Römisches Strafrecht*, Leipzig, 1899, p. 17, en donde afirma que Cicerón utiliza este término, pero con el significado de opinión, de juicio moral de los ciudadanos.

[288] G. WESENER, s.v. *Iudicium domesticum*, en *REPW*, cit., p. 373: "Als *i.d.* wird von nichtjuristischen Schriftstellern (Liv. II 41.11. Cic. in L. Pisonem 40.97) die Ausübung der Zuchtgewalt des *pater familias* über seine Gewaltunterworfenen, die Hauskinder und die *uxor in manu*, ferner über die Sklaven und auch über Freigelaβene bezeichnet".

[289] Vid. al respecto, A. BALDUCCI, *Intorno al iudicium domesticum*, cit., p. 73, en donde recuerda que Tertuliano se refiere siempre a los esclavos cuando utiliza el término "*domesticus*", por lo que difícilmente podría denominar "*do-*

De nuevo las posturas son encontradas en relación con las fuentes citadas, pudiendo nombrar en este caso a DÜLL[290] en favor de la existencia de una jurisdicción familiar, mientras que PÓLAY[291] se muestra contrario a la misma, afirmando que se trata de la potestad disciplinaria del *paterfamilias*, y que además "der Ausdruck *iudicium domesticum* nie in die Juristensprache eindrang", (nunca penetró la expresión *iudicium domesticum* en la jerga legal), trayendo a colación el texto de Paulo (*libro* 15, *Quaestionum*) D. 45. 1. 132 pr.[292], en el que se habla de *domo propulerit*, expulsión de la casa –en un caso que tiene como argumento las relaciones del hijo

---

mestica iudicia" a los tribunales imperiales, tesis sostenida anteriormente por TH. MOMMSEN, en *Römisches Strafrecht*, cit., p. 17.

290 "*Iudicium domesticum, abdicatio* und *apoceryxis*", cit., p. 70.

291 E. PÓLAY, *Das 'regimen morum' des Zensors und die sogenannte Hausgerichtsbarkeit*, en *Studi in onore di Edoardo Volterra* 3, Milán, 1971, p. 284: "Die juristischen Texte, auf die sich Düll beruft, deuten nicht auf das Bestehen einer solchen «Familiengerichtsbarkeit», sondern vielmehr auf die disziplinierende Tätigkeit des *paterfamilias*, oder auf die mündliche Beilegung von Familienzwistigkeiten durch den Hausvater",

292 *Quidam cum filium alienum susciperet, tradenti promiserat certam pecuniae quantitatem, si eum aliter quam ut filium observasset. Quaero, si postmodum domo eum propulerit vel moriens nihil ei testamento reliquerit, an stipulatio committetur, et quid intersit, utrum filius an alumnus vel cognatus agentis fuerit. Praeterea quaero, si filium suum quis legitime in adoptionem dederit et ita, ut supra scriptum est, stipulatio intercesserit eumque pater adoptivus exheredaverit vel emancipaverit, an stipulatio committatur. Respondi: stipulatio utilis est in utroque casu: igitur, si contra conventionem factum sit, committetur stipulatio. Sed videamus primum in eo, qui legitime adoptavit, an possit committi, si eum exheredaverit vel emancipaverit: haec enim pater circa filium solet facere: igitur non aliter eum quam ut filium observavit. Ergo exheredatus de inofficioso agat. Quid ergo dicemus, si et meruit exheredari? Emancipatus plane et hoc remedio carebit. Quare sic debuit interponi stipulatio, ut, si eum emancipasset vel exheredasset, certum quid promitteret. Quo tamen casu commissa stipulatione potest quaeri, an exheredato permittendum esset dicere de inofficioso? Maxime, si patri naturali heres extitisset, an victo deneganda est ex stipulatu actio? Sed si ei, qui stipulatus est, non debuit denegari victo filio, nec ipsi deneganda erit debitae pecuniae exsecutio. In eo autem, qui non adoptavit, quem intellectum habeat haec conceptio "si eum aliter quam ut filium observasset", non prospicio: an et hic exigimus exheredationem vel emancipationem, res in extraneo ineptas? Sed si is, qui legitime adoptavit, nihil facit contra verba stipulationis, cum utitur patrio iure in eo, qui haec non fecit, dicit supervacuo: dici tamen poterit commissam esse stipulationem.*

con el padre– como claro ejemplo de la ausencia de *iudicium domesticum*, reafirmando el ejercicio de la potestad disciplinaria del *paterfamilias*[293].

Por lo que se refiere a la composición[294] del *consilium domesticum*, no resulta fácil la concreción de los miembros del mismo, debido a la inexistencia de fuentes que citen de forma explícita los miembros del *iudicium domesticum*[295]. Sabemos por las noticias de Valerio Máximo 2. 9. 2[296], que estaba formado por amigos:

---

[293] E. PÓLAY, *Das 'regimen morum' des Zensors und die sogenannte Hausgerichtsbarkeit*, cit., p. 284: "Dies ist aber nur eine disziplinäre Tatsache, und die betreffende Stelle läβt auf kein *consilium* schliessen".

[294] E. VOLTERRA, *s.v.* "Famiglia", en *ED* 16, 1967, p. 740: "Il paterfamilias talvolta si rivolge a parenti od amici per avere il loro parere, ma questo non lo obbliga né lo lìmita in alcun modo: il giudizio è sempre espressione della sua volontà assoluta ed arbitraria", siguiendo la línea de su tesis contraria a la existencia de un tribunal familiar.

[295] Vid. al respecto, A. ESMEIN, *Le délit d'adultère a Rome*, cit., p. 5, en donde explica que la conformación del tribunal familiar debería ser equilibrada, con presencia de *agnati* y *cognati* en caso de matrimonio *cum manu*, para evitar diferencias de trato, ya que si sólo había *agnati*, serían evidentemente parientes del marido y su juicio sería de todo menos objetivo: "En dehors du cas de flagrant délit, il est encore posible de punir la femme adultère sans ébruiter le scandale et sans sortir du cercle de la famille. Si elle était *in manu mariti*, sans aucun doute celui-ci pouvait se constituir son juge. Mais il devait, nous disent les textes, s'entourer d'un *concilium*, véritable tribunal de famille. Ou prenait-on les membres de ce tribunal? Parmi ceux que la loi Antique considère comme les seuls parents, c'est-à-dire parmi les agnats? Mais les agnats de la femme tombèe *in manu* sont ceux de son mari. Les liens de parenté civile qui l'unissaient à sa propre famille ont été brisés par la *capitis deminutio*. Pourtant, pour introduire l'impartialité dans ce tribunal, où siége un mari offensé, il faut appeler avant tout ceux qui sont nés du même sang que la femme, ceux qui ont grandi avec elle ou qui l'ont vue grandir, c'est-à-dire ses *cognats*", añadiendo que la expresión *cognati* es la que predomina en los textos, como por ejemplo sucede en Liv. 13. 18; *Epitome* Liv. 48, o en Val. Máx. 6. 3. 7.

[296] R. DÜLL, *Iudicium domesticum, abdicatio und apoceryxis*, cit., p. 69: "Hierzu kann man aus dem Bericht des Valerius Maximus 2.9.2 direkt schliessen, daβ ein solches *consilium* sogar nach Sitte geboten war. Denn die Nichtbeachtung wurde missbilligt und die gennante Stelle führt aus, daβ sich die Zensoren einmischten und wegen maβregelten: *L. enim Annium senatu moverunt, quod quam virginem in matrimonium duxerat, repudiasset, nullo amicorum consilio adhibito*. Man hielt in solchen Fällen ein *consilium amicorum* für geeigneter, weil es wohl neutraler eingestellt war, als ein solches der propinqui".

> *Horum seueritatem M. Valerius Maximus et C. Iunius Brutus Bubulcus censores consimili genere animaduersionis imitati sunt: L. enim Annium senatu mouerunt, quod quam uirginem in matrimonium duxerat repudiasset nullo amicorum [in] consilio adhibito. at hoc crimen nescio an superiore maius: illo nam<que> coniugalia sacra spreta tantum, hoc etiam iniuriose tractata sunt. optimo ergo iudicio censores indignum eum aditu curiae existimauerunt.*

Además, el mismo autor se refiere en 3. 5. 1., a la composición por *propinqui*:

> *Quid enim monstro similius quam superioris Africani filius Scipio, qui in tanta domestica gloria ortus a paruulo admodum regis Antiochi praesidio capi sustinuit, cum ei uoluntaria morte absumi satius fuerit quam inter duo fulgentissima cognomina patris et patrui, altero [maiori] oppressa Africa iam parto, altero maiore ex parte recuperata Asia surgere incipiente, manus uinciendas hosti tradere eiusque beneficio precarium spiritum obtinere, de quo mox L. Scipio speciosissimum deorum hominumque oculis subiecturus erat triumphum. Idem praeturae petitor candidam togam adeo turpitudinis maculis obsolefactam in campum detulit, ut, nisi gratia Cicerei, qui patris eius scriba fuerat, adiutus esset, honorem a populo impetraturus non uideretur. quamquam quid interfuit utrum repulsam an sic adeptam praeturam domum referret? quam cum propinqui ab eo pollui animaduerterent, id egerunt, ne aut sellam ponere aut ius dicere auderet, insuperque e manu eius anulum, in quo caput Africani sculptum erat, detraxerunt. dii boni, quas tenebras e quo fulmine nasci passi estis!*

Cicerón, en *Pro cluentio*, 63. 176, habla de *amici*: ... *advocantur amici et hospites Oppianici et ipsius mulieris multi, homines honesti atque omnibus rebus ornati*... como también reconoce Aulo Gelio 17. 21. 44., mientras Plinio en *N.H.* 14. 89, habla de los *sui*. En fin, que no se encuentra una homogeneidad precisa y continua que permita afirmar con rotundidad la conformación exacta del *consilium domesticum*[297], y por ende el número de miembros del mismo.

---

[297] A. RUGGIERO, *Nuovi riflessioni in tema di tribunale domestico*, cit., p. 1600, explicita quiénes podían formar parte del mismo, priorizando a la familia

Hemos visto hasta el momento las diferentes teorías que propugnan la existencia o no de un tribunal familiar capacitado para juzgar a los miembros de la unidad familiar. Son tantas las dudas que hemos planteado como innumerables las opciones, a favor y en contra de apostar por la vigencia de un instituto, radicado en la familia, que pueda juzgar a los miembros de la misma sustrayendo la capacidad al ámbito público a la hora de decidir sobre asuntos cuyo resultado afectará al conjunto agnado familiar. Bien es cierto que subyace en todas las opciones posibles el poder cuasi absoluto del *paterfamilias*[298] sobre todos los miembros del grupo familiar, y de modo especial sobre las mujeres, habida cuenta de su escasa representatividad en el espacio jurídico de la época. A su nula presencia política por su imposibilidad para desempeñar ningún cargo público ni poder realizar el *cursus honorum*[299] tan deseado por los ciudadanos de toda condición, se suma el sometimiento a la tutela, del que no podrán liberarse hasta muchos siglos más tarde, lo que provoca la sensación de una incapacitación obligatoria tan sólo por el hecho de pertenecer a la condición femenina.

Con todo, y a pesar de que no resulte fácil valorar la realidad del tribunal familiar, nosotros creemos que lo más razonable a la vista de

---

natural sobre la agnaticia, declarando: "sulla base dei dati testuali mi sembra di poter avanzare l'ipotesi che il *consilium domesticum*, di cui abbiamo noticia in epoca storica, è il ricordo di un'altra forma di giurisdizione legata ad un'epoca in cui il grupo non è né la `piccola famiglia (*familia proprio iure*) nè la famiglia allargata (famiglia agnatizia) in cui vi è la preminenza dalla línea maschile di parentela, bensì un grupo più ampio (la *gens*) in cui è presa in considerazione anche la linea femminile di parentela, la *cognatio*".

298 J. PLESCIA, *The Development of the Doctrine of Boni Mores in Roman Law*, cit., p. 267: "During the archaic period, when the status-stage prevailed, as a general rule the rights of the *paterfamilias* (*patria potestas, manus* and *dominium*), were practically absolute. Such a power basically included: a) *ius vitae necisque*; b) *ius exponendi*; c) *ius vendendi*; d) *ius noxae dandi*; e) *ius adoptionis dandi*; f) *ius emancipandi*; g) right to contract or dissolve his children's marriage; etc. In other words, within the boundaries of his *domus* the *paterfamilias* was almost sovereign: *quia domus tutissimum cuique refugium atque receptaculum sit* (*Gaius*, D. 2. 4. 18)".

299 Vid. al respecto, M. J. BRAVO BOSCH, *El ius honorum en la antigua Roma*, en *Anuario da Facultade de Dereito da Universidade da Coruña*, 14, 2010, pp. 229-248.

las fuentes literarias y jurídicas existentes es considerar al *iudicium domesticum* como un órgano consultivo[300], como un instrumento al servicio de la familia pero de consumo interno, que carece de las facultades de un tribunal[301]. No podemos olvidar que la denominación de *iudicium domesticum* se transforma en ocasiones en *consilium domesticum*, con un significado claro e inequívoco de "consejo", entendido como órgano asesor de la familia, corrector de determinadas conductas que podían apartarse de los *mores maiorum*, de las costumbres de los antepasados, que servía para refrendar[302] las decisiones del *paterfamilias*, cuya *potestas*[303] es innegable con respecto a los miembros de la unidad familiar, pero cuyo carácter preceptivo

---

300 Vid. al respecto, G. WESENER, s.v. *Iudicium domesticum*, en *REPW*, cit., p. 374: "Das *consilium* hat aber nur eine beratende funktion; die Entscheidung liegt beim pater familias und beruht auf dessen *potestas*".

301 P. BONFANTE, *Corso di Diritto Romano*, cit., p. 73: "Ma d'altra parte è assurdo concepire questa tremenda potestà come una disciplina domestica. Se non che le fonti stesse nel loro linguaggio ci additano la via per la costruzione del vero concetto. A significare l'autorità e i poteri del *paterfamilias* gli scritori letterari e giuridici adoperano senza scrupolo i termini stessi del diritto pubblico: termini comuni sono *manus* o *potestas*, ma si usa anche la più técnica designazione di *imperium-imperium domesticum-* si distingue la *coercitio* e la *poena*, i due termini esprimenti nel diritto pubblico i due lati dell'impero del magistrato, costringere all'obedienza il cittadino recalcitrante e punire il colpevole; si chiama il *paterfamilias domesticus magistratus*, *censor* e simili".

302 P. VOCI, *L'esame di coscienza di uno storico e i problema del più antico sviluppo costituzionale romano*, en *RISG* 2, 1948, p. 125, en donde declara que la convocatoria del *consilium domesticum* tenía la función de justificar las acciones del *paterfamilias* frente a los demás, y en concreto afirma en n. 87: "Come motivi del conservarsi del vigore della *patria potestas*, pur quando la *civitas* ha un compiuto ordinamento penale, possono pensarsi i seguenti: da un lato il desiderio del *pater* di sottrarre il *filius* alla umiliazione della pena pubblica e anche, di mostrare il proprio lealismo verso la *civitas*; dall'altro, in quest'ultima, lo scarso interesse di diminuire un'autorità, che si esplicava anche in suo favore. In età storica la giustizia paterna si esercita con le più gravi sanzioni in casi ove lo Stato stesso potrebbe intervenire: si ha quindi una inteligente applicazione di un istituto arcaico".

303 P. BONFANTE, *Corso di Diritto Romano*, cit., p. 75: "Finalmente carattere politico e non domestico è la perpetuità della potestà patria. Una disciplina e un'autorità di carattere famigliare e veramente protettivo cessa con l'età maggiore, sia l'età dello sviluppo fisiologico, sia l'età dello sviluppo intellettuale e morale, sia l'età delle armi".

en todos los casos no nos parece acertado. Es evidente que en los casos relativos a esclavos la *dominica potestas*[304] funciona de forma autónoma, no necesitando ningún órgano que avale el procedimiento que le asiste por la *potestas* que le pertenece.

De este modo, podemos entender la convocatoria del *consilium domesticum* cuando la gravedad de determinados asuntos lo hagan necesario[305], como sucedió en el episodio de Lucrecia, pero como un órgano interno, que ayude en las decisiones a tomar ante la violación acaecida, sin que nos encontremos ante un tribunal regulado como tal, con una jurisdicción propia dirigida a los miembros de la unidad familiar que se sustraen así a cualquier posible intromisión jurídica que venga del exterior.

De ser así, el ordenamiento jurídico romano debería resolver la posible controversia entre *iudicium publicum* y *iudicium domesticum* ante la duda sobre la jurisdicción legal posible, pero creemos que la contraposición entre ambos poderes, público y privado, no debe ser aquí motivo de pugna alguna, puesto que el caso de Lucrecia se sustancia en una época muy arcaica del Derecho[306], en el

---

304 A. BERGER, *Encyclopedic Dictionary of Roman Law*, cit., *s.v. potestas*, en donde concreta el significado de *dominica potestas*: "The power of a head of a family over a thing (*res*, among which are also the slaves; hence the expression *dominica potestas* is applied to the master's power over his slaves, although in the Roman juristic language the expression is not found)".

305 Y sólo hasta que sea necesario, ya que como señala C. VENTURINI, *Matrimonio, Divorcio, Repudio,* en *Studi di diritto delle persone e di vita sociale in Roma antica*, Nápoles, 2014, p. 106, el *iudicium domesticum* en caso de repudio tenía la función sancionadora de no restitución de la dote en favor del marido, pero en cuanto se impone como obligatoria la restitución efectiva de la dote en caso de disolución del matrimonio, a través de las *cautiones rei uxoriae*, regulándose de modo autónomo y constituyendo el objeto de una *stipulatio*: "Le pronunzie conclusive dello *iudicium domesticum* non avrebbero potuto che restare circoscritte, quanto agli effetti, all'affermazione dell'operatività del repudio e presentarsi, di conseguenza, come pleonastiche ed irrelevanti".

306 Estamos aún en el período monárquico, pero traemos a colación la situación jurídica en la República, forma política inmediatamente posterior de gobierno, para visualizar la relación entre derecho público y privado en las palabras de J. PLESCIA, *The Development of the Doctrine of Boni Mores in Roman Law*, cit., p. 301: "In the Republican period the Roman woman who dishonored herself was subject to punishment by her *paterfamilias* (following a *iudicium domesticum*) ...

que la venganza privada contra el ofensor y su familia era la tónica común en la balanza de la justicia, y solo con el devenir del tiempo se producirá el protagonismo del Estado en la represión de nuevos *crimina*[307]. Por lo tanto, las decisiones tomadas por el *paterfamilias* con respecto a los miembros de su unidad familiar le son dadas por su propia capacidad como tal, sin que necesite irrogarse el papel de juez en ningún tribunal.

Es así como debemos entender el concepto de *iudicium domesticum*, de acuerdo con las evidencias mostradas a lo largo de las páginas precedentes, y en el caso concreto de Lucrecia todavía más, por cuanto es ella misma la que convoca el *consilium domesticum* sin estar legitimada para ello. Con todo, ello no significa que las decisiones adoptadas carezcan de ejemplaridad, porque la casuística demuestra más bien lo contrario: el *paterfamilias* será siempre sumamente riguroso al enjuiciar determinados actos puesto que la consecuencia de los mismos puede suponer la pérdida del honor familiar, piedra angular de la genealogía agnaticia romana, por lo que no permitirá que un acto singular se convierta en la condena colectiva de toda su familia, y actuará de modo contundente para preservar la integridad familiar de la reprobación social.

In other words, adultery, and fornication, were serious offenses under the private law, but they were not yet considered crimes by the public law".

307 N. DONADIO, *Iudicium domesticum, riprovazione sociale e persecuzione pubblica di atti commessi da sottoposti alla patria potestas*, cit., p. 195: "In prosieguo di tempo, con la graduale avocazione allo stato della repressione di sempre nuovi crimini, il *iudicium domesticum* diventa uno strumento che consente alla familia, innanzitutto nella persona del *pater*, di conciliarsi con la comunità cittadina, dimostrando di disapprovare l'azione del sottoposto. Non è un caso, a mio avviso, che in molti degli esempi discussi, l'azione del *filius* o della donna, su cui ricade il giudizio domestico, integri una fattispecie di reato prevista dall'ordinamento giuridico".

CAPÍTULO TERCERO
CORNELIA, MADRE DE LOS GRACOS

1. INTRODUCCIÓN

Cornelia fue un modelo entre las matronas romanas[308]. Su independencia, como veremos a continuación, sustentada en su riqueza y su inteligencia, así como la influencia política innegable ejercida sobre sus vástagos y la sociedad romana republicana, y la condición de *univira*[309], casada tan sólo una vez en la vida y permaneciendo fiel a la memoria de su marido, la convirtieron en un ejemplo virtuoso de comportamiento y conocimiento tan singular que fue merecedora de una estatua erigida en su memoria en el foro romano, reconocimiento público excepcional, y más tratándose de una mujer.

---

308 S. B. POMEROY, *Diosas, rameras, esposas y esclavas. Mujeres en la antigüedad clásica*, cit., p. 171.

309 S. DIXON, *The Roman Family*, cit., p. 89: "Another curiosity already noted is the persistence of the ideal of the *univira*, the woman with only one husband. This soubriquet was applied originally to the woman who had come to her husband as a young virgin in her father's power, transferred to the husband's *manus*, and died before him. By the late Republic it came to be applied approvingly to widows who chose to remain single out of loyalty to their husband's memory and their children's interest. The ideal is celebrated in tombstones and literatura against a background of frequent remarriage occasioned by divorce and spousal death", en apoyo de la negativa a contraer matrimonio por parte de Cornelia a la muerte de su marido.

A mayor gloria, se cuenta que su autoría epistolar de dos fragmentos de una carta dirigida en latín a su hijo Cayo Graco la convierten en precursora de las escritoras romanas dotadas de intensidad estilística que quedarán para la posteridad [310], aunque existan dudas sobre su veracidad[311], dando por ciertas las atribuciones que agrandan la figura de una matrona tan honorable, capaz y con tanta fuerza como para poder influir en la regulación jurídica y política de la República romana.

Su erudición era fruto de la educación que se le brindaba tanto a los hombres como a las mujeres en la sociedad aristocrática a la que pertenecía[312], pero también es cierto que supo aprovechar tal formación para educar esmeradamente a sus hijos[313], en la necesi-

---

[310] J. P. HALLETT, *Women writing in Rome and Cornelia, Mother of the Gracchi*, en *Women writing Latin*, L. J. CHURCHILL/P. R. BROWN, J. E. JEFFREY (Eds.), Londres-Nueva York, 2002, p. 14: "Nevertheless, a few writings in Latin by Roman women of the classical period have been preserved for posterity. The earliest dates from the second half of the second century B.C.E: two fragments of a letter from a noblewoman named Cornelia to her son Gaius Sempronius Gracchus. This Cornelia was the daughter of Publius Cornelius Scipio Africanus, a military leader renowned for ending Rome's second Punic War against the North African city of Carthage when he defeated Hannibal at Zama in 202 B.C.E. But she is more often remembered as the mother of two politically radical sons, Gaius Sempronius Gracchus and his elder brother, Tiberius. Both of these men died at the hands of their enemies while serving as tribunes of the people, Tiberius in 133 B.C.E. and Gaius in 121".

[311] G. CLARK, *Roman Women, Greece &Rome* 28, 2, 1981, pp. 193-194: "There survive two letters of Cornelia to her sons, if they are genuine".

[312] H-I. MARROU, *Historia de la educación en la antigüedad*, 2ª ed. Madrid, 2004, p. 354: "La sociedad romana fue siempre una sociedad aristocrática, y los estudios superiores formaban parte de los privilegios de la élite… En los sectores de la élite, por lo menos, muchachos y muchachas continuaban estudiando juntos, pues desde las grandes damas de la República hasta las del Bajo Imperio, la sociedad romana conoció siempre, al menos dentro de la aristocracia, un buen número de mujeres altamente cultivadas, mujeres eruditas, que los satíricos tomaban como blanco propicio para el ridículo".

[313] A. H. BERNSTEIN, *Tiberius Sempronius Gracchus. Tradition and Apostasy*, cit., p. 45 en donde afirma que Cornelia eligió como tutor a Diófanes de Mitilene, griego cuya erudición tenía la fama de ser la mejor de aquella época, a decir de Cicerón, como se recoge en *Brut.* 104: *Atque hoc memoria patrum teste dicimus. nam et Carbonis et Gracchi habemus orationes nondum satis splendidas*

dad de contribuir a la excelencia de la República romana mediante proyectos revolucionarios, como las leyes agrarias, que traeremos a colación a lo largo de estas páginas. Pero no nos llevemos a engaño al creer que los romanos, refiriéndonos a los de elevada condición social, otorgaban una esmerada educación a las mujeres por generosidad. Lo hicieron única y exclusivamente porque las mujeres de la élite gobernante, política y socialmente, debían ocuparse de la educación de sus descendientes[314], siendo responsables de la formación de los futuros juristas, oradores, magistrados en las diferentes escalas del *cursus honorum*, con el claro objetivo de que los más afortunados en el saber ocupasen los mejores puestos en el orden público de la República romana.

No resulta fácil la reconstrucción multidisciplinar de la figura de la ilustre Cornelia, por cuanto las fuentes a nuestra disposición son escasas, fragmentarias y a menudo indirectas, ya que la importancia de sus hijos, los dos tribunos de la plebe primero celebrados y luego denostados y asesinados por su defensa de los derechos de los plebeyos, que les habían encomendado la salvaguarda de sus intereses, supone que la mayor parte de los autores clásicos dirigieran sus esfuerzos en destacar la vida y obras de sus famosos vástagos. Con todo, podemos afirmar sin ambages que las fuentes explícitas sobre Cornelia son mucho más abundantes que las informaciones concernientes al conjunto de las mujeres romanas, debido a la fama inusual de la que gozó en su propio tiempo.

Bien es cierto que la propia Cornelia reconocía con orgullo y antes que nadie la dedicación a sus hijos, como demuestra su famo-

---

verbis, sed acutas prudentiaeque plenissumas. fuit Gracchus diligentia Corneliae matris a puero doctus et Graecis litteris eruditus. nam semper habuit exquisitos e Graecia magistros, in eis iam adulescens Diophanem Mytilenaeum Graeciae temporibus illis disertissumum. sed ei breve tempus ingeni augendi et declarandi fuit.

314 A. LÓPEZ, *Las matronas romanas ante la vida pública: utilización de las palabras*, en *Revista Internacional de culturas y literaturas*, 1, 2014, p. 180: "De esta forma, por conveniencia social, la mujer romana de buena familia suele tener una espléndida educación, encaminada fundamentalmente a que sea madre y maestra de futuros oradores. Dicho de otro modo: son educadas para que eduquen, se les enseña a hablar para que enseñen a hablar a futuros oradores, no para que sean oradoras ellas, pues esto significaría saltar el límite de la esfera privada que les es propia, y usurpar un puesto en el campo de los *uirilia officia*".

sa frase "Mis hijos son mis joyas"[315], pero podría estar relacionada –tal intensa dedicación– con el hecho de haber perdido a nueve de los doce hijos que había tenido[316]. Como consecuencia de tan fatal infortunio, habría concentrado toda su energía en los hijos supervivientes al fatal destino, Tiberio, Cayo y Sempronia, dedicándoles todo su tiempo para poder educarlos convenientemente al máximo nivel, hasta conseguir que formasen parte de la élite intelectual de una Roma culturalmente cada vez más reconocida en el plano internacional del que antes era sistemáticamente excluida de los ámbitos culturales, por su política expansionista, interesada tan sólo en los conflictos bélicos.

Precisamente la propia Cornelia era la hija del célebre general romano Publio Cornelio Escipión, con el *agnomen* añadido de Africano[317], famoso y reconocido por sus triunfos bélicos frente a un Aníbal que consiguió amedrentar en un principio al poderoso Estado romano, pero que resultó vencido en la batalla de Zama (202 a.C.) por el poderoso ingenio del famoso general. Sin duda el pertenecer a una *gens* tan importante y reconocida política y socialmente tuvo que contribuir a su forma de ser, por cuanto su independencia a la hora de actuar en la defensa de los intereses de su familia y los suyos propios, apostando por una autonomía personal nada habitual para

---

315 Valerio Máximo, 4. 4. 1.

316 M. CORBIER, *Family Behavior of the Roman Aristocracy*, en *Women's History and Ancient History*, S. B. POMEROY (ed.), Carolina del Norte, 1991, p. 179, en donde habla de la demografía negativa y de la escasez de natalidad en la clase aristocrática como consecuencia de las largas ausencias del hombre, de la contracepción, de la edad avanzada del varón en los matrimonio mientras la su esposa era de una edad sensiblemente inferior, y de la elevada tasa de mortalidad infantil, poniendo como ejemplo el caso de los hijos de Cornelia.

317 G. PETKOVA, *Slavonic person names, derived from a Roman agnomen*, en *Speech and Context. International Journal of Linguistics, Semiotics and Literary Science*, 1-2, 8, 2016, p. 18: "Usually the representatives of the oldest and noble Roman families had agnomens. For example, a member of *gens Cornelia* got the cognomen *Scipio*, i.e. "a stick", because he used to help his blind father and so that he followed everywhere. That cognomen was inherited by the next generations and the need of agnomina appeared. In the IIIrd century BC *Gnaeus Cornelius Scipio* got the agnomen *Asina*, i.e. "she-donkey", because he had lost a bet and had to lead a female donkey, festooned with gold, to the Forum. That agnomen was added to his son's name after – *Publius Cornelius Scipio Asina*".

las mujeres de la época[318], y la innata cualidad para entablar relaciones de amistad y poder con el resto de sus conciudadanos, así como sus tertulias intelectuales, es de sobra conocida.

Con todo, la imagen de la Cornelia histórica es muy difícil de reconstruir, debido a la tradición que ensalzó su figura en las épocas posteriores[319]. La necesidad de un mito femenino ejemplar, un modelo a seguir por las mujeres de la época imperial, necesitada de una mayor virtud femenina, impulsaron e idealizaron las virtudes de la ilustre matrona, hasta ejercer una influencia notable en la educación de las mujeres de noble condición posteriores a Cornelia. Intentaremos, por lo tanto, conocer a la verdadera *materfamilias*, que aparece perfecta como madre, como esposa, y como hija a la luz de las generaciones romanas venideras.

2. LA IMPORTANCIA DE LA *GENS* CORNELIA

Cornelia formó parte desde su nacimiento de una de las familias más importantes de la antigua Roma, no exenta de obstáculos y enemigos, pero reconocida como una *gens* prestigiosa[320], tanto por sus

---

[318] S. BARNARD, *Cornelia and the Women of Her Family*, en *Latomus* 49, 2, 1990, p. 392, en donde destaca su rechazo a contraer nuevo matrimonio como una muestra de su independencia: "Even her refusal to remarry may have stemmed more from a desire for independence than from any obsession with the abstract ideal of the *univira*, and Plutarch's account suggests that she may have had stimulating intelectual friendships with men who may have inappropriate or imposible for her to marry. The memory of Cornelia was probably instrumental in enabling later Roman women to achieve some of her learning and autonomy".

[319] E. A. HEMELRIJK, *Matrona Docta: Educated Women in the Roman Elite from Cornelia to Julia Domna*, Nueva York, 2004, p. 67: "The ideal of well-educated motherhood as personified in Cornelia was emulated by Augustus' sister Octavia and her daughter Antonia Minor".

[320] F. MÜNZER, *s.v. Cornelius*, en *REPW* 4. 1, 1900: "Die *Gens Cornelia* gehörte zu den ältesten römischen Patriciergeschlechtern und hat der Tribus Cornelia den Namen gegeben. Sie ist vielleicht das bedeutendste, sicherlich das grösste und am meisten verzweigte Geschlecht der römischen Republik gewesen; kein zweiter Gentilname kommt in den Fasten der Magistrate so häufig vor, etwa je ein Viertel aller bekannten Principes senatus und Pontifices maximi haben ihn geführt, und die Namen mancher Cornelier gehören zu den berühmtesten der ganzen römischen

hazañas bélicas como por sus triunfos en la carrera política, por lo que podemos reconocer la vida de Cornelia desde un principio como privilegiada por su noble origen.

Nacida en el siglo II a.C., entre los años 195 y 190[321], del matrimonio entre Publio Cornelio Escipión Africano y su mujer Emilia, provenientes de dos familias patricias de gran prestigio, de cuya unión nacieron cuatro hijos, fue la segunda hija, y a pesar de ser conocida como Cornelia la menor frente a su hermana Cornelia la mayor[322],

---

Geschichte. Lange Jahrhunderte hindurch feierten die patricischen Cornelier ihre eigenen Feste (Macrob. sat. I 16, 7) und hielten wie an ihrem Cult, so auch an ihrem Bestattungsritus fest; sie wurden nach dem Zeugnis der Schriftsteller, das die Funde (s. u. S. 1426f.) bestätigen, regelmässig begraben; Sulla war der erste, der verbrannt wurde (Cic. leg. II 56 f. Plin. n. h. VII 187). Früher als irgend ein anderes Geschlecht teilten sich die patricischen Cornelier in mehrere durch eigene Cognomina unterschiedene Familien; von dem Hauptstamm der Maluginenses zweigten sich zuerst die Cossi ab, später die Scipiones, dann die Rufini, die Lentuli, die Dolabellae, die Blasiones, endlich die Cethegi und Merulae. Der Zusammenhang der einzelnen Stirpes mit den älteren ist fast nirgends mehr zu ermitteln, umso weniger, weil manche von ihnen die älteren Beinamen später mit anderen vertauschten, so die Rufini sich Sullae umnannten u. ä. Bei einigen Familien, wie den Cinnae, Mammulae und Sisennae, bleibt die Zugehörigkeit zu dem patricischen Geschlecht fraglich (vgl. Mommsen Röm. Forsch. I 50, 113). Für genealogische Fragen muss auf die Einleitungen zu den einzelnen Familien verwiesen werden. Die Zahl der Vornamen, die bei den patricischen Corneliern gebräuchlich war, verringert sich mit der Zeit immer mehr; A. und M. kommen fast nur in der älteren Zeit vor, Ti. nur einmal (vgl. u. S. 1357), C. nur bei den Blasiones und Cethegi; bei den bedeutendsten Zweigen sind in späterer Zeit nur Cn., L., P., Ser. in Gebrauch, und auch diese nicht bei allen gleichmässig, z. B. Cn. nicht bei den Sullae, Ser. nicht bei den Scipiones. Zu den patricischen Corneliern treten in späterer Zeit noch viele plebeische, denn der Name hatte sich ausserordentlich verbreitet (vgl. z. B. Cic. Cornel. I 44 bei Ascon. p. 65f., unten Nr. 4)".

321 J. P. HALLETT *Women writing in Rome and Cornelia, Mother of the Gracchi*, cit., p. 15, en donde señala que Cornelia: "Born ca. 195-190 B.C.E"; S. DIXON, *Cornelia, Mother of the Gracchi*, Londres-Nueva York, 2007, p. 3: "For the sake of convenience and readability, I shall henceforth treat certain dates as my working versions. Thus I shall opt for the compromise date of 190 BCE for Cornelia's birth…".

322 S. BARNARD, *Cornelia and the Women of Her Family*, cit., p. 387: "Of these daughters of Scipio Africanus the Elder, little is known about the first but much about the younger. The Elder Cornelia is known to us entirely through her husband and son. We know the identity of her husband from Polybius 31, 27, where the his-

por motivos genealógicos[323], ella resultó ser sin duda alguna la de mayor renombre para la posteridad[324], cuyo recuerdo imborrable como perfecta matrona dejará una huella indeleble en la sociedad romana tardorrepublicana.

Con todo, su nacimiento estuvo rodeado de malos presagios para el futuro, de acuerdo con las palabras de Plinio[325], en su *Naturalis Historia* 7. 69, en donde afirma que Cornelia nació con los genitales cerrados, lo que se entendía como un signo de mal augurio:

---

torian praises Scipio Aemilianu's prompt and complete payment of the two Cornelias' dowries after he received his inheritance from Aemilia. Polybius tells us that the Elder Cornelia's husband, Scipio Nasica Corculum, was astonished at Aemilianus's generosity, as was the younger Cornelia's husband Tiberius Gracchus".

[323] S. B. POMEROY, *Goddesses, Whores, Wives and Slaves: Women in Classical Antiquity*, Nueva York, 1975, p. 165: "The law of Romulus incidentally shows that it was not inconvenient for a daughter to be automatically called by the feminine form of her father's name (*nomen*). But it was awkward when the father decided to raise two daughters, who thus had the same name, like Cornelia and her sister Cornelia. The Romans solved the problem with the addition of the 'elder' (*maior*) or the 'younger (*minor*)"; M. P. IRIGOYEN TROCONIS, *Cornelia, una matrona ejemplar*, en *Ars iuris* 41, 2009, p. 155, en donde recuerda que las mujeres romanas carecían de *praenomen*, a diferencia de los hombres, por lo que Cornelia sólo podía ser distinguida de su hermana la mayor precisamente con el calificativo que precisase su condición de hermana menor.

[324] M. KAJAVA, *Cornelia Africani f. Gracchorum*, en *Arctos* 23, 1989, pp. 122-123: "Cornelia was regarded as one link in the legendary tradition of the Scipiones family".

[325] Plinio se refiere al caso concreto de Cornelia después de dar cuenta de un caso extraño cuando estaba analizando el tema de la dentición, también contenido en *N.H.* 7. 69, como fue el nacimiento de una niña con dientes, Valeria, desterrada de la ciudad después de consultar con los augures, que preveían un desastre para la ciudad con motivo de tal presagio negativo: *cum ita nata esset Valeria, exitio civitati in quam delata esset futuram responso haruspicum vaticinante, Suessam Pometiam illa tempestate florentissimam deportata est, veridico exitu consecuto*; vid. al respecto, M. B. ROLLER, *Cornelia: on making one's name as mater Gracchorum*, en http://krieger.jhu.edu/classics/wp-content/uploads/sites/20/2013/06/Mother-of-the-Gracchi.pdf, p. 6, en donde se refiere a Plinio el Viejo en relación con este suceso: "He then returns to teeth, without further explanation. The identification of the infant who suffered this birth defect as Gracchorum mater implies that the bad omen had something to do with her reproductive capacity, and specifically with the famous sons she would eventually bear".

> *Quasdam concreto genitali gigni infausto omine Cornelia Gracchorum mater indicio est.*

Este mal presagio será de nuevo recordado seguramente en el siglo IV, por el gramático latino Solino[326], quién nos ofrece una explicación sobre el episodio transmitido por Plinio, repitiendo la información y concluyendo que Cornelia expió el presagio con la desafortunada muerte de sus dos hijos, los Gracos:

> *Feminis perinde est infausta nativitas, si concretum virginal fuerit, quo pacto genitalia fuere Corneliae, quae editis Gracchis ostentum hoc piavit sinistro exitu liberorum*[327].

---

[326] Sobre las divergencias en la doctrina acerca de la fecha de este autor, vid. P. LEBRECHT SCHMIDT, *Rezeptionsgeschichte und Überlieferungsgeschichte der klassischen lateinischen Literatur*, en *The classical tradition in the Middle Ages and the Renaissance*, C. LEONARDI/ B. MUNK OLSEN (eds.), Spoleto, 1995, p. 33, en donde refuta con incontestable argumentación la tesis de Mommsen que databa la obra de Solino en el siglo III d.C,; P. DOVER, *Reading 'Pliny's ape' in the Renaissance: the Polyhistor of Caius Julius Solinus in the first century of print*, en *Encyclopaedism from Antiquity to the Renaissance*, J. KÖNIG/ G. WOOLF (eds.), Cambridge-Nueva York, 2013, p. 417, en donde también acepta la fecha del siglo IV propuesta por Schmidt.

[327] G. I. *Solinus, De mirabilibus mundi*, 1. 67, cuya versión completa reproducimos a continuación: *Contra naturam est in pedes procedere nascentes, quapropter velut aegre parti appellantur Agrippae. ita editi minus prospere vivunt et de vita aevo brevi cedunt. denique in uno M. Agrippa felicitatis exemplum est, nec tamen usque eo inoffensae, ut non plura adversa pertulerit quam secunda: namque misera pedum valitudine et aperto coniugis adulterio et aliquot infelicitatis notis praeposteri ortus omen luit. feminis perinde est infausta nativitas, si concretum virginal fuerit, quo pacto genitalia fuere Corneliae, quae editis Gracchis ostentum hoc piavit sinistro exitu liberorum. Rursum necatis matribus natus est auspicatior: sicut Scipio Africanus prior, qui defuncta parente, quod excisus utero in diem venerat, primus Romanorum Caesar dictus est. e geminis, si remanente altero alter abortivo fluxu, exciderit, alter qui legitime natus est, Vopiscus nominatur. quidam et cum dentibus procreantur, ut Cn. Papirius Carbo et M'. Curius, Dentatus ob id cognominatus. quidam vice dentium continui ossis armantur soliditate, qualem filium Bithynorum rex Prusias habuit. ipsum dentium numerum discernit qualitas sexus, cum in viris plures sint, in feminis pauciores. quos cynodontas vocant, quibus gemini procedunt ab dextera parte, fortunae blandimenta promittunt: quibus ab laeva, versa vice.*

Su madre, *Aemilia Tertia*, Emilia Tercia, o más conocida como Emilia Paula, era la hija del general Lucio Emilio Paulo[328], cónsul del año 216 a.C. y víctima en la batalla de Cannas de la segunda guerra púnica. Era hermana además de otro general romano de renombre, Lucio Emilio Paulo Macedónico, cónsul en el año 182 y posteriormente en el 168 a.C., lo que demuestra su noble condición, unida al hecho de su matrimonio con el general romano que derrotó a Aníbal en la batalla de Zama, el irrepetible Publio Cornelio Escipión[329], apodado el Africano por su inolvidable triunfo[330]. A mayor abundamiento, era conocida por su fuerte personalidad, la lealtad in-

---

[328] A. GOLDSWORTHY, *Las guerras púnicas,* trad. esp. I. Hierro, Barcelona, 2002, p. 233, en donde señala que debido a su condición de abuelo de Escipión Emiliano recibió un trato muy favorable por parte de Polibio y demás historiadores, encontrando éstos en su colega de consulado, Cayo Terencio Varrón, la víctima propiciatoria perfecta para culparle de la derrota, al no pertenecer a una familia tan distinguida como la de Lucio Emilio Paulo.

[329] H. H. SCULLARD, *Scipio Africanus: Soldier and Politician*, Nueva York, 1970, *passim*.

[330] M. BEARD, *El triunfo romano*, trad. esp. Barcelona, 2007, p. 52: "Los triunfos proporcionaban una adecuada atmósfera de culminación a los poemas que ensalzaban las hazañas romanas. Silio Itálico, autor del siglo I d. C., convirtió el triunfo de Escipión el Africano en el punto culminante de su crónica rimada de la guerra contra Aníbal"; resulta interesante el capítulo que trata la reconstrucción del ritual del triunfo, en pp. 99 y ss. del cual podemos destacar en pp. 99-100: "La procesión se dividía en tres partes. En la primera viajaban los despojos, transportados en carretas o a hombros, sobre unas angarillas (*fercula*); los cuadros y los modelos de los territorios conquistados y las batallas libradas; las coronas de oro enviadas al general victorioso por los aliados o los pueblos sometidos; los animales que iban a ser sacrificados, junto con los trompeteros y los danzarines; y finalmente los cautivos cubiertos de cadenas, y de ellos, el más eminente inmediatamente delante del carro del general. En la segunda parte se encontraba el grupo que rodeaba al propio general. Éste se erguía sobre un carro especial tirado por caballos, en ocasiones ricamente decorado con oro y marfil, y bajo él pendía un falo (para evitar el mal de ojo); el rostro del general aparecía embadurnado de rojo, vestía un refinado atuendo, lucía una corona de laurel y una túnica bordada con palmas (*tunica palmata*), una suntuosa toga, y sostenía en una mano un cetro de marfil y en la otra una rama de laurel. Tras él, en el mismo carro, se hallaba un esclavo que sujetaba una corona de oro sobre su cabeza y le susurraba al oído durante toda la procesión: «Mira hacia atrás. Recuerda que eres hombre». Sus hijos le acompañaban, bien en el propio carro triunfal si eran pequeños, bien a caballo junto a él… En la parte final se hallaban los soldados victoriosos. Llevaban guirnaldas de laurel y entonaban el grito

quebrantable hacia su marido[331], y su riqueza[332], que la convertía en una de las mujeres más ricas de Roma, características que sin duda hacían de Emilia una mujer mucho más autónoma que el resto de las mujeres de la época, convirtiéndose sin duda en el modelo a seguir por su propia hija Cornelia[333]. Tal autonomía era la tónica común para las mujeres pertenecientes a familias acaudaladas, cuya independencia económica adquiere cada vez mayores cotas de libertad con la ausencia prolongada de sus maridos en las guerras o la viudedad como consecuencia de las mismas.

---

triunfal de rigor en este rito: *io triumpe*, entremezclado con los cánticos subidos de tono con los que se describía al mismísimo general".

331 Val. Max. 6. 7. 1, en donde trae a colación la más que comprensiva actitud de Emilia hacia su marido cuando excusa su relación con una esclava, –él era el conquistador del mundo– llegando a no tomar represalias contra ella a la muerte de su marido, sino, bien al contrario, buscándole una solución matrimonial muy favorable: *Atque ut uxoriam quoque fidem attingamus, Tertia Aemilia, Africani prioris uxor, mater Corneliae Gracchorum, tantae fuit comitatis et patientiae, ut, cum sciret uiro suo ancillulam ex suis gratam esse, dissimulauerit, ne domitorem orbis Africanum femina ~ magnum uirum inpatientiae reum ageret, tantumque a uindicta mens eius afuit, ut post mortem Africani manu missam ancillam in matrimonium liberto suo daret*; B. MACLACHLAN, *Women in Ancient Rome: A Sourcebook*, Londres, Nueva York-2013, p. 65: "Scipio Africanus was less than heroic as a husband".

332 Polib. 31. 26. 1-10; S. DIXON, *Polybius on Roman Women and Property*, en *The American Journal of Philology*, 106, 2, 1985, p. 151, en donde al referirse al texto citado de Polibio en el que se confirma la riqueza de Emilia por la considerable fortuna que dejó a su muerte a su nieto adoptivo, Escipión Emiliano, afirma: "As wife, the widow of Scipio Africanus maior, Aemilia must have been one of the wealthiest women in Rome. She atended the women's religious processions arrayed in costly clothes, in an ostentatiously decorated carriage, and atended by the great number of slaves required to carry her many religious implements, which were all of gold and silver", dando cuenta a continuación del grandioso gesto de Escipión hacia su madre biológica, Papiria, a la que donó estos preciosos bienes.; vid. al respecto, J. A. MARTÍNEZ MORCILLO, *Lucio Emilio Paulo y el derecho de guerra*, en *Studia Historica. Historia Antigua* 30, 2012, p. 274, en donde pone de manifiesto "La influencia ejercida por Emilio Paulo sobre Polibio, siendo cliente suyo y acompañando posteriormente a Escipión Emiliano en sus campañas, circunstancia que explicaría su simpatía hacia los intereses de la *gens* Cornelia".

333 P. CHRYSTAL, *Roman Women: The Women who influenced the History of Rome*, Londres-Nueva York, 2015, p. 15: "Aemilia was undoubtedly a fine role model for Cornelia".

Es decir, la escasez de hombres, titulares de la patria potestad y tutores legales de por vida de las mujeres, convierte a Emilia y sus contemporáneas en depositarias de los bienes de la familia, en herederas de ingentes patrimonios que deben saber salvaguardar para futuras generaciones[334], con la ironía, en el caso concreto de la madre de Cornelia, de haber conseguido tales beneficios como consecuencia de las Guerras Púnicas[335], en las que su marido era el mayor protagonista[336].

---

334 C. LÁZARO GUILLAMÓN, *Mujer, comercio y empresa en algunas fuentes jurídicas, literarias y epigráficas*, en *RIDA* 50, 2003, p. 158, en donde da cuenta de la única cortapisa a la independencia femenina, la tutela: "Lo único que pudo coartar esta independencia fue el sometimiento de las mujeres a tutela, todavía vigente en periodo clásico, pero que, como es sabido, ya no responde a las exigencias sociales o jurídicas y parece a los propios juristas una institución anacrónica. De esta suerte, puede presumirse que no hay problemas para la actuación de las mujeres en el terreno de los negocios, ya que éstas podían salvar con relativa facilidad las limitaciones que habían sido impuestas por una decadente *tutela mulieris* mediante la designación para el cargo de tutor de una persona que resultase de su completa confianza, la cual, finalmente, acabaría haciendo lo que ella quisiese ante el sensible riesgo de ser cambiada en aquellos casos en que no accediese a sus requerimientos. Por tanto, puede concluirse su efectiva capacidad para consumar ciertos actos jurídicos y administrar sus bienes, sobre todo cuando gozan del *ius liberorum* que les dispensa de solicitar el tutor dativo"; M. E. ORTUÑO PÉREZ, *Hortensia. Su discurso contra la imposición fiscal femenina*, en *Mujeres en tiempos de Augusto*, cit., p. 377, cuando escribe en relación con las mujeres, posteriores a nuestra época, más adelantadas, pero en condiciones similares de autogestión: "No sólo se habían hecho con grandes patrimonios, sino que, dada la configuración de la *tutela mulierum* en aquel momento, eran ellas mismas las que los solían administrar. Así, en el caso de que fueran púberes y *sui iuris*, la tutela a la que estaban sometidas no les impedía gestionar su patrimonio, pues la función del tutor se circunscribía a la *auctoritatis interpositio*, que no debía mediar en todos los actos jurídicos que realizara la mujer, en la medida en que sólo se exigía su intervención en los negocios jurídicos solemnes del *ius civile*. El resto, ya fueran propios del *ius honorarium* o del *ius gentium*, no requerían ningún tipo de *auctoritas* y las mujeres los podían realizar por sí mismas".

335 A. GOLDSWORTHY, *Las guerras púnicas*, cit., p. 319, en donde destaca a Escipión Africano como "una de las figuras más carismáticas con que contaron los romanos durante las Guerras Púnicas"; en p. 320 ss., describe los éxitos en campaña y las estrategias bélicas de Escipión Africano, destacando sus cualidades, pero criticando las exageraciones presentes en las fuentes referidas a sus logros en el campo de batalla.

336 S. B. POMEROY, *Diosas, rameras, esposas y esclavas. Mujeres en la antigüedad clásica*, cit., p. 186 ss, en donde encuentra determinante el episodio de las

Livio 38. 57. 5-6, nos ilustra sobre el carácter de esta singular mujer, alimentando el tópico de la ira femenina, que está enfadada con su marido cuando éste le comunica que ha prometido a su hija menor Cornelia con Tiberio Graco, por no habérselo consultado a ella primero, como madre de la futura esposa:

> *Quibus ita inter publicum sollemne sponsalibus rite factis cum se domum recepisset, Scipionem Aemiliae uxori dixisse filiam se minorem despondisse. Cum illa, muliebriter indignabunda nihil de communi filia secum consultatum, adiecisset non, si Ti. Gracco daret, expertem consilii debuisse matrem esse, laetum Scipionem tam concordi iudicio ei ipsi desponsam respondisse. Haec de tanto uiro quam et opinionibus et monumentis litterarum uariarent, proponenda erant.*

El relato de Livio no pasaría de ser una anécdota si no estuviese en cuestión el rol definido de la mujer como parte activa de la sociedad familiar y política, cómo aparece aquí demostrado según parte de la doctrina[337], al margen de que el padre de Cornelia parece estar muerto cuando se produce el compromiso nupcial con Tiberio Graco[338], aunque la fabulación aquí contenida fue la que pasó a formar parte del imaginario colectivo romano, consolidándose la versión de la indómita personalidad de la ilustre madre de Cornelia, que se incomoda por no haber podido opinar en situación de auténtica paridad si le parecía bien el compromiso matrimonial de su hija con el

---

guerras púnicas a los efectos de la independencia económica real de las mujeres de la época.

[337] S. DIXON, *Polybius on Roman Women and Property*, cit., p. 153: "The anecdote about the second betrothal, which represents Aemilia's offended fury at her exclusion from the decision, does at least suggest that a wife expected to play an active part in the business".

[338] Plutarco, *Tib. Gr.* 4. 3, en donde afirma tener la autoridad de Polibio para sostener que la joven Cornelia fue prometida después de la muerte del Africano; S. BARNARD, *Cornelia and the Women of Her Family*, cit., p. 384: "This story is highly unlikely to contain any element of veracity, partly because Scipio probably died when Cornelia, the future mother of the Gracchus tribunes, was still a small girl, but mainly because its motif occurs elsewhere and even reappears within the folklore of this same family".

político en alza Tiberio Sempronio Graco, o si por el contrario, le disgustaba tanto la idea como para oponerse al enlace.

A mayor abundamiento, la doctrina considera el final de la segunda guerra púnica como el del comienzo de la emancipación real de las mujeres romanas[339], ayudadas por el concepto de Imperio Mediterráneo que adquiere la *Urbs,* que se ve afectada por una profunda transformación económica y social, lo que confirmaría la emancipación femenina protagonizada por Emilia.

2.1. *Lex Voconia*

A su fama contribuyó el reconocimiento explícito como una de las mujeres que esquivó[340], con habilidad e inteligencia, las restricciones impuestas por la *lex Voconia*[341], el plebiscito del que dijo Ci-

[339] R. VIGNERON/ J-F. GERKENS, *The emancipation of Women in Ancient Rome*, en *RIDA* 47, 2000, pp. 107 ss.

[340] B. MACLACHLAN, *Women in Ancient Rome: A Sourcebook*, cit., p. 65: "One woman who clearly sidestepped the constraints imposed by the Voconian Law was the wealthy Aemilia Tertia".

[341] De la amplia bibliografía sobre la materia, hemos considerado conveniente citar los siguientes, sin ánimo de una mayor exhaustividad: J.C. HASSE, *Zur lex Voconia*, in *Rheinisches Museum für Jurisprudenz*, 3, 1829, pp. 183 ss.; J.J. BACHOFEN, *Die lex Voconia und die mit ihr zusammenhängenden Rechtsinstitute*, Basilea, 1843, *passim*; FR.C. VON SAVIGNY, *Über die Lex Voconia*, en *Vermischte Schriften*, I, Berlin, 1850, pp. 440 ss.; C. VON VANGEROW, *Über* die *Lex Voconia*, Heidelberg, 1863; P. GIDE, *Étude sur la condition privée de la femme dans le droit ancient et modern et en particulier sur le sénateconsulte Velleien,* cit., *passim*; J. CHAUVET, *Essai sur la loi Voconia*, Grenoble, 1891; A. STEINWENTER, s. v. *Lex Voconia*, in *REPW*, XII. 2, Stuttgart, 1925, 2420 ss.; G. LONGO, *Lex Voconia*, en *NNDI*, 9, Turín, 1963, pp. 825 ss.; U. WESEL, *Über den Zusammenhang der lex Furia, Voconia und Falcidia*, en *ZSS*, 81, 1964, pp. 308 ss.; A. GUARINO, *Lex Voconia*, en *Labeo* 28, 1982, pp. 188 ss. en donde manifiesta su opinión con respecto a la condición de la ley como una *lex imperfecta*, concluyendo: "Resti tuttora intatta la tesi, da me altrove difesa, secondo cui i tre esempi di imposizione di pena pecuniaria esposti da Catone nell'orazione *pro Rhodiensibus* non sembrano esser stati ricalcati su concreti modelli di *leges publicae* in quel tempo vigente"; R. VIGNERON, *L'antifeministe loi Voconia et les Schleichwege des Lebens*, en *Labeo* 29, 1983, pp. 140 ss.; S. DIXON, *Breaking the Law to do the Right Thing: The Gradual Erosion of the Voconian Law in Ancient Rome*, en *Adelaide Law Review*, 9, 1983-85, pp. 519 ss.; A.J.B. SIRKS, *Sacra, Succession and*

cerón que era una injusticia total para las mujeres[342], del año 169 a.C.[343], propuesto por Q. Voconio Saxa[344]. Dicho proyecto legislativo fue defendido por Catón el Censor[345], inspirador del proyec-

---

the Lex Voconia, en *Latomus,* 53, 1994, pp. 273 ss.; J.A.J.M. VAN DER MEER, *Made for men. The lex Voconia: mulier heres institui non potest*, Eijsden, 1996; J. PÖLÖNEN, *Lex Voconia and Conflicting Ideologies of Succession. Privileging Agnatic Obligation over Cognatic Family Feeling*, en *Arctos* 33, 1999, pp. 111 ss.; A. WEISHAUPT, *Die lex Voconia*, Colonia- Weimar-Viena, 1999; A. McCLINTOCK, *Polyb. 31.26-28: la successione di Emilia*, en *Index,* 33, 2005, pp. 317 ss.; *id.*, *The lex Voconia and Cornelia's Jewels*, en *RIDA* 60, 2013, pp. 183 ss.

342 Cic. *De Rep.* 3. 17: ... *Voconia lege data; quae quidem ipsa lex utilitatis virorum gratia rogata in mulieres plena est iniuriae.*

343 Fecha confirmada por Cic. *Cat. Maior* 5. 14: *Quem quidem probe meminisse potestis: anno enim undevicesimo post eius [scil. Q. Enni] mortem hi consules, T. Flamininus et M'. Acilius, facti sunt: ille autem Caepione et Philippo iterum consulibus mortuus est, cum ego, quinque et sexaginta annos natus, legem Voconiam magna voce et bonis lateribus suasi*; vid. sobre el problema de la datación, A. McCLINTOCK, *Un analisi giuridica della lex Voconia*, en *Teoria e Storia del Diritto Privato*, 10, 2017, pp. 9 ss., sobre la posibilidad de que la fecha fuese la del 174 a.C., como sugiere en p. 22: "È molto probabile che il rinvio esplicito alle censure posteriori a quella del 174 a.C. «postve ea» appartenesse alla legge", añadiendo en p. 23 la conclusión de su análisis: "La storiografia concorda nel ritenere che le Verrine siano state la fonte dell'errore di datazione. Ciò è probabile. Tuttavia, la confusione potrebbe essere derivata anche dal riferimento temporale ai censori del 174 a.C., contenuto, come abbiamo spiegato, nella legge ai fini della determinazione dell'àmbito applicativo. Non si può, infatti, escludere che l'errore sia dipeso da una lettura superficiale del *caput* della legge stessa contenente il riferimento alla censura di A. Postumio e Q. Fulvio. A riprova di questo sta il fatto che nelle *Periochae* la legge è ricordata immediatamente dopo l'indicazione dei totali dei censiti dai censori del 174 a.C. che si ebbero peraltro nel secondo anno di carica dei magistrati: nel 173 a.C.".

344 Cic. *pro Balbo* 21: *Tulit apud maiores nostros legem C. Furius de testamentis, tulit Q. Voconius de mulierum hereditatibus, innumerabiles aliae leges de civili iure sunt latae*; LEWIS-SHORT, *A New Latin Dictionary*, cit., p. 2003: "*Q. Voconius Saxa*, a tribune of the people 580 A. U. C., autor of the *lex Voconia*, which restricted the right of women to inherit".

345 A. D'ORS, *Derecho Privado Romano*, 9ª ed., Pamplona, 1997, § 278, n. 1: "Aunque sea un plebiscito del tribuno de la plebe Q. Voconio Saxa, su defensor fue el censor M. Porcio Catón, cuyo antifeminismo es conocido por otras actitudes", en relación con el relato de Livio 34. 2. 1 ss. en el que se contiene un conocido discurso de Catón en contra de las mujeres: "*Si in sua quisque nostrum matre familiae, Quirites, ius et maiestatem uiri retinere instituisset, minus cum uniuersis feminis*

to[346], que restringía los derechos de la mujeres, ya que no podían ser instituidas como herederas por aquellos ciudadanos que, en el último censo, formaran parte de la primera clase.

La independencia jurídica, de hecho, pero también de derecho, que habían ido adquiriendo con el tiempo las mujeres como acabamos de ver, no era aceptada de buen grado por la aristocracia romana más conservadora, que veía disiparse el ambiente respetuoso con los *mores maiorum* para convertirse en un espacio libre para las mujeres, cada vez más independientes en la casa y en el mundo del derecho que antes las tutelaba estrictamente. De este modo se concretaron una serie de medidas dirigidas a preservar las costumbres y el papel tradicionalmente femenino, y a combatir el lujo y la osten-

---

negotii haberemus: nunc domi uicta libertas nostra impotentia muliebri hic quoque in foro obteritur et calcatur, et quia singulas sustinere non potuimus uniuersas horremus. equidem fabulam et fictam rem ducebam esse uirorum omne genus in aliqua insula coniuratione muliebri ab stirpe sublatum esse; ab nullo genere non summum periculum est si coetus et concilia et secretas consultationes esse sinas. atque ego uix statuere apud animum meum possum utrum peior ipsa res an peiore exemplo agatur; quorum alterum ad nos consules reliquosque magistratus, alterum ad uos, Quirites, magis pertinet. nam utrum e re publica sit necne id quod ad uos fertur, uestra existimatio est qui in suffragium ituri estis. haec consternatio muliebris, siue sua sponte siue auctoribus uobis, M. Fundani et L. Ualeri, facta est, haud dubie ad culpam magistratuum pertinens, nescio uobis, tribuni, an consulibus magis sit deformis: uobis, si feminas ad concitandas tribunicias seditiones iam adduxistis; nobis, si ut plebis quondam sic nunc mulierum secessione leges accipiendae sunt. equidem non sine rubore quodam paulo ante per medium agmen mulierum in forum perueni. quod nisi me uerecundia singularum magis maiestatis et pudoris quam uniuersarum tenuisset, ne compellatae a consule uiderentur, dixissem: "qui hic mos est in publicum procurrendi et obsidendi uias et uiros alienos appellandi?", en donde deja claro que la insubordinación femenina supone una amenaza, por no haber sabido proteger con autoridad los derechos del marido en los hogares, y donde añade posteriormente que ya los antepasados romanos no quisieron que las mujeres participaran en ningún asunto, ni siquiera privado, tan sólo a través de un tutor. La actitud escandalizada del censor protector de los *mores maiorum* no evitó el progresivo avance de los derechos de las mujeres, que fue incrementado todavía más con la legislación de Augusto y la liberación formal de la tutela mediante el *ius liberorum*.

[346] F. CENERINI, *La donna romana*, cit., p. 49, en donde señala que Catón "sostiene, se non adirittura ispira, un progetto di legge presentato dal tribuno Q. Voconio Saxa".

tación[347], aunque seguramente el contraste con la población olvidada por la riqueza, sumida en la pobreza y teniendo que asumir innumerables cargas para poder afrontar los gastos de las continuas guerras, también fuese un motivo del legislador para hacer visible una mayor austeridad[348].

La *lex Voconia de hereditatibus mulierum* contiene en su propio título la delimitación de su contenido, dirigido sustancialmente a limitar la capacidad sucesoria de la mujer para mantener la preeminencia de poder histórica masculina, preservando la institución de heredero y por lo tanto, la eficacia del testamento –al margen de las limitaciones ya existentes que penalizaban a la mujer en el

[347] Lo que se tradujo en las *leges sumptuariae*: La *Lex Metilia de Fullonibus*, del año 217 a.C., dirigida a combatir el lujo de los trajes, y la *Lex Oppia Sumptuaria*, del 215 a.C., represora del lujo excesivo en las mujeres, tanto en los medios de transporte como en su propia vestimenta, prohibiendo además que toda mujer poseyera más de una media onza de oro; posteriormente, se promulgó la *Lex Valeria Fundaria de lege Oppia abroganda*, en el año 195 a.C., para derogar la anterior, así como la *Lex Orchia de Coenis*, del 181 a.C., para limitar el número de invitados a un banquete y los lujos y gastos destinados al mismo; la *Lex Fannia Sumptuaria*, del año 161 a.C., continuó combatiendo el lujo y los gastos suntuarios en las comidas, siendo extendido su ámbito de aplicación a toda Italia mediante la *Lex Didia Sumptuaria* del año 143 a.C.; finalmente, la *Lex Aemilia e Sumptibus et libertinorum suffragiis*, del año 115 a.C., en relación con el derecho de sufragio de los libertos, que limitaba los gastos en vestidos; vid. entre la bibliografía existente: I. SAUERWEIN, *Die leges sumptuariae als römische Maßnahme gegen den Sittenverfall*, Hamburgo, 1970, *passim*; H. T. WALLINGA, *Official Roman Washing and Finishing Directions Lex Metilia Fullonibus Dicta*, en *Tijdschrift voor Rechtsgeschiedenis / Revue d'Histoire du Droit / The Legal History Review*, 64, 2, 1996, pp. 183-190; A. BOTTIGLIERI, *La legislazione sul lusso nella Roma republicana*, Nápoles, 2002, *passim*; C. VENTURINI, *Leges Sumptuariae*, cit., pp. 355 ss.; V. J. ROSIVACH, *The Lex Fannia Sumptuaria of 161 BC.*, en *The Classical Journal*, 102, 1, 2006, pp. 1-15; F. J. CASINOS MORA, *La restricción del lujo en la Roma republicana*, Madrid, 2015, pp. 138 ss.

[348] M. E. ORTUÑO PÉREZ, *Una limitación de la capacidad patrimonial de la mujer en el ámbito* sucesorio*: la lex Voconia*, en *Mulier. Algunas Historias e Instituciones de Derecho Romano*, cit., p. 454.

ámbito de la sucesión *ab intestato*– al establecer que nadie pueda recibir por legado más que los herederos[349].

Gayo 2. 226, nos brinda su testimonio al respecto, refiriéndose al segundo capítulo de la ley[350]:

> *Ideo posta lata est lex Voconia, qua cautum est, ne cui plus legatorum nomine mortisue causa capere liceret, quam heredes caperent. Ex qua lege plane quidem aliquid utique heredes habere videbantur; sed tamen fere uitium simile nascebatur; nam in multas legatariorum personas distributo patrimonio poterat <testator> adeo heredi minimum relinquere, ut non expediret heredi huius lucri gratia totius hereditatis onera sustinere.*

Es decir, poco se consiguió con la promulgación de esta ley, ya que su principal objetivo, preservar la posición del heredero en detrimento de los legatarios –a menudo mujeres que obtenían una cuantiosa porción de la herencia– podía obviarse por parte del testador si distribuía su patrimonio entre un gran número de legatarios, ya que así quedaba tan reducida la masa hereditaria que al heredero no le compensaría soportar las cargas hereditarias a cambio de un mínimo beneficio. En fin, que la tradición secular de evitar los efectos de la ley mediante mecanismos legales que obstaculicen el éxito de la misma se aprecia claramente en el texto gayano, cuya intención favorable al heredero se minimizó por medio de innumerables legados

---

[349] Limitación ya presente en legislación precedente, como la *Lex Furia Testamentaria*, fechada entre los años 203 y 169 a.C., plebiscito en el que se prohibía, con algunas excepciones, que nadie pudiera recibir por legado o donación *mortis causa* más de mil ases, cuyo incumplimiento acarreaba la pena al cuádruplo, pero como nos recuerda Gayo, 2. 225, esta ley no consiguió lo que pretendía, pues el que tenía un patrimonio, por ejemplo, de cinco mil ases, podía repartirlo por entero instituyendo cinco legatarios con mil ases cada uno: *Itaque lata est lex Furia, qua, exceptis personis quibusdam, ceteris plus mille assibus legatorum nomine mortisue causa caper permissum non est. Sed et haec lex non perfecit quod uoluit; qui enim uerbi gratia quinque milium aeris patrimonium habebat, poterat quinque hominibus singulis millenos asses legando totum patrimonium erogare.*

[350] Las fuentes que nos informan sobre dicha ley se encuentran recogidas por G. ROTONDI, *Leges publicae populi Romani*, Hildesheim, 1990, y en T.R.S. BROUGHTON, *The Magistrates of the Roman Republic*, I, Cleveland, 1968, p. 425.

que convertían en *capitis deminutio* del heredero los derechos previstos en la legislación.

El primer capítulo de la ley establecía además límites concretos a las mujeres, *sui iuris*[351], para poder ser instituidas herederas de los ciudadanos pertenecientes a la primera clase del censo, los *centenarii*, personas con un patrimonio superior a los 100.000 sestercios[352], de acuerdo con Gayo, 2. 274:

> *Item mulier quae ab eo qui centum milia aeris census est per legem Voconiam heres institui non potest, tamen fideicommisso relictam sibi hereditatem capere potest.*

Pero de nuevo nos encontramos con un subterfugio legal, la posibilidad de adquirir la herencia por fideicomiso, disposición testamentaria confiada por el testador, fideicomitente, a la buena fe y lealtad de una persona de su confianza, denominado heredero fiduciario, para que éste ejecute el encargo consistente en disponer de todo o parte de la herencia, o de bienes determinados de la misma, en favor de un tercero, el fideicomisario[353].

---

[351] M. E. ORTUÑO PÉREZ, *Una limitación de la capacidad patrimonial de la mujer en el ámbito* sucesorio*: la lex Voconia*, cit., p. 461, con respecto a la situación, en el primer capítulo, de la mujer *sui iuris*: "A la que se reconoce explícitamente la posibilidad de poder ser instituida heredera, a la vez que se le priva de poder recibir a través de la sucesión testamentaria de las personas indicadas, un importe superior del determinado en la misma. Se le impone una limitación en su capacidad de adquisición de la herencia testamentaria".

[352] Cic. *Verres*, 2. 1. 41, habla de los ciudadanos con un patrimonio de 100.000 o más sestercios, mientras que Dión Casio 56. 10, sitúa el límite en 25.000 drachmas, o 100.000 sestercios, siendo el doble la cantidad propuesta en época de Cicerón.

[353] A. FERNÁNDEZ DE BUJÁN, *La legislación de Augusto*, en *Gerión* 35, 2017, p. 96, en donde destaca la utilización del fideicomiso como instrumento jurídico que salva la testamentifactio pasiva, o capacidad para recibir por testamento, utilizado también en tiempos de Augusto, posterior a la *lex Voconia* pero con límites muy exigentes con respecto a las mujeres, los solteros, las viudas o casados sin hijos, debido a la promulgación de las leyes matrimoniales del emperador: "Los fideicomisos se utilizaban, en ocasiones, para realizar disposiciones de última voluntad a favor de personas que carecían de la *testamenti factio* pasiva, así para burlar las leyes de Augusto respecto de la capacidad para recibir por herencia los solteros o casados sin hijos".

Al margen de estos dos capítulos conocidos, algún autor propone la existencia de un tercer capítulo[354], en el que se habría prohibido dejar más de la mitad de los bienes a una mujer, bien por herencia o mediante un legado.

A mayor abundamiento, el impedimento legal no sólo afectaba a los posibles beneficiarios, sino también al propio causante, que veía limitada su *testamentifactio activa* como consecuencia de las disposiciones de la ley. Es decir, la institución de heredero, pilar central de todo testamento romano, quedaba seriamente afectado por las limitaciones de la *lex Voconia*, que restaba eficacia legal al acto jurídico de última voluntad reconocido como más importante para todo ciudadano romano, el testamento. Con todo, no es menos cierto que la ley, como tantas otras con el único objetivo de priorizar la herencia a parientes de sexo masculino, favorecía incluso la transmisión de bienes a parientes de un grado muy lejano, con tal de evitar la concentración de riqueza en manos femeninas[355].

De este modo, pronto se mostró la ineficacia de la *lex Voconia*, que poco a poco quedará obsoleta y en desuso[356], superada por la

---

354 Tesis basada en Pseudo-Quintiliano, *Decl.* 264: *ne liceat mulieri nisi dimidiam partem bonorum dare* y planteada por A. GUARINO, *Lex Voconia*,cit., pp. 188-191; más reciente, sobre dicha declamación: M. BETTINAZZI, *La legge nelle declamazioni quintilianee. Una nuova prospettiva per lo studio della lex Voconia, della lex Iunia Norbana e della lex Iulia de adulteriis*, Saarbrücken, 2014, pp. 9 ss.; D. MANTOVANI, *Declamare le Dodici Tavole. Una parafrasi di XII Tab. V,3 nella Declamatio minor 264*, en *Fundamina*, 20, 2, 2014, pp. 597 ss.

355 F. GORIA, *Il dibattito sull'abrogazione della lex Oppia e la condizione giuridica della donna romana*, en *La donna nel mondo antico*, Turín, 1987, p. 288.

356 Aul. Gel. *Noct. Att.* 20. 1. 23: *Quid salubrius visum est rogatione illa Stolonis iugerum de numero praefinito? quid utilius plebisscito Voconio de coercendis mulierum hereditatibus? quid tam necessarium existimatum est propulsandae civium luxuriae quam lex Licinia et Fannia aliaeque item leges sumptuariae? Omnia tamen haec oblitterata et operta sunt civitatis opulentia quasi quibusdam fluctibus exaestuantis*; S. DIXON, *Breaking the Law to do the Right Thing: The Gradual Erosion of the Voconian Law in Ancient Rome*, cit., pp. 531-532: "These factors rendered the law irreverent as far as the effective prevention of excessive female fortunes was concerned. The rulings on legacies had been superseded by later and superior legislation. To Romans of a later age, the perpetrators of the Voconian law were to be revered to their intentions, but rather puzzled their descendants by their quaint notions, which seemed, if anything, somewhat unjust".

vertiginosa maquinaria socio-política de la República romana –en continua transformación– hasta el advenimiento del Imperio, y por la nueva legislación prevista, como la *lex Falcidia*[357], del año 40 a.C., de acuerdo con las palabras de Gayo 2. 227:

> *Lata est itaque lex Falcidia, qua cautum est, ne plus ei legare liceat quam dodrantem; itaque necesse est, ut heres quartam partem hereditatis habeat; et hoc nunc iure utimur.*

Esta proliferación de normas hostiles, vamos a llamarlas así, con respecto a las mujeres, conocidas por su discurso misógino y antifeminista[358], se produce en un contexto de desconfianza cada vez más creciente por parte de la sociedad y de la organización política romana, protagonizada esencialmente por hombres, que parecen reaccionar de forma desproporcionada frente a una limitada emancipación femenina que no supone una disminución de poder masculino, pero que parece preocupar en exceso al patriarcado dominante, en una época de crisis del orden social[359], por temor a ser superados

---

357 J. URBANIK, *Dioskoros and the Law (on succession): Lex Falcidia revisited*, en *Les archives de Dioscore d'Aphrodité cent ans après leur découverte. Histoire et culture dans l'Égypte byzantine*, J. L. FOURNET (ed.), París, 2008, p. 128: "This statute allowed the testator to dispose up to three quarters of his substance by the way of bequests (*legata*), at least the quarter was reserved for the instituted heir or heirs. Should the testator transgress the provisions of *Lex Falcidia*, the bequests were to be proportionally diminished, so the *heres institutus* would always get his or her fourth (in terms of civil procedure, should the heir be sued by the legatees for the payment, he or she was condemned to pay only so much, as would result in his or her keeping the quarter share). And thus *quarta Falcidia* or *ratio Falcidiae* was coined".

358 R. VIGNERON, *L'antifeministe loi Voconia et lers 'Schleichwege des Lebens'*, cit., pp. 140-153; F. J. CASINOS MORA, *La restricción del lujo en la Roma republicana*, cit., p. 148, en donde afirma que subyace un discurso dominante misógino o antifeminista en la *lex Voconia*, "negando la testamentifacción pasiva a las mujeres, en caso de que causaran herencia testada ciudadanos censados en la primera clase".

359 R. M. CID, *Las matronas y los prodigios. Prácticas religiosas femeninas en los "márgenes" de la religión romana*, en *Norba. Revista de Historia*, 20, 2007, pp. 25-26: "El hecho de que las mujeres adquieran protagonismo en coyunturas de crisis, en las situaciones más perturbadoras del orden social, que influyen decisivamente en los sentimientos de las gentes romanas, es la manifestación más

de alguna manera por las mujeres[360]. De este modo, la legislación femenina, aunque no se denominase así ni pareciera estar dirigida única y exclusivamente a las mujeres, tiene como objetivo cercenar ese aumento de autonomía personal por parte de las mismas, con la clara intención de devolverlas a los hogares, al ámbito exclusivamente privado, evitando cualquier mínima participación en el mundo del derecho, público o privado, limitando además su capacidad patrimonial[361].

La ausencia prolongada de los maridos en los hogares, como consecuencia de las guerras o de la carrera política en las provincias conquistadas por la República romana, provocó una presencia

---

elocuente de su posición marginal en la sociedad. En este sentido, el espacio de la religión, mejor que cualquier otro, revela la concepción ambigua y contradictoria de lo femenino, ya que la mujer, ser ligado a lo caótico, a la vez que manifestación de la ira divina es también el único instrumento para aplacarla. En cualquier caso, en la civilizada Roma de los tiempos republicanos, el sistema religioso siguió evocando la feminidad como símbolo del desorden frente a lo masculino, reflejo del orden, como trasunto de los papeles otorgados a unas y otros en la sociedad; esta oposición no implicó, ni mucho menos, la exclusión de las ciudadanas ni social, ni religiosa, ya que si los prodigios presentan a la mujer como vehículo utilizado por las divinidades para transmitir su malestar a la población romana, también la reconocen como la herramienta más eficaz para recuperar la *pax deorum*. Desde los márgenes de la sociedad romana modelada según normas e intereses masculinos, las mujeres acuden a salvar los intereses de la república".

[360] Sirva como ejemplo los procesos judiciales masivos contra mujeres, como el conocido caso de la represión del culto de Baco, en el 186 a.C., con un peligro social evidente porque se aceptaban esclavos, con la consiguiente promiscuidad sexual doblemente inadmisible, o el célebre proceso por envenenamiento que concluyó con la condena a muerte de 2000 matronas romanas en el 180 a.C.; vid. E. CANTARELLA, *Passato prossimo: donne romane da Tacita a Sulpicia*, 3ª ed., Milán, 2003, p. 72, en donde pone de relieve la progresiva independencia patrimonial femenina, fuente de desazón e inquietud masculina, que frenó desesperadamente la autonomía de las mujeres por considerarla un peligro para el equilibrio del Estado romano.

[361] G. ZANON, *La capacità patrimoniale della donna. Tra realtà e apparenza giuridica*, Padua, 2013, p. 102, en donde explica el motivo de las limitaciones con respecto a la capacidad patrimonial de la mujer: El conservar, en la medida de lo posible, la riqueza dentro del grupo familiar agnaticio, evitando que la mujer pueda constituir un peligroso instrumento de dispersión, sobre todo en perjuicio de sus descendientes.

más activa de las mujeres en el mundo del derecho, antes reservado única y exclusivamente a los hombres. Esta afrenta no fue bien recibida, y la represión por parte de las instituciones fue desproporcionada pero dirigida conscientemente a equilibrar la balanza de la *domus* tradicional: las mujeres en casa y el hombre en el *cursus honorum*, estableciendo que el rol tradicional de dependencia era el correcto y no la asunción progresiva de responsabilidades esencialmente masculinas que había ido adquiriendo la mujer. Además, con la excusa del control femenino y la defensa de los fundamentos de la República, se frenaba el ascenso de la nueva oligarquía urbana, formada por los comerciantes que conseguían sustanciosos contratos públicos y comenzaban a demostrar su poder económico real, manteniendo a salvo los intereses de la aristocracia senatorial[362].

Si nos referimos al caso concreto de Emilia, mejor ejemplo no podemos encontrar: la mujer del general republicano más importante del mundo romano, siempre ausente en los conflictos bélicos, gozaba de un nivel de independencia económica y social tan elevado que contrastaba con la posición de autoridad de su marido, protagonista indiscutible de los cambios en la historia de Roma. Era una figura indudablemente conocida, pero consideramos alejado de la realidad considerar a la ilustre matrona la inspiración de Catón, como hace algún autor[363], con respecto a la *lex Voconia*.

De tan insigne familia nace Cornelia, destinada a convertir su propia *gens* en una de las dinastías gentilicias de mayor renombre de la República, a través de su memoria y la de sus hijos, los Gracos, los tribunos muertos en defensa de los derechos de la plebe[364], más

---

[362] D. KIENAST, *Cato der Censor. Seine Persönlichkeit und seine Zeit*, Heidelberg, 1954, pp. 68 ss.

[363] G. BOYER, *Le droit successoral romain dans les auvres de Polybe*, en *RIDA* 4, 1950, p. 176.

[364] F. SERRAO, *Classi, partiti e legge nella repubblica romana*, Pisa, 1974, pp. 63-68, en donde haciendo referencia a un criterio político de clasificación de las leyes, considera las leyes agrarias propuestas por los Gracos como la expresión de determinadas tendencias políticas, propuestas por magistrados del movimiento democrático o anti oligárquico.

necesitada de protección que la sociedad privilegiada a la que ellos pertenecían por vía materna.

3. MATRIMONIO

Cornelia contrajo matrimonio con Tiberio Sempronio Graco, personaje políticamente muy comprometido y reconocido en los círculos de poder, por utilizar su potestad tribunicia siempre al servicio del pueblo y en contra de los intereses de la clase senatorial a la que tenía sometida a un estricto escrutinio, y sobre todo enemigo de su padre, por lo que los esponsales se consideraron –dentro de las alianzas históricas de reconciliación política– como uno de los actos más importantes de la Roma tardorrepublicana. La unión entre una familia noble de la más alta alcurnia y grandeza y una familia plebeya, prestigiosa y sin tacha, convirtió al nuevo matrimonio en protagonistas del cambio social, como precursores de los nuevos tiempos a los que debía hacer frente la sociedad romana inmersa en una profunda transformación como consecuencia del cosmopolitismo de su propia comunidad.

Livio, 38. 57, nos informa del enlace:

> *Haec uel in laudatione posita ingentem magnitudinem animi moderantis ad ciuilem habitum honoribus significarent, quae exprobrando inimicus fatetur. Huic Gracchо minorem ex duabus filiis –nam maior P. Cornelio Nasicae haud dubie a patre collocata erat– nuptam fuisse conuenit. Illud parum constat, utrum post mortem patris et desponsa sit et nupserit, an uerae illae opiniones sint, Gracchum, cum L. Scipio in uincula duceretur, nec quisquam collegarum auxilio esset, iurasse sibi inimicitias cum Scipionibus, quae fuissent, manere, nec se gratiae quaerendae causa quicquam facere, sed, in quem carcerem reges et imperatores hostium ducentem uidisset P. Africanum, in eum se fratrem eius duci non passurum*[365]*. Senatum*

[365] L. PERELLI, *I gracchi*, Salerno, 1993, p. 38, en referencia al episodio que lo convirtió en un magistrado célebre y ecuánime: "Ma l'episodio della sua carriera politica che lo rese veramente celebre fu quello che lo vide, una volta eletto tribuno della plebe, probabilmente nel 184, porre il suo veto a sostegno dei due Scipioni, che erano accusati di essersi appropriati di una somma versata dal re Antioco. Se-

eo die forte in Capitolio cenantem consurrexisse et petisse, ut inter epulas Graccho filiam Africanus desponderet. Quibus ita inter publicum sollemne sponsalibus rite factis cum se domum recepisset, Scipionem Aemiliae uxori dixisse filiam se minorem despondisse[366]*. Cum illa, muliebriter indignabunda nihil de communi filia secum consultatum, adiecisset non, si Ti. Graccho daret, expertem consilii debuisse matrem esse, laetum Scipionem tam concordi iudicio ei ipsi desponsam respondisse. Haec de tanto uiro quam et opinionibus et monumentis litterarum uariarent, proponenda erant.*

La veracidad de esta historia siempre ha tenido muchos detractores, que estiman improbable esta versión de la reconciliación entre las dos familias anteriormente enemigas con el protagonismo del Africano en el acuerdo matrimonial[367]. Es evidente que Tiberio Graco era enemigo de Publio Cornelio Escipión el Africano y que

---

condo una tradizione leggendaria fra Tiberio Graco e gli Scipioni in precedenza sarebbero intercorsi rapporti di inimicizia, ma in quell'occasione Tiberio spiegò l'intervento in difesa dei suoi nemici personali asserendo che giudicava contrario alla dignità dello Stato romano che chi aveva trionfato dei nemici della patria fosse messo nella stessa prigione dove erano stati condotti i nemici stessi. La noticia di una precedente inimicizia fra Tiberio e gli Scipioni è giudicata inverosimile dagli storici moderni; comunque la mossa del padre dei Gracchi appare ispirata dal desiderio di acquistarsi popolarità in vista dei successivi sviluppi di carriera, poichè Scipione era amato dal popolo per i suoi grandi successi militari e per la sua generosità verso i soldati, mentre era avversato dalla maggioranza dell'oligarchia senatoria, che era sospettosa del suo eccesivo potere personale e lo accusava di arroganza e di superbia".

366 Vid. el capítulo 2, en donde damos cuenta del carácter de *Aemilia Tertia*, madre de Cornelia, reconocido en este relato de Livio, cuando queda reflejado su enfado al saber por su marido Escipión el Africano que no le había consultado previamente su consentimiento para el enlace matrimonial entre Tiberio Graco y su hija pequeña Cornelia.

367 Vid. al respecto: J. CARCOPINO, *Le mariage de Corneille*, en *Autour des Gracques*, París, 1928, pp. 62 ss.; G. BOYER, *Le droit successoral romain dans les auvres de Polybe*, cit., p. 173; W. WALBANK, *A Historical Commentary on Polybius* 2, Oxford, 1967, p. 508; A. H. BERNSTEIN, *Tiberius Sempronius Gracchus: tradition and Apostasy*, cit., pp. 29-30; K. M. MOIR, *Pliny HN 7. 57 and the marriage of Tiberius Gracchus,* en *CQ*, 33, 1, 1983, pp. 136-145; S. DIXON, *Cornelia, Mother of the Gracchi*, cit., p. 4: "Let me start with the most romantic and improbably (impossible) version of this particular reconciliation story", en referencia al episodio de Livio que describe el acuerdo nupcial acordado entre Escipión el

probablemente intervino en todas las intrigas necesarias para conseguir acabar con su carrera prestigiosa y con la de su hermano Lucio Cornelio Escipión. Pero a la vez podemos ver en Tiberio a un defensor de la figura del Africano, tanto en este episodio como en el relato inmediatamente anterior del propio Livio, 38. 56, referido al proceso contra los Escipiones:

> *Multa alia in Scipionis exitu maxime uitae dieque dicta, morte, funere, sepulcro, in diuersum trahunt, ut, cui famae, quibus scriptis adsentiar, non habeam. Non de accusatore conuenit: alii M. Naeuium, alii Petillios diem dixisse scribunt, non de tempore, quo dicta dies sit, non de anno, quo mortuus sit, non ubi mortuus aut elatus sit; alii Romae, alii Literni et mortuum et sepultum. Vtrobique monumenta ostenduntur et statuae; nam et Literni monumentum monumentoque statua superimposita fuit, quam tempestate deiectam nuper uidimus ipsi, et Romae extra portam Capenam in Scipionum monumento tres statuae sunt, quarum duae P. Et L. Scipionum dicuntur esse, tertia poetae Q. Ennii. Nec inter scriptores rerum discrepat solum, sed orationes quoque, si modo ipsorum sunt quae feruntur, P. Scipionis et Ti. Gracchi abhorrent inter se. Index orationis P. Scipionis nomen M. Naeuii tribuni plebis habet, ipsa oratio sine nomine est accusatoris; modo nebulonem, modo nugatorem appellat. Ne Gracchi quidem oratio aut Petilliorum accusatorum Africani aut diei dictae Africano ullam mentionem habet. Alia tota serenda fabula est Gracchi orationi conueniens, et illi auctores sequendi sunt, qui, cum L. Scipio et accusatus et damnatus sit pecuniae captae ab rege legatum in Etruria fuisse Africanum tradunt; qua post famam de casu fratris adlatam relicta legatione cucurrisse eum Romam et, cum a porta recta ad forum se contulisset, quod in uincula duci fratrem dictum erat, reppulisse a corpore eius uiatorem, et tribunis retinentibus magis pie quam ciuiliter uim fecisse. Haec enim ipsa Ti. Gracchus queritur dissolutam esse a priuato tribuniciam potestatem, et ad postremum, cum auxilium L. Scipioni pollicetur, adicit tolerabilioris exempli esse a tribuno plebis potius quam a priuato uictam uideri et tribuniciam potestatem et rem publicam esse. Sed ita hanc unam impotentem eius iniuriam inuidia onerat, ut increpando, quod de-*

Africano y Tiberio Graco, por el que éste último contraerá matrimonio con la noble Cornelia.

generarit tantum a se ipse, cumulatas ei ueteres laudes moderationis et temperantiae pro reprehensione praesenti reddat; castigatum enim quondam ab eo populum ait, quod eum perpetuum consulem et dictatorem uellet facere; prohibuisse statuas sibi in comitio, in Rostris, in curia, in Capitolio, in cella Iouis poni; prohibuisse, ne decerneretur, ut imago sua triumphali ornatu e templo Iouis optimi maximi exiret.

Lo importante no es aquí la figura de Tiberio Sempronio Graco sino el hecho cierto de que contrajo matrimonio con Cornelia, seguramente como una forma de sellar una alianza duradera entre dos familias que bien pudieran estar con anterioridad activamente enemistadas. Pero la anécdota revelada por Livio no encaja con la realidad de los últimos años de la vida del famoso Escipión el Africano, que pasó fuera de Roma, y que además también son reflejados en el mismo relato de Livio, como veremos a continuación.

Livio, 38. 52. 1-2:

Hic speciosus ultimus dies P. Scipioni illuxit. Post quem cum inuidiam et certamina cum tribunis prospiceret, die longiore prodicta in Literninum concessit certo consilio, ne ad causam dicendam adesset. Maior animus et natura erat ac maiori fortunae adsuetus, quam ut reus esse sciret et summittere se in humilitatem causam dicentium.

Previendo los envidiosos ataques que se le venían encima por parte de los tribunos, prefirió retirarse a su propiedad en Literno, una colonia romana puerto de la Campania, firmemente resuelto a no comparecer para defenderse de las acusaciones, siendo consciente de que era una campaña indigna, infame e injuriosa contra su persona, y por ende, contra la de su hermano. Además, el general más glorioso de la historia de Roma[368], vencedor de Aníbal, no soportaba pensar en el desagradecimiento de sus conciudadanos a los que ha-

---

[368] A. H. MCDONALD, *Scipio Africanus and Roman Politics in the Second Century B.C.*, en *JRS* 28, 2, 1938, p. 164, cuya aseveración final compartimos totalmente: "Our final impression is of the domination of the Senate. At another time, or in another state, Scipio might have succeeded: in Rome, at the beginning of the second century B.C., he could only fail", en el sentido de que el éxito merecido de

bía liberado de la amenaza de los cartagineses con su clara victoria en la segunda guerra púnica, y se lo pagaban con una acusación gravísima de soborno y corrupción para intentar desacreditarlo, arrebatando además el honor secular de la *gens* Cornelia a la que él tan orgullosamente pertenecía.

Como epílogo, el autor paduano nos muestra el último deseo del vencedor de la batalla de Zama: un monumento funerario en su lugar de retiro, Literno, para que no se pudieran celebrar los ritos funerarios en la patria ingrata a la que él había defendido fielmente toda su vida en la guerra y en la paz. Así, Livio 38. 52. 5-6:

> *Silentium deinde de Africano fuit. Vitam Literni egit sine desiderio urbis; morientem rure eo ipso loco sepeliri se iussisse ferunt monumentumque ibi aedificari, ne funus sibi in ingrata patria fieret.*

Con estas evidencias, parece imposible la presencia de Publio Cornelio Escipión el Africano en el banquete oficial descrito y el acuerdo matrimonial con su hija. Además, no debemos concentrar nuestras expectativas únicamente en la versión de los escritores clásicos, llenos de buenas intenciones y sobre todo imbuidos de la necesidad de exaltar la gloria pasada de la Roma republicana en aras de una Roma imperial exultante y sin ningún error en su flamante historia, lo que sin duda redunda en una falta absoluta de fuentes veraces si no están al servicio de la propaganda histórica perseguida. Por ello, hemos estimado conveniente acudir a otras fuentes de conocimiento para poder estimar mejor la fecha probable de matrimonio de Cornelia, optando por retrotraernos desde la fecha conocida de la carrera política de sus hijos para poder datar mejor el año probable de su enlace matrimonial, de acuerdo con la normativa reguladora de la edad precisa para poder acceder al *cursus honorum*[369] –en aquel momento seguramente la *lex Villia Annalis* del 180 a.C.[370]– y dentro

---

Escipión hubiera tenido lugar en otro momento y en otro Estado, pero en aquellos tiempos convulsos era del todo imposible.

369 Vid. al respecto, M. J. BRAVO BOSCH, *El ius honorum en la antigua Roma*, cit., pp. 231 ss.

370 A. BERGER, *Encyclopedic Dictionary of Roman Law*, cit., *s.v. Lex Villia*: "Called *annalis* (180 B.C.) Fixed the minimum age for Roman magistrates: for

del mismo, a los diferentes cargos estatuidos jerárquicamente y con una carencia temporal precisa.

Con todo, ni siquiera esta forma de proceder va a resultar fácil, a diferencia del cálculo en el caso de su hermana Cornelia la mayor[371], ya que nuestra protagonista tuvo doce hijos, de los que dos de ellos fueron indudables protagonistas de la vida política romana y del *cursus honorum* establecido, lo que aumenta el espacio temporal en el que debemos concretar la fecha del matrimonio. Si atendemos a la edad de Tiberio Graco, no tendría más de treinta años cuando fue asesinado en el año 133 a.C[372]. La costumbre parece confirmar que el hijo mayor tenía el *praenomen* de su padre, y además tenemos el testimonio de Plinio *NH*, 7. 57 sobre la maternidad anual de Cornelia, lo que vendría a decir que en el espacio de doce años tuvo doce hijos, con alternancia de sexos en cada ocasión:

> *Est quaedam privatim dissociatio corporum, et inter se steriles, ubi cum aliis iunxere se, gignunt, sicut Augustus et Livia. item alii aliaeque feminas tantum generant aut mares, plerumque et alternant, sicut Gracchorum mater duodeciens et Agrippina Germanici noviens. aliis sterilis est iuventa, aliis semel in vita datur gignere.*

La aceptación de la alternancia de sexos en la fecunda maternidad de Cornelia fue durante mucho tiempo la tesis más aceptada, propuesta por MOMMSEN[373], en la que apostaba por la fecha del año 165 a.C. como la más probable del matrimonio entre Cornelia y Tiberio Sempronio Graco. Sin embargo, actualmente existe otra tesis, defendida por K. MOIR y seguida por la doctrina más respeta-

consuls forty-three years of age, for praetors forty, for *aediles curules* thirty-seven. The interval of time between the tenure of two offices was settled at two years"; E. ASTIN, *The Lex Annalis before Sulla*, en *Latomus* 32, Bruselas, 1958, *passim*.

371 La solución es mucho más sencilla si tenemos en cuenta la fecha del consulado de *Scipio Nasica Serapio*, hijo de Cornelia la mayor y *Nasica Corculum*. Si accedió al cargo de cónsul en el año 138 a.C., y tomamos en consideración la edad de 42 como mínima para acceder a dicho cargo, la fecha más aproximada del matrimonio sería el año 180 a.C.

372 Plut. *C. Gr.* 1. 2.

373 TH. MOMMSEN, *Die Skipionenprozess*, en *Römische Forschungen* 2, Berlín 1864, pp. 417 ss.

ble[374], que traduce el significado de *alternant* como una maternidad protagonizada en primer lugar por las hijas, para luego tener todos los hijos varones a continuación. Si a ello sumamos las ausencias de un marido ocupado en los asuntos del Estado podríamos datar el matrimonio entre el año 180 a.C o como máximo en el 175 a.C[375].

Todo ello unido a la referencia anterior en la que pusimos de manifiesto la posibilidad de que el ilustre general hubiese ya fallecido cuando nuestra célebre matrona Cornelia contrajo matrimonio[376], nos induce a pensar en una alianza[377], promovida por la enérgica madre, Emilia, en aras de una tregua que les ayudase a sobrellevar las injurias fruto de la intriga política que amenazaban gravemente la honra familiar.

Con respecto al matrimonio de Cornelia y Tiberio Sempronio Graco, sabemos también de la sólida unión entre ambos cónyuges, considerados como un matrimonio perfecto y un icono de comportamiento conyugal, de acuerdo con el siguiente episodio relatado por Valerio Máximo, 4. 6. 1:

> *Ti. Gracchus anguibus domi suae mare <ac> femina deprehensis, certior factus ab aruspice mare dimisso uxori eius, femina ipsi celerem obitum instare, salutarem coniugi potius quam sibi partem augurii secutus marem necari, feminam dimitti iussit sustinuitque in conspectu suo se ipsum interitu serpentis occidi. itaque Corneliam nescio utrum feliciorem dixerim, quod talem uirum habuerit, an miseriorem, quod amiserit. o te, Thessaliae rex Admete, crudelis*

---

374 K. MOIR, *Pliny HN 7. 57 and the marriage of Tiberius Gracchus,* cit., p. 137, sobre el significado de alternancia, y la p. 139 sobre las fechas posibles del enlace matrimonial.; S. DIXON, *Cornelia, Mother of the Gracchi*, cit., p. 67, n. 29: "Moir has offered the ingenious suggestion that Pliny's expression *alternant* meant that she had six girls, then six boys. Her calculations of the considerable time which Cornelia's husband Tiberius spent abroad narrows the opportunities for her repeated impregnations".

375 *Ibid. Id.* p. 3.

376 Plutarco, *Tib. Gr*. 4. 3.

377 C. PETROCELLI, *Cornelia the matron*, en *Roman Women*, A. FRASCHETTI, (Ed.), Chicago, 2001, p. 38: "Cornelia's marriage was strategically planned by a family council held by the Scipios in order to stablish an alliance with the Sempronii (ties later reinforced by the marriage of Scipio Aemilianus and Sempronia, daughter of Cornelia and Sempronius Gracchus)".

et duri facti crimine sub magno iudice damnatum, qui coniugis tuae fata pro tuis permutari passus es, eaque, ne tu extinguere<re>, uoluntario obitu consumpta lucem intueri potuisti, et certe parentum prius indulgentiam temptaueras!

Pero de nuevo surgen dudas con respecto a la autenticidad de esta célebre historia[378], recogida también por Plinio, *N. H.* 7. 122[379]:

Gracchorum pater anguibus prehensis in domo, cum responderetur ipsum victurum alterius sexus interempto: immo vero, inquit, meum necate, Cornelia enim iuvenis est et parere adhuc potest. hoc erat uxori parcere et rei publicae consulere; idque mox consecutum est. M. Lepidus Appuleiae uxoris caritate post repudium obiit. P. Rutilius morbo levi impeditus nuntiata fratris repulsa in consulatus petitione ilico expiravit. P. Catienus Philotimus patronum adeo dilexit, ut heres omnibus bonis institutus in rogum eius se iaceret[380].

Y transmitida también por Cicerón, en *De divinatione* 1. 36, en donde cita a Cayo Graco como su fuente:

Quid? qui inridetur partus hic mulae nonne, quia fetus exstitit in sterilitate naturae, praedictus est ab haruspicibus incredibilis partus malorum? Quid? Ti. Gracchus Publi filius, qui bis consul et censor fuit, idemque et summus augur et vir sapiens civisque praestans, nonne, ut C. Gracchus, filius eius, scriptum reliquit, duobus anguibus domi comprehensis haruspices convocavit? Qui cum respondissent, si marem emisisset, uxori brevi tempore esse moriendum, si feminam, ipsi, aequius esse censuit se maturam oppetere mortem quam P. Africani filia adulescentem; feminam emisit, ipse paucis post diebus est mortuus.

---

[378] J. HALLET, *Fathers and Daughters in Roman Society*, Princeton, 1984, p. 219, en donde se refiere a las esposas romanas como "*figures distanced from their husbands*", declaración que refutaría la supuesta complicidad entre cónyuges, y, por ende, la especial relación existente entre Cornelia y Tiberio Sempronio Graco.

[379] S. BARNARD, *Cornelia and the Women of Her Family*, cit., p. 388, en donde señala que Plinio afirma que muere por Cornelia, "after ritually killing the correct one of a pair of sacred snakes, because of his wife's continued potential as a child-bearer. This reason is, of course, at odds with the ideal of the *uniuira*, married to only one husband in the course of her life, which Cornelia exemplifies".

[380] Existen otras versiones, como la versión anónima *De Viris Illustribus* 57. 4.

El propio Cicerón lo rememora de nuevo en *De divinatione* 2. 62:

> *C. Gracchus ad M. Pomponium scripsit, duobus anguibus domi comprehensis, haruspices a patre convocatos. Qui magis anguibus quam lacertis, quam muribus? Quia sunt haec cotidiana, angues non item; quasi vero referat, quod fieri potest, quam id saepe fiat. Ego tamen miror, si emissio feminae anguis mortem adferebat Ti. Graccho, emissio autem maris anguis erat mortifera Corneliae, cur alteram utram emiserit; nihil enim scribit respondisse haruspices, si neuter anguis emissus esset, quid esset futurum. "At mors insecuta Gracchum est." Causa quidem, credo, aliqua morbi gravioris, non emissione serpentis; neque enim tanta est infelicitas haruspicum, ut ne casu quidem umquam fiat quod futurum illi esse dixerint.*

Y Plutarco tampoco olvida este episodio, con el que comienza su relato de la historia de las vidas de Tiberio y Cayo Graco[381], y defiende la generosidad de Tiberio Sempronio Graco, que sabiendo que es mucho más joven su mujer Cornelia, cree que debe ser ella quien sobreviva a los dos en caso de que sea cierto el auspicio de las serpientes:

> Ἡμεῖς δὲ τὴν πρώτην ἱστορίαν ἀποδεδωκότες, ἔχομεν οὐκ ἐλάττονα πάθη τούτων ἐν τῇ Ῥωμαϊκῇ συζυγίᾳ θεωρῆσαι, τὸν Τιβερίου καὶ Γαΐου βίον ἀντιπαραβάλλοντες. Οὗτοι Τιβερίου Γράγχου παῖδες ἦσαν, ᾧ τιμητῇ τε Ῥωμαίων γενομένῳ καὶ δὶς ὑπατεύσαντι καὶ θριάμβους δύο καταγαγόντι λαμπρότερον ἦν τὸ ἀπὸ τῆς ἀρετῆς ἀξίωμα. Διὸ καὶ τὴν Σκιπίωνος τοῦ καταπολεμήσαντος Ἀννίβαν θυγατέρα Κορνηλίαν, οὐκ ὢν φίλος, ἀλλὰ καὶ διάφορος τῷ ἀνδρὶ γεγονώς, λαβεῖν ἠξιώθη μετὰ τὴν ἐκείνου τελευτήν. Λέγεται δέ ποτε συλλαβεῖν αὐτὸν ἐπὶ τῆς κλίνης ζεῦγος δρακόντων, τοὺς δὲ μάντεις σκεψαμένους τὸ τέρας, ἄμφω μὲν οὐκ ἐᾶν ἀνελεῖν οὐδ› ἀφεῖναι, περὶ δ› ἑκατέρου διαιρεῖν, ὡς ὁ μὲν ἄρρην τῷ Τιβερίῳ φέροι θάνατον ἀναιρεθείς, ἡ δὲ θήλεια τῇ Κορνηλίᾳ. Τὸν οὖν Τιβέριον, καὶ φιλοῦντα τὴν γυναῖκα, καὶ μᾶλλον αὐτῷ προσήκειν ὄντι πρεσβυτέρῳ τελευτᾶν ἡγούμενον ἔτι νέας οὔσης ἐκείνης, τὸν μὲν ἄρρενα κτεῖναι τῶν δρακόντων, ἀφεῖναι δὲ τὴν θήλειαν· εἶθ›

381 Plutarco, *Tib. Gr.* 1.1-5.

ὕστερον οὐ πολλῷ χρόνῳ τελευτῆσαι, δεκαδύο παῖδας ἐκ τῆς Κορνηλίας αὐτῷ γεγονότας καταλιπόντα.

La doctrina cree más en el sentido mitológico de este episodio, que describe la elogiosa y heroica actitud de Tiberio Graco cuando encuentra en su casa dos serpientes, macho y hembra, y consulta a los arúspices (*haruspex*), para que le ayuden a decidir qué debe hacer, porque entiende que tal aparición debe contener algún significado oculto que él mismo no puede descifrar sin la ayuda necesaria. El augurio no puede ser más funesto: Si deja escapar al macho, morirá de inmediato su mujer; sin embargo, si deja escapar a la hembra, será él quien fallezca al instante. Y él finalmente escoge la parte del augurio más favorable para su mujer, dejando escapar a la serpiente hembra. La elección de la serpiente en este episodio premonitorio ya había estado presente en otros momentos de la historia de la familia de Cornelia[382], aunque las dudas sobre la certeza de este episodio nos llevan a optar por un acto de publicidad gloriosa de la distinguida Cornelia más que en un relato real[383], en el que resulta beneficiada una mujer como excepción a la regla general de la historia. La longevidad de nuestra protagonista puso fácil la posibilidad de dar rienda suelta a la imaginación colectiva y a una visión sorprendente de una mujer que, contrariamente a la realidad social de su época, consiguió sobrevivir a la mayor parte de los miembros de su familia, algo inusual en una mujer con el esfuerzo añadido de tantos partos incluidos[384].

---

382 C. PETROCELLI, *Cornelia the matron*, en *Roman Women*, cit., p. 41, en donde explica la aparición de una serpiente en el lecho de Pomponia, abuela de Cornelia, que anunciaba su próximo embarazo: "When a snake appeared in Pomponia's bed, this omen signified that she was no longer barren. Shortly afterwards, she became pregnant, and later Africanus Major was born".

383 S. BARNARD, *Cornelia and the Women of Her Family*, cit., p. 388: "In any case, the story of Tiberius dying for Cornelia… seems to be pure folklore with no posible kernel of truth".

384 C. PETROCELLI, *Cornelia the matron*, en *Roman Women*, cit., p. 41: "In a society in which average life expectancy was short, especially for females (consider not only the infant mortality rate but the number of women who died in childbirth), Cornelia with her numerous pregnancies was an ever more remarkable exception".

A mayor abundamiento, el deceso de su marido en un corto espacio de tiempo, alimentó todavía más la leyenda[385], acrecentada con el paso del tiempo con la clara intención de ennoblecer todavía más, si era posible, la grandeza de la más noble de las matronas romanas, y la merecedora de todos los honores, como consecuencia del afecto y admiración profesados por su propio marido, algo realmente inusual entre los matrimonios pactados de la época, realizados por necesidad de alianzas políticas y sin rastro alguno de sentimientos mutuos, algo que se convertirá en más que habitual con la llegada del Imperio, y las consecuencias nefastas de tales arreglos matrimoniales[386].

Por lo tanto, si sabemos que la muerte del marido de Cornelia acaeció alrededor del año 154 a.C., este mágico episodio debió suceder en aquella época, si hubiese sido real, claro está, aunque ya hemos dejado claro nuestro punto de vista, más inclinado a pensar en un acto de promoción de la familia, con elementos míticos y he-

---

[385] M. BETTINI, *Women and Weasels: Mythologies of Birth in Ancient Greece and Rome*, trad. inglés por E. Eisenach, Chicago, 2013, p. 73: "Tiberius said in response: 'Then kill the male snake, because Cornelia is young and can still give birth to more children'. This was apparently what happened, since Tiberius died not long afterward".

[386] Sirva el ejemplo del matrimonio entre Tiberio, hijo de Livia, y Julia, hija de Augusto. Fue un desastre en todos los sentidos, como pone en evidencia G. MARAÑÓN, *Tiberio. Historia de un resentimiento*, Buenos Aires, 1939, pp. 50 ss., de dónde podemos elegir dos frases, referida a cada uno de los cónyuges. La primera sobre Tiberio, en p. 56: "Cuando, ya casado con Julia, vio un día pasar a lo lejos a Vipsania (su esposa anterior), se enterneció tanto que se le escaparon las lágrimas y juró no volverla a ver. Su resentimiento ante la idea de que vivía en brazos de otro –y otro que era uno de sus mayores enemigos– fue creciendo sin cesar y tuvo no poca parte en la tragedia espiritual de su vida"; la segunda sobre Julia, en p. 80: "En las horas interminables de su destierro, recordaría su vida anterior como la recuerdan los desterrados: como si fuera otra vida; la vida maravillosa de otra Julia, ante la cual el mundo entero se prosternaba… Y con esa clarividencia con que se comprende el destino en las horas de la desgracia irremediable, se daría cuenta de que en este mundo todo es absurdo y todo es lógico a la vez; apoteosis y persecución, bazas contrarias del sino que rige nuestra existencia bajo la influencia, inaccesible a la lógica humana, de los designios de Dios. Acaso lo único que no comprendería del todo sería la ira inextinguible de su padre, que no sólo no la quiso perdonar jamás, sino que, proyectando el rencor hasta después de la tumba, prohibió que ella y su hija, la otra Julia, también llena de pecados de la carne flaca, fueran enterradas en el mausoleo imperial".

roicos como polos de atracción para las almas más crédulas de la república romana[387], necesitadas de ídolos y personajes de leyenda dotados de infinitos poderes que les ayudasen en las guerras continuas que se libraban con el resto del mundo por parte del pueblo romano, implicado activamente en un proceso de expansión del *limes* territorial realmente ambicioso.

Con respecto a la figura pública de Tiberio Sempronio Graco, podemos destacar su liderazgo, su buen gobierno, como demostró por ejemplo durante su estancia en la Hispania Citerior como pretor, sus éxitos militares[388], y su capacidad negociadora, que hicieron de él un magistrado apreciado en la Hispania conquistada mediante gestos de generosidad que lo convirtieron en merecedor del reconocimiento explícito de las poblaciones sometidas a Roma, que aceptaron y firmaron tratados que devolvían la paz a los territorios antes continuamente sublevados. Se habla incluso del *stipendium*, la cantidad fija que debía pagar cada comunidad, como un instrumento fiscal creado por Tiberio Sempronio Graco[389], para evitar los abusos de los generales romanos, y aunque carecemos de fuentes fiables al

---

[387] S. DIXON, *Cornelia, Mother of the Gracchi*, cit., p. 6.

[388] Apiano, *Ib.* 43.

[389] Vid. al respecto, J. S. RICHARDSON, *Hispaniae. Spain and the development of Roman imperialism, 218-82BC*, Cambridge, 1986, pp. 115-116, en donde afirma que la creación del sistema fiscal romano en Hispania habría que datarla durante la pretura de Tiberio Sempronio Graco; *id. Hispania y los romanos*, Barcelona, 1998, pp. 69-70; F. J. LOMAS SALMONTE/ P. LÓPEZ BARJA DE QUIROGA, *Historia de Roma*, Madrid, 2004, p. 97: "La estancia de Graco en Hispania es una posibilidad atractiva" para pensar en él como el inspirador o promotor de la nueva regulación impositiva; contra, M. SALINAS DE FRÍAS, *El impacto económico de la conquista romana*, en *Stvd.hist., Hª antig.* 17,1999, p. 133: "A nosotros esta fecha nos parece tardía y creemos que la creación de dicho sistema, que comprendía, además –no debe olvidarse– otros impuestos, no se debe a Graco sino, más probablemente, a Escipión, quien sentaría sus bases que serían desarrolladas posteriormente, a medida que avanzaba la conquista romana, por M. Porcio Catón y por Ti. Sempronio Graco. Los tratados de Graco con los celtíberos no podían ser la fuente de la organización fiscal de Hispania y el origen del *stipendium* ya que en el 154 a.C. la ciudad celtibérica de Segeda, que era dediticia, ya no pagaba los tributos establecidos por Graco (App. /*Ib.* 44) y, con anterioridad a Graco, muchas otras comunidades ya eran estipendiarias".

respecto, dan buena cuenta de la percepción positiva de la figura del pretor comprometido con los territorios en los que ejerció su cargo.

El *cursus honorum* fue relevante y bastante tradicional si lo ponemos en comparación con la carrera política que protagonizarán posteriormente su hijos, pero no por ello debemos denostar su figura[390], llegando a la magistratura superior ordinaria y más deseada *cum imperium*, el consulado, pero sin embargo su recuerdo ha sido tradicionalmente olvidado por la historiografía tradicional[391], algo que no deja de sorprendernos si hacemos una comparación de cargos públicos desempeñados por el padre y los dos hijos. Los tribunos de la plebe no pasaron de desempeñar esa magistratura, es cierto que por haber sido asesinados, pero su padre había realizado un *cursus honorum* modélico[392], que se refleja como tedioso y burocrático

---

[390] L. PERELLI, *I Gracchi*, cit., p. 39 en donde pone en evidencia una tradición hostil hacia la figura de Tiberio Graco cuando era edil, gastando sumas enormes para los juegos, grabando incluso a los Latinos, Itálicos y provinciales, lo que provocó el establecimiento por parte del Senado de ciertos límites para los juegos, prohibiendo la imposición de contribuciones con tal motivo. Con todo, esta tradición negativa contrasta "con la severità di cui egli successivamente diede prova nella censura del 169, e il poco riguardo verso i sudditi dell'impero non collima con la clemenza e la generosità che egli usò qualche anno dopo verso le popolazioni iberiche. Ciò dimostra da un lato quanto sia difficile districarsi tra le notizie tendenziose e contradditorie trasmesse dalle fonti antiche, dall'altro come sia problematico per gli storici moderni ravvisare una linea di condotta politica coerente nell'azione del padre dei Gracchi".

[391] A. LLAMAZARES MARTÍN, *Reconstruyendo la carrera de Tiberio Graco Maior: algunas reconsideraciones en torno a las magistraturas menores*, en *Stud. hist., H.ª antig.*, 34, 2016, pp. 13-40, en donde realiza la reconstrucción del *cursus honorum* en las magistraturas menores de Tiberio Sempronio Graco, y dedica calificativos sumamente elogiosos al magnánimo magistrado y a su persona.

[392] L. PERELLI, *I Gracchi*, cit., pp. 41-42, en donde describe un episodio de difícil interpretación: mientras anteriormente los libertos estaban inscritos en las cuatro tribus urbanas, donde podían ejercer el derecho de voto, el padre de los Gracos, con el respaldo de la mayoría del Senado, propuso que todos los libertos fueran suprimidos de las tribus con la consiguiente pérdida de voto. El colega Claudio, cuyo antepasado Apio Claudio el Ciego en el 310 había abierto la posibilidad de la inscripción de los libertos en todas las tribus, se opuso, por lo que se llega a un compromiso, que consistía en que los libertos fueran inscritos en una sola tribu elegida mediante sorteo. La razón de este proyecto represor con respecto a los libertos no resulta claro; algunos creen que el motivo residía en la necesidad de reducir la

cuando la verdad es que no fue así. Eclipsado por sus hijos, pero con una carrera honesta, efectiva, incluso ejemplar, fue condenado al ostracismo debido a la fama eterna que adquirieron sus hijos, curiosamente en buena medida por la alabanza continua de su madre, inasequible al desaliento cuando se trataba de loar la figura de sus amados hijos violentamente desaparecidos.

Lo cierto y verdad es que siempre destacó por su moderación y lealtad, y por su unión matrimonial con Cornelia, símbolo de la perfecta matrona romana republicana, que duró toda su vida, y para cuyo recuerdo vivirá siempre Cornelia, renunciando a ningún nuevo enlace matrimonial y viviendo su longeva existencia como *univira*, es decir, matrona romana de un solo matrimonio en recuerdo honroso y admirado de la unión perpetua que tuvo con su marido[393].

La mujer *univira*[394], casada tan sólo una vez en toda su vida[395], con un solo marido durante toda su existencia, es ejemplificada con perfección absoluta por parte de Cornelia, que representa la absoluta dedicación a la familia, con un recuerdo imborrable hacia la memoria de su esposo que le lleva a vivir el resto de su vida dedicada a la educación de sus hijos, por lo que será considerada el símbolo

---

consistencia de la clientela nobiliaria, en la que se encontraban los libertos; otros hablan de este procedimiento como el producto de una política de defensa de las costumbres nacionales contra la invasión de los extranjeros y las costumbres griegas, dado que la mayor parte de los libertos eran de cultura griega.

393 S. CASTÁN PÉREZ, *El matrimonio como estrategia en la carrera política durante el último tramo de la República*, en *RIDROM* 7, 2011, p. 385: "El hecho de que un matrimonio durase toda la vida era muy bien considerado por los romanos".

394 J. B. FREY, *Signification des termes 'monandros' et 'univirae'*, cit., pp. 48-60; M. HUMBERT, *Le Remariage à Rome: Etude d'histoire juridique et Sociale*, cit., pp. 330 ss.

395 Val. Max. 2. 1. 3: *Quae uno contentae matrimonio fuerant corona pudicitiae honorabantur: existimabant enim eum praecipue matronae sincera fide incorruptum esse animum, qui depositae uirginitatis cubile [in publicum] egredi nesciret, multorum matrimoniorum experientiam quasi legitimae cuiusdam intemperantiae signum esse credentes*; R. LANGLANDS, *Sexual morality in Ancient Rome*, cit., pp. 61-62: "This honour, in the visible form of a crown of *pudicitia* given to women who marry only once, once again associates *pudicitia* with a single marriage. It suggest, more explicitly than the proscriptions on participants in the cult of *pudicitia* itself, that it is the state of being *uniuira* –once-married– that provides evidence of a woman's possession of the quality of *pudicitia*".

perfecto de mujer romana[396], un ejemplo a seguir por todas las generaciones femeninas venideras a fin de perpetuar la necesidad de mujeres honradas para mayor gloria de Roma.

El respeto y la admiración hacia las mujeres que tan sólo contraían una vez en su vida matrimonio y de quedar viudas permanecían en ese estado hasta su muerte ya se observa en la más antigua tradición romana, y no es fruto del influjo del cristianismo sino también de la cultura pagana[397]. La moral tradicional, la *pudicitia* imprescindible para la salvaguarda de los derechos hereditarios de los descendientes del padre, sólo reconocibles por la virtud ejemplar de las madres, otorgaba una posición privilegiada a las mujeres que prodigaban el pudor y el respeto marital como condición indispensable para ser una perfecta matrona romana[398].

Su condición de viuda[399], no la llevará al ostracismo ni a una vida retirada o contemplativa fuera del bullicioso mundo romano sino todo lo contrario, la obligará, en ausencia del *paterfamilias* titu-

---

[396] S. B. POMEROY, *Goddesses, Whores, Wives and Slaves: Women in Classical Antiquity*, cit., p. 149: "Among Roman matrons, Cornelia was a paragon. A widow, she remained faithful to the memory of her husband, Tiberius Sempronius Gracchus, to whom she had borne twelve children. She continued to manage her household and was praised for her devotion to her children's education".

[397] Tert. *De exhortatione castitatis*, 13; *id., De monogamia*, 17. 4; M. LIGHTMAN/ W. ZEISEL, *Univira: an Example of Continuity and Change in Roman Society*, en *Church History*, 46, 1, 1977, pp. 19-20, en donde se refleja como en el Principado, los *flamines* de Júpiter tenían mujeres que eran *univirae*, "and traditional wedding ceremonias retained the once-married woman with a living husband as an *univira-pronumba*, a handmaiden to the bride"; en pp. 22-23, hacen referencia a una tumba pagana del período imperial que ofrece evidencias de la difusión social del concepto de *univira*: "The upper-class *matrona-univira*, Cornelia, find echoes in a Roman epitaph to one Fabia", trayendo a colación el epitafio de una mujer honrada por el hecho de ser *univira*, pero que, a diferencia de Cornelia, no pertenecía a la nobleza. Aun así, y a pesar de la diferencia social que las separaba, "the two women were both praised for the same virtues and were both *univirae*".

[398] J. GAGÉ, *Matronalia: essai sur les dévotions et les organisations culturelles des femmes dans l'ancienne Rome*, Berchem, 1963, p. 7.

[399] *The Oxford Encyclopedia of Ancient Greece and Rome,* 1, M. GAGARIN (ed.), Oxford, 2010, *s.v. Cornelia*: "Widowed, Cornelia devoted herself to her surviving children, only three of whom lived to be adults. She saw to it that they were educated by leading intellectuals."

lar de la patria potestad sobre los miembros de su familia, a convertirse en la mejor asesora y embajadora de sus hijos supervivientes, sólo tres de los doce que tuvo con su marido, a los que imbuirá de la necesidad de una vida intelectual combinada con la acción pública, de modo especial a sus dos hijos varones, convirtiéndolos en símbolo del cambio en una sociedad tardorrepublicana anquilosada, necesitada de revoluciones internas que sin embargo no acabarán de producirse por el temor de la clase dirigente a perder los privilegios que secularmente les venían otorgados desde su nacimiento.

Debemos destacar esa libertad de acción por parte de Cornelia[400], ya que a pesar de existir todavía la tutela *mulierum*[401], más a efectos formales que como un instrumento real de control masculino sobre las mujeres tuteladas, parece gozar de una independencia real a la hora de intervenir en los actos jurídicos de su propia familia, como el matrimonio de su hija Sempronia, la educación de sus hijos –los tribunos de la plebe– el rechazo a un nuevo matrimonio y demás asuntos propios de la *domus* pero tradicionalmente asignados a la potestad del *pater familias*.

Adquirido el nuevo status de viuda, siendo todavía joven[402], no quiso cambiar de condición jamás, y ni siquiera el ofrecimiento por

---

[400] S. B. POMEROY, *Goddesses, Whores, Wives and Slaves: Women in Classical Antiquity*, cit., p. 151: "By the late Republic, tutelage over women was a burden to the men acting as guardians, but only a slight disability to women. The virtuous Cornelia managed a large household and is not reported to have consulted anymale guardian even in her decision to turn down Ptolemy Physcon's proposal of marriage", añadiendo a continuación el ejemplo de Terencia, la mujer de Cicerón, sobre la que se escribió acerca de sus transacciones financieras, pero nada se dijo de su tutor.

[401] S. DIXON, *Polybius on Roman Women and Property*, cit., p. 149: "The institution of *tutela mulierum perpetua* continued its legal existence until the late third century A.D., although legislative emendations and praetorian practice reduced even its formal importance long before its disappearance from desuetude. Again, it is evident from the later literature that the *tutor mulieris* ceased at some point to exercise effective control over female disposition of property", para continuar en p. 157 con la conclusión de la gran independencia negocial de las mujeres "of the very late republic and early Empire" y el declive de la *tutela mulierum perpetua*.

[402] De acuerdo con la cronología adoptada como cierta para nosotros, si nació en el año 190 a.C. y se quedó viuda sobre el 154 a.C., tendría alrededor de 36 años,

parte del Rey de Egipto, Ptolomeo VIII[403], de que contrajera matrimonio y compartiera su trono con él, consiguió hacerle cambiar de opinión[404], retirándose a su refugio familiar de *Misenum*[405], a la villa situada en el golfo de Nápoles, lugar favorito de los romanos pudientes, donde seguiría con su vida, rodeada de la élite intelectual que le ayudaría con la educación deseada para sus hijos, y dedicada a las labores propias de una matrona romana, en su caso dotada de virtud extrema. En todo caso, esta propuesta refiere las buenas relaciones sociales que tenía Cornelia con reyes extranjeros y celebridades, y publicita del mismo modo los lazos de amistad existente entre Roma y la dinastía Ptolemaica egipcia, tan importantes para el abastecimiento periódico de cereal indispensable para la alimentación del pueblo romano.

Toda la información nos la proporciona Plutarco[406]:

> Κορνηλία δ› ἀναλαβοῦσα τοὺς παῖδας καὶ τὸν οἶκον, οὕτω σώφρονα καὶ φιλότεκνον καὶ μεγαλόψυχον αὑτὴν παρέσχεν, ὥστε μὴ κακῶς

todo dentro de ciertos límites temporales que no hemos podido concretar del todo, lo que hace de Cornelia una viuda joven, independientemente de que en aquellos tiempos la esperanza de vida fuese sensiblemente inferior a la de hoy en día; otros, como L. PERELLI, *I Gracchi*, cit., p. 44, la hacen viuda antes: "Rimasta vedova a 30 anni, Cornelia decise di non risposarsi".

403 P. NADIG, *Zwischen König und Karikatur: Das Bild Ptolemaios' VIII*, en *Spannungsfeld der Überlieferung*. Munich, 2007, *passim*; P. CHRYSTAL, *Roman Women: The Women who influenced the History of Rome*, cit., p. 18: "Despite a marriage proposal from the very (at least politically) eligible Ptolemy VIII, whose nickname 'Physkon' (big belly) says it all, about his physique".

404 S. BARNARD, *Cornelia and the Women of Her Family*, cit., p. 388, en donde opina que en cualquier caso la historia de la propuesta matrimonial por parte de Ptolomeo parece más bien puro folklore que una historia con visos de realidad, es decir, una historia falsa.

405 E. A. HEMELRIJK, *Matrona Docta: Educated Women in the Roman Élite from Cornelia to Julia Domna*, cit., p. 97: "It seems that Cornelia had moved to her villa at the promontory of Misenum after the death of her son Tiberius, or perhaps even earlier, at a time when the first luxurious Roman villas appeared along the coast of Campania. In the course of time these great Campanian villas became famous for the civilized leisure and intelectual activities of their owners, and for their patronage of greek scholars. Cornelia may have provided on of the first examples of this villa-based patronage in Campania and she herself is, as far as we know, the earliest example of a Roman women who acted as a patroness of literature and learning".

406 *Tib. Gr.* 1. 6-7.

δόξαι βεβουλεῦθαι τὸν Τιβέριον ἀντὶ τοιαύτης γυναικὸς ἀποθανεῖν ἑλόμενον· ἥ γε καὶ Πτολεμαίου τοῦ βασιλέως κοινουμένου τὸ διάδημα καὶ μνωμένου τὸν γάμον αὐτῆς ἠρνήσατο, καὶ χηρεύουσα τοὺς μὲν ἄλλους ἀπέβαλε παῖδας, μίαν δὲ τῶν θυγατέρων, ἣ Σκιπίωνι τῷ νεωτέρῳ συνῴκησε, καὶ δύο υἱοὺς περὶ ὧν τάδε γέγραπται, Τιβέριον καὶ Γάιον, διαγενομένους οὕτως φιλοτίμως ἐξέθρεψεν, ὥστε πάντων εὐφυεστάτους Ῥωμαίων ὁμολογουμένως γεγονότας, πεπαιδεῦσθαι δοκεῖν βέλτιον ἢ πεφυκέναι πρὸς ἀρετήν.

Con todo, no sabemos con certeza si este episodio es cierto, pero contribuye todavía más a la leyenda eterna de la mujer entregada a un solo hombre, cuya muerte le recuerda cada día que no debe entregarse a ningún otro, sino dedicarse al recuerdo de los días vividos junto a su esposo, mientras dedica todos sus esfuerzos a la educación de los hijos concebidos en el seno de dicha unión. Siempre se ha creído que el principal motivo del rechazo a una nueva unión matrimonial fue precisamente la total dedicación a sus hijos y a la supervisión de sus educadores[407], teniendo claro que su implicación diaria en los proyectos de vida de sus hijos les reportarían beneficios culturales, humanos y políticos indudables[408].

Tampoco podemos afirmar –como hace algún autor– que el Rey de Egipto hiciera la propuesta matrimonial a Cornelia sólo con la idea de sellar una fructífera alianza con una de las familias más importantes de Roma[409], ya que es una suposición, y darla como cierta en un episodio del que ni siquiera podemos probar su existencia nos parece

---

[407] C. PETROCELLI, *Cornelia the matron*, en *Roman Women*, cit., p. 50: "Most certainly, Cornelia personally selected the tutors entrusted with her sons' moral and intellectual development. These men, Blossius of Cuma and Diophanes of Mytilene, not only played a crucial role in Tiberius's education, but also in his political career".

[408] Dionisio de Halicarnaso, 8. 48, recuerda un ilustre precedente, en el que Veturia reprocha a su hijo *Coriolanus* los sacrificios que ha tenido que hacer por su educación, recordándole que tras la muerte de su padre ella se convirtió en madre, padre, hermana, y no se casó de nuevo ni tuvo más descendencia por la dedicación absoluta que tuvo con él.

[409] S. B. POMEROY, *Diosas, rameras, esposas y esclavas. Mujeres en la antigüedad clásica*, cit., p. 178: "No hay duda que la propuesta de Tolomeo a Cornelia estaba motivada por el deseo de formar alianza con una de las familias más influyentes de Roma".

poco apropiado. Si nos adentramos en el terreno de lo que pudo ser, podríamos incluso proponer la negativa de Cornelia ante el temor a perder la custodia de los hijos si contraía nuevo matrimonio[410], pero la independencia mostrada en todo momento por la venerada matrona no nos parece que pueda concordar con la figura temerosa de una mujer que sólo se niega a un nuevo enlace ante la posibilidad de que la familia paterna reclame a los hijos habidos en la unión matrimonial con Tiberio Sempronio Graco. Lo cierto y verdad es que nos hallamos en presencia de una mujer con una templanza inusitada, que será capaz de hacer frente a la adversidad con un coraje digno de admiración, siempre pensando en positivo y sin ningún reproche a los designios funestos previstos con respecto a su descendencia.

4. *MATERFAMILIAS*[411]

La condición de *materfamilias*[412] de Cornelia nos puede ayudar a comprender su posición social en la sociedad romana y la necesidad

---

[410] Un caso conocido lo representa Julia, hija de Augusto, educada en la *domus* de Augusto, aun siendo éste quién decidió divorciarse de Escribonia, su segunda esposa y la única que le brindó descendencia, para casarse con Livia, que fue quien dirigió la estricta educación recibida por la malograda hija del emperador.

[411] C. FAYER, *La familia romana: aspetti giuridici ed antiquari. Sponsalia, matrimonio, dote*, vol. 2, Roma, 2005, p. 286, en donde trae a colación un pasaje de Aulo Gelio, 18. 6. 8-9, para explicar el significado concreto de *mater familias*: *Enim vero illud impendio probabilius est, quod idonei vocum antiquarum enarratores tradiderunt, matronam dictam esse proprie quae in matrimonium cum viro convenisset, quoad in eo matrimonio maneret, etiamsi liberi nondum nati forent, dictamque ita esse a matris nomine, non adepto iam, sed cum spe et omine mox adpiscendi, unde ipsum quoque matrimonium dicitur. 9. matrem autem familias appellatam esse eam solam, quae in mariti manu mancipioque aut in eius, in cuius maritus manu mancipioque esset, quoniam non in matrimonium tantum, sed in familiam quoque mariti et in sui heredis locum venisset;* Así, dice que Gelio "basandosi sulle opinioni di *idonei vocum antiquarum enarratores* circa la differenza esistente fra *matrona* e *mater familias*, afferma che matrona era detta qualsiasi donna che avesse contratto matrimonio; *mater familias* solo colei che *in mariti manu mancipioque esset*, perche non solo aveva contratto matrimonio, ma era entrata a far parte della familia del marito, ove aveva acquistato la posizione di *sua heres*.

[412] W. KUNKEL, *s.v. materfamilias*, en *PWRE* 14. 2, Stuttgart, 1930, 2183, en donde señala que seguramente no fuese intención de los juristas el incluir el con-

de mantener una actitud determinada frente a la vida diaria[413]. No hay que olvidar que la situación personal y patrimonial de las mujeres había mejorado mucho desde mediados de la época republicana, sobre todo para las de la aristocracia pudiente[414]. De acuerdo con el testimonio de Ulpiano, en D. 50. 16. 46. 1:

> *"Matremfamilias" accipere debemus eam, quae non inhoneste vixit; matrem enim familias a ceteris feminis mores discernunt, atque separant; proinde nihil intererit, nupta sit, an vidua, ingenua sit, an libertina; nam neque nuptiae, neque natales faciunt matremfamilias, sed boni mores.*

Es decir, que *materfamilias* es la mujer que no vivió de forma deshonesta con respecto a las buenas costumbres, sin importar si era casada o viuda, ingenua o liberta, ya que lo que hace a la madre de familia no son las nupcias ni el nacimiento sino las buenas costumbres[415].

Otra definición conocida nos la proporciona Festo[416]:

---

cepto *materfamilias* dentro de las mujeres sometidas al poder del *paterfamilias*.

413 W. WOLODKIEWICZ, *Attorno al significato della nozione di materfamilias*, en *Studi in onore di C. Sanfilippo* III, Milán 1983, pp. 741 ss. en donde se refiere al significado de *materfamilias* como mujer honesta que vive de acuerdo con las buenas costumbres, en textos referidos a la *iniuria*.

414 Cfr. M. SALAZAR REVUELTA, *Estatus jurídico y social de la materfamilias en el marco de la ciudadanía romana*, en *Mulier. Algunas historias e instituciones de Derecho Romano*, cit., p. 207, en donde añade: "El crecimiento económico y el desarrollo de la institución de la esclavitud incrementaron la independencia de las mujeres de la élite, de manera que el término *materfamilias* se difumina y surge el de *domina*, más acorde para calificarlas".

415 E. MUÑOZ CATALÁN, *El papel de la materfamilias en las instituciones romanas*, en *Experiencias de Género*, L. LAUREANO DOMÍNGUEZ/A. MALDONADO ACEVEDO/C. MESA GONZÁLEZ (Eds.), Huelva, 2015, p. 349, en donde afirma que *materfamilias* se trataría aquí de un término "social y clasista que resalta la honorabilidad de la mujer como modelo de dignidad y pudor".

416 *Festus, De verborum significatu, s.v. materfamiliae*, ed. Lindsay, 1913, p. 112; Vid. M. L. LÓPEZ HUGUET, *Consideraciones generales sobre los conceptos de Patria Potestas, Filius, Pater, y Materfamilias: Una aproximación al estudio de la familia romana*, en *Redur* 4, 2006, p. 206, en donde afirma que de la definición de *materfamilias* aportada por Festo, "se constata cómo en ciertos casos la mujer *in*

> *Materfamiliae non ante dicebatur, quam vir eius paterfamiliae dictus esset; nec possunt hoc nomine plures in una familia praeter unam appellari. Sed nec vidua hoc nomine, nec, quae sine filii est, appellari potest.*

Ambas definiciones nos hablan de una mujer libre, de cualquier edad, que debe llevar una vida honesta, observando las buenas costumbres que la diferencian de las otras mujeres. De este modo, y para dejar clara su condición, la *materfamilias* debe llevar prendas características de una matrona, como fueron la *tunica*[417], la *stola*[418] y la *palla*, como prendas fundamentales, además de otras accesorias pero que cumplían su función ornamental. Así lo confirma Ulpiano en D. 34. 2. 23. 2 (44 *ad Sab.*):

> *Muliebra sunt, quae matrisfamiliae causa sunt comparata, quibus vir non facile uti potest sine vituperatione, veluti stolae, pallia, tunicae, capitia, zonae, mitrae, quae magis capitis tegendi, quam ornandi causa sunt comparata, plagulae, penulae...*

Con todo, parece ser que las mujeres llevaron toga como los hombres en un principio, siendo muy pronto sustituida por la *sto-*

---

manu conventa no era *materfamilias* porque así solamente podía ser considerada la que fuera esposa de un *paterfamilias*".

417 La plebe y los esclavos llevaban solamente la túnica; vid. al respecto, Hor. *Ep*. 1. 7. 65: *Volteium mane Philippus vilia vendentem tunicato scruta popello occupat et salvare iubet prior*; Tac. *Dial*. 7: *quos saepius vulgus quoque imperitum et tunicatus hic populus transeuntes nomine vocat et digito demonstrat?*

418 A. BERGER, *Encyclopedic Dictionary of Roman Law*, cit., *s.v. stola*, p. 718: "A garment of an honorable, married woman"; E. NACK/W. WÄGNER, *Roma*, cit., p. 319: "Encima de la túnica llevaba la mujer la *stola*, el vestido exterior, que mostraba casi el mismo corte que la túnica y por debajo estaba adornada con un volante (*instita*). Para sujetar el vestido, las ricas se servían de un cinturón de metal precioso y adornado con perlas", para luego continuar con una referencia a la *palla*, parecida a la toga de los hombres y que cubría el cuerpo por entero, y al tocado de calle, que consistía "a menudo en un largo velo, llamado *flammeum*, que se sujetaba en el pelo mediante agujas... El color de los vestidos, era, primitivamente, casi siempre el blanco natural. Posteriormente se llevaban también vestidos exteriores en tonalidades delicadas de rojo, amarillo y verde, como dan de ello testimonio las terracotas pintadas y las pinturas murales de Pompeya. Sólo la túnica siguió siendo blanca".

la, quedando reservada la toga para las mujeres de mala fama[419], condenadas en un *iudicium publicum* o por adulterio, y para las prostitutas[420].

La *stola*, como prenda netamente femenina, era de mayor amplitud y longitud que la túnica, llegaba hasta el suelo[421] formando pliegues[422] y se ceñía a la cintura con un cinturón (cíngulo) que quedaba oculto por el pliegue que caía sobre él al hacer su función aunque se podía también dejar a la vista. Además, la *stola* llevaba una franja púrpura en su orla inferior con un propósito ornamental, denominada *instita*. Si como parece la *stola* fue exclusiva de las *matresfamilias*[423], nos podemos imaginar a Cornelia vestida de acuerdo con los cánones de la época, dejando clara su condición de matrona romana de alta condición cuando salía a la calle, totalmente cubierta, ya que como mujer honorable evitaría atraer las miradas. Incluso podría llevar la *stola* de púrpura reservada a las *matronas* que hubieran tenido tres hijos[424], ya que en su caso, por haber tenido doce aunque sólo tres de ellos llegaran a la edad adulta, podría llevar con más motivo que ninguna otra mujer la *stola* propia de su digno y prolífico status.

De la honestidad de las *matresfamilias* y la preocupación de guardar tal honorabilidad, habla por sí solo el hecho de ceñir la *stola* con el cinturón al que nos acabamos de referir ya que, en caso de que alguien rasgase la túnica femenina desde el cuello, impedía que el desgarrón bajase de la cintura[425]. Además, la obligación impuesta a

---

419 C. EDWARDS, *The Politics of Immorality in Ancient Rome*, Cambridge 2002, p. 40: "Women who where known to be adulteresses were required to abandon the *stola*, the dress of the respectable Roman matron. Instead they were to wear a *toga*, the dress of the male Roman citizen and also of the female prostitute".

420 A. BERGER, *Encyclopedic Dictionary of Roman Law,* cit., *s.v. toga*, p. 738: "...Originally women also wore a *toga*, but it was soon replaced by the *stola*, the *toga* being reserved for women of ill fame condemned in a criminal trial (*iudicium publicum*), or for adultery, and for prostitutes".

421 *Hor. Sat*. 1. 2. 99: *ad talos demissa*.

422 *Mart. Epig*. 3. 93: *rugosiorem cum geras stola frontem*.

423 Vid. sobre la vestimenta de las esclavas y las prostitutas, D. DE LAPUERTA MONTOYA, *Estudio sobre el Edictum de adtemptata pudicitia*, Valencia, 1999, pp. 125 ss.

424 *Propert*. 4. 11. 61.

425 Cfr. *Ovid. Am*. 1. 7. 47-48.

las cortesanas de llevar el *amiculum*[426] en vez de la *stola*, indica la intención clara de diferenciar a las meretrices de las honestas matronas romanas.

4.1. Edicto de protección del pudor: *De adtemptata pudicitia*

A mayor abundamiento, Cornelia en su devenir diario tendría que salir a menudo para realizar distintas actividades cotidianas, lo que nos permite ocuparnos de otro aspecto importante, como es el de la protección del pudor y el honor de las *matresfamilias*, algo fundamental por cuanto el honor de una familia se garantizaba con el comportamiento ejemplar de la matrona, algo que se debía proteger con esmero y rigor. La enorme importancia de las costumbres sociales, como valores permanentes de moralidad y de justicia, se aprecia en el sentir de los romanos, que ven en los *mores* uno de los pilares de la solidez de la comunidad romana. Es por ello que cualquier atentado contra las buenas costumbres va a ser duramente castigado, en orden a preservar los *boni mores* tan respetados.

El decoro es considerado símbolo del honor de las matronas romanas[427], por lo que cualquier atentado contra el mismo es considerado un ultraje digno de ser castigado. Pero no consiste sólo en

---

[426] *Isid. Orig.* 19. 26. 5, en donde explica: "La manteleta (*amiculum*) es el palio de lino de las meretrices".

[427] S. CASAMAYOR MANCISIDOR, *Impudicitia: la transgresión de la virtud sexual femenina en la Roma antigua*, en *Estudos de Arqueoloxía, Prehistoria e Historia Antiga: achegas dos novos investigadores*, R. CORDEIRO MACENLLE/A. VÁZQUEZ MARTÍNEZ (eds.), Santiago de Compostela, 2016, p. 274, en donde explica que al igual que en un hombre se percibe el deseo al instante de forma física, en una mujer la percepción de su *pudicitia* o *impudicitia* resulta compleja porque no se manifiesta en signos externos. De este modo: "La vestimenta, el sonrojo, el silencio, el recato, la pasividad, o la falta de alguno de ellos", serviría a los romanos para distinguir una mujer pudorosa de otra totalmente impúdica. De ahí la importancia de la vestimenta adecuada para distinguir a las mujeres honorables de las que no se merecían tal calificativo, y, por lo tanto, desprovistas de la protección del edicto pretorio.

modestia, no lo podemos traducir como castidad o continencia[428], ya que el término *pudicitia* es una virtud moral superior que contiene todos los adjetivos posibles referentes al pudor, el honor, la dignidad de la prole y la condición de la persona, sobre todo mujer, protegida como un poder necesario en la vida romana.

De este modo, surge la intervención pretoria para evitar abusos y acoso contra las mujeres romanas, a través de un edicto especial[429], *de adtemptata pudicitia*[430]. Aunque la fórmula no se nos ha transmitido, contamos con la reconstrucción realizada por LENEL[431] para poder conocer el contenido del edicto:

> *Iniuria...committitur... si quis matremfamilias aut praetextatum praetextamve adsectatus fuerit sive cuius pudicitia adtemptata esse dicetur*[432].

---

[428] R. LANGLANDS, *Sexual morality in Ancient Rome*, Cambridge, 2006, p. 38: "It is also clear that *pudicitia* is something different from the repressive 'chastity' or 'continence' which those from cultures under the influence of puritan Christian sexual ethics might expect. A competition of sexual continence alone makes no sense, unless you expect almost every participant evenrually to buckle under the strain and give in to the allure of adultery. One cannot compete in not doing something; there must be more to competitive *pudicitia* than this".

[429] Situado entre el *De convicio* (191) y el *Ne quid infamandi causa fiat*, entra dentro de la categoría de los edictos especiales, y, por lo tanto, al tratarse de un *edictum speciale*, fue introducido después del *edictum generale de iniuriis*, de datación desconocida, aunque nosotros consideramos acertada la fecha de la primera mitad del siglo II a.C. como la más probable con respecto a la reforma pretoria que introdujo el edicto de *iniuriis*. Vid. al respecto, M. J. BRAVO BOSCH, *La injuria verbal colectiva*, Madrid, 2007, pp. 68 ss.

[430] Vid. sobre la evolución de la *iniuria* hasta llegar a la delimitación de este edicto especial, M. J. BRAVO BOSCH, *Algunas consideraciones sobre el Edictum de adtemptata pudicitia*, en *Dereito* vol. 5, 2, 1996, pp. 41 ss.

[431] O. LENEL, *Das Edictum perpetuum*[3], Leipzig 1927, reimp. 1957, p. 400.

[432] El jurista alemán, para poder llevar a cabo la reconstrucción de la cláusula pretoria toma como punto de partida un texto de Gayo, 3. 220: *Iniuria...committitur...sive quis matremfamilias aut praetextatum adsectatus fuerit, et denique aliis pluribus modis*, así como un pasaje de Ulpiano, recogido en D. 47. 10. 15. 19, donde se contiene una referencia concreta a la existencia del edicto: *Tenetur hoc Edicto non tantum qui comitem abduxit, verum etiam si quis eorum quem appellavisset, assectatusve est*; otra referencia en las fuentes se contiene en I. 4. 4. 1: *Iniuria autem committitur non solum, cum quis pugno puta aut fustibus caesus vel*

Independientemente de la inseguridad temporal referente al edicto, o mejor todavía, la concreción exacta del momento en el que se impone la protección pretoria, creemos que en la época de nuestra protagonista, siglo II a.C., se observa ya la protección del pudor femenino, ya que si Cornelia es reconocida como ejemplo virtuoso de *pudicitia*, y vestía de acuerdo con los cánones de la época establecidos para las mujeres honorables, además de ser un ejemplo de austeridad ante el rechazo de lujos o joyas, su comportamiento se vería recompensado con la protección jurídica de su honor y pudor, máxime en su condición de *univira* ejemplar. De hecho la doctrina apoya la tesis de la existencia de este edicto ya en el siglo II a.C.[433], aunque se concretase de forma sustancial antes de mediados del siglo I a.C.[434], perteneciendo también a esta época las otras cláusulas consideradas unitariamente, por lo que todas las ofensas previstas en el edicto fueron llamadas genéricamente *iniuria*.

La conducta punible reside en el hecho de apartar a un sirviente o acompañante de una *materfamilias* o en seguir a un joven impor-

---

etiam verberatus erit, sed etiam si cui convicium factum fuerit, sive cuius bona, quasi debitoris, possessa fuerint ab eo qui intellegebat nihil eum sibi debere, vel si quis ad infamiam alicuius libellum aut carmen scripserit, composuerit, ediderit, dolove malo fecerit quo quid eorum fi eret; sive quis matremfamilias aut praetextatum praetextatamve adsectatus fuerit, sive cuius pudicitia attentata esse dicetur: et denique aliis pluribus modis admitti iniuriam manifestum est.

433 D. DE LAPUERTA MONTOYA, *El elemento subjetivo en el edictum de adtemptata pudicitia: la contravención de los boni mores como requisito esencial para la existencia de responsabilidad,* en *AFDUDC* 2, A Coruña, 1998, p. 238: "En el último tercio del siglo II a.C., como consecuencia de la tan manida sensibilidad romana hacia el honor, el Pretor extenderá su protección, a través de edictos especiales, a unos específicos supuestos de lesión moral, entre los que se encuentra la *adtemptata pudicitia*. Esta paralela regulación de ofensas físicas y morales permitirá la progresiva idealización del concepto de injurias del primer edicto, proceso que encontrará su colofón en la *interpretatio* labeoniana, esto es, en la identificación de *iniuria* con afrenta, con *contumelia*, y que permitirá el carácter general del edicto pretorio, dirigido ahora a la represión de cualquier ofensa voluntariamente causada.

434 J. SANTACRUZ TEIJEIRO/A. D'ORS, *A propósito de los edictos especiales de iniuriis*, en *AHDE* 49, Madrid, 1979, p. 656: "En todo caso, podemos suponer que antes de mediados del siglo I a.C. ya se hallaban todas estas modalidades de la acción de injurias propuestas en el Edicto".

tunándole, aunque a nosotros nos interese sobre todo el acoso realizado a la mujer[435]. Además, podemos colegir que cortejar es atentar con dulces palabras a la honestidad de alguien, entendiendo ese alguien sobre todo como una mujer, cuyo bien más preciado debe ser su *pudicitia*[436], sin entender que esto sea un ultraje, sino un atentado contra las buenas costumbres, como se desprende de las palabras de Ulpiano en D. 47. 10. 15. 20:

> *Appellare*[437] *est blanda oratione alterius pudicitiam attentare, hoc enim non est convicium facere, sed adversus bonos mores attentare.*

El *appellare* no se traduce en decir obscenidades utilizando un lenguaje soez. Consiste en utilizar palabras que sean contrarias al sentido común del pudor, y siempre y cuando no sean una broma[438], ya que si no hay intención lesiva no se transgreden las normas de la sociedad que permiten el edicto especial.

El propio Ulpiano nos dice lo que debemos entender por acompañante en D. 47. 10. 15. 16:

---

[435] R. ESCUTIA ROMERO, *La difamación pública en derecho romano*, en *RJUAM*, 22, 2010-2, p. 73: "El atentado a dicha virtud (la *pudicitia*) que es el delito reprimido a través de este edicto, –aunque algunos autores consideran que adolece también de cierto trasfondo sexual–, tiende a defender la honorabilidad de matronas y de determinados jóvenes; de ahí que sea un atentado al honor, y, por tanto, encuadrable dentro de la noción de iniuria como ofensa moral no material sino lesiva de la dignidad social de la víctima".

[436] Val. Max. 7. 1. 1: *uxorem pudicitia et fecunditate conspicuam*; Sen. *Dial.* 12. 16. 4, pasaje en el que Séneca escribe a su madre Helvia, y le dice que el adecuado ornamento para una mujer es la *pudicitia.*

[437] H.G. HEUMANN-E. SECKEL, *Handlexicon zu den Quellen des römischen Rechts*, Jena 1926, *s.v. appellare*: "Locken unzüchtige Anträge machen"; F. RABER, *Frauentracht und iniuria durch appellare*, en *Studi Volterra* 3, 1971, pp. 638 ss. en donde declara que *appellare* es dirigir a una persona palabras inmorales y de halago, en un claro atentado contra su castidad.

[438] Si se hizo por bromear, no se incurre en el ilícito del Edicto, como declara Ulpiano en D. 47. 10. 15. 23: *Meminisse autem oportebit, non omnem, qui assectatus est, nec omnem, qui appellavit, hoc Edicto conveniri posse; neque enim si quis colludendi, si quis officii honeste faciendi gratia id facit, statim in Edictum incidit, sed qui contra bonos mores hoc facit.*

> *Comitem accipere debemus eum, qui comitetur et sequatur, et, ut ait Labeo, sive liberum, sive servum, sive masculum, sive feminam. Et ita comitem Labeo definit, qui frequentandi cuiusque causa, ut sequeretur destinatus, in publico privatove abductus fuerit; inter comites utique et paedagogi erunt.*

O sea, que se considera como acompañante al que acompaña, y sigue aclarando Labeón que no importa el *status libertatis*, es decir, ya sea libre o esclavo, ni el sexo, pudiendo ser varón o hembra el que acompañe a la víctima. Sigue después Labeón, definiendo al acompañante como el que acompaña a cualquiera, para terminar condenando el que sea retirado a la fuerza, en público o en privado. Además nos explica cómo se puede forzar a un acompañante al abandono de su misión en un fragmento de Ulpiano, D. 47.10.15.17:

> *Abduxisse videtur, ut Labeo ait, non qui abducere comitem coepit, sed qui perfecit, ut comes cum eo non esset.*

Es decir, que no se castiga solamente el hecho de retirar a la fuerza al acompañante de una matrona romana, o de un joven[439], sino que también se considera punible el conseguir, utilizando cualquier método, que el acompañante no vaya con aquella persona. Suponemos que se encuentra aquí el supuesto de engaño al acompañante para que no cumpla con su labor.

Con todo, si el agresor, por motivos de confusión, atenta al pudor de jóvenes o madres de familia romanas sin tener la intención de ofender, como sucede por ejemplo con quien corteja a doncellas que van vestidas de esclavas, el agresor tendría menos culpa, así como si las matronas vistiesen con traje de meretrices y no de *matresfamilias*, como se declara en D. 47. 10. 15. 15:

---

[439] Vid. con respecto a la vestimenta de los jóvenes, E. POLAY, *Iniuria Types in Roman Law*, Budapest, 1986, p. 112, n. 31: "Otherwise, it is to be noted already here that it was a generally accepted custom in Rome that the free-born young man under 17 years of age (*ingenuus*) and the *ingenua*, not married, as yet, wore a purpure-edged *toga* (*toga praetexta*), he, therefore, being: *praetextatus*, indicating his rank".

> *Si quis virgines appellasset, si tamen ancillari veste vestitas, minus peccare videtur, multo minus si meretricia veste feminae, non matrumfamiliarum vestitae fuissent; si igitur non matronali habitu femina fuerit, et quis eam appellavit, vel ei comitem abduxit, iniuriarum tenetur.*

Podemos ver entonces como la forma de vestir era muy importante en orden a determinar la conducta punible del agresor, ya que el atacante no podría alegar desconocimiento o ignorancia del estatus de la persona que sufría la agresión si esta iba vestida de acuerdo con su rango. Así, si Cornelia quería ser reconocida como miembro ilustre de la *gens* a la que pertenecía, debía llevar la *stola* correspondiente y el acompañante dejar claro su noble condición.

Cornelia representa la virtud legendaria, y como figura idealizada, es considerada también el mejor ejemplo de conducta decorosa, de pudor extremo y de matrona perfecta en todos los sentidos, por lo que hemos estimado necesario hacer referencia a este edicto protector. Su importancia deriva de una protección especial a las mujeres que se lo merecieran por su posición casta y pudorosa, algo realmente especial, y no dejamos de pensar que la protección a favor de las mujeres dignas de la misma estaba en vigor ya en la época de la pudorosa Cornelia[440]. El pretor recoge en el edicto *de adtemptata pudicitia* las medidas dirigidas a la protección integral de la *materfamilias*, con una tradición anterior dirigida a preservar el honor de las matronas romanas, responsables de la transmisión perfecta de padres a hijos de una agnación revestida de auténtica y legítima cognación.

---

[440] J-N. ROBERT, *Eros romano: Sexo y moral en la Roma antigua*, cit., pp. 32-33: "El edicto adoptado por el pretor a comienzos del siglo II contra los acosadores de mujeres casadas y jóvenes muchachos es una buena prueba. Este edicto contra los atentados al pudor ponía de manifiesto una desviación moral demasiado corriente, pues ni los niños de buena familia, ni las matronas, acostumbraban a salir solos a la calle. Siempre iban acompañados de esclavos o compañeros encargados de velar por su *pudicitia*".

5. MADRE DE LOS GRACOS

Cornelia es también un símbolo de fecundidad y castidad. Orgullosa de sus hijos, a los que cuidó, educó con esmeró[441], y seguramente inculcó la vena política familiar a los varones supervivientes, los dos famosos Gracos de los que hablaremos a continuación, estaba tremendamente orgullosa de sus logros[442], de su vida plena y longeva al servicio del honor familiar.

De hecho, una de las frases más famosas atribuidas a Cornelia se refiere precisamente a su descendencia, cuando afirma que sus hijos son sus joyas, de acuerdo con el testimonio de Valerio Máximo, 4. 4[443]:

> *Maxima ornamenta esse matronis liberos, apud Pomponium Rufum collectorum libro sic inuenimus: Cornelia Gracchorum mater, cum Campana matrona apud illam hospita ornamenta sua pulcherrima illius saeculi ostenderet, traxit eam sermone, <donec> e schola redirent liberi, et 'haec' inquit 'ornamenta sunt mea'. omnia nimirum habet qui nihil concupiscit, eo quidem certius ~ quam cuncta possidet, quia dominium rerum conlabi solet, bonae mentis usurpatio nullum tristioris fortunae recipit incursum. itaque quorsum attinet aut diuitias in prima felicitatis parte aut paupertatem in ultimo miseriarum statu ponere, cum et illarum frons hilaris multis intus ama-*

---

[441] R. M. CID LÓPEZ, *La educación de la niña romana: de puella a matrona docta*, en *Bien enseñada: la formación femenina en Roma y el occidente romanizado*, V. ALFARO/R. FRANCIA (Coord.), Málaga, 2001, p. 23, afirma que las niñas recibían instrucción, ya que se reconocía la labor de algunas mujeres pertenecientes a la aristocracia romana como educadoras de sus hijos, poniendo como ejemplo a Cornelia junto a otras, añadiendo en p. 24: "Estas mujeres representaban el modelo femenino ideal, pues habían sido capaces de enseñar a sus hijos los valores patrióticos exigibles a un honesto ciudadano de Roma".

[442] K. M. WILSON/ E. M. MAKOWSKI, *Wykked Wives and the Woes of Marriage*, Nueva York, 1990, p. 31: "Cornelia's terrible vice is that she is, justifiably, proud of her accomplishments".

[443] B. RAWSON, *Children and Childhood in Roman Italy*, Nueva York, 2003, p. 169, en su referencia a Valerio Máximo y el conocido episodio: "In the preface to his chapter on 'Poverty', he gives the example of Cornelia, mother of the Gracchi brothers, responding to a woman friend's display of expensive jewellery by pointing to her own children as her *ornamenta*".

ritudinibus sit referta et huius horridior aspectus solidis et certis bonis abundet? quod melius personis quam uerbis repraesentabitur.

Así, podemos observar como en el anecdotario de Pomponio Rufo se dice que los mejores adornos de una mujer casada son sus hijos. Cornelia, la madre de los Gracos, profirió la admirada afirmación en cierta ocasión en la que una mujer de la Campania que se hospedaba en su casa le mostraba las mejores joyas que en aquel momento se podían imaginar, entreteniéndola con su conversación hasta que sus hijos volvieron de la escuela, momento en el que Cornelia le dijo: "Éstos son mis joyas"[444]. Seguidamente, Valerio Máximo hace su propia valoración, señalando que todo en efecto lo tiene quien nada desea. Y que ciertamente esta propiedad es más segura que todos los bienes del mundo, porque el dominio sobre las cosas suele desaparecer, pero los tesoros de un alma pura resisten todos los ataques de la adversidad. Así pues ¿A qué viene colocar las riquezas en el primer plano de la felicidad y la pobreza en el último de las desgracias, siendo así que el alegre semblante de aquéllas esconde en su interior un sinfín de amarguras y la horrenda apariencia de ésta abunda en bienes sólidos e imperecederos?[445]. Concluyendo que tales consideraciones quedarán mejor explicadas por medio de ejemplos que con palabras[446].

---

[444] S. DIXON, *Cornelia, Mother of the Gracchi*, cit., p. 5, en donde afirma que la frase "Éstos son mis joyas", "These are my jewels", "It may sound arrogant and uncharitable to the modern ear, but the story served in the ancient world to illustrate her devotion to her children and her virtuous indifference to feminine fripperies and decadent badges of wealth".

[445] Valerio Máximo, *Hechos y dichos memorables,* Ed. Fernando Martín Acera, Madrid, 1988, p. 254, para la versión española, aunque no la sigamos literalmente.

[446] Valerio Máximo descendía de Valerio Publícola, de quién habla a continuación del episodio de Cornelia, en 4. 4. 1, afirmando que una vez terminado el régimen monárquico a causa de la excesiva soberbia de Tarquino, los honores del consulado comenzaron por ser compartidos por Valerio Publícola y Junio Bruto, destacando que el primero ejerció por tres veces el oficio de cónsul con plena satisfacción del pueblo romano, en una clara alabanza hacia su célebre ancestro; vid. al respecto, *Los nueve libros de los ejemplos y virtudes morales de Valerio Máximo traduzidos y comentados en lengua castellana*, por Diego López, Sevilla, 1631, p. 6: "Valerio Máximo fue del noble linaje de los Patricios, porque por parte de

5.1. *Lex Oppia*

Cornelia tenía claramente una superioridad moral y cultural con respecto a las mujeres de su época[447]. No podemos olvidar que la ostentación de riquezas era común en el ámbito femenino a fin de dar la publicidad necesaria a la gloria de su familia y a las posibilidades económicas de su *gens*, así como recordar continuamente a través de joyas antiguas los ilustres ancestros que formaban parte del árbol genealógico. Las mujeres consideraban como un derecho adquirido la posibilidad de ostentar artículos de lujo demostrando los éxitos militares, políticos y económicos de los varones de la familia, consiguiendo así un reconocimiento explícito por parte de la sociedad romana. Pero a Cornelia no le hacía falta tal ostentación, porque pertenecía a una de las más ilustres familias patricias, con un reconocimiento ciudadano en el más alto grado, ya que por parte paterna pertenecía a los Escipiones, exponentes de triunfos militares en el más alto grado, como hemos visto anteriormente, y por parte materna a los Emilianos, de cuya *gens* saldrá el mayor protagonista de las guerras púnicas, Escipión Emiliano, cónsul que concluyó victoriosamente la tercera y última guerra púnica con la destrucción de Cartago, y destructor de Numancia, vencedor de las guerras contra los celtíberos en Hispania. Es cierto que ambas familias, unidas por lazos matrimoniales, fortalecieron su historia común con la adopción de Escipión Emiliano por parte de Publio Cornelio Escipión, el hijo mayor de Publio Cornelio Escipión el africano, vencedor de Cartago en la segunda guerra púnica, pasando a llamarse Publio Cornelio Escipión Emiliano Africano Menor Numantino, consolidando los lazos

---

su padre fue de los Valerios, familia muy antigua en Roma, en que uvo muy excelentes varones, que tuvieron muchos Magistrados, y oficios públicos. El primer Cónsul que uvo en Roma fue de esta familia, llamado Publio Valerio Publícola". Resulta curioso que este autor esté indirectamente relacionado en la historia con lo sucedido tras la violación de Lucrecia, personaje legendario femenino elegido por nosotros para analizar en este libro, conjuntamente con Cornelia, la otra ilustre representante de la virtud, como protagonistas del cambio jurídico, político y social de sus respectivas épocas.

[447] G. CLARK, *Roman Women*, cit., p. 200, en donde habla de la educación de Cornelia, aunque no destaque de forma exacerbada tal formación: "*Some women, then, were reasonably well-educated*".

gentilicios con el matrimonio que contrajo con Sempronia, la única hija de Cornelia, hermana de los Gracos.

Esta endogamia familiar, habitual en los enlaces de la sociedad civil romana republicana, no supuso una fortaleza para los ambiciosos planes de Cornelia con respecto a sus hijos, sino todo lo contrario. Como veremos al hablar de Tiberio y Cayo Graco, no hay peor relación que la que se estableció entre ellos y Escipión Emiliano, enemigo irreconciliable de las políticas liberales de ambos hermanos, a la sazón sus propios cuñados, sin que los lazos agnaticios evitasen la tragedia final.

Volviendo al estamento del lujo, es preciso recordar la legislación impuesta por el Senado que limitaba la ostentación pública de riquezas, en un momento muy delicado de la historia de Roma en la que padecía los estragos derivados de la segunda guerra púnica. En el año 215 a.C.[448], durante el consulado de Quinto Fabio Máximo y Tiberio Sempronio Graco, el tribuno de la plebe Gayo Oppio, *Caius Oppius*, propuso una ley para gravar el lujo de las mujeres romanas, la *lex Oppia*[449], dentro del elenco de las leyes suntuarias[450], *leges sumptuariae*, prohibiéndoles con su promulgación la ostentación pública de más de media onza de oro[451], y vestidos de colores

---

448 La fecha de esta ley es discutida, ya que algunos proponen el año 213 a.C., como la datación real; vid. al respecto, A. HAURY, *Une année de la femme à Rome,* en *Mélanges off. à j. Heurgon,* Roma, 1976, 1, pp. 427-436.

449 A. BERGER, *Encyclopedic Dictionary of Roman Law, s.v. Lex Oppia:* "(215 B.C.) Condemned luxury among women. It introduced restrictions on jewelry and prohibited many-colored dresses. The statute was abolished twenty years later by the *Lex Valeria Fundania*".

450 E. SAVIO, *Intorno alle leggi suntuarie romane*, en *Aevum*, 14, 1, 1940, p. 176: "La *Lex Oppia*, seconda legge suntuaria di cui è ricordo, limita anch'essa il lusso femminile... Fu votata nel fervore della guerra Annibalica, quando più si sentiva necessaria una vera unione della nobiltà e dei popolani nello scopo comune di difendere Roma".

451 C. VENTURINI, *Leges Sumptuariae*, cit., p. 567, en donde también comparte la idea de que la ley no prohibió la posesión de una cantidad de oro superior a media onza sino sólo el hecho de exhibirla en sus adornos en público: "Non Riesco, infatti, a sottrarmi all'idea che le restrizioni introdotte valessero, sì, a precludere esibizioni di fasto inopportune nel clima della guerra annibalica ma costituissero anche, ponendo un indiretto freno alle spese prodotte da vanità femminile e non suscettibili di venire frenate dai *tutores*, una misura che aveva, almeno paralela-

llamativos, ni el uso de carruajes dentro la ciudad de Roma[452], o a mil pasos de ella, excepto en el caso de la realización de actos públicos de carácter religioso[453]. La utilización de vestimenta colorida se prohibía enfáticamente en el caso de tejidos teñidos de púrpura[454], símbolo masculino de poder directamente relacionado con determinados cargos públicos, para el que se empleaba telas muy costosas, persiguiendo la involución hacia la indumentaria de lana, mucho más tradicional.

Evidentemente la suntuosidad perseguida pertenecía a las mujeres romanas de los sectores privilegiados, cuya supuesta falta de austeridad provocaba reacciones airadas en el resto de la población, sobre todo en la plebe, sometida a los rigores extremos de las guerras continuas en las que debían participar durante largos años, los hombres como efectivos militares y las mujeres soportando el hambre y la pobreza que acuciaban a la mayor parte de la sociedad. De este modo, la *lex Oppia*[455], tenía como objetivo la sanción pública del

---

mente, di mira il fine di mantenere quanto più possibile integri i patrimoni delle *sui iuris* destinati a tornare alla famiglia agnatizia con la loro morte".

452 E. M. AGATI MADEIRA, *La lex oppia et la condition juridique de la femme*, en *RIDA* 51, 2004, p. 90: "Il est bien vrai que le tribun devait faire référence à des femmes latines très riches, puisque, tenant compte de l'étroitesse et du caractère tortueux des rues romaines, jusqu'au début de l'Empire, le droit d'utiliser une voiture était un honneur réservé aux vestales et aux triomphateurs. La plupart des personnes utilisaient la litière".

453 Sobre la concesión del uso de *pilentum* y *carpentum* a las mujeres, cfr. Liv. 5. 25. 8-9: *Grata ea res ut quae maxime senatui unquam fuit; honoremque ob eam munificentiam ferunt matronis habitum ut pilento ad sacra ludosque, carpentis festo profestoque uterentur,* en recompensa concedida por el Senado por haber ayudado en el 395 a.C. con sus joyas y ornamentos a fabricar una copa en ofrenda a Apolo.

454 V. KÜHNE, *La lex oppia sumptuaria y el control sobre las mujeres*, en *Mulier. Algunas Historias e Instituciones de Derecho romano*, cit., p. 39, en donde pone de manifiesto que la limitación se debía a que los elementos textiles eran muy costosos, porque se empleaban materiales de difícil obtención para la confección de los tintes y por la utilización de telas muy ricas y elaboradas en su realización, como sucedía con la seda.

455 Cuyas "excelencias" alaba Plauto en la *Aulularia*, con alusiones directas a las prohibiciones contenidas en la *lex Oppia,* y la mejora de las costumbres que trajo consigo; Vid. sobre la utilidad de Plauto con respecto a la reconstrucción del *ius*

lujo[456], con el fin de tranquilizar el espíritu de una población privada de casi todos los bienes básicos, sacrificada en aras del bien común, para el mayor fortalecimiento de la República romana, pero también para calmar los ánimos de un sector masculino tradicionalista que veía en el lujo y en la ornamentación excesiva de las mujeres un peligro para la *pudicitia* exigida a toda matrona respetable.

La situación fue mejorando hasta llegar al año 195 a.C.[457], en el que Roma supera por completo la carestía anteriormente sufrida, como consecuencia de la victoria contra los cartagineses. Las arcas del Estado vuelven a llenarse, el final del conflicto bélico repercute en una mayor riqueza de los generales victoriosos y sus familias y también el pueblo participa de un mayor bienestar social. Llegados a este punto, los tribunos de la plebe Marco Fundanio y Lucio Valerio solicitan a los *concilia plebis tributa* la abrogación de la *lex Oppia* –en realidad un plebiscito– por innecesaria en un momento histórico en el que todo el mundo deseaba exhibir su adquirida riqueza. Pero no todos compartían el deseo de levantar la prohibición, y surge la polémica en el Senado. Por una parte, los tribunos a favor de la abrogación de la ley anterior, y por la otra, los dos Brutos, los tribunos Marco Junio y Tito Junio, capitaneados por Catón[458], defensor a ultranza de los valores tradicionales, que pregonan la necesidad de

---

romanum: PH. LEITNER, *Die Plautinischen Komödien als Quellen des römischen Rechts*, en *Diritto e teatro in Grecia e Roma*, E. CANTARELLA/L. GAGLIARDI, Milán, 2007, pp. 69-93.

456 El lujo de forma privada no se sanciona porque no afecta al bienestar común, no inflinge penurias en nadie porque no entra en comparación el disfrute privado. Vid. al respecto: C. J. BERRY, *The idea of Luxury. A conceptual and historical investigation*, Cambridge, 1994, p. 84: "Luxury represented the use of wealth to serve private satisfaction".

457 E. GABBA, *Del buon uso della richezza*, Milán, 1988, p. 84: "Certamente la polemica contro il lusso femminile può trovare una collocazione storico-cronologica nella Roma del primo decenio del II sec. a.C.: nel 195 si era avuta l'abrogazione, invano contrastata da Catone, della *lex Oppia*, che limitava le spese voluttuarie delle matrone".

458 J. S. RUEBEL, *Cato and Scipio Africanus*, en *The Classical World*, 71, 3, 1977, p. 161, en donde destaca el conservadurismo de Catón, ya reflejado anteriormente en la disputa entablada con Escipión el Africano con ocasión del juicio al que fue sometido el valeroso general: "Cato embodied the 'old' Roman farmer-soldier, politically conservative, provincial, and chauvinistic; Scipio captured all the

mantener la *lex Oppia*, con la amenaza de imponer su veto, la *intercessio*, para evitar la abrogación de la restrictiva ley.

La novedad reside en la manifestación de las matronas que ocuparon todas las calles y los accesos al Foro, reclamando su derecho a exhibir sus joyas ahora que la República había recuperado su esplendor y las arcas del Estado auguraban una época floreciente para el pueblo romano. Bien es cierto que la movilización política femenina tenía ya algún precedente[459], pero la numerosa participación de mujeres, venidas incluso del rural, y su intención de no cejar en el empeño de conseguir su propósito final quebró la conciencia masculina, temerosa de perder la autoridad irrogada secularmente de sumisión femenina al poder marital.

La reconstrucción efectuada por Tito Livio, 34. 1-8[460], es la que describe minuciosamente el agitado episodio del Campidoglio, aunque no comience en el instante de la propuesta del plebiscito sino en el momento posterior de abrogación de la controvertida ley:

---

best and worst of the new phil-Hellenism, a liberal, flamboyant, and Cosmopolitan sophisticate".

459 Por ejemplo, Liv. 3. 48. 8, con ocasión de la muerte de Virginia a manos de su padre para evitar que el decenviro Apio Claudio pudiese arrebatarle su castidad y pureza: *Sequentes clamitant matronae, eamne liberorum procreandorum condicionem, ea pudicitiae praemia esse? cetera, quae in tali re muliebris dolor, quo est maestior imbecillo animo, eo miserabilia magis querentibus subicit.*

460 Val. Max. 9. 1. 3: *Vrbi autem nostrae secundi Punici belli finis et Philippus Macedoniae rex deuictus licentioris uitae fiduciam dedit. quo tempore matronae Brutorum domum ausae sunt obsidere, qui abrogationi legis Oppiae intercedere parati erant, quam feminae tolli cupiebant, quia his nec ueste uarii coloris uti nec auri plus semunciam habere nec iuncto uehiculo propius urbem mille passus nisi sacrificii gratia uehi permittebat. et quidem optinuerunt ut ius per continuos xx annos seruatum aboleretur: non enim prouiderunt saeculi illius uiri ad quem cultum tenderet insoliti coetus pertinax studium aut quo se usque effusura esset legum uictrix audacia. quod si animi muliebris apparatus intueri potuissent, quibus cotidie aliquid nouitatis sumptuosius adiectum est, in ipso introitu ruenti luxuriae obstitissent. sed quid ego de feminis ulterius loquar, quas et inbecillitas mentis et grauiorum operum negata adfectatio omne studium ad curiosiorem sui cultum hortatur conferre, cum temporum superiorum et nominis et animi excellentis uiros in hoc priscae continentiae ignotum deuerticulum prolapsos uideam? idque iurgio ipsorum pateat*; Orosio, *adv. pag.* 4. 20. 14; Zonar., 9. 17. 1.

Inter bellorum magnorum aut uixdum finitorum aut imminentium curas intercessit res parua dictu sed quae studiis in magnum certamen excesserit. M. Fundanius et L. Ualerius tribuni plebi ad plebem tulerunt de Oppia lege abroganda[461]. *tulerat eam C. Oppius tribunus plebis Q. Fabio Ti. Sempronio consulibus in medio ardore Punici belli, ne qua mulier plus semunciam auri haberet*[462] *neu uestimento uersicolori uteretur neu iuncto uehiculo in urbe oppidoue aut propius inde mille passus nisi sacrorum publicorum causa ueheretur*[463]. *M. et P. Iunii Bruti tribuni plebis legem Oppiam tuebantur nec eam se abrogari passuros aiebant; ad suadendum dis-*

---

461 A. BOTTIGLIERI, *la legislazione sul lusso nella Roma republicana*, cit., p. 131, en donde señala que la abrogación de la *lex Oppia* constituyó "la prima tappa dello scontro tra opposte fazioni sul tema della 'luxuria'", o más en concreto, de la *luxuri muliebris*, a la que se refiere Liv. 34. 4. 6: *nondum lex Oppia ad coercendam luxuriam muliebrem lata era*.

462 F. GORIA, *Il dibattito sull'abrogazione della lex Oppia e la condizione giuridica della donna romana*, en *La donna nel mondo antico*, cit., p. 266, n. 2, señala que normalmente se entiende el término *habere* usado por Livio en el sentido de "tener en propiedad", lo que parece justificado por la argumentación contenida en los capítulos 4.10 ss., 7.4 ss; con todo, conoce otras teorías, poniendo de relieve la de A. GUARINO, *Il lusso delle donne*, en *Iusculum iuris*, Nápoles, 1985, pp. 209-212, en donde sugiere que la ley preveía solo la prohibición de llevar encima la media onza de oro; nosotros ya hemos optado en el texto por la teoría de Guarino, seguida en su mayoría por la doctrina actual en el sentido de entender la prohibición como la ostentación pública de la cantidad de oro prohibida, no en el sentido de tener la media onza en propiedad, por otro lado difícil de perseguir teniendo en cuenta las posibilidades del domicilio familiar. Tiene más sentido pensar en una ley sancionadora del lujo público, que pueda molestar o despertar la ira de los más desfavorecidos que en la persecución pública de un patrimonio que se conserva en el interior de la *domus*; *Ibid.*, *minima de mulieribus*, en *Pagine di diritto romano*, 2, Nápoles, 1993, pp. 351-352, en donde vuelve a insistir en el sentido de la ley: "La *lex Oppia* non limitò e non poté limitare gli ori delle donne romane ad un massimo di mezza oncia, ma si limitò a vietare alle romane di andare in giro per la città con ornamenti aurei superiori di peso alla *semiuncia*".

463 F. GARCÍA JURADO, *Las críticas misóginas a las matronas por medio de las meretrices en la comedia Plautina*, en *Cuadernos de Filología Clásica. Estudios Latinos*, 4, Madrid, 1993, p. 41, en donde pone en comparación este fragmento con un pasaje de la *Aulularia* de Plauto, 500-502, en donde un *senex*, Megadoro, hace una crítica sobre el excesivo lujo del que gustan las matronas que aportan una dote al matrimonio: *enim mihi quidem aequum est purpuram atque aurum dari, ancillas, mulos, muliones, pedisequos, salutigerulos pueros, uehicla qui uehar*, en donde se recogen precisamente los lujos prohibidos por la *lex Oppia*.

suadendumque multi nobiles prodibant; Capitolium turba hominum fauentium aduersantiumque legi complebatur. matronae nulla nec auctoritate nec uerecundia nec imperio uirorum contineri limine poterant, omnes uias urbis aditusque in forum obsidebant, uiros descendentes ad forum orantes ut florente re publica, crescente in dies priuata omnium fortuna matronis quoque pristinum ornatum reddi paterentur. augebatur haec frequentia mulierum in dies; nam etiam ex oppidis conciliabulisque conueniebant. iam et consules praetoresque et alios magistratus adire et rogare audebant; ceterum minime exorabilem alterum utique consulem M. Porcium Catonem habebant, qui pro lege quae abrogabatur ita disseruit:

El discurso atribuido a Catón que se anuncia en esta parte del relato de Livio[464], es sumamente extenso, pero no nos resistimos a transcribir algunas de las frases más discriminatorias, represivas, machistas y misóginas de la historia[465], con la anuencia –supone-

[464] L. PEPPE, *Posizione giuridica e ruolo sociale della donna romana in età repubblicana*, Milán, 1984, p. 44: "Quanto all'orazione catoniana, gli studiosi sono quasi concordi nel ritenere che Livio non trascriba un eventuale testo originale, ma sono poi divisi sulla possibilità che questo testo fosse a disposizione di Livio e che quindi questi si fosse limitato a rielaborarlo in modo più o meno ampio o che invece lo storico patavino avesse inventato di sana pianta il discorso; ed in queste attività Livio avrebbe avuto come scopo o l'elogio dei tempi passati o l'ossequio del moralismo augusteo; a continuación afirma que un dato es seguro: existe una versión totalmente distinta en Zonar. 9. 17. 1-4 que transmite en *oratio recta* las conclusiones de los dos discursos, conclusiones que no tienen nada que ver con las presentadas por Livio, aceptando la verosimilitud de las versiones de Zonaras, "più fedele all'annalistica"; contra, J. BRISCOE, *A commentary on Livy. Books XXXIV-XXXVII*, Oxford, 1981, pp. 41 ss, en donde afirma que los discursos contenidos en Zonara son una invención; F. GORIA, *Il dibattito sull'abrogazione della lex Oppia e la condizione giuridica della donna romana*, en *La donna nel mondo antico*, cit., p. 268, reflexiona sobre la posibilidad de adscribir efectivamente al discurso de Catón, resumido y parafraseado por Livio, las afirmaciones que el escritor paduano le atribuye: "L'opinione che tende a prevalere fra gli studiosi più recenti è quella secondo cui tale discorso non sarebbe mai stato pubblicato e sarebbe stato ricostruito da livio utilizzando forse materiali tratti da altre orazioni catoniane o basandosi su fonti annalistiche".

[465] F. J. CASINOS MORA, *La restricción del lujo en la Roma republicana*, cit., p. 29: "Existe así un discurso peyorativo y misógino vinculado a la construcción socio-cultural romana del lujo, que conduce a la consideración de éste como

mos– de buena parte del auditorio masculino, que seguramente se regocijaría ante la potestad y autoridad demostrada por el cónsul represor.

Livio 34. 2. 1:

> *Si in sua quisque nostrum matre familiae, Quirites, ius et maiestatem uiri retinere instituisset, minus cum uniuersis feminis negotii haberemus: nunc domi uicta libertas nostra impotentia muliebri hic quoque in foro obteritur et calcatur, et quia singulas sustinere non potuimus uniuersas horremus.*

En este fragmento, Catón[466], de acuerdo con el argumento central de todo su discurso, reprocha a los hombres el no haber sabido mantener los derechos sobre las mujeres y la autoridad de los maridos en los hogares, porque de haberlo hecho, tal acto de insubordinación femenina no se habría producido, concluyendo *et quia singulas sustinere non potuimus uniuersas horremus*, es decir, "ya que fuimos incapaces de resistirlas individualmente debemos temerlas ahora unidas". El resto del discurso es incendiario, provocador con una falta de respeto absoluta hacia las mujeres[467], pero no debería extrañarnos en un contexto histórico como en el que nos encontramos, con un protagonismo absoluto por parte de los hombres, en cierta medida obtenido en las guerras y la defensa territorial de Roma. Sabemos que las mujeres no tenían acceso a determinados oficios considerados exclusivos de los hombres, como colegimos de D. 50. 17. 2 (Ulp. 1. *ad Sab.*):

> *Feminae ab omnibus officiis civilibus vel publicis remotae sunt et ideo nec iudices esse possunt nec magistratum gerere nec postulare nec pro alio intervenire nec procuratores existere. 1. Item impubes omnibus officiis civilibus debet abstinere.*

---

factor de decadencia moral y política por los autores romanos", en este caso concreto personificado en la figura de Catón.

466 D. KIENAST, *Cato der Zensor*, cit., p. 22, con amplia literatura sobre la oración Catoniana.

467 P. DESIDERI, *Catone e le donne. Il dibattito liviano sull'abrogazione della lex Oppia*, en *Opus* 3, 1984, pp. 63-73.

También somos conscientes de la exclusión de las mujeres en el ámbito del derecho público con respecto a las asambleas populares[468], mediante el testimonio de Valerio Máximo, 3. 8. 6, en el que se refiere a Sempronia, hija de Cornelia, como digna de alabanza en su comportamiento, cuando se vio envuelta a su pesar en un desagradable asunto judicial del que salió indemne su discreción femenina:

> *Quid feminae cum contione? si patrius mos seruetur, nihil: sed ubi domestica quies seditionum agitata fluctibus est, priscae consuetudinis auctoritas conuellitur, plusque ualet quod uiolentia cogit quam quod suadet et praecipit uerecundia. itaque te, Sempronia, Ti. et C. Gracchorum soror, uxor Scipionis Aemiliani, non ut absurde <te> grauissimis uirorum operibus inserentem, maligna relatione conprehendam, sed quia ab tribuno plebei producta ad populum in maxima confusione nihil a tuorum amplitudine degenerasti, honorata memoria prosequar. coacta es eo loci consistere, ubi principum ciuitatis perturbari frons solebat, instabat tibi toruo uultu minas profundens amplissima potestas, clamore imperitae multitudinis obstrepens totum forum acer rimo studio nitebatur ut Equitio*[469],

---

468 F. GORIA, *Il dibattito sull'abrogazione della lex Oppia e la condizione giuridica della donna romana*, en *La donna nel mondo antico*, cit., p. 269, continúa en p. 270 poniendo de relieve las consecuencias de tal exclusión: "Come conseguenza diretta della esclusione dai comizi popolari può invece essere vista la probabile incapacità delle donne di ricevere elargizioni di frumento a basso prezzo (*frumentationes*), o donativi in occasioni speciali (*congiaria*). Inoltre, una conseguenza della posizione particolare che le donne ricoprono nella città sta nel fatto che esse, in quanto escluse dalle assemblee popolari, sono sottratte al controllo dei *mores* da parte dei censori; che d'altra parte sono esenti, in epoca repubblicana, dal normale tributo sul patrimonio"; vid. L. PEPPE, *Posizione giuridica e ruolo sociale della donna romana in età repubblicana*, cit., pp. 138 ss. en donde analiza el *aes hordearium*, institución muy antigua, impuesto especial que debían pagar las viudas y después todas las mujeres no sometidas a poder ajeno pero que se dejó de aplicar antes de la segunda guerra púnica, por lo que no pudo afectar económicamente a nuestra protagonista Cornelia.

469 F. PINA POLO, *Impostores populares y fraudes legales en la Roma tardorrepublicana*, en *Fraude, mentiras y engaños en el mundo antiguo*, F. MARCO SIMÓN/F. PINA POLO/J. REMESAL RODRÍGUEZ (Eds.), Barcelona, 2014, p. 127, en donde pone de manifiesto que los argumentos empleados por el censor Metelo Numídico, y la declaración de Sempronia, así como la unanimidad de todas las fuentes conocidas autorizan a confirmar un fraude en el caso de la filiación de

cui Semproniae gentis falsum ius quaerebatur, tamquam filio Tiberii fratris tui osculum dares[470]. *tu tamen illum, nescio quibus tenebris protractum portentum, execrabili audacia ad usurpandam alienam propinquitatem tendentem reppulisti.*

Otro impedimento legal femenino consistía en la inaccesibilidad absoluta a las magistraturas, y como regla general a los sacerdocios públicos, excepción hecha del colegio sacerdotal de las vestales[471], por lo que podemos colegir que en una etapa de continuos conflictos bélicos la admiración y la consideración máxima ciudadana se dirigía únicamente hacia los salvadores de la patria, que eran exclusivamente hombres.

Livio 34. 3. 1-2, nos transmite la insistencia del discurso inflexible de Catón:

Recensete omnia muliebria iura quibus licentiam earum adligauerint maiores uestri per quaeque subiecerint uiris[472]; *quibus omnibus constrictas uix tamen continere potestis. quid? si carpere*

Equicio como hijo de Tiberio Graco, aunque "en cualquier caso, es difícil determinar su origen".

[470] E. CANTARELLA, *Pasado próximo. Mujeres romanas de Tácita a Sulpicia*, trad. esp. M. I. NUÑEZ, Madrid, 1997, p. 131: "Fin del episodio. Breve, pero instructivo. Las mujeres, también cuando se permitía su presencia ante los tribunales populares (o cuando, como en este caso, se les imponía) debían procurar, en la medida de lo posible, no hablar; ni siquiera cuando se les pedía que diesen un testimonio. Efectivamente a Sempronia no se le pidió que reconociese a Equicio mediante una declaración; a ella, que era una mujer, se le pidió que manifestase su conocimiento de los hechos con un gesto, un gesto que, como sabemos, las mujeres honestas sólo podían realizar dentro del reducidísimo círculo de sus parientes: un beso".

[471] Vid. al respecto, F. GUIZZI, *Aspetti giuridici del sacerdozio romano. Il sacerdozio di Vesta*, cit., *passim*.

[472] Sin olvidar la figura del tutor, siempre presente a la hora de realizar determinados actos jurídicos; vid. al respecto, F. GORIA, *Il dibattito sull'abrogazione della lex Oppia e la condizione giuridica della donna romana*, en *La donna nel mondo antico*, cit., p. 276: "L'*auctoritas* del tutore resulta necessaria, nei secoli II-III d.C., ad esempio per alienare *res mancipi* (cioè fondi italici, animali da tiro e da soma, schiavi), dare la libertà ai servi, costituire una dote, prender parte a liti nelle forme delle *legis actiones* o anche del proceso formulare se si trattasse di un *iudicium legitimum*, compiere la *conventio in manum*, fare testamento. Naturalmen-

singula et extorquere et exaequari ad extremum uiris patiemini, tolerabiles uobis eas fore creditis? extemplo simul pares esse coeperint, superiores erunt.

Aquí el cónsul conservador recuerda como los antepasados romanos ya frenaron la licenciosidad de las mujeres con leyes que las obligaban a una obediencia debida a sus maridos, pero si no utilizaban tales limitaciones para sujetarlas, les pregunta si serán capaces de tolerarlas cuando se pongan finalmente en una situación de igualdad con sus esposos, atacando de nuevo en Liv. 34. 2. 8: *equidem non sine rubore quodam paulo ante per medium agmen mulierum in forum perueni*[473].

Esta expresión de asombro o perplejidad del cónsul cuando dice que no sin vergüenza había tenido que llegar hasta el foro en medio

---

te, non è scluso che in età repubblicana, e specialmente nelle epoche più antiche, l'incapacità di agire della donna fosse ancora più stesa".

[473] No hemos querido alargar en exceso el supuesto discurso de Catón, pero quizás sea conveniente añadir en una nota este pasaje indicativo de la misoginia del cónsul, incompatible con la mesura exigida a todo magistrado digno del más alto grado del *cursus honorum*, en donde en resumidas cuentas recuerda que los antepasados no querían que mujer alguna participase en asuntos, ni siquiera privados, excepto a través de un tutor, mientras en su época sufren a las mujeres que participan en el foro, y los debates públicos. El horror dialéctico llega a decir que la mujer es una criatura que no ha sido domesticada, a la que hay que poner límites a su licenciosidad; Liv. 34. 2. 9-14: *quod nisi me uerecundia singularum magis maiestatis et pudoris quam uniuersarum tenuisset, ne compellatae a consule uiderentur, dixissem: "qui hic mos est in publicum procurrendi et obsidendi uias et uiros alienos appellandi? istud ipsum suos quaeque domi rogare non potuistis? an blandiores in publico quam in priuato et alienis quam uestris estis? quamquam ne domi quidem uos, si sui iuris finibus matronas contineret pudor, quae leges hic rogarentur abrogarenturue curare decuit." maiores nostri nullam, ne priuatam quidem rem agere feminas sine tutore auctore uoluerunt, in manu esse parentium, fratrum, uirorum: nos, si diis placet, iam etiam rem publicam capessere eas patimur et foro prope et contionibus et comitiis immisceri. quid enim nunc aliud per uias et compita faciunt quam rogationem tribunorum plebi suadent, quam legem abrogandam censent? date frenos impotenti naturae et indomito animali et sperate ipsas modum licentiae facturas: nisi uos facietis, minimum hoc eorum est quae iniquo animo feminae sibi aut moribus aut legibus iniuncta patiuntur. omnium rerum libertatem, immo licentiam, si uere dicere uolumus, desiderant. quid enim, si hoc expugnauerint, non temptabunt?*

de un ejército de mujeres[474], demuestra su interiorizada superioridad con respecto a las destinatarias de sus invectivas, que cree inferiores y fuera del lugar que les corresponde, el hogar.

En fin, todo el relato destila un tono amenazante contra las mujeres, acusándolas de sedición femenina infundada y artificiosa, preocupadas tan sólo de la posibilidad de poder exhibir sus joyas y de distinguirse con respecto a la población femenina en situación de pobreza, y de una rivalidad de clases que sólo conduciría a un mayor dispendio y a un cúmulo de problemas que comenzarían con la derogación de la ley. Además, el discurso catoniano pretende destruir la genuidad del movimiento femenino atribuyéndole un importante significado político[475], para que tal falta de inocencia colectiva siembre la duda en el público presente, maridos, padres y hermanos que teman perder sus privilegios en el ámbito del derecho familiar.

Con todo, cierto respiro se nos muestra con la magnífica respuesta de Lucio Valerio, en la que reprocha claramente a Catón su soflama en contra de las mujeres[476], ya que su discurso ha sido una crítica hacia las matronas sin argumentar en contra de la propuesta, dejando incluso en la duda el hecho de que "los actos de las mujeres que

---

[474] E. SAVIO, *Intorno alle leggi suntuarie romane*, cit., p. 177: "Parlò Catone allora console che per entrare nel foro dovette passare in mezzo a una doppia schiera di donne: si lamentò dell'audacia femminile che ormai osava tanto, toccò del pericolo che le richezze straniere conquistassero più che non fossero conquistate, esortando il popolo romano a seguire una legge che era stata emanata per il bene dello stato e per la custodia del *mos maiorum*".

[475] F. J. CASINOS MORA, *La restricción del lujo en la Roma republicana*, cit., p. 326, en sus conclusiones, al afirmar que las *leges sumptuariae* republicanas tienen más valor político que jurídico, que son actos de propaganda con una simulada "autoamonestación" de la clase senatorial, destinataria también de este tipo de legislación, que conoce los peligros del lujo pero que es incapaz de renunciar a ella, lo que explicaría el "escaso efecto coercitivo de este tipo de normas".

[476] V. KÜHNE, *La lex oppia sumptuaria y el control sobre las mujeres*, en *Mulier. Algunas Historias e Instituciones de Derecho romano*, cit., p. 48, en donde afirma que los discursos de Catón y Lucio Valerio se "confrontan especulativamente", declarando que la elección de personajes realizada por Livio no fue casual en ningún caso. Los eligió porque representaban dos corrientes contrapuestas: por un lado, el cónsul como defensor de las antiguas tradiciones, y duro combatiente contra el lujo y la ostentación, por el otro, el tribuno como exponente de las "nuevas corrientes de pensamiento que se alejaban de los tradicionales cánones romanos".

censura se deban a su propia iniciativa o sean instigación nuestra", añadiendo que defenderá el texto de la ley que es lo que se propone en el fondo de la cuestión, y no una defensa a los hombres:

Livio 34. 5:

Post haec tribuni quoque plebi qui se intercessuros professi erant, cum pauca in eandem sententiam adiecissent, tum L. Ualerius pro rogatione ab se promulgata ita disseruit: 'si priuati tantummodo ad suadendum dissuadendumque id quod ab nobis rogatur processissent, ego quoque, cum satis dictum pro utraque parte existimarem, tacitus suffragia uestra expectassem: nunc cum uir clarissimus, consul M. Porcius, non auctoritate solum, quae tacita satis momenti habuisset, sed oratione etiam longa et accurata insectatus sit rogationem nostram, necesse est paucis respondere. qui tamen plura uerba in castigandis matronis quam in rogatione nostra dissuadenda consumpsit, et quidem ut in dubio poneret utrum id quod reprenderet matronae sua sponte an nobis auctoribus fecissent. rem defendam, non nos, in quos iecit magis hoc consul uerbo tenus quam ut re insimularet. coetum et seditionem et interdum secessionem muliebrem appellauit quod matronae in publico uos rogassent ut legem in se latam per bellum temporibus duris in pace et florenti ac beata re publica abrogaretis. uerba magna quae rei augendae causa conquirantur et haec et alia esse scio, et M. Catonem oratorem non solum grauem sed interdum etiam trucem esse scimus omnes, cum ingenio sit mitis. nam quid tandem noui matronae fecerunt, quod frequentes in causa ad se pertinente in publicum processerunt? nunquam ante hoc tempus in publico apparuerunt? tuas aduersus te Origines reuoluam[477]. accipe quotiens id fecerint, et quidem semper bono publico. iam a principio, regnante Romulo, cum Capitolio ab Sabinis capto medio in foro signis conlatis dimicaretur, nonne intercursu matronarum inter acies duas proelium sedatum est? quid? regibus exactis cum Coriolano Marcio duce legiones Uolscorum castra ad quintum lapidem posuissent, nonne id agmen quo obruta haec urbs esset matronae auerterunt? iam urbe capta a Gallis aurum quo redempta urbs est nonne matronae consensu omnium in pu-

[477] Esta referencia es un anacronismo, puesto que Catón escribió la obra "Orígenes" en edad avanzada, por lo que es imposible que fuese conocida ya por el tribuno Lucio Valerio; cfr. H. PETER, *Historicum Romanorum reliquie*, 1914, ed. anast. Stuttgart, 1967, pp. 128 ss.

blicum contulerunt[478]*? proximo bello, ne antiqua repetam, nonne et, cum pecunia opus fuit, uiduarum pecuniae adiuuerunt aerarium et, cum di quoque noui ad opem ferendam dubiis rebus accerserentur, matronae uniuersae ad mare profectae sunt ad matrem Idaeam accipiendam? dissimiles, inquis, causae sunt. nec mihi causas aequare propositum est: nihil noui factum purgare satis est. ceterum quod in rebus ad omnes pariter uiros feminas pertinentibus fecisse eas nemo miratus est, in causa proprie ad ipsas pertinente miramur fecisse? quid autem fecerunt? superbas, me dius fidius, aures habemus si, cum domini seruorum non fastidiant preces, nos rogari ab honestis feminis indignamur.*

Un discurso en defensa de las mujeres honestas que tuvo un efecto claramente positivo, por cuanto se consiguió la abrogación de la denostada ley suntuaria. Pero no sabremos nunca el efecto devastador que tuvo sobre los tribunos opuestos a la reforma el hecho de que se formara un tumulto de mujeres delante de sus casas[479], hasta que éstos abandonaron la oposición a la reforma de la ley. Creemos que un fatal presagio con respecto a la manifestación femenina, que ya habían demostrado que sabían organizarse en ocasiones anteriores y por múltiples motivos[480], hizo que los tribunos reconsiderasen

478 E. SAVIO, *Intorno alle leggi suntuarie romane*, cit., p. 177, en donde se transcribe la respuesta de los tribunos a favor de la abrogación, a la vez que afirma que "Difendendo caballerescamente le matrone romane dai rimproveri di Catone, ricordarono le virtù loro di sacrificio e di patriotismo in tante occasioni, manifestando il fermo desiderio di voler ridare loro gli antichi ornamenti che la lege Oppia necessaria ai suoi tempi, nel momento grave in cui si trovaba Roma minacciata da Annibale, aveva loro sotratto".

479 F. J. CASINOS MORA, *La restricción del lujo en la Roma republicana*, cit., p. 245, al añadir que el levantamiento femenino por la derogación de la ley Opia no debe ser sobrevalorado, ya que no estuvieron todas las mujeres sino sólo las mujeres casadas de elevada condición social.

480 P. CULHAM, *The Lex Oppia*, en *Latomus*, 41, 4, 1982, p. 791, afirma que no resulta increíble pensar que las mujeres se puedan organizar entre ellas. De hecho, tendrían que tener sus propios contactos para participar en los cultos religiosos: "In the propitiation of Juno in 207 the *matronae* elect twenty-five delegates from among themselves to collect contributions", como cuenta Livio, 27. 37. 8, por lo que cree razonable creer que a la hora de reunirse para otros menesteres utilizasen el mismo procedimiento.

su opinión, y no interpusiesen su *intercessio*, independientemente de la magnífica réplica del tribuno Lucio Valerio ante el manipulador *excursus* de Catón. El epílogo de este episodio se contiene en Livio 34. 8. 1-3:

> *Haec cum contra legem proque lege dicta essent, aliquanto maior frequentia mulierum postero die sese in publicum effudit unoque agmine omnes Brutorum ianuas obsederunt, qui collegarum rogationi intercedebant, nec ante abstiterunt quam remissa intercessio ab tribunis est. nulla deinde dubitatio fuit quin omnes tribus legem abrogarent. uiginti annis post abrogata est quam lata.*

La relación de esta ley con Cornelia es evidente por varios motivos: de la derrota de Catón surgirá una inquina personal todavía más intensa contra las mujeres que provocará la propuesta de la *Lex Voconia*[481], a la que nos hemos referido al hablar de la madre de Cornelia, la enérgica Emilia. Y de la abrogación de la misma las mujeres tradicionales intentarán un justo y medido equilibrio entre la opulencia y la distinción y la contención debida a una matrona romana dotada de la máxima virtud, posición adquirida por méritos propios por Cornelia, que no dudará en adoptar una cierta presunción y orgullo con respecto a sus hijos al reconocerlos como sus joyas, independientemente de ofrecer a la par un discurso de austeridad en consonancia con su admirada situación de matrona ejemplar[482]. Las mujeres de elevada condición, de alto rango, eran educadas en la

---

[481] Vid. sobre la aprobación de la *lex Voconia* como represalia de Catón con motivo de la abrogación de la *lex Oppia*: E. HÖBENREICH/ G. RIZELLI, *Scylla. Fragmente einer juristischen Geschichte der Frauen im antiken Rom*, Viena-Colonia-Weimar, 2003, pp. 97-111.

[482] R. M. CID LÓPEZ, *Las silenciosas mujeres de la Roma antigua. Revisiones desde el género y la historia*, en *Género y Enseñanza de la Historia*, cit., p. 194: "Es cierto que a lo largo de su vida hay episodios que revelan su afán por comportarse como una matrona según las normas tradicionales, pero otros también evidencian que se salió de los moldes que constreñían a las romanas; así se manifiesta en las cartas que escribió a su hijo menor, Cayo Tiberio Graco", añadiendo poco después que desde su infancia Cornelia satisfizo las expectativas masculinas de su familia, y que con su marido hizo gala de una fidelidad suprema, para concluir en p. 195 que el respeto a la memoria de su marido muerto "acompañó sus virtudes como madre, dedicada a proporcionar a su descendencia, sobre todo masculina,

continencia y la mesura, y de su noble cuna no debían hablar sus lujosos complementos sino su estilo de vida y una vestimenta adecuada[483]. El lujo se consideraba una importación extranjera[484], de origen foráneo, que no se correspondía con el ideal de vida romano, y que por tanto debía ser extirpado[485].

5.2. Hijos

Por lo que se refiere al número de hijos, ya hemos hecho alusión al hablar del matrimonio de Cornelia a la numerosa prole que tuvo con su marido, doce hijos, aunque ni tan siquiera este dato esté libre de sospecha. Es cierto que tenemos el testimonio de Plinio el Viejo que nos proporciona la cifra de doce hijos, en *N. H.* 7. 57, *item alii aliaeque feminas tantum generant aut mares, plerumque et alternant, sicut Gracchorum mater duodeciens*, al igual que Séneca, en *ad Helviam* 16. 6, contiene la misma información: *Corneliam ex duodecim liberis ad duos fortuna redegerat: si numerare funera Corneliae uelles, amiserat decem, si aestimare, amiserat Gracchos*, pero también es verdad que ambos autores escriben en un momento posterior a la época de Cornelia, exactamente dos siglos después, en los que la tradición oral ya había construido un mito alrededor

---

una educación que les permitiera luego ejercer las actividades públicas propias de su posición aristocrática".

483 F. J. CASINOS MORA, *La restricción del lujo en la Roma republicana*, cit., p. 32: "En el caso de la vestimenta suntuaria, particularmente de la femenina, no escaparía ésta nunca del reproche moral, ni en tiempos del paganismo ni después del cristianismo, y el imperante sistema de valores tradicional propio de una economía doméstica, siempre opondrá al lujo en el vestir y al adorno la modestia y la discreción indumentarias, síntomas de *pudicitia* y *castitas*, principales virtudes de la mujer romana, mientras que la suntuosidad y la sofisticación en el atuendo y en el aspecto serán percibidos como indicios de promiscuidad y adulterio".

484 Liv. 39. 6. 7: *Luxuriae enim peregrinae origo ab exercitu Asiatico invecta in urbem est*; Juv. 6. 298-300.

485 Vid. al respecto, el retrato de Catón como censor en una etapa posterior, según H. H. SCULLARD, *Roman Politics, 220-150 B.C.*, Oxford, 1973, p. 154: "He wished his censorship to accomplish a real purification of the people, not merely a ritual *lustrum*", llegando a la conclusión de que como censor no consiguió su objetivo, no consiguiendo reformar la sociedad romana e involucionarla a su gusto de acuerdo con las fuentes arcaicas del derecho, los *mores maiorum*.

de nuestra matrona, por lo que la exageración en lo que respecta al número inicial de hijos pudo ser diferente, o bien referirse al número de embarazos, sin haber llegado todos a buen término[486], como consecuencia de la elevada tasa de mortalidad infantil existente en la Roma tardorrepublicana.

Con todo, sabemos con seguridad que tres de sus vástagos sobrevivieron[487], dos de ellos convertidos en héroes al servicio del pueblo romano y de la libertad, Tiberio y Cayo Graco[488], y una mujer, Sempronia, testigo de las hazañas de sus célebres hermanos y de la vida ejemplar de su madre que se convertirá en la fiel transmisora de su importante familia.

La pasión de Cornelia por sus hijos varones era tan grande que no soportaba la idea de ser sólo conocida como la suegra de Escipión Emiliano y no como la madre de los Gracos, cuestión no baladí por la que ésta reprende a sus hijos, y que recoge Plutarco para demostrar el talante de la singular madre[489]. A continuación, pondremos de relieve algunos datos biográficos relacionados con los desvelos maternales y la esmerada educación procurada por Cornelia[490], tanto de Tiberio y Cayo Graco como acerca de Sempronia, responsable de transmitir la importancia de su *gens* ante la temprana ausencia de sus hermanos, muertos violentamente por sus propios conciudadanos,

---

486 Creemos factible la propuesta de S. DIXON, *Cornelia, Mother of the Gracchi*, cit., p. 7: "In fact, the calculations are so awkward that I have doubted the literal truth of those 'twelve births' and wondered if the number is an exaggeration, or if her admirers might have included stillbirths or miscarriages in their total to bolster the later Cornelia myth of the iconic wife and mother".

487 C. PETROCELLI, *Cornelia the matron*, en *Roman Women*, cit., p. 38: "Only three of Cornelia's children reached adulthood: Sempronia, Tiberius and Gaius".

488 La tradición decía que Cayo Graco había sido hijo póstumo, tema de nuevo controvertido, ya que los hijos nacidos después de la muerte de su padre solían llevar el nombre añadido de póstumo, algo que no sucedió en el caso de Graco, ya que no tenemos constancia de ningún testimonio que se refiera a él de esa forma; S. DIXON, *Cornelia, Mother of the Gracchi*, cit., p. 7: "The tradition that Gaius Gracchus was born after his father's death also has its difficulties and might be a later embroidery, to heighten the pathos of Cornelia's widowhood".

489 *Tib. Gr.* 8.

490 M. R. LEFKOWITZ/M. B. FANT, *Women's Life in Greece and Rome. A Source Book in Translation*, 4 ed. Londres-Nueva York, 2016, p. 33.

en una etapa políticamente convulsa como fue la época tardorrepublicana, en acto de servicio al pueblo romano[491].

5.2.1. Tiberio Graco[492]. *Lex Sempronia agraria*

Tiberio Graco era el hijo mayor del matrimonio entre Tiberio Sempronio Graco y Cornelia, y por lo tanto perteneciente a la oligarquía patricio-plebeya. El origen plebeyo del padre y la condición patricia de la madre hicieron de Tiberio un político equilibrado, perteneciente a la facción de los *populares*, consciente de sus responsabilidades con el pueblo romano, con una ideología política partidaria del principio de soberanía popular, pero no la formulada en el principio *senatus populusque romanus*[493], sino la interiorizada desde el

[491] J. E. SALISBURY, *Encyclopedia of Women in the Ancient World*, Santa Bárbara-Oxford, 2001, p. 70: "However, they came to power in a tumultuous age and would give their lives in the service of the Roman people".

[492] Vid. entre la numerosa bibliografía al respecto: P. FRACCARO, *Studi sull'età dei Gracchi*, Castello, 1914, 1, especialmente pp. 90 ss.; F. TAEGER, *Tiberius Gracchus*, Stuttgart, 1928; J. CARCOPINO, *Des Gracques à Sylla*, Paris, 1929; D. C. EARL, *Tiberius Gracchus: A Study in Politics*, Bruselas, 1963; H. C. BOREN, *The Gracchi*, Nueva York, 1968; Y. SHOCHAT, *The lex agraria of 133 BC and the Italian allies*, en *Athenaeum* 48, 1970, pp. 25–45. P. A. BRUNT, *Italian Manpower 225 BC–AD 14,* Oxford, 1971; E. BADIAN, *Tiberius Gracchus and the Beginning of the Roman Revolution*, en *ANRW*, 1, 1, Berlín, 1972, pp. 695 ss.; A. H. BERNSTEIN, *Tiberius Sempronius Gracchus*, cit., *passim*; J. BLEICKEN, *Tiberius Gracchus und die italischen Bundesgenossen*, en *Memoria rerum veterum. Festschrift für C.J. Classen*, Stuttgart, 1990, pp. 101–31; D. J. KUKOFKA, *Waren die Bundesgenossen an den Landverteilungen des Tiberius Gracchus beteiligt?*, en *Tyche* 5, 1990, pp. 45–61; L. DE LIGT, *Poverty and demography: the case of the Gracchan land reforms*, en *Mnemosyne* 57, 2004, pp. 725–57.

[493] A. DUPLÁ ANSUÁTEGUI, *La «constitución romana» como mecanismo de inclusión y exclusión*, en *Stud. hist., H.ª antig.* 26, 2008, p. 28: "No casualmente junto al *populus* se alude al *senatus* como componente fundamental y fuente de poder. En su vertiente externa, la indiscutible hegemonía de Roma está recogida en la noción de *maiestas populi Romani*, la 'grandeza soberana del pueblo romano'. A partir de finales del siglo III, este concepto es inseparable de las relaciones internacionales romanas y expresa el carácter permanentemente jerarquizado y asimétrico de dichas relaciones, con el Estado romano como beneficiario permanente, que en todo momento se sitúa en una posición superior".

punto de vista de la praxis democrática griega[494], seguramente por influjo de la educación recibida por deseo de su madre[495].

---

494 Sobre la influencia griega en Tiberio: R. VON PÖHLMANN, *Geschichte der Sozialen Frage und des Sozialismus in der antiken Welt,* 3ª ed., Munich, 1925, pp. 20 ss.; T. S. BROWN, *Greek Influence on Tiberius Gracchus*, en *The Classical Journal*, 42, 8, 1947, pp. 471-474; C. NICOLET, *L'inspiration de Tibérius Gracchus (*À propos d'un livre récent), en *Revue des Études Anciennes*, 67, 1-2, 1965, p. 158: "Les Gracques se situent dans un milieu ouvert aux influences et aux exemples grecs, rompu aux discussions politiques et philosophiques. Nous avons limité volontairement ces remarques au dessein essentiel de Tibérius, la loi agraire; cette démonstration serait à vrai dire encore plus frappante si l'on considérait l'œuvre de Caius Gracchus, beaucoup plus ample et systématique que la tentative avortée de son frère. Les liens des Gracques avec l'aristocratie romaine de leur temps sont incontestables; ils sont des hommes de leur siècle; mais il est des cas où la rencontre d'un tempérament, d'un milieu et de circonstances historiques particulièrement dramatiques arrachent les hommes d'État à leurs déterminismes et donnent à leur action une allure exemplaire: ce fut là certainement le destin des Gracques"; L. PERELLI, *I Gracchi*, cit., p. 50, en donde pone de manifiesto que la ideología política de Tiberio parece derivar de una concepción griega, de acuerdo con la cual el tribuno quiso justificar la deposición del colega Octavio. Del mismo modo, otras acciones de Tiberio se justifican en nombre de este principio. El principio de soberanía popular no era del todo extraño a la tradición constitucional romana, pero la forma en la que lo concibe Tiberio, hasta el punto de considerar justo que el pueblo expulse a un magistrado elegido regularmente, pertenece más a la *polis* griega que a la tradición romana; J. F. OSSIER, *Greek cultural influence and the revolutionary policies of Tiberius Gracchus*, en *Stud, hist., Ha antig*. 22, 2004, p. 66, duda de la influencia griega siempre afirmada con respecto a Tiberio Graco: "In sum, the evidence for Greek influence upon Tiberius Gracchus is merely plausible, not substantial and compelling proof. It is true that in the second century B.C. Rome was undergoing Hellenization and it seems plausible to link the revolutionary land reform of Tiberius Gracchus to this cultural revolution. The Greeklike picture we get of Tiberius Gracchus stems suspiciously from sources written in Greek during the period of the Roman empire. Surely these Greeks, Appian and Plutarch, exaggerated the Greekness of Tiberius' policies since they both saw things through Greek eyes of their own time. Rather, the elevated and noble social background of Tiberius suggests he most likely did things with the Roman political and moral tradition in mind".

495 No tiene que ver el estudio de la ciencia política griega con la educación lingüística en griego, ya que era habitual entre las élites. La diferencia reside en la formación integral, no en el aprendizaje del idioma. Vid. sobre el bilingüismo griego-latino presente en la educación de los romanos: M. J. BRAVO BOSCH, *Il bilinguismo in Roma (dal III sec. a.C. al II d.C.) attraverso le testimonianze delle*

La historiografía tradicional nos mostraba esta etapa como una fase de la política romana en continuo enfrentamiento entre las élites, sin participación alguna del resto de la población, pero en los últimos tiempos la doctrina se inclina por una presencia proactiva del *populus romanus* en los asuntos políticos que les afectan, al margen de su participación en los *comitia*, *concilia* o *contiones* previstos en el campo del derecho público regularmente[496].

En esta época convulsa adquiere un protagonismo paradigmático la figura del tribuno Tiberio Graco[497], dentro de la lucha por el poder entablada por la oligarquía dominante en Roma y las facciones que se disputaban el cetro de la toma de decisiones que vinculaban a todo el pueblo romano. La elección de Tiberio contaba con el apoyo de una *factio* senatorial[498], formada por personajes relevantes bajo el mando de Apio Claudio Pulcro[499], cónsul en el 143 a.C., –además

---

fonti letterarie, en *Ivra: rivista internazionale di diritto romano e antico,* 60, 2012, pp. 180 ss.

[496] F. MILLAR, *The Crowd in Rome in the Late Republic*, Michigan, 1998, *passim*.

[497] Vel. Pat. 2. 2. 2-3: *descivit a bonis, pollicitusque toti Italiae civitatem, simul etiam promulgatis agrariis legibus, omnibus statim concupiscentibus, summa imis miscuit*.

[498] C. NICOLET, *Les Gracques. Crise agraire et révolution à Rome*, París, 2014, p. 6, afirma que Tiberio y los miembros de su facción no tenían la capacidad de discernimiento sobre los graves problemas económicos y sus consecuencias sociales, desde una perspectiva global, sino que su deseo era tan sólo resolver la crisis de las clientelas civiles y militares.

[499] H. C. BOREN, *Tiberius Gracchus: The Opposition View*, en *The American Journal of Philology*, 82, 4, 1961, pp. 359-360, en donde pone de relieve las diferencias existentes con anterioridad entre los Claudios y los Escipiones, en relación con el marido de Cornelia: "It is quite clear that in the 140's and 130's B. C. there were two major political factions: Claudians and the Scipionians. A group important earlier, the Fabians, had declined and been absorbed by the others. The Metelli were in process of forming yet another family-political alliance which was to be important for some decades after the Gracchi. It is also clear that Tiberius Gracchus belonged to the Claudian group-in spite of the ancestry of his mother, a daughter of Scipio Africanus. The elder Gracchus was an opponent of Scipio Africanus in his lifetime and married Cornelia only after Africanus' death. An incident which occurred in his second consulship (163 B. C.) illustrates his continued partisan ship against the Scipionians: when he held the elections for 162, two Scipionians were elected, P. Cornelius Scipio Nasica and C. Marcius Figulus; several weeks later,

de suegro de Tiberio–, en la que podemos destacar los nombres de P. Mucio Escévola[500], cónsul en el 133 a.C., año de promulgación de la ley agraria, y P. Licinio Craso Muciano[501], cónsul en el 131 a.C., con cuya hija contraería matrimonio Cayo, hermano de Tiberio. Además, otros miembros relevantes de la nobleza como M. Porcio Catón, Fulvio Flaco o Papirio Carbón, formaban parte de este círculo de poder al que la posteridad ha reservado comentarios de excelencia pero que en los momentos de inestabilidad de la República fueron las víctimas propicias del sistema establecido.

Las reflexiones con respecto a la personalidad revolucionaria del tribuno Tiberio han llevado a subrayar la influencia clara de su

when Nasica was already en route to his new province, Gracchus suddenly "remembered" he had not taken the auspices. He annulled the elections, which were held again, and two other persons were elected. The tribune of 133 was supported by his father-in-law, Appius Claudius, a leader of the Claudian faction, and opposed by his relative by marriage and adoption, Scipio Aemilianus, leader of the opposing Scipionic faction".

500 J. BRISCOE, *Supporters and Opponents of Tiberius Gracchus*, en *The Journal of Roman Studies*, 64 1974, p. 128, en donde afirma que "P. Mucius Scaevola is a more complicated problem. In 141 he was opposed to Hostilius Tubulus, almost certainly an opponent of Scipio, in 136 he rejected the claims of Hostilius Mancinus, whose person had been returned by the Numantines, for the restoration of his citizenship. He then supported Gracchus, only to defend Nasica after the murder", no teniendo claro si se puede considerar a Escévola como una persona independiente o comprometida con la *factio* senatorial a la que se ha considerado que pertenecía, ya que considera inverosímil que una persona que ha sostenido el programa político de Tiberio Graco se pueda considerar como alguien que no toma partido decididamente. De hecho, le parece razonable visualizar a Escévola como a Graco en el sentido de que debió de cambiar de opinión con respecto a los Escipiones a los que en un principio respetaba, aunque tenga clara la complejidad de la época de los Gracos: "There is nothing odd about this. As we have seen, the issues raised by the Gracchan crisis were complex, and it could have taken time for Scaevola to determine his own attitude".

501 F. MÜNZER, *Römische Adelsparteien und Adelsfamilien*, cit., pp. 225 ss. en donde señala sus lazos de cognación con P. Mucio Escévola, al margen de su adopción por parte de los Licinios Crasos, y además el hecho relevante de que su mujer debía ser la hermana de Apio Claudio Pulcro, por lo que su posición en contra de los Escipiones quedaba clara, dentro del grupo de los *obtrectatores et invidi Scipionis*.

madre[502], Cornelia, que a través de una educación esmerada romana completada con la filosofía griega y el estoicismo, convierte a su hijo en el estandarte de una necesaria revolución en el estamento oligárquico romano, con una intención altruista que perseguía a la vez la estabilidad y el equilibrio de relaciones con la plebe desfavorecida. Con todo, no debemos olvidar que Tiberio había sufrido amargas experiencias en el pasado, por lo que también su actitud ha sido destacada como fruto de la necesidad de triunfar ante las derrotas sufridas con anterioridad, unida al deseo de triunfar a los ojos del pueblo romano, y como no, de su querida madre, Cornelia, tan orgullosa como estaba de sus hijos y demostraba continuamente de palabra y con sus propios actos[503].

Fue su hermano Cayo el que difundió que Tiberio despertó a los problemas agrarios cuando atravesaba Etruria en su camino hacia Hispania, al ver la inmensa pobreza, con campos abandonados o llenos de esclavos, lo que provocó la reacción de Tiberio, imbuido de los ideales pertenecientes a la tradición política de la aristocracia romana, la *dignitas*, la *fides* y la *pietas*, decidido a cambiar la situación y a mejorar las condiciones de los campesinos. Tiberio había servido como cuestor en la guerra de Hispania[504], a las órdenes del cónsul Hostilio Mancino, responsable del pacto con los numantinos que salvó en última instancia al ejército de una derrota total. Pero en realidad el pacto era obra de Tiberio ya que los numantinos sólo accedieron a negociar con

---

502 S. B. POMEROY, *Donne in Atene e Roma*, Milán, 1978, p. 160: "Cornelia esercitò una profonda influenza sulla politica romana attraverso i due figli maschi".

503 R. A. BAUMAN, *Women and Politics in Ancient Rome*, Londres-Nueva York, 1994, p. 43, en donde señala que Cornelia probablemente consideraba a Tiberio como su hijo favorito y se identificaba con su programa político, mostrando la sospecha de la participación de la noble matrona en la muerte de Escipión Emiliano "in order to prevent him from nullifying Tiberius' agrarian law".

504 H. C. BOREN, *Tiberius Gracchus: The Opposition View*, cit., p. 361, incide en el deseo de los Gracos de seguir en su carrera política los pasos de su padre: "The tendency of Roman sons to follow in their fathers' footsteps is relevant to this investigation. It was no accident that Tiberius served as quaestor in Spain and Gaius in Sardinia, in both instances provinces where their father had earlier served also".

el hijo de Tiberio Sempronio Graco[505], de magnífico recuerdo para los indígenas debido a su generosidad y equidad.

A su regreso a Roma, el Senado rechazó el acuerdo firmado por Mancino, a quién sometieron a juicio y dieron el mismo fatídico final que a los derrotados de las Horcas Caudinas (321 a.C.) tras el triunfo samnita, por lo que se lo devolvieron a los numantinos dejando clara la actitud orgullosa del pueblo romano que no aceptaría jamás ninguna rendición[506]. Tiberio corrió mejor suerte y se libró de tal infausto final gracias a la mediación de Escipión Emiliano[507], su cuñado por el matrimonio realizado con su hermana Sempronia –con quién no tendrá ninguna afinidad, convirtiéndose en uno de sus más encarnizados enemigos– pero su carrera política

---

505 Plutarco, *Tib. Gr.* 5. 4; Cfr. A. GOLDSWORTHY, *Las guerras púnicas*, cit., p. 425: "Nieto del hombre que había dirigido con tanto éxito a las legiones de esclavos en los años que siguieron a Cannas, hijo del hombre que había llevado la paz durante toda una generación a España a principios del siglo, Tiberio había luchado de manera distinguida en la destrucción de Cartago en 147-146 y, a continuación, en España. En África había servido a las órdenes de Escipión Emiliano, su primo, puesto que la madre de Tiberio era Cornelia, hija de Escipión Africano".

506 Apiano, *Historia Romana*, 83.

507 I. J. MANLEY, *Publius Cornelius Scipio Aemilianus*, California, 1929; K. BILZ, *Die Politik des P. Cornelius Scipio Aemilianus,* Stuttgart, 1935; H. H. SCULLARD, *Scipio Aemilianus and Roman Politics*, en *JRS* 50, 1-2, 1960, p. 59, subraya, además de su enlace con Sempronia, su educación con influencia griega, además de su amistad con Polibio: "Younger son of Aemilius Paullus, the cultured and conservative soldier and administrator who had united Roman tradition with Hellenic interests, Scipio had been adopted as a lad by his cousin Publius, the son of the Elder Africanus, and later married Sempronia, the daughter of Publius' sister Cornelia. Thus further links were forged between the Cornelii Scipiones and the Aemilii… His early intelectual life developed under two powerful influences: that of Greek literatura, made more accesible to him by the library of Perseus which Aemilius Paullus had sent to his sons in Italy, and that of the personal friendship of Polybius, with whose encouragement he overcame some of his youthful misgivings and gained a well-earned reputation for financial generosity and personal courage". Con todo, una cosa es la educación lingüística y otra la formación en política siguiendo los ideales griegos, que es lo que consideramos presente en el caso de los hermanos Graco y evidentemente ausente en las premisas políticas de Escipión Emiliano; A. E. ASTIN, *Scipio Aemilianus*, Oxford, 1967.

sufrió un importante descalabro con este episodio, arruinando su futuro más inmediato[508].

Esta es la amarga experiencia que jamás olvidará Tiberio como una afrenta personal, y cimentará sus propias convicciones y enfrentamientos contra el clan de Escipión, inspirador del juicio contra Mancino parar poder proseguir con su ambicioso plan político, la iteración del consulado que ya había obtenido en el 147 a.C., objetivo que conseguirá de nuevo en el 134 con apoyo popular.

El regreso triunfante después de la victoria de Cartago en el 146 a.C., lo convierte en héroe del pueblo romano, que considera a Escipión Emiliano digno sucesor de Escipión el Africano y por ello le tributan los mayores honores y admiración. De este modo conseguirá fácilmente su regreso al consulado, así como la consolidación del poder disfrutado, el *imperium* y la *potestas* al servicio de la República y de su gloria personal.

La *lex Sempronia Agraria*[509], fue propuesta por Tiberio Graco durante el desempeño de su cargo como tribuno de la plebe[510], en

---

508 M. G. MORGAN/ J. A. WALSH, *Ti. Gracchus (TR. PL. 133 B.C.), The Numantine Affair, and the Deposition of M. Octavius*, en *Classical Philology*, 73, 3, 1978, p. 203: "The Numantine affair very nearly ruined Tiberius' career. A young man of noble family, he had won a reputation for bravery in the Third Punic War, he had been co-opted early into the augural college, and he had made an advantageous match with the daughter of Ap. Claudius Pulcher (cos. 143), only to see these early gains almost completely wiped out by a disastrous term as quaestor to Mancinus… No matter how much dolor he felt, therefore, Tiberius' political position after 137/136 must have been a great deal weaker than is usually recognized. And just as he will have been unusually determined to recoup his losses, so must his enemies have been unusually suspicious of his motives in the aftermath of the Numantine affair", proponiendo además a modo de reflexión la incógnita sobre qué hubiera sucedido de no haber sido elegido su suegro, Apio Claudio Pulcro, censor en el 136 a.C.

509 Podemos citar como antecedente de tal medida de reparto de la tierra una de las *leges Liciniae Sextae*, del 367 a.C., de la que da cuenta la tradición, como se recoge en Liv. 6. 35. 5, pero no existe unanimidad en la doctrina, aunque esta tendencia sea la más aceptada, puesto que la referencia de Apiano, en *bel. civ.* 1. 8. 33, 9. 37, resulta demasiado vaga como para aceptarla sin ningún género de dudas; B. FORSÉN, *Lex Licinia-Sextia de modo agrorum-Fiction or Reality?*, en *Societatis Scientiarum Fennica, Commentationes Humanarum Litterarum* 96, Helsinki, 1991; D. MANTOVANI, *L'occupazione dell'ager publicus e le sue regole prima del 367 a. C.*, en *Athenaeum* 85, 1997, pp. 575–598; J. RICH, *Lex Licinia, lex*

el año 133 a.C. Era un año propicio para llevar a cabo sus planes ya que el cónsul elegido aquel año, Mucio Escévola, había salido de la *factio* senatorial de la que formaba parte, lo que ayudaría a las propuestas legislativas del joven tribuno, mientras que el otro cónsul, Calpurnio Pisón, se encontraba fuera de Italia combatiendo a los esclavos rebeldes en Sicilia. A mayor abundamiento, Escipión Emiliano no podía entrar en conjuras ni intrigas de forma directa ya que se encontraba dirigiendo el asedio de Numancia, en el que obtendría otro gran triunfo bélico, lo que suponía en la práctica la posibilidad sin contratiempos de presentar una iniciativa legal sorprendente que

Sempronia: B.G. Niebuhr and the limitation of landholding in the Roman Republic, en *People, Land and Politics,* L. de LIGT/ S. J. NORTHWOOD (Eds.), Leiden-Boston, 2008, p. 566: "When Tiberius Gracchus promulgated his agrarian law in 133 BC, he was impelled by developments in respect of land and manpower and concerns (whether real or imagined) which were altogether different from those which the Licinian law de modo agrorum had sought to address. Acting, as he believed, in the national interest, he boldly set out to enforce the Licinian limit, probably for the first time since the early third century BC, using the new mechanism of the land commission, in order to obtain land for distribution. He and his eminent advisers sought to conciliate opposition by a range of concessions. Some details of these concessions are preserved in the scrappy notices in our sources which are all that survives of a document which was surely at least as long and complex as the extant agrarian law of 111 BC. The limit was raised, whether to 1000 *iugera,* as the Livian tradition has it, or by granting additional allowances for children, as Appian reports, or both. There would be secure tenure of public land up to the limit, and, although holdings of public land over the limit must be surrendered, no fi ne would be imposed (as under the old procedure) and instead, at least initially, compensation was offered"; vid., sobre la datación de esas leyes, M. GELZER, *The Roman Nobility*, trad. ing. R. Seager, Oxford, 1975, p. 20: "A series of laws was falsely ascribed to this year, because in 366 the first plebeian consul appeared in the Fasti. Historically this has just as Little significance as when the early annalists connect the tribunate of the *plebs* and the plebeian consulate with the legislation of the Twelve Tables. Both alike are mere hypotheses about the chronology of constitutional history. More valuable is a notice under the year 298, according to which 'very many men' were condemned by the aediles at that time, because they had too much common land in their possession".

[510] J. M. ROLDÁN HERVÁS, *Historia de Roma. I. La República Romana*, 6ª ed. Madrid, 2007, p. 399, en donde insiste en la concepción plural de la *lex Sempronia*: "La unión de Tiberio a una *factio* es la que motivará, en última instancia, su ley agraria, que, aun reconociendo la pasión con que el tribuno la hará suya, procede de una labor colectiva".

fuese bien recibida por el pueblo y apoyada sin fisuras en un momento de tensiones políticas evidentes en esta etapa tardorrepublicana.

Así, Tiberio Graco propuso desde su nuevo cargo público una reforma agraria para intentar paliar la difícil situación económica del campesinado de la península itálica[511], imponiendo un límite legal de 500 *iugera*, unas 125 hectáreas, como cantidad máxima de tierra estatal, *ager publicus*[512], que podía ocupar un poseedor para explotarla, debiendo devolver el terreno sobrante. Con todo, en caso de descendencia del *possessor*, la cláusula se ampliaba en 250 *iugera* por hijo hasta un máximo de 1000 *iugera* como tierra susceptible de posesión[513]. El proyecto legislativo tenía en cuenta la devolución de los terrenos que debían revertirse, para convertirlos en pequeñas parcelas de una superficie no superior a 30 *iugera*, que se repartirían entre los campesinos sin recursos y la *plebs Romana*[514], como colo-

---

[511] Vid. sobre la intención de Graco de conceder tal medida legislativa sólo a los *cives* que podían formar parte de la legión, y no a todos los que conformaban la península itálica, D. C. EARL, *Tiberius Gracchus: A Study in Politics*, cit., p. 21;

[512] Plutarco, *Tib. Gr.* 8. 1;

[513] Aunque se excluyó del proyecto el fértil *ager Campanus*, ya que habría sido un motivo perfecto como excusa para rechazar la ley; M. A. LEVI, *Una pagina di storia agraria romana*, en *A&R* 3, 1922, pp. 247-248; D. W. RATHBONE, *The Control and Exploitation of Ager Publicus in Italy under the Roman Republic* en J. J. AUBERT (Ed.), *Tâches publiques et entreprise privée dans le monde romain*, Génova, 2003, pp. 135–78; vid. con respecto a la condición de *res mancipi* del suelo itálico, J. S. RICHARDSON, *The Ownership of Roman Land: Tiberius Gracchus and the Italians*, en *JRS*, 70, 1980, p. 6-7: "The reason for emphasizing here that a change of ownership had taken place is that, in Roman law, land described by the jurists of the second century A.D. as 'in Italico solo ' formed part of the category of ' *res mancipi* '. The distinction between ' *res mancipi* ' and ' *res nec mancipi* ' is certainly a very ancient one, dating back to a primitive and purely, agricultural community, and although it is improbable that it applied to all Italian land before the first century B.C., it will have applied to the *ager Romanus*, and thus inevitably to the *ager publicus*. The importance of the distinction for this discussion is that *res mancipi* could only be transferred from one owner to another by a formal ceremony known as *mancipatio*, or by the legal devices known as *iure cessio* and *usucapio*, which do not affect this particular instance… Thus the process of conveyance of the land distributed under the terms of the *lex agraria* would appear to exclude all those *peregrini* who did not have the right of *commercium*".

[514] Cic. *de leg. agr.* 2. 5. 10; J. S. RICHARDSON, *The Ownership of Roman Land: Tiberius Gracchus and the Italians*, cit., p. 1: "The problem becomes more

nos a perpetuidad, sin posibilidad de enajenar las tierras para evitar la especulación y la tendencia al latifundio, y estando sometidos al pago de un canon o *vectigal*. Además, se tuvo en cuenta la situación de los afectados negativamente por la ley que se veían privados de las inversiones realizadas en unas tierras que ahora pasarían a manos de nuevos poseedores, creando un sistema de indemnizaciones que tendría en cuenta la reducción de sus terrenos.

Como colofón del proyecto legislativo se contemplaba la creación de una comisión –elegida por el pueblo– de tres miembros, los *tresviri agris dandi adsignandis iudicandis*[515], con un cometido de carácter anual, que debía dirigir, por un lado, sus esfuerzos en las limitaciones prescritas del *ager publicus*, y por el otro, las adjudicaciones a los nuevos *possessores* de las tierras detraídas.

El espíritu de la ley perseguía la solución de un problema endémico como era el agrario, pero también en relación con el binomio campo-ciudad, ya que la pobreza tradicional campesina había producido un éxodo hacia las ciudades que iba camino de convertirse en un problema de tipo urbano. Pero no creemos que se tratase de un proyecto tan revolucionario como la historiografía ha tratado de describir. Era un producto conservador, teñido de apariencia aperturista

---

acute when the sources are examined directly for information about the beneficiaries of the Lex Sempronia", señalando que la alusión de Cicerón a la plebe romana como destinataria de la ley agraria no ayuda a concretar los destinatarios de la ley, puesto que la pretensión de Cicerón era poner en evidencia la enorme popularidad de Tiberio Graco entre la población, sin parecerle relevante la concreción de los beneficiados por el proyecto legislativo del tribuno. Con todo, apuesta en p. 10 por la inclusión "that Italians were included among the supporters of and beneficiaries under Ti. Gracchus' land law".

[515] Plutarco, *Tib. Gr.* 13. 1; Cic. *de leg. agr.* 2. 31: *sint igitur xviri neque veris comitiis, hoc est, populi suffragiis, neque illis ad speciem atque ad usurpationem vetustatis per xxx lictores auspiciorum causa adumbratis constituti. videte nunc eos qui a vobis nihil potestatis acceperint quanto maioribus ornamentis adficiat quam omnes nos adfecti sumus quibus vos amplissimas potestates dedistis. iubet auspicia coloniarum deducendarum causa xviros habere pullariosque, '"eodem ivre",' inquit, '"qvo habvervnt iiiviri lege Sempronia."' audes etiam, Rulle, mentionem facere legis Semproniae, nec te ea lex ipsa commonet iiiviros illos xxxv tribuum suffragio creatos esse? et cum tu a Ti. Gracchi aequitate ac pudore longissime remotus sis, id quod dissimillima ratione factum sit eodem iure putas esse oportere?*

y transformadora, conveniente para el proyecto político de la facción a la que representaba el tribuno[516], pero consciente de la tarea de realizar una reforma prudente que no encontrase una oposición rotunda al proyecto de ley[517].

Con todo, sabedores de las implicaciones económicas de la ley agraria, conocían los peligros de enfrentarse a las clases más acomodadas que no querían saber nada de una redistribución del *ager publicus*, aunque se les hiciese saber que la crisis económica motivaba un reparto más equitativo para que los nuevos poseedores de tierras pudiesen formar parte de la milicia que fortalecía la expansión territorial de la república romana.

Así, Tiberio Graco optó por no presentar el proyecto de la nueva ley ante el Senado, obviando la tradicional consulta, porque era conocedor de las dificultades que se encontraría en el seno de la oligarquía dominante[518]. Por el contrario, dispuso la presentación de la *lex*

---

[516] F. PINA POLO, *Ideología y práctica política en la Roma tardorrepublicana*, en *Gerión* 12, 1994, p. 80: "Los llamados *populares* entendían globalmente que los problemas sociales existentes generaban tensión, violencia y que, a medio plazo, eran factores de desintegración del régimen republicano. Al contrario de lo que sus detractores afirmaban, no deseaban abolir el estado, ni llevar al poder a la plebe, ni modificar sustancialmente la estructura social o el régimen de propiedad privada. Por el contrario, pretendían aliviar esos problemas precisamente para que, en última instancia, pudiera subsistir el mismo régimen político y la misma sociedad en la que ellos pertenecían al grupo dirigente. En ningún caso se puede hablar de intentos de «democratización» desde la perspectiva romana tardorrepublicana, aunque determinadas reformas o acciones sociales y políticas indudablemente eran útiles para sectores desfavorecidos de la población, lo cual les distinguía de los *optimates*".

[517] A. VIÑAS, *Función del tribunado de la plebe: ¿Reforma política o revolución social?*, Madrid, 1983, p. 122: "El proyecto de Tiberio Graco no se puede encuadrar en una corriente revolucionaria, sino meramente reformista, dirigida a encontrar una renovación democrática de la sociedad mediante el restablecimiento del antiguo orden republicano, minado por el abandono de las viejas tradiciones, la depauperación de las fuentes de reclutamiento del ejército ciudadano y el peligro de sublevaciones esclavísticas".

[518] Pero no era la primera ley tribunicia que encontraba el rechazo del Senado. Vid. al respecto, E. BADIAN, *Tiberius Gracchus and the Beginning of the Roman Revolution*, cit., pp. 697-698, en donde cita como ejemplos la *lex Flaminia* del 232 a.C., la *lex Claudia* del 218 a.C., la *lex Licinia de sacerdotiis* del 145, o la *lex Gabi-*

Sempronia agraria directamente ante los comicios, para recabar un apoyo directo de la plebe urbana y de los colonos llegados de todas partes para aprobar la legislación a su favor. El Senado, manifiestamente contrariado ante la actitud de Tiberio, contrarrestó de la mejor manera la más que posible aprobación de la ley, utilizando al otro tribuno de la plebe, Octavio[519], como herramienta útil a los intereses de la aristocracia, interponiendo su veto tribunicio a la propuesta, la *intercessio*[520], consiguiendo de este modo la paralización de la ley.

De nada sirvió el magnífico discurso de Tiberio Graco, ni su vehemencia, ni sus intentos de persuadir a su colega de tribunado de las bondades de la ley, porque el veto se mantuvo inamovible[521].

---

nia tabellaria del 139 a.C., textos sin duda controvertidos que sin embargo fueron aprobados sin haber sufrido la *intercessio* o veto tribunicio.

519 Plutarco refiere la relación entre Octavio y Tiberio como de amistad íntima, en *Tib. Gr.* 10. 1, resistiéndose a interponer el veto a su amigo, pero bajo la presión de la coalición diseñada en contra de Tiberio Graco su colega de tribunado optó por apoyar al Senado y por eso se prestó a la *intercessio* realizada, en *Tib. Gr.* 10. 2; vid. sobre la supuesta enemistad entre ambos tribunos de la plebe, J. LINDERSKI'S, *Patientia Fregit: M. Octavius and Ti. Gracchus (Cicero, Brutus 95)*, en *Athenaeum*, 60, 1982, pp. 244-247; distinta posición asume D. F. EPSTEIN, *Inimicitia between M. Octavius and Ti. Gracchus, Tribuni plebis, 133 B C.*, en *Hermes*, 111, 3, 1983, pp. 296 ss., insistiendo en p. 296: "One of the many inconsistences in the sources on the career of Ti. Gracchus concerns his personal relationship with his fellow tribune M. Octavius, the man who through persistent opposition to the agrarian legislation ultimately brought the crisis of 133 to a head", añadiendo que mientras resultan amigos cercanos en el relato de Plutarco, otras fuentes sugieren lo contrario, contradicción que la doctrina ha utilizado para sus propias especulaciones, sin profundizar en la relación personal de ambos colegas; A. LINTOTT, *Tiberius Gracchus*, en *The Cambridge Ancient History*, 2ª ed., 9, Cambridge, 1994, p. 66, apuesta por la amistad entre colegas, resentida por las presiones de los senadores contrarios a la reforma agraria: "M. Octavius, a former friend of Gracchus and a colleague in the tribunate, was persuaded by those whose interests were threatened to veto the proposal when it was put to the assembly".

520 F. STELLA MARANCA, *Il tribunato della plebe*, ed. an. Nápoles, 1982, p. 75, en donde explica en qué consiste la *intercessio* y su diferencia con la *prohibitio*, dependiendo de si son actos que se deben realizar o ya realizados.

521 M. G. MORGAN/ J. A. WALSH, *Ti. Gracchus (TR. PL. 133 B.C.), The Numantine Affair, and the Deposition of M. Octavius*, cit., p. 207, señalan la legalidad del veto interpuesto por Octavio: "Moreover, if the notoriously legalistic Scaevola could find no way out of the impasse, we must also conclude that there was nothing

Llegados a este punto, Tiberio comprendió que de nada servía la objetiva necesidad del cambio que proponía porque el Senado no iba a permitir tal alarde de generosidad. Y en ese momento tomó una drástica decisión: la deposición de Octavio[522], para conseguir la aprobación definitiva de la ley. Un acto ciertamente muy arriesgado, por cuanto la inviolabilidad de los tribunos de la plebe era reconocida con veneración total, pero aun así consiguió los votos necesarios de la asamblea reunida en comicios en apoyo de su moción.

El nuevo tribuno, Minucio, no interpuso ningún veto y apoyó la tramitación de la nueva ley, aprobada por unanimidad por la asamblea, que también eligió a los *tresviri agris dandi* en las personas de Tiberio, su hermano Cayo, y Apio Claudio, su suegro[523]. Y esto supuso el principio del fin del ilustre tribuno hijo de Cornelia, por cuanto provocó la ira del Senado, que vio en él a un populista revolucionario[524], irredento, antisistema, que podía provocar una rebe-

illegal about Octavius' action. Whether we regard Octavius' supporters as the guardians of tradition or as reactionary conservatives depends on our taste in rhetoric. The fact remains that Tiberius took the first step down the road to revolution when he proposed his colleague's deposition. For, whatever we think of the higher legalities he now discovered, and no matter how common it had become to appeal to the spirit rather than the letter of the law, Octavius' deposition was a drastic and an unprecedented measure".

522 Plutarco, *Tib. Gr.* 11. 2, única fuente que explícitamente afirma que la deposición fue ilegal; M. G. MORGAN/ J. A. WALSH, *Ti. Gracchus (TR. PL. 133 B.C.), The Numantine Affair, and the Deposition of M. Octavius*, cit., p. 210: "The conclusion is clear: whatever else Tiberius did, the deposition of M. Octavius was the crucial, the unpardonable, mistake".

523 A. LINTOTT, *Tiberius Gracchus*, cit., p. 68: "In due course Ti. Gracchus was to be replaced by P. Crassus Mucianus, and then both Crassus and Appius Claudius by M. Fulvius Flaccus and C. Papirius Carbo (their names are commemorated on a number of boundary stones which survive today). However, the Senate frustrated Tiberius by refusing to give his commission tents and other equipment from public resources and granting an expense allowance of a mere six *sertertii* a day, this on the proposal of Scipio Nasica, alleged to have been the holder of a huge amount of public land".

524 H. C. BOREN, *Tiberius Gracchus: The Opposition View*, cit., p. 364: "It is universally conceded that Tiberius was high-minded and idealistic, interested chiefly in doing something for his poverty stricken compatriots. But it must be conceded on the other hand that these were very sweeping precedents which he was establishing and that he was introducing them in ways that to his aristocratic

lión de masas y era por lo tanto un peligro para la vieja aristocracia romana.

Así, a la puesta en marcha de la ley, los romanos conservadores le pusieron todas las trabas posibles, percibidas por Tiberio y su entorno, pero ignoradas como signo claro de peligro, ya que los triunviros sólo deseaban la aplicación práctica y ágil del proyecto que no se producía. La asamblea dotó del necesario poder judicial a la comisión para poder llevar con éxito las gestiones de la ley, pero la necesidad de una financiación adecuada a la reversión de los terrenos a sus antiguos poseedores debía contar con la aprobación del Senado. Como organismo encargado de proveer a los triunviros de los medios económicos necesarios, y por iniciativa de Escipión Nasica, pontífice máximo que actuaba en ausencia de Escipión Emiliano, el senado aprovechó la oportunidad para dotar a la comisión de medios ínfimos con los que hacer frente a las necesidades de la ley. Pero de nuevo la fortuna sonrió al tribuno igualitario y a su facción, ya que la herencia súbita dispuesta por el rey Atalo III de Pérgamo en favor del pueblo romano fue considerada como un magnífico augurio para los planes agrarios de Tiberio Graco.

Presentó ante el *concilium plebis* una propuesta para poder disponer de la herencia en favor de las necesidades fruto de la nueva ley y las indemnizaciones correspondientes. Y animado por la plebe y decepcionado por el obstruccionismo del Senado, llegó a declarar la incompetencia de tan ilustre organismo ancestral, con la intención de arrogarse las competencias en la administración del patrimonio del rey de Pérgamo.

Las maniobras del Senado en contra de Tiberio no se hicieron esperar más. La crítica acerada sobre el tribuno, las injurias absurdas, los infundios más descabellados se propalaban con la intención de desacreditar al tribuno venerado por las masas, cuyo entusiasmo contrarrestaba la vil campaña, pero no conseguía doblegar las voces que lo acusaban de los más execrables delitos.

---

opposition at least must have seemed " unconstitutional," to use a modern term. By the middle of his tribunician year Tiberius' opponents began to view him as a demagogic revolutionary".

Tiberio Graco comprendió que debía protegerse si quería llevar adelante su proyecto, por lo que decidió presentarse a la reelección para poder consolidar su figura frente a sus adversarios[525]. Pero en esta ocasión no tendría a su favor al campesinado destinatario de los favores de la ley, ya que la asamblea se celebraba en verano, en época de cosecha, lo que supondría la ausencia de gran parte de su electorado. Con todo, la plebe de las ciudades le era también favorable, pero podemos imaginar cómo las presiones de los patronos a sus clientes y la compra de favores y sobornos puso a Tiberio en una situación límite, tan peligrosa en un ambiente absolutamente tenso que condujo al asesinato de Tiberio Graco en medio del enfrentamiento entre los partidarios de Tiberio y los senadores[526], dirigidos por Nasica[527], que lo acusaban de pretensiones tiránicas con respecto al futuro de la República[528], negándole además el derecho de se-

---

525 A. LINTOTT, *Tiberius Gracchus*, cit., p. 69: "Gracchus is said to have hoped that repetition of his magistracy would protect him from his enemies", permaneciendo su persona como inviolable, sacrosanta y teniendo la oportunidad de movilizar el apoyo popular en su favor. Por último, en relación con lo que debía de pensar en aquellos momentos el ilustre tribuno, el autor afirma que Tiberio debió añadir como justificación personal el hecho de que su propia supervivencia en la vida política era la mejor forma de garantizar la aplicación de su legislación.

526 C. MOATTI, *La razón de Roma: El nacimiento del espíritu crítico a fines de la República*, trad. esp. Ana Rodríguez Mayorgas, Madrid, 2008, p. 15: "En el espacio de tres generaciones se desarrolla un siglo de crisis, una revolución que comienza con el asesinato del tribuno de la plebe Tiberio Sempronio Graco y sus seguidores en el 133".

527 Plutarco, *Tib. Gr.* 19. 2-3, contiene las exigencias de Nasica al cónsul Escévola para poner en práctica medidas de excepción ante la supuesta pretensión monárquica de Tiberio Graco; vid. sobre el personaje en cuestión, J. BRISCOE, *Supporters and Opponents of Tiberius Gracchus*, cit., pp. 133-134: "And that brings us to the last person I want to investigate, the murderer of Gracchus, P. Cornelius Scipio Nasica Serapio. At first sight there may appear to be no problem. The leading member of the opposition to Gracchus is the grandson of Africanus' first cousin, his mother the daughter of the elder Africanus-nothing could seem more natural or less in need of explanation… There is, as far as I know, no evidence –the Gracchan crisis apart– for political friendship between Nasica and Aemilianus…", optando por lo sucedido en el 162 a.C., cuando el padre de los Gracos declaró nula la elección de cónsul que Nasica había obtenido, *vitio creatus*.

528 H. C. BOREN, *Tiberius Gracchus: The Opposition View*, cit., p. 369, afirma que Nasica y sus partidarios creían vehemente que con la muerte de Tiberio

pultura correspondiente a todo ciudadano romano, y arrojándolo al Tíber. La violencia política alcanzó así su grado máximo con el asesinato de Tiberio Graco y muchos de sus seguidores[529], con el linchamiento por parte de una multitud de senadores que veían peligrar sus privilegios como miembros de la nobleza tradicional[530].

La comisión no fue disuelta para intentar calmar los ánimos como consecuencia del día aciago acaecido en el Capitolio, y Licinio Craso, suegro de Cayo Graco, fue el elegido para sustituir al fallecido Tiberio. Pero la realidad es que con la muerte del tribuno se había destapado la lucha de clases y nada podría volver a reconducir la situación de desequilibrio aceptada resignadamente en el pasado.

5.2.2. Cayo Graco. *De legibus promulgatis*

Independientemente de la educación recibida, igual de cultivada y esmerada que la de su hermano Tiberio, dirigida por su madre Cornelia, la personalidad de Cayo era muy distinta a la de su hermano. Mientras el mayor, Tiberio Graco, era sosegado, Cayo era mucho más vehemente, con un temperamento apasionado y dotado de habilidades sociales adornadas con una magnífica oratoria de la que podía hacer gala el joven tribuno[531]. Su elocuencia le será muy útil a la

---

acababan con el peligro de una nueva tiranía, ya que el tribuno perseguía una forma de poder único en contra de lo prescrito por las ideas republicanas. Y con ese convencimiento se creían justificados para llevar a cabo el asesinato, como solución ante la traición de Tiberio al pueblo romano.

529 Plutarco, *Tib. Gr.* 10. 7; Vel. Pat. 2. 3. 2.

530 M. GELZER, *The Roman Nobility*, cit., pp. 52-53, refiere la exclusividad de formar parte del orden senatorial, transmitido de padres a hijos mediante una legislación especial, estimulando la tendencia de preservar la condición como un rango hereditario, concluyendo: "In Rome, as far back as could be remembered, *nobilitas* belonged to the descendants of all those who at some time had held the highest public office, whether in the form of the dictatorship, the consulship, or the consular tribunate. The totality of these descendants, collectively called *nobilitas*, from 366 onwards formed the Roman aristocracy, that is, the upper stratum of the senatorial order. As inheritors of the virtues and distinction of the founders of their nobility, the first consuls of their families, these families regarded themselves as better qualified tan any others to occupy the highest office, and were also so regarded by the people that elected them".

531 Plutarco, *C. Gr.* 1. 2.

hora de defender sus posiciones políticas, siguiendo la línea marcada por su hermano mayor.

Alejado de la primera línea en sus inicios del *cursus honorum*, como cuestor en Cerdeña, siguiendo los pasos de su padre, o cumpliendo los deseos de la oligarquía senatorial que no quería tenerlo cerca después del terrible episodio de la iteración del tribunado por parte de su hermano con su posterior asesinato, Gayo consigue en el 124 a. C. presentarse a las elecciones como tribuno de la plebe. Las injurias vertidas en su contra, como la acusación de instigador directo de la revuelta de *Fregellae* o el haber abandonado su cargo sin permiso en Cerdeña[532], sólo consiguen relegar a un cuarto puesto a Cayo. En los primeros meses de su mandato pronunció el discurso *de legibus promulgatis*, auténtico programa político con soluciones a los problemas más urgentes del estado Romano, lo que demuestran un vigor inusitado, sin trazas de un odio visceral hacia los asesinos de su admirado hermano. El propósito de Cayo es la reforma del aparato del Estado, pero no el deseo de venganza frente a la aristocracia senatorial que había terminado con la vida de Tiberio Graco[533].

Para poder llevar a cabo su proyecto de restauración debía contar con el apoyo de la asamblea popular para poder completar su reforma social. Pero pronto descubrió como los apoyos son volubles y poco duraderos, ya que las promesas de la clase dirigente consiguieron doblegar la voluntad de la asamblea, convertida en un depósito corrupto de la política presente en la Roma tardorrepublicana.

Las fuentes, por otro lado, no nos ayudan a una mejor información sobre las propuestas legislativas del impetuoso tribuno. Plutarco destaca la *lex Sempronia de abactis magistratu* como una buena medida[534], plebiscito votado en el 123 a.C., mediante la cual el

---

532 A. LINTOTT, *Gaius Gracchus*, en *The Cambridge Ancient History*, 2ª ed., 9, Cambridge, 1994, p. 77, señala como a su regreso a Roma: "Had to defend himself against charges of misconduct on this count and complicity in the revolt of *Fregellae*".

533 Cfr. J. M. ROLDÁN HERVÁS, *Historia de Roma. I. La República Romana*, cit., p. 410.

534 Plutarco, *C. Gr.* 4; un fragmento epigráfico se encuentra en la llamada *lex Latina tabulae Bantinae*, como recuerda J. M. ARBIZU, *Res publica oppresa. Política popular en la crisis de la República*, Madrid, 2000, p. 75.

magistrado destituido por el pueblo quedaba inhabilitado para poder ejercer cualquier otra magistratura, y relaciona tal legislación con la anterior deposición del tribuno Octavio propugnada por Tiberio Graco ante el veto interpuesto por aquél frente a la ley agraria.

Con todo, esta ley, totalmente en sintonía con el principio de soberanía popular, fue retirada por el propio Cayo, según Plutarco[535], al no contar con el apoyo de su madre Cornelia, que le imploró la retirada de la misma. Al margen de la clara influencia de su madre, como se deduce de las fuentes a nuestra disposición, Cayo Graco también podía aprovechar la ocasión para quedar como un tribuno prudente y magnánimo frente a la intransigencia mostrada por los responsables de la muerte de su admirado hermano.

Otra de las leyes, la *lex de capite civis* o *lex Sempronia de provocatione*[536], del año 123 a. C., era un proyecto dirigido hacia el pasado, pero sin un fin muy claro ni una aplicación concreta. Era un plebiscito rogado que prohibía la constitución de *quaestiones* o comisiones judiciales extraordinarias siempre que no estuviesen sustentadas en un decreto popular, limitando así la capacidad del Senado para promover juicios capitales, seguramente en recuerdo de las causas utilizadas por Popilio Lenas[537], para perseguir a los partidarios de Tiberio en el 132 a.C. Si no se respetaba el *ius provocationis* ancestral o derecho de apelación de un ciudadano romano ante una condena capital, la *provocatio ad populum*, se sufriría la pena de destierro.

Otra ley, nombrada por Cicerón[538], con el nombre *ne quis iudicio circumveniretur*, contenía el juicio y posterior castigo de aquel ma-

---

535 Plutarco, *C. Gr.* 4. 4.

536 Plutarco, *C. Gr.* 4. 2; Cic. *pro rab.* 4. 12; *ibid. in catil.* 4. 5. 10.

537 Vid. al respecto, la *lex Sempronia de P. Popillio Laenate*, plebiscito propuesto por Cayo Graco en el 123 a.C., condenando al exilio a *P. Popillius Laenas*, como refleja Cicerón en *de domo* 31. 82.

538 Cic. *Brut.* 48; *pro Cluentio*, 148; N. J. MINERS, *Lex Sempronia ne quis iudicio circumveniretur*, en *CQ* 52, 1958, pp. 241-43, se muestra partidario de la tesis de Mommsen sobre la ley, como un intento de Cayo Graco de renovar la *lex de provocatione*, que prohibía el nombramiento de comisiones judiciales extraordinarias con poder para imponer la pena capital, refutando el resto de las teorías: "This is highly speculative. The only certainty is that no ancient authority credits *Gaius* with the introduction of two judiciary laws. The theory that he did so is a modern expedient to avoid rejecting part of the ancient testimony. Each historian will deci-

gistrado o miembro del Senado que participase en una conspiración dirigida a condenar a un inocente, lo que demuestra la incidencia repetida en un mismo objetivo: prevenir para el futuro la realización de juicios capitales al margen de la autoridad del pueblo, castigando la actitud senatorial arrogante y corrupta que acallaba los tribunales con prebendas y falsas pruebas ante un enemigo político molesto.

Este conjunto de medidas legislativas demuestra la visión retrospectiva de Cayo, recordando las vicisitudes del pasado, garantizándose un mejor destino que el de su hermano, pero que a la vista de la historia conocida de nada le sirvió el ser precavido con respecto a la oligarquía recelosa de su mandato[539]. En compañía de Fulvio Flaco, Cayo intentó continuar la reforma agraria, aunque la comisión creada de antaño estuviera ahora paralizada por Escipión Emiliano. La *lex Rubria*[540], de marcado carácter colonial, será la que materialice Cayo con su proyecto agrario, consistente en una clara innovación con respecto a la legislación de Tiberio Graco[541]. Así, frente a la disposición del *ager publicus* de suelo itálico, Cayo pretende también

de for himself whether he prefers to excise or duplicate. The last part of this paper has necessarily been more rash than the first. My main purpose has been to rehabilitate the view of Mommsen on the *lex ne quis circumveniatur*"; U. EWINS, *Ne quis iudicio circumveniretur*, en JRS 50, 1960, pp. 94-107.

539 R. J. ROWLAND, *C. Gracchus and the Equites*, en *Transactions and Proceedings of the American Philological Association*, 96, 1965, p. 364, destaca el hecho de la actitud de Cayo, que no quería destruir el sistema de la oligarquía senatorial pero que se vio impelido a convertirse en un revolucionario por culpa de la intransigencia del Senado: "We can never overemphasize that C. Gracchus, like his brother Tiberius, was first and foremost a *nobilis*, and, as such, was loathe to destroy completely the old system of rule by the senatorial oligarchy. It was the senate itself, by its intransigent conservatism, that forced Gracchus ultimately to be converted into a " democratic " revolutionary".

540 *Lex Rubria de colonia carthaginem deducenda*, plebiscito propuesto por el tribuno *Rubrius*, fue votada en el año 193 a.C., con la orden de crear una colonia en Cartago; Plutarco, *C. Gr.* 10-11; *CIL* 1. 198.

541 En general, no se puede decir que las propuestas de Cayo fueran una simple reproducción de las leyes de su hermano mayor, como subraya A. LINTOTT, *Gaius Gracchus*, en *The Cambridge Ancient History*, cit., p. 78: "Gracchus developed his brother's agrarian land legislation in a new bill which exempted an important section of public land from distribution … and which imposed a rent on new allotments, thus emphasizing that they were still public land".

la de las provincias, fuera de Italia y con una conformación legal muy distinta. Además, promueve la concesión de atribuciones de porciones de tierra en bloque, con el establecimiento de colonias, mucho más fructífero que el reparto de tierras individuales, con escasos resultados y un trabajo ímprobo.

De este modo, la intención de Cayo consiste en revitalizar los emplazamientos elegidos, ahora no sólo con la idea de posiciones estratégicas con una idea anexionista de consolidación de territorios sometidos, sino de extender el poder económico más allá de la limitación geográfica de Italia. Todo ello con la participación en los asentamientos no sólo del proletariado agrario, sino de *cives*, latinos, que con su posición económica pueden convertir en modélica la política colonial. Y para conseguir una fluida conexión entre las colonias, Plutarco y Apiano dan cuenta de la intención de ampliar la red viaria por parte de Cayo mediante la *lex Sempronia viaria*[542], para que la comunicación permita la fluidez inmediata en el comercio, ahora de carácter internacional, así como de las sociedades necesarias para poder llevar a cabo todos estos proyectos, los *publicani*, como sociedades capitalistas que ayudarán, evidentemente obteniendo sus propios réditos, a una mejor gestión de los ingentes recursos a disposición del pueblo romano.

Con todo, uno de los mayores problemas era el del abastecimiento del grano[543], producto de primera necesidad en la dieta alimenticia, por lo que Cayo presentó a los comicios una *lex Sempronia*

542 Plutarco, *C. Gr.* 6. 6; App. *bel. civ.* 1. 3. 23; vid. al respecto, V. PONTE ARREBOLA, *Régimen jurídico de las vías públicas en derecho romano*, Madrid, 2007, pp. 97-98.

543 P. GARNSEY/ D. RATHBONE, *The Background to the Grain Law of Gaius Gracchus*, en *JRS* 75, 1985, p. 23: "To sum up: recent disruption in Sicily, Sardinia and North Africa, the three main sources of Rome's grain outside Italy itself, and food shortage actual or feared, had made sufficient impact on Romans, civilians and soldiers, to provoke a skilful and liberal minded politician to produce a scheme to improve the food supply of the capital. It is not easy to reconstruct the pre-existing system, and in particular to determine the frequency of *frumentationes* and the terms under which grain was released on such occasions. It seems certain that private enterprise played a crucial role in providing grain for Roman consumers".

frumentaria[544], con la que consiguió una gran popularidad. En dicha ley rogada se aseguraba la distribución mensual de trigo a un precio estable, seis ases y un tercio el modio[545], y aunque las fuentes no nos permitan conocer el alcance efectivo de la ley, y su efectividad, medida en la proporcionalidad de la cantidad de trigo dependiendo del número de miembros de una familia, por ejemplo, su oportunidad fue magníficamente bien recibida ante un problema cotidiano y perenne agravado por las continuas guerras. Así se evitaba la especulación en los mercados y se conseguía subsidiar a una plebe ya de por sí carente de recursos[546], lo que provocó un sentimiento de agradecimiento y admiración hacia el tribuno. Y así, de nuevo se repetirá el mismo sentimiento de envidia y recelo que tenía la oposición de Tiberio, ahora reflejada en su hermano menor Cayo, acusándoles de corromper al pueblo para ganar su apoyo popular.

---

544 Plutarco, *C. Gr.* 5; J. M. ROLDÁN HERVÁS, *Contraste político, finanzas públicas y medidas sociales: la lex frumentaria de Cayo Sempronio Graco*, en *Memorias de historia antigua*, 4, 1980, p. 93: "Por primera vez en la historia de Roma, una ley –la *lex Sempronia frumentaria*– regula de modo permanente las distribuciones de trigo a la población ciudadana, a precio reducido y de forma periódica, con cargo al erario público. Desgraciadamente muchos de sus detalles se nos escapan, por lo que es difícil calibrar su verdadero alcance", subrayando que los únicos datos seguros son los que se refieren al reparto mensual de trigo al precio de los seis ases y un tercio por modio, que equivale a 8'74 litros, pero sin saber la cantidad máxima por persona, "que se ha supuesto por *leges frumentariae* posteriores, de cinco modios al mes, así como el número real de beneficiarios, del que, en principio, no parece excluido ningún ciudadano", independientemente de su fortuna; vid. contra la concepción demagógica y agitadora de esta ley, A. VIÑAS, *Función del tribunado de la plebe: ¿Reforma política o revolución social?*, cit., p. 145: "Por nuestra parte, no estimamos tal planteamiento como simplemente demagógico, sino que, en tal disposición, podría descubrirse una notable preocupación social digna de ser valorada justamente".

545 Plutarco, *C. Gr.* 5.

546 P. GARNSEY/ D. RATHBONE, *The Background to the Grain Law of Gaius Gracchus*, cit., p. 24: "The populace of Rome was less at the mercy of speculators for financial profit and less reliant on occasional distributions of grain obtained on the initiative of individual magistrates and promagistrates seeking political gain; the latter had therefore less cause to pressure their foreign friends to provide grain". Concluyendo que tan sólo desde la época de Cayo Graco y su ley es posible hablar en Roma de un sistema de provisión de grano y distribución legalmente ordenada.

Dentro de esta legislación directamente social, podemos añadir una *lex Sempronia militaris*[547], ley rogada propuesta por Cayo Graco en el 123 a.C., con el objetivo de dispensar a los menores de diecisiete años de la obligación de realizar el servicio militar y a la vez cargando el equipamiento para cada soldado en los gastos del tesoro público, antes proporcionado individualmente por cada ciudadano. En toda la legislación social parece asomar la innegable influencia griega de la educación recibida por Graco, como puede ser la protección del Estado al individuo, más relacionado con la *polis* griega que con la mentalidad tradicional romana, en la que cada individuo es el que procura apoyo al conjunto del Estado.

La cuestión es que los proyectos indiscutiblemente sociales necesitaban del apoyo financiero del Estado para llevarlos a cabo, ya que si no había recursos económicos no se podrían ejecutar las leyes previstas por Cayo. De ahí surge una nueva ley, la *lex Sempronia de provincia Asiae*[548], ley rogada del año 123 a.C., que postulaba el arrendamiento de los recursos procedentes de Asia mediante subasta en Roma, realizada por los *locatio censoriae*. Tal regulación despertó una vez más la sospecha del intento subjetivo de Graco de atraer a su lado a los *publicani*, sociedades que podrían aumentar su ya considerable poder con las inversiones en Asia, independientemente de sus prácticas, no siempre revestidas de honestidad. El arrendamiento de los impuestos a los publicanos tenía su base legal para convertirlos en financiación del proyecto social, pero estaba completada con una nueva realidad impositiva en las provincias, *vectigal*, acompañada de la implantación de aduanas, *portoria*, mediante la *lex Sempronia de novis portoriis*[549], que serviría para incrementar todavía más las arcas del Estado romano. Sin embargo, jamás sabremos si la presión fiscal excesiva sobre las provincias era objeto o no de preocupación del tribuno, ensimismado con sus reformas de gran calado.

---

547 Plutarco, *C. Gr*. 5.

548 Cic. *in verr.* 3. 6. 2.

549 Vel. Pat. 2. 6. 3.

Por último, debemos hablar de la *lex Sempronia iudiciaria*[550], plebiscito propuesto por Cayo Graco y votado en el año 122 a.C., mediante la cual los jueces de tribunales o *quaestiones de repetundis*, deberían elegirse entre los ciudadanos no pertenecientes al orden senatorial, fundamentalmente procedentes del orden ecuestre[551], los *equites*[552]. Esta fue la gota que colmó el vaso de la desconfian-

---

550 App. *bel. civ.* 2. 22; A. N. SHERWIN-WHITE, *The Lex Repetundarum and the Political Ideas of Gaius Gracchus*, en *JRS* 72, 1982, p. 18: "This law, which may be conveniently called the *Lex Sempronia*, is probably the only law of *Gaius Gracchus* that was concerned with jurors. It is both a *lex repetundarum* and a *lex iudiciaria*, because at this time there was no other regular political jury court except the court of recovery", subrayando en p. 28 que no se puede decir de forma tajante que el objetivo de esta ley fuera político, ya que Cayo no buscó un incremento de poder por parte de los *equites*, es más, "the ingenious rules of procedure show that Gaius distrusted his new jurors".

551 El problema suscitado en la doctrina en cuanto a la transferencia de competencias a los miembros del orden ecuestre se refiere a las discrepancias entre Apiano y el Epítome de Livio, cuestión que aborda E. BADIAN, *Lex Acilia Repetundarum*, en *The American Journal of Philology*, 75, 4, 1954 pp. 375-376: "Plutarch reports that Gracchus proposed the addition of a jury panel of 300 selected *Equites* to that formed by the 300 members of the Senate; the juries were to be formed from both. The Epitomator of Livy, while not mentioning the jury courts at all, describes with much emphasis a proposal that 600 *Equites* should be adlected into the Senate, thus outnumbering the old Senators two to one. These two accounts show sufficient similarity to be regarded as referring to a single scheme by which Senators and Equites were to be somehow associated and which at least one of our two authors has misreported. Plutarch, especially on constitutional questions, is not above inaccuracy. but we have no warrant for assuming that either his scheme as a whole or its connection with the courts is pure invention or has been seriously misunderstood. The Epitomator of Livy in general deserves little credit for accuracy in summarising or even for care in reading his author: us, that he merely omitted to state the connection of his scheme with the jury courts is an easy assumption; even his figures, in spite of his emphasis, may be doubted".

552 Sobre los *equites* en época de Cayo Graco, vid. E. GABBA, *Le origini della guerra sociale e la vita politica romana dopo l'89 a. C.*, en *Athenaeum*, 32, 1954, pp. 63-78; R. J. ROWLAND, *C. Gracchus and the Equites*, cit., p. 370: "Lastly, he benefited the equestrians, directly or indirectly, by his later judicial measures, by his military law, by part of his colonial laws, by the law on the province of Asia, by his law on the new harbor duties, by his laws on public works, by his grain law, and (perhaps) by his projected bill on citizenship. It surely cannot have been by mere chance alone that the equites were so frequently the beneficiaries of the Grac-

za senatorial con respecto a la actividad legislativa tan prolífica de Cayo. Remover su secular posición judicial suponía una nueva provocación al estamento conservador, que de nuevo ve peligrar su status en manos del hermano de Tiberio, de quién observan además cómo sigue proponiendo nuevas leyes, que constriñen todavía más sus legendarios derechos, lo que provocará de nuevo la desgracia en la familia de Cornelia.

La iteración del tribunado era el deseo de Cayo, que conseguirá en el año 122 a. C., para proseguir con su frenesí legislativo, convencido de que las leyes podrían cambiar la situación de monopolio senatorial. Pero uno de sus colegas de tribunado, M. Livio Druso, opta por el favor senatorial, al igual que un miembro de la comisión agraria, Papirio Carbón, e incluso el candidato de Cayo al consulado, C. Fannio, que obedece las consignas senatoriales alejándose de las propuestas de Cayo Graco.

Y ante tal rechazo, Cayo no elige la mejor estrategia al alejarse de los núcleos de poder durante más de dos meses para vigilar el establecimiento de la colonia *Iunonia* en Cartago[553]. Tal paréntesis temporal es aprovechado hábilmente por sus detractores en su contra, y M. Livio Druso jugará un papel principal. Como representante de la plebe, convence al pueblo de la necesidad de mayores reformas, populistas, radicales y demagógicas que no pretende llevar a la

---

chan legislation"; J. M. ROLDÁN HERVÁS, *Historia de Roma. I. La República Romana*, cit., p. 417, señala que la tradición posterior acusó a Cayo de crear con esta nueva ley uno de los peores problemas de la historia interna republicana, la presencia en los tribunales, lo que produciría un serio enfrentamiento entre el Senado y los *equites*. Sin embargo, en opinión del autor: "quisiéramos suavizar ambos puntos de vista subrayando la oportunidad de la reforma, necesaria desde un plano estrictamente objetivo. Con la *lex de repetundis* intentaba edificar Cayo un sistema de control frente a los abusos de poder aristocráticos; pero, con ello, los *equites* no fueron integrados en el ejercicio del poder propiamente dicho. Si Graco creó la cuestión de los tribunales, ésta no saltaría a la palestra hasta después de su suerte, como consecuencia de la avaricia de los *publicani* en Asia. No puede generalizarse que los *equites* como clase fueron politizados con la ley de Cayo Graco y enfrentados al Senado", concluyendo que la muestra de ello es la unión con los senadores, apenas un año más tarde, para conseguir la caída de Cayo y sus partidarios.

[553] Plutarco, *C. Gr.* 11.

práctica, pero que superan las expectativas de las propuestas legislativas de Graco, por lo que concita rápidamente el fervor popular.

A su regreso, Cayo es consciente del nuevo escenario, hostil ante sus reformas incluso por parte de la plebe que antes lo veneraba, pero aun así presenta la *lex Sempronia de civitate sociis danda*, un proyecto de plebiscito rogado del año 122 a.C., que proponía la concesión del derecho de ciudadanía romana a los itálicos[554], y el *ius suffragii* al resto de los aliados[555], pero que no obtuvo la aquiescencia del electorado por culpa de la intriga demagógica de M. Livio Druso, que convenció a la población de que un aumento de ciudadanos redundaría en una mayor escasez de grano y en una menor distribución de tierras, perdiendo en esta ocasión la solidaridad colectiva frente al individualismo impregnado de ignorancia y falsas promesas económicas en abstracto que serían imposibles de llevar a cabo.

Finalmente, la *lex Minucia* será el epílogo de las reformas impulsadas por el tribuno Graco. En el 121 a.C., Cayo no consigue la reelección en su cargo, por lo que quedará relegado a su presencia como triunviro de la comisión agraria. Pero al Senado no le basta con esta situación, y quiere la supresión definitiva de las políticas de Cayo y la *damnatio memoriae* de todas sus propuestas. Aprovechando los rumores de una desfavorable colonización de Cartago, el tribuno Minucio presentó un plebiscito rogado suprimiendo la colonia para evitar peores augurios, con la abrogación de la *lex Rubria* que posibilitó la existencia legal de la colonia cartaginesa. El ambiente sumamente crispado en el Capitolio, sumado a las armas que portaban desconfiados ambos bandos, hizo que la votación de la *rogatio*

---

554 H. MOURITSEN, *The Gracchi, the Latins, and the Italian Allies*, en *People, Land and Politics,* cit., p. 482: "In conclusion, I suggest that the Gracchan land reform and the underlying concerns with manpower make best sense if we accept that the Italians were perceived not as 'us' but as 'them'. The army commanded by Rome was not seen as a single unit which happened to be made up of Roman citizens, Latins, and allies. It was the army of the Romans assisted by their colonists and their foreign allies. The internal balance within this body was important, which explains the attempts at increasing the share of Roman citizens", dejando claro que la actividad militar compartida con sus aliados obligaba a Roma a concederles la ciudadanía para continuar con su política expansiva.

555 H. MOURITSEN, *Caius Gracchus and the cives sine suffragio*, en *Historia* 55, 2006, pp. 418–425.

se convirtiera de nuevo en una contienda trágica, liderada por el cónsul Opimio, destructor de *Fregellae*, la revuelta que se creía instigada por Cayo, que terminó con la muerte del tribuno, *transtiberim*, haciéndose matar por un esclavo[556].

El *fatum* decidió que ambos hermanos murieran por el pueblo romano, en un acto de sacrificio que se vería tan sólo recompensado con el paso del tiempo, ya que la historia romana no se entiende sin las vicisitudes del ambos Gracos. Bien es cierto que su memoria permaneció viva gracias a su madre Cornelia, en primer lugar, y a su hermana Sempronia, que dedicarán todos sus esfuerzos a preservar intacto el inolvidable recuerdo de los tribunos, pero también es verdad que Roma jamás olvidó los esfuerzos renovadores, justos y equitativos y conservó la memoria de Tiberio y Cayo Graco para la posteridad.

5.2.3. Sempronia

A pesar del ostracismo habitual en las fuentes con respecto a la vida de Sempronia, hermana mayor de Cayo Graco y menor –o poco mayor– que Tiberio, si tenemos en cuenta la tesis de Plinio el Viejo[557], siempre tenida en cuenta únicamente en relación con el resto de personajes célebres que convivían a su alrededor, debemos poner de

---

[556] Orosio, 5. 12. 9, refiere que el cuerpo de Cayo fue enviado a su madre en *Misenum*; T. P. WISEMAN, *The tragedy of Gaius Gracchus*, en *Roman Drama and Roman History*, 1998, pp. 52 ss. en donde afirma que la narración de Plutarco sugiere un escenario teatral; J. L. BENESS/T. W. HILLARD, *The Theatricality of the Deaths of C. Gracchus and Friends*, en *CQ* 51, 1, 2001, p. 139: "One final item might give pause. The bodies of the Gracchani were thrown into the river (as had been those of the followers of Tiberius in a sinister night-time operation); those of Flaccus and Gracchus headless (Vell. Pat. 2. 6. 7; Plut. *C. G.* 17. 5). One might wonder if this grisly detail was the product of theatrical imagination. Perhaps this is to underestimate the savagery of the historical Opimius".

[557] Plin. *N. H.* 7. 57: *Est quaedam privatim dissociatio corporum, et inter se steriles, ubi cum aliis iunxere se, gignunt, sicut Augustus et Livia. item alii aliaeque feminas tantum generant aut mares, plerumque et alternant, sicut Gracchorum mater duodeciens et Agrippina Germanici noviens. aliis sterilis est iuventa, aliis semel in vita datur gignere;* R. LEVIN, *Sempronia the sister of the Gracchi*, Reino Unido, 2012, p. ii, en donde afirma sin ambages: "Sempronia, the eldest of three surviving children of Cornelia minor and Tiberius Gracchus".

relieve a esta magnífica mujer, única superviviente de la numerosa descendencia de Cornelia, doce hijos, que vio morir a todos sus hermanos –los dos últimos de forma violenta, injusta y desmedida– y que sin embargo no parece que exista fuente alguna que pueda criticar la actitud o reacciones posteriores de Sempronia. Dada la estricta vigilancia a la que seguro sometieron a los familiares de los tribunos muertos, en busca de posiciones o afirmaciones revolucionarias similares a las de sus cognados, Sempronia no aparece citada ni como hermana resentida, ni como mujer violenta, y dada la naturaleza de su familia, naturalmente enérgica, no deja de sorprendernos tal silencio. Bien es cierto que se trata de una mujer, y por lo tanto tenida en poca consideración como postulante de posiciones jurídicas o políticas, pero no podemos obviar que sin embargo es la hija de Cornelia, también perteneciente al género femenino y sin embargo tantas y tantas veces citada por las fuentes antiguas.

El olvido o la invisibilidad de Sempronia seguramente tenga que ver con el hecho de haber contraído matrimonio con Escipión Emiliano[558], enemigo acérrimo de sus hermanos, especialmente de Tiberio Graco, cuyos antecedentes familiares hemos tratado al hablar de la *lex Oppia*. De hecho, mientras el célebre cónsul estaba en el asedio de Numancia, se produjo la muerte de Tiberio Graco y sus seguidores, y a pesar de su matrimonio con Sempronia, parece que aprobó públicamente la muerte del tribuno, y, de acuerdo con el relato de Plutarco[559], exclamó, con un verso de Homero[560]: ¡Siempre así; quien tal haga, que tal pague! Y preguntándole después en una junta pública Carbón qué le parecía la muerte de Tiberio, respondió dejando claro su rechazo a los actos de aquel, contestando con insultos ofensivos al pueblo cuando éste le interrumpió ante su respuesta[561],

---

[558] S. DIXON, *Cornelia, Mother of the Gracchi*, cit., p. 12, da cuenta de la gran diferencia de edad entre los cónyuges, al margen de los lazos familiares existentes con anterioridad a su matrimonio, en relación con la endogamia típica de aquella época.

[559] Plutarco, *Tib. Gr.* 21.

[560] Od. 1. 47.

[561] Val. Max. 6. 2. 3: *Quid? populum ab incursu suo libertas tutum reliquit? immo et similiter adgressa et aeque experta patientem est. Cn. Carbo tribunus pl., nuper sepultae Gracchanae seditionis turbulentissimus uindex idemque orien-*

por lo que se rompió para siempre –en aquel preciso instante– la veneración y admiración que sentía el pueblo romano por el brillante militar.

La pérdida del fervor popular debió de resultar dolorosa para el ambicioso político, pero continuó con sus proyectos hasta que Papirio Carbón lo acusó en el Foro de ser enemigo del pueblo romano, al tiempo que escuchaba insultos tan graves como el de ser un traidor al pueblo romano, calificativo que no parece se corresponda con los riesgos asumidos en múltiples batallas en defensa de la República romana. Retirado a su domicilio con la intención de redactar un nuevo discurso, apareció muerto en su habitación al día siguiente, en el año 129 a.C., apuntando los rumores de inmediato a la participación de Cornelia en la muerte de Escipión[562], y a la ayuda prestada por

---

tium ciuilium malorum fax ardentissima, P. Africanum a Numantiae ruinis summo cum gloriae fulgore uenientem ab ipsa paene porta in rostra perductum quid de Ti. Gracchi morte, cuius sororem in matrimonio habebat, sentiret interrogauit, ut auctoritate clarissimi uiri inchoato iam incendio multum incrementi adiceret, quia non dubitabat quin propter tam artam adfinitatem aliquid pro memoria interfecti necessarii miserabiliter esset locuturus. at is iure eum caesum uideri respondit. cui dicto cum contio tribunicio furore instincta uiolenter succlamasset, 'taceant' inquit 'quibus Italia nouerca est'. orto deinde murmure 'non efficietis' ait 'ut solutos uerear quos alligatos adduxi'. uniuersus populus ab uno iterum contumeliose correptus erat++quantus est honos uirtutis!++et tacuit. recens ipsius uictoria Numantina et patris Macedonica deuictaeque Karthaginis auita spolia ac duorum regum Syphacis et Persei ante triumphales currus caten<at>ae ceruices totius tunc fori <ora> clauserunt. nec timori datum est silentium, sed quia beneficio Aemiliae Corneliaeque gentis multi metus urbis atque Italiae finiti erant, plebs Romana libertati Scipionis libera non fuit.

562 Vid. al respecto, F. D. GERLACH, *Der Tod des P. Cornelius Scipio Aemilianus*, Basilea, 1839; D. STOCKTON, *The Gracchi*, Oxford, 1979, p. 90, en donde apuesta por la muerte de Escipión Emiliano por motivos políticos; sin embargo, I. WORTHINGTON, *The Death of Scipio Aemilianus*, en *Hermes* 117, 2, 1989, pp. 253-256, pone de manifiesto las posibles teorías al respecto, optando por una muerte natural fruto de la ingesta de gran cantidad de comida y bebida fruto del estrés al que estaba sometido, falleciendo como consecuencia de los vómitos naturalmente mientras dormía, como resume en p. 255: "Death is most likely to have occurred as a result of natural causes, and this is the argument of this paper... it is quite likely that Scipio arrived home, ate and drank far too much after a particularly hard day, and realising that he was in no fit condition to compose his speech for the next day's Senate went to bed with the intention of writing it after a

su hija Sempronia[563], sin que se realizase una investigación sobre tal deceso, sobre el que también se especulaba acerca de un posible suicidio o asesinato por extranjeros o enemigos.

No creemos que pueda resolverse la incógnita de la muerte de Escipión Emiliano, y no queremos entrar en especulaciones, sólo destacar cómo las fuentes a nuestra disposición, a menudo fragmentarias, atribuyen rápidamente al género femenino la posibilidad de haber terminado con la vida del memorable general, cuando cualquiera pudo haber tenido razones más que suficientes para asesinarlo: extranjeros que no olvidasen el episodio de Numancia, partidarios de Tiberio Graco, el propio Cayo Graco, Papirio Carbón[564], Fulvio Flaco, algún plebeyo que tuviese la oportunidad, un esclavo enfurecido, en fin, todas las posibilidades deberían haber sido tenidas en cuenta, pero la teoría de la participación femenina directa tiene que ver con la misoginia ancestral y la relación secular entre envenenamiento y mujer como actora o cooperadora necesaria[565].

En el caso de Sempronia, Apiano destaca negativamente su físico, "fea y sin hijos"[566], como el motivo principal por el que no era

---

few hours' sleep, hence the materials by his bedside. However, during the night he vomited, and drowned when the vomit entered the trachea and through that to the lungs, as is medically posible. He would not have awakened owing to the sedatory effects of the alcohol consumed", concluyendo que dicha muerte fue explotada con fines políticos por parte de sus partidarios, para sembrar la duda, por ejemplo, con respecto a Cayo Graco. Es cierto que la escasez de fuentes no ayuda a un mejor conocimiento del episodio, pero queremos dejar constancia de la volatilidad de esta teoría como de todas las concernientes a la muerte de Escipión Emiliano, por entrar en el terreno de la especulación.

563 Apiano, *bel. civ.* 1. 3. 20; Vel. Pat. 2. 4; Plutarco, *C. Gr.* 10.

564 A. E. ASTIN, *Scipio Aemilianus*, cit., p. 241, insiste en que diez años más tarde, "Carbo's prosecutor, the orator L. Licinius Crassus, was to state bluntly that Carbo had been an accomplice in procuring the death of Scipio".

565 S. DIXON, *Cornelia, Mother of the Gracchi*, cit., p. 12.

566 *Ibid. id.*: ὧν ὁ δῆμος ἀκροώμενος ἐδεδίει, μέχρις ὁ Σκιπίων, ἑσπέρας παραθέμενος ἑαυτῷ δέλτον, εἰς ἣν νυκτὸς ἔμελλε γράψειν τὰ λεχθησόμενα ἐν τῷ δήμῳ, νεκρὸς ἄνευ τραύματος εὑρέθη, εἴτε Κορνηλίας αὐτῷ, τῆς Γράκχου μητρός, ἐπιθεμένης, ἵνα μὴ ὁ νόμος ὁ Γράκχου λυθείη, καὶ συλλαβούσης ἐς τοῦτο Σεμπρωνίας τῆς θυγατρός, ἣ τῷ Σκιπίωνι γαμουμένη διὰ δυσμορφίαν καὶ ἀπαιδίαν οὔτ' ἐστέργετο οὔτ' ἔστεργεν, εἴθ', ὡς ἔνιοι δοκοῦσιν, ἑκὼν ἀπέθανε συνιδών, ὅτι οὐκ ἔσοιτο δυνατὸς κατασχεῖν ὧν ὑπόσχοιτο. εἰσὶ δ' οἳ βασανιζομένους

amada por Escipión Emiliano y ayudó a su madre a terminar con su vida, adjetivación que hoy nos resulta tremendamente dura de asumir en cualquier contexto, aun siendo conscientes del abismo temporal que nos separa[567].

Con todo, Sempronia debía tener una gran personalidad para poder equilibrar su matrimonio, por un lado, y la relación fraternal evidente por el otro, sabiendo además que debía desempeñar un papel muy importante, más aún cuando se queda como única superviviente de la saga familiar. Sempronia, con su larga vida, debía transmitir positivamente a las nuevas generaciones las excelencias de su *gens*, publicitando con datos y recuerdos las gestas de sus hermanos. Ese fue su lugar relevante para la historia y sin duda contribuyó a la memoria eterna de sus hermanos, y, por ende, de su propia familia.

5.2.4. El recuerdo de sus hijos

De acuerdo con la historia de sus hijos, y del trágico final de los dos tribunos de la plebe, podríamos colegir que el resultado de la educación impartida no había obtenido sus frutos, por lo menos de una forma ortodoxa, al ser reprimidas sus convicciones e injuriadas sus personas de forma continua hasta conseguir doblegar la voluntad popular que apoyaba a los Gracos, y que por lo tanto los esfuerzos de su madre Cornelia no se habían visto recompensados en los éxitos civiles y militares de sus descendencia masculina[568]. En el caso de Sempronia, todavía peor, porque estaba casada con el enemigo de

φασὶ θεράποντας εἰπεῖν, ὅτι αὐτὸν ξένοι δι᾽ ὀπισθοδόμου νυκτὸς ἐπεισαχθέντες ἀποπνίξαιεν καὶ οἱ πυθόμενοι ὀκνήσαιεν ἐξενεγκεῖν διὰ τὸν δῆμον ὀργιζόμενον ἔτι καὶ τῷ θανάτῳ συνηδόμενον.

567 S. DIXON, *Cornelia, Mother of the Gracchi*, cit., p. 13: "Poor Sempronia. Appian has ensured that posterity should know she failed the important standards by which women have traditionally been judged. The kindest classical scholars collapse this casual reference into Aemilianus having an 'unhappy marriage', others simply echo Appian or ignore her, in classic fashion".

568 A. H. BERNSTEIN, *Tiberius Sempronius Gracchus. Tradition and Apostasy*, cit., p. 44, subraya la opinión de quienes la acusaban de ser la instigadora de los actos de sus hijos, por la influencia clara que ejercía sobre ellos: "Some accused her of driving her son Tiberius to take up the agrarian problem and of playing an active part in Gaius' seditious activities, even hiring men secretly and sending them into the city in his support disguised as harvesters".

sus propios hijos, Escipión Emiliano, irreductible, ambicioso y brillante en el campo de batalla hasta el punto de serle otorgado como sobrenombre el Africano, que era el apelativo con el que se conocía al padre de Cornelia. No podemos imaginarnos la desagradable sorpresa de ver al yugo de sus hijos convertido en el usurpador del calificativo utilizado por su padre, en vez de ser sus propios hijos los que utilizasen el sobrenombre de Africano, reconocedor de los múltiples éxitos en el campo de batalla al servicio de la República romana.

Sin embargo, no existió tal decepción, ni mostró rasgo alguno de debilidad, ira, rencor, odio o cualquier otro sentimiento de connotaciones negativas la ilustre Cornelia. Por el contrario, sobrellevó sus infortunios con entereza y magnanimidad[569], dedicó el resto de su vida en su refugio de *Misenum* a glorificar el recuerdo de sus hijos, sobre todo el de sus amados y venerados tribunos, que para ella habían muerto en acto de servicio a la República que tanto respetaban. Y por ello adornaba sus conversaciones con recuerdos de la vida de Tiberio y Cayo Graco, ilustrando a sus visitas con innumerables historias de sus vidas y recuerdos personales, además de sus proyectos legislativos que ahora quedaban tan sólo para el recuerdo. Una mujer tenaz, que jamás sucumbió a la desesperación, por lo menos en público, que nunca permitió que se apagase la llama del recuerdo de sus hijos como políticos de perpetuo recuerdo y de inconmensurable agradecimiento por parte de la República romana que tan injustamente había cobrado con sus vidas para conseguir una mayor estabilidad social, aunque ficticia. Y a mayor ironía, la lucha de clases que habían protagonizado los Gracos había permitido un mejor nivel de vida a los olvidados de Roma, a los desheredados de la historia, a los que no pertenecían por origen los Gracos, pero cuya formación con tintes griegos había convertido en defensor de los débiles ante el Estado.

Nunca se podrá medir tal desagradecimiento, ni el acto cobarde de asesinar, primero a un tribuno valiente y decidido a cambiar pacíficamente las desigualdades más flagrantes, sin intención de convertirlo en ninguna revolución, y pocos años más tarde repetir

569 Plutarco, *C. Gr.* 19.

la infamia con su hermano pequeño, para conservar los privilegios de clase que la oligarquía dominante creía ver amenazados. Y la historia, como tantas otras veces, dio la razón a los tribunos, porque no hubo una paz duradera con la ausencia de éstos, ni la clase senatorial consiguió perpetuarse en su posición ancestral. Los tiempos poco a poco fueron reubicando los sentimientos, pero también los estamentos vigentes en Roma, y la República decadente dio paso a una nueva conformación política, el Principado, que se convertirá en el Imperio romano, cuyo emperador será la cabeza visible del derecho y la política, dejando a la aristocracia sin un papel tan relevante como antaño y sin la estructura política que al parecer tanto amaban. Esta es la ironía del destino, vetar las libertades creyendo que terminarán con una revolución de masas que acabará con la relación de clases establecida, para culminar, después de períodos agotadores de guerras internas y conflictos ruinosos para las arcas del Estado, y el también asesinato de Julio César, en una época de gobierno único, en el que las reglas del juego dependerán en buena medida de los deseos del Emperador. No queremos decir con ello que el Senado desaparezca o sea un estamento formal, porque no sería cierto, pero sí que la intención de absorber todo el poder posible en sus manos se evaporará con el tiempo y no será jamás una tangible realidad.

Ambos tribunos, los hermanos Graco, como sucederá con Julio César aunque evidentemente la gloria de este último será mucho más conocida, pasarán a la historia como figuras dignas de admiración, de elogios perennes, de talante y actitud irreprochable, como defensores de la patria y de los más desfavorecidos, como héroes de su propia leyenda, mientras que sus verdugos permanecen en el olvido, en un anonimato eterno que les culpa de haber terminado apresurada y tempranamente con el futuro de una época de la antigua Roma.

6. CORNELIA ESCRITORA

Desde el punto de vista histórico-literario Cornelia ha sido destacada mayoritariamente por la doctrina como justa representante de las mujeres que intervinieron con su literatura en el mundo romano. Con todo, y al margen de la necesaria reivindicación de la ilustre matrona en situación de igualdad con el género masculino en lo que se refiere a su educación y cultura, idealizar la faceta de Cornelia como escritora nos parece cuando menos discutible.

No tenemos a nuestra disposición la información suficiente para comprobar fehacientemente los requisitos necesarios para reconocer a una escritora, ya que los dos fragmentos que se conservan de las cartas de Cornelia dirigidas a su hijo Cayo en el año 124 a.C., después del asesinato de su hijo Tiberio Graco, son de reducida extensión, y están incluidos en la obra de Cornelio Nepote[570], en su forma original, lo que da cuenta de la dificultad del reconocimiento de la epistolografía republicana, en este caso privada, por tradición historiográfica indirecta[571].

Con todo, como dice CUGUSI[572], el hecho de que sean el primer ejemplo de cartas de contenido privado escritas en lengua latina convierten la obra literaria de Cornelia en un documento único, quizás merecedor del máximo reconocimiento en el ámbito literario.

El primero de los fragmentos es más breve que el segundo, del siguiente tenor:

> *Dices pulchrum esse inimicos ulcisci. Id neque maius neque pulchrius cuiquam atque mihi esse videtur, sed si liceat ea re publica salva ea persequi. sed quatenus id fieri non potest, multo tempore multisque partibus inimici nostri non peribunt atque, uti nunc sunt, erunt potius quam res publica profligetur atque pereat.*

> "Me dirás que es hermoso vengarse de los enemigos. Que nada hay más grande ni más bello a nadie le parece como a mí, pero si se pue-

---

[570] El primer fragmento con este encabezamiento: *Verba ex epistula Corneliae Gracchorum matris ex libro Corneli Nepotis de Latinis Historicis excerpta*; el segundo, simplemente, *eadem alio loco*, el mismo autor, en un sitio diferente; cfr. S. DIXON, *Cornelia, Mother of the Gracchi*, cit., p. 70, n. 37.

[571] P. FRACCARO, *Studi sull'età dei Gracchi*, cit., p. 16, en donde señala que, al margen de que los famosos fragmentos de Cornelia que han llegado a nosotros estuvieran contenidos en la biografía de Nepote, "non sembra fossero noti a Plutarco".

[572] P. CUGUSI, *Studi sull'epistolografía latina. I. L'età-preciceroniana*, en *Annali della Facoltà di Lettere, Filosofia e Magistero della Università di Cagliari*, 33, 1979, p. 54.

de conseguir sin riesgo para el Estado. Más ya que no puede ser así, por mucho tiempo y en muchos lugares no perecerán nuestros enemigos y, tal como ahora están, estarán antes que se arruine y perezca el Estado[573]".

El segundo fragmento, más extenso, está lleno de reproches hacia la figura de Cayo Graco, que muestran la desazón de una madre que no desea más conflictos con el Estado:

> *Verbis conceptis deierare ausim, praeterquam qui Tiberium Gracchum necarunt, neminem inimicum tantum molestiae tantumque laboris, quantum te ob has res, mihi tradidisse: quem oportebat omnium eorum, quos antehac habui liberos, partis [eorum] tolerare atque curare, ut quam minimum sollicitudinis in senecta haberem, utique, quaecumque ageres, ea velles maxime mihi placere, atque uti nefas haberes rerum maiorum adversum meam sententiam quicquam facere, praesertim mihi, cui parva pars vitae superest. ne id quidem tam breve spatium potest opitulari, quin et mihi adversere et rempublicam profliges? denique quae pausa erit? ecquando desinet familia nostra insanire? ecquando modus ei rei haberi poterit? ecquando desinemus et habentes et praebentes molestiis insistere? ecquando perpudescet miscenda atque perturbanda re publica? sed si omnino id fieri non potest, ubi ego mortua ero, petito tribunatum: per me facito quod lubebit, cum ego non sentiam. ubi mortua ero, parentabis mihi et invocabis deum parentem. in eo tempore non pudet te eorum deum preces expetere, quos vivos atque praesentes relictos atque desertos habueris? ne ille sirit Iupiter te ea perseverare, nec tibi tantam dementiam venire in animum? et si perseveras, vereor ne in omnem vitam tantum laboris culpa tua recipias, uti in nullo tempore tute tibi placere possis.*

"Me atrevería a jurar con solemne fórmula que, exceptuando a los que asesinaron a Tiberio Graco, ningún enemigo me ha causado tanta desazón y tanta fatiga como tú por todo esto. Tú, que debías ocupar el puesto de todos los hijos que antes tuve y cuidar de que tuviese el mínimo de preocupaciones en mi vejez, y desear que fue-

---

573 Seguimos la versión traducida por A. LÓPEZ, *Cornelia, madre de la epistolografía latina*, en *Mnemosynum C. Codoñer a discipulis oblatum*, A. RAMOS GUERREIRA (ed.), Salamanca, 1991, p. 168.

> ra de mi máximo agrado todo lo que hicieras, y considerar impío realizar alguna cosa importante en contra de mi parecer, sobre todo ahora, que ya me queda poco de vida. ¿Ni siquiera ese breve espacio puede servirme para que no te me enfrentes y arruines el Estado? ¿Cuándo acabará todo esto? ¿Algún día dejará nuestra casa de cometer locuras? ¿Algún día podrá tener un límite todo esto? ¿Algún día dejaremos de procurar y de provocar problemas? ¿Algún día nos avergonzaremos de subvertir y disturbar el Estado? Pero si no puede ser de ninguna manera así, cuando me haya muerto, presenta la candidatura al tribunado: por mí haz lo que te plazca, cuando yo no pueda darme cuenta de ello. Cuando me haya muerto, harás un sacrificio en mi honor e invocarás al dios familiar. ¿Entonces no te dará vergüenza elevar tus súplicas a unos dioses que tuviste olvidados y abandonados cuando estaban vivos y cerca de ti? ¡El gran Júpiter no permita que persistas en tu empeño y que una locura tan grande se apodere de ti! Mas si persistes, temo que toda tu vida tendrás una angustia tan grande por tu propia culpa, que no podrás nunca reconciliarte contigo mismo[574]".

En favor de la autenticidad de la autoría de Cornelia tenemos el testimonio de Cicerón[575], que reconoce explícita y claramente el haber leído las cartas de Cornelia:

> *Legimus epistulas Corneliae matris Gracchorum: apparet filios non tam in gremio educatos quam in sermone matris.*

A mayor abundamiento, la doctrina se ha centrado durante demasiado tiempo a verificar la autenticidad de las misivas, sin centrarse en el valor histórico-político de lo escrito, en un intento de desautorizar la innata cualidad de la ilustre matrona para reflejar su palabra escrita[576]. Nosotros apostamos por la autenticidad de los

---

574 S. DIXON, *Cornelia, Mother of the Gracchi*, cit., p. 26, en donde afirma que el tono de las cartas no deja de ser retórico, aunque "that tone becomes increasingly recriminatory"; la traducción española la hemos tomado de A. LÓPEZ, *Cornelia, madre de la epistolografía latina*, cit., p. 168.

575 Cic. *Brut.* 211.

576 Vid. entre los detractores de la autenticidad de las cartas de Cornelia: J. SOERGEL, *Cornelia Gracchorum matris epistolarum fragmenta genuina esse non posse*, en *Blätter für d. Bayer. Gymnas.* 3, 1867, pp. 101 ss.; H. USENER, *Bei-*

fragmentos, abanderada por Hubel[577], Hanslik[578], Fraenkel[579], Cugusi[580], y Aurora López[581], entre los múltiples defensores. Y como no, también existe quien por un lado afirma que Cornelia era una reconocida escritora, para a continuación mostrar sus dudas con respecto a la genuidad de las cartas a ella atribuida[582].

Lo que sí parece indudable es su habilidad para realizar discursos[583], organizar debates, y presenciar encuentros intelectuales en los que poder participar activamente y en los que sus hijos

---

läufige Bemerkungen, en *RhM* 55, 1900, p. 292; G. CARDINALI, *Studi Graccani*, Génova, 1912, pp. 7 ss.; J. CARCOPINO, *Autour des Gracques*, cit., pp. 110 ss. en donde no muestra ninguna duda con respecto a la falsedad de ambas misivas; S. B. POMEROY, *Diosas, rameras, esposas y esclavas,* cit., p. 195: "Entre las prosistas estaba Cornelia, cuyas cartas fueron publicadas (aunque los actuales fragmentos no son genuinos probablemente)".

577 K. HUBEL, *Die Brieffragmente der Cornelia, der Mutter der Gracchen*, Erlangen, 1900.

578 R. HANSLIK, *Zur Sprache der Cornelia, der Muter der Gracchen und des hl. Benedikt*, en *WS* 79, 1966, pp. 304-307.

579 E. FRAENKEL, *Leseproben aus Reden Ciceros und Catos*, Roma, 1968, pp. 161 ss.

580 P. CUGUSI, *Studi sull'epistolografía latina. I. L'età-preciceroniana*, cit., p. 54 ss.

581 A. LÓPEZ, *Cornelia, madre de la epistolografía latina*, cit., p. 169, en la que defiende la autoría de Cornelia, realizando las siguientes precisiones en p. 170: "1. La polémica surge en el ámbito de la Filología clásica alemana de la primera mitad del siglo XIX, esto es, en un momento en que la duda sobre la paternidad de las obras clásicas está de moda, por así decirlo; es curioso comprobar que no se han podido aportar razones de más peso para la negación que para la atribución a Cornelia de los dos fragmentos. 2. La paternidad de los mismos en la tradición de Cornelio Nepote, un contemporáneo de Cicerón, quien dice conocer cartas de Cornelia, no ofrece duda alguna. ¿por qué oponerse, pues, a un dato seguro sin basarse en otros de igual o mayor peso? 3. Al menos en dos ocasiones, notables autoridades que habían sostenido la falsedad de la atribución, en época posterior cambiaron de parecer", concluyendo que en los últimos tiempos la tendencia predominante es la que considera los fragmentos auténticos.

582 R. A. BAUMAN, *Women and Politics in Ancient Rome*, cit., pp. 42-43: "Cornelia was a recognized writer...The letter is, if genuine, by far our most important document for the political thinkingand indeed the entire *Weltanschauung*, of a second-century Roman matron".

583 L. CALDWELL, *Roman Girlhood and the Fashioning of Femininity*, Cambridge, 2015, p. 28, n. 53, en donde menciona a Cornelia, madre de los Gra-

seguramente se adiestraron antes de comenzar su carrera política. Esa es una habilidad, seguramente innata, transmitida a sus dos hijos, de los que se decía que sabían participar del arte de la oratoria con grandes cualidades. Cornelia, por lo tanto, pondrá en evidencia otra de sus destrezas, la habilidad oral y escrita, y una prosa cultivada con la que demostrará a la sociedad romana su genio y personalidad[584].

7. ESTATUA DE CORNELIA

De acuerdo con el relato de Plutarco[585], los romanos erigieron en honor de Cornelia una estatua de bronce, con la inscripción[586]: "Cornelia, madre de los Gracos", homenaje póstumo que habría agradecido sin duda alguna, puesto que ya hemos insistido lo suficiente en el orgullo de Cornelia como madre de sus hijos, honor superior a cualquier otro que se le pudiera otorgar.

A mayor abundamiento, era la primera vez que se concedía tal privilegio a una mujer, lo que da cuenta del impacto de la insigne matrona en la conciencia popular, dispuesta a romper con la tradición que excluía a las mujeres de cualquier representación triunfal debido al papel secundario que representaban en la sociedad romana.

---

cos, como una de las pocas mujeres romanas conocidas por su habilidad para hacer discursos.

584 Quint. *Inst.* 1. 1. 6: *In parentibus vero quam plurimum esse eruditionis optaverim. Nec de patribus tantum loquor: nam Gracchorum eloquentiae multum contulisse accepimus Corneliam matrem, cuius doctissimus sermo in posteros quoque est epistulis traditus...*, deja claro que la elocuencia de los Gracos se debía al trabajo de su madre Cornelia, cuya prosa cultivada permaneció a través de sus cartas para la posteridad.

585 Plutarco, *C. Gr.*, 4.

586 A. H. BERNSTEIN, *Tiberius Sempronius Gracchus. Tradition and Apostasy*, cit., p. 43: "A statue of her was eventually erected in the capital bearing the inscription, "CORNELIA, AFRICANI F. GRACCHORUM"; O. HEKSTER, *Emperors and Ancestors. Roman Rulers and the Constraints of Tradition*, Oxford 2015, p. 114.

Plinio también recuerda dicha estatua[587], en cuya base se podía leer: "*Cornelia africani f(ilia)/ Gracchorum*[588]", encontrada en el *Porticus Octaviae* en Roma y actualmente en los Museos Capitolinos de Roma, aunque no exista unanimidad en la doctrina con respecto a que la estatua descrita por Plinio sea la misma erigida por el pueblo[589].

La erección de una estatua en honor de Cornelia[590], como homenaje a la eterna memoria de Cornelia, y también en honor del imborrable recuerdo de sus dos hijos, como héroes de la República romana, fue el culmen de la leyenda en torno a una madre irrepetible, a una mujer ejemplar en todos los sentidos, que el pueblo romano decidió venerar para siempre.

Bien es cierto que el movimiento político de los populares al que pertenecían los Gracos tuvieron mucho que ver en la publicidad posterior de los mismos, y en su reivindicación para la posteridad para favorecer sus intereses partidistas[591], pero la unanimidad de toda la sociedad a la hora de aceptarlos como símbolos de honor y hones-

---

587 Plinio, *N. H.*, 34. 14: *nec tamen potuit inhibere, quo minus romae quoque ponerentur, sicuti corneliae gracchorum matri, quae fuit africani prioris filia. sedens huic posita soleisque sine ammento insignis in metelli publica porticu, quae statua nunc est in octaviae operibus.*

588 Vid. al respecto, M. KAJAVA, *Cornelia Africani f. Gracchorum*, en *Arctos*, 23, 1989, p. 130, en donde afirma la referencia clara en dicha inscripción a la madre de los Gracos y no a la mujer de Tiberio Graco, por el uso en plural del genitivo *gracchorum*. Normalmente el uso en genitivo utilizado después del nombre de una mujer significa que ésta es 'hija de' o 'mujer de', pero el uso en plural del genitivo en la inscripción de la estatua de Cornelia debería despejar cualquier duda en cuanto a la relación con sus hijos.

589 E. A. HEMELRIJK, *Matrona Docta: Educated Women in the Roman Élite from Cornelia to Julia Domna*, cit., p. 266-267, n. 46, en donde discrepa de la posibilidad de que una estatua pudiese ser erigida en honor de una mujer en un espacio público en la época republicana.

590 Sobre la fecha, F. COARELLI, *La statue de Cornélie, mère des Gracques, et la crise politique à Rome au temps du Saturninus*, en *Revixit Ars, arte e ideología a Roma,* F. COARELLI (ed.), Roma 1996, pp. 280-299, estima probable la fecha del 106-100 a. C., momento en el que los populares pro-gracanos erigen la estatua de Cornelia como un acto de triunfo frente al optimate Metelo.

591 J. CARCOPINO, *Autour des Gracques*, cit., pp. 109: "L'inauguration d'une statue à la *Mater Gracchorum* constitua une manifestation de parti et marque

tidad y la convicción de una Cornelia virtuosa, culta, honorable y sacrificada en pro de la República convirtió a nuestra protagonista en una figura de leyenda, en la mujer ideal en el imaginario colectivo romano por derecho propio, para toda la eternidad.

l'entrée de Cornélie, à cotè de ses fils, dans la légende par laquelle les partis populaires stimulaient leur zèle et embellissaient leur tradition".

CONCLUSIONES GENERALES

Hemos decidido desde el principio exponer nuestras consideraciones y conclusiones en cada capítulo, y dentro de cada tema objeto de debate doctrinal, con las fuentes en las que nos apoyamos y las construcciones jurídicas que consideramos relacionadas con nuestra posición. Con todo, como resumen de nuestra posición al respecto, vamos a realizar a continuación una serie de conclusiones generales que permiten un rápido pero no por ello menos claro recorrido jurídico-histórico sobre el contenido de este libro.

1. Las mujeres eran las depositarias de la estricta moral romana, cuyo fin era la transmisión de las costumbres ancestrales, por lo que debían ser el símbolo silente y conformado del respeto conservador a las costumbres de los antepasados, sabiendo que cualquier desviación de su papel conllevaría desgracias al pueblo, cuyas supersticiones deberían acallar con un comportamiento intachable. De este modo, los hombres conseguían la sumisión femenina sin reproches y un sometimiento absoluto por parte de ellas.

2. La consideración de las mujeres como el sexo débil, y por lo tanto, necesitado de tutela y protección, evidentemente masculina, fue una constante en la antigua Roma. Las mujeres *sui iuris*, es decir, las que por su *status familiae* no deberían estar sometidas a la autoridad de otra persona, se encontraban sujetas a una tutela perpetua debido a su condición, la *tutela mulierum*, mediante la cual, al terminar el periodo de sometimiento a la *tutela impuberum*, por razón de edad, continuaban su existencia bajo una estricta vigilancia, quedando la capacidad de obrar femenina profundamente limitada, sometida al control y autoridad del tutor previsto.

3. Los adjetivos utilizados en relación con las mujeres siempre minusvaloran su capacidad, y no podemos creer en la defensa del jurista Gayo con respecto a la debilidad del sexo femenino, como cree algún autor. La realidad demuestra, a través de la exégesis de textos, que la posición jurídica de las mujeres estaba en clara situación de inferioridad con respecto a los hombres, aunque con el paso de los siglos desapareciese la tutela obligatoria prevista. Por lo tanto, a pesar de la utilización por parte de Gayo de los términos *levitas animi*, en vez de *infirmitas sexus* o *imbecilitas sexus*, no nos queda más remedio que aseverar la ausencia de un discurso proclive a la defensa de la capacidad femenina, y una relativa ambigüedad buscada con el afán de parecer moderno en sus posiciones, cuando en el siglo II ya habían recorrido un largo camino en defensa de sus libertades las mujeres romanas. No hubo un púlpito masculino adecuado para el equilibrio jurídico de las necesidades femeninas, sino algunos intentos de enmascarar con dulces palabras la realidad en la que vivía el colectivo femenino, que no era otro que el ostracismo ante el *cursus honorum*, el protagonismo en la familia, la clara exclusión de los *officia virilia* y la vida militar, la posibilidad de la defensa jurídica de asuntos ajenos, o la relación entre la supresión de la tutela y el nacimiento de su descendencia. A mayor descendencia mejor posición de libertad, lo que reduce el papel de las mujeres a sus labores domésticas sin interferencia en el sistema patriarcal al que no pertenecen por razón de su condición.

4. Lucrecia y Cornelia son símbolos de un comportamiento ejemplar y de una capacidad de sacrificio al nivel de lo que se esperaba de toda mujer romana. Con todo, su condición de mujeres de la nobleza, les resta credibilidad en lo que se refiere al papel universal que debían desempeñar todas en general, aun cuando sea cierto que las mujeres pertenecientes al más alto nivel social influían con su actitud en las anónimas protagonistas de la vida cotidiana.

5. Lucrecia es una figura de leyenda, entre el mito y la realidad. Pero su tragedia sirve de ejemplo para explicar los pormenores jurídico-históricos de aquella época, y del cambio radical de la Monarquía a la República, independientemente de las brumas de veracidad que contiene su relato.

6. La moraleja de este relato, publicitada por todos los autores que hacen referencia al célebre episodio de Lucrecia, se traduce en la necesidad femenina de proteger la honra familiar, de no dejar que sangre extraña infecte la nobleza de la familia real, agnada y cierta, que es el fundamento de toda familia romana, dejando entrever que la decadencia del pueblo romano tiene relación con la permisividad con respecto a la conducta humana, en especial referida a las mujeres.

7. La actitud investigadora de Livio, fuente principal en lo que se refiere al episodio de Lucrecia, deja mucho que desear. Es cierto que siempre reivindicamos a los clásicos, pero en este caso concreto, en el que Livio ha contribuido sin duda a conocer mejor la figura de Lucrecia, a la que encumbró como matrona romana representante del honor y la castidad, las fuentes a las que acude el autor latino no las verifica conscientemente ni las somete a crítica para obtener la verdad, puesto que el fin último no es otro que el de escribir una obra patriótica que ayude a la mayor gloria de Roma, sin importar la veracidad de los recursos utilizados.

8. La violación de la joven patricia es un episodio brutal, lleno de dramatismo, en el que se mezclan violencia y miedo, con diferentes resultados en el empleo de *uis* y *metus* por parte de su agresor, Sexto Tarquinio. Así, mientras parecería más lógico que Lucrecia accediese ante la amenaza de la muerte, resulta que tal posibilidad no la mueve de sus convicciones, y sin embargo el miedo a la deshonra familiar la lleva a no resistirse más. Es fruto de las costumbres de la época y de la tradición del honor de una sociedad romana primitiva que aún debía evolucionar, pero es la verdad sobre una Lucrecia valerosa y casta que paradójicamente para defender su honor deberá someterse a su violador porque de lo contrario sufrirá una acusación póstuma falsa de adulterio con un esclavo de la que no podrá defenderse y arrastrará al deshonor a toda su familia. Lo importante es que el suceso de la violación de Lucrecia y su aceptación “por causa de miedo”, por el temor a no poder defender el honor familiar, bien podría considerarse como remoto antecedente de la *actio quod metus causa*, acción pretoria introducida hacia el año 80 a.C. por el pretor

Octavio –de ahí el nombre de formula octaviana– para proteger a la víctima de un acto de violencia o *metus*, dirigida contra el autor de tal violencia o miedo.

9. El término suicidio no existía como tal en la terminología latina, por lo que los vocablos utilizados para describirlo eran diferentes en cada ocasión, dependiendo de los medios utilizados para acabar con la vida, y es por ello que en el texto de Livio no aparece la palabra suicidio sino el hecho de que Lucrecia se clava un cuchillo en el corazón, para a continuación desplomarse moribunda, entre los gritos de su padre y su marido. Además, el hecho de presentar la acción suicida de Lucrecia como la mejor solución posible, o como la alternativa honrosa y eficaz que serviría para preservar la genuidad de su familia, debía realizarse de acuerdo con las reglas estatuidas en aquel arcaico mundo romano. Por eso, y en aras de una solución que dejase sin mancha alguna a la familia de Lucrecia, se debía tomar en consideración un instrumento mortal a salvo de la infamia, por lo que la muerte de Lucrecia se llevó a cabo mediante el cuchillo salvador de la honra perdida. Bien es cierto que la espada se consideraba el medio más noble para terminar con la vida, pero en el caso de Lucrecia no podemos imaginarnos a una noble mujer romana desenvainando una espada, por su peso y desconocimiento en el empleo de las armas, lo que provocó la aparición del cuchillo, escondido hábilmente hasta el momento preciso en el que terminó con su violentada existencia. No debemos eternizarnos con otras consideraciones, pero sí tenemos que dejar, por último, constancia de la simbología presente en el cuchillo segador de la vida de nuestra protagonista. No se suicida con veneno, condenado por la *lex Cornelia de sicariis et veneficis*, siempre entendido como un medio exterminador más propio de la condición femenina, sino con un metal, propio de la condición masculina, seguramente en un intento de presentar a Lucrecia como el perfecto equilibrio entre feminidad y fortaleza, capaz de todo con tal de preservar el honor familiar.

10. No compartimos en absoluto las dudas y la ironía utilizada por San Agustín con respecto a Lucrecia, aunque fuera en un intento de defender la posición de las mujeres que decidieron no suicidarse

a pesar de haber sido violadas por los bárbaros durante el saqueo de Roma del 410 d.C., declarando que la vida es el bien supremo y Dios el titular de la misma. Incluso las preguntas capciosas que hace sobre la figura de Lucrecia no dejan de sorprendernos, aún cuando su mayor interés sea el de condenar el suicidio como contrario a los planes de Dios, puesto que las insinuaciones de que Lucrecia se suicidó porque en el fondo había consentido, y se sentía culpable por haber cometido adulterio, reflejan un comportamiento misógino en el propio autor cristiano, un revisionismo histórico dirigido claramente a los intereses cristianos de la época, y un claro desconocimiento sobre la cultura arcaica romana que atribuía carácter heroico al suicidio voluntario. Al margen de las consideraciones posibles con respecto a la cualificación de Lucrecia como mito o leyenda, su vida y muerte representa jurídicamente la realidad de aquella época arcaica, propia de un derecho romano quiritario, en el que la defensa del honor familiar debía realizarse a toda costa, incluso con el sacrificio de la propia vida.

11. Varios son los interrogantes que nos presenta Guarino para convencernos de la estructura artificial del suicidio de Lucrecia, rodeada de elementos estáticos como en las tragedias griegas, aplicando impecablemente las reglas del estoicismo, muy posterior a la época histórica del célebre episodio y además radicalmente diferente al ambiente histórico, espacial y temporal del mismo. Nosotros reconsideramos las opciones presentadas por Guarino, defendiendo nuestra propia versión, independientemente del reconocimiento admirado que profesamos al insigne profesor napolitano. En primer lugar, si la época histórica del episodio de Lucrecia se distinguía por la ausencia de esclavos, como propone el autor napolitano, no es menos cierto que entonces Lucrecia estaría todavía más desvalida a la hora de enfrentarse a Sexto durante la noche, ya que por mucho que gritase, la ausencia de esclavos en la casa provocaría que nadie acudiera en su auxilio, que fue en definitiva lo que ocurrió. Y todo ello al margen de que en el relato de Livio se contiene la amenaza de Sexto de que si profería cualquier grito mataría a un esclavo y a ella misma para teatralizar la escena de adulterio cometido que obligaba a Sexto a matarla, y de que el comienzo del episodio transmitido por

el autor paduano da cuenta –en el momento de la apuesta que realizan el marido de Lucrecia y los demás con respecto al pudor de sus propias esposas– de la actitud de Lucrecia, que teje lana en casa y no se prodiga en ninguna fiesta fuera del domicilio familiar, rodeada por sus esclavas mientras se dedica a las labores propias de una mujer romana en la época arcaica.

En segundo lugar, condenar la supuesta debilidad de Lucrecia no nos parece acertada. ¿Por qué no puede ser la heroína de su condición moral? ¿Por qué no pensar que se sentía en inferioridad física, y por ello prefirió ser violada para poder luego defender la honorabilidad de su *gens*, sabiendo que si estaba muerta la deshonra caería *in aeternum* sobre sus descendientes? ¿Por qué no podemos pensar que ella, al ser despertada de forma violenta, estaba todavía más indefensa por lo inesperado y la somnolencia del momento? ¿Por qué Lucrecia no pudo pensar en la crueldad de Sexto, su violador, conociendo casi seguro las historias que se contaban de él y su familia, perteneciente a la realeza, y eligió vivir para poder contarle el horror sufrido a su padre y a su marido?

Por otro lado, compartimos la opinión decidida del autor napolitano en lo que se refiere al cambio gradual del orden político. Es cierto que el célebre episodio de Lucrecia se ha utilizado como símbolo de la rebelión ante el tirano cuyo hijo, Sexto, abusando de su posición de poder, llevó a cabo el brutal delito de violación contra Lucrecia, cuya consecuencia inmediata fue el advenimiento de la República, pero parece más lógico pensar en un cambio gradual de la forma de gobierno para poder ser aceptada por los ciudadanos romanos sin ningún problema, ya que los cambios radicales en aquella época conservadora de las costumbres hasta límites insospechados no nos parecen los más adecuados. Con todo, tenemos claro que la simbología de un acto brutal que conduce a la desaparición de la estirpe tirana debió ser bien considerada por los autores clásicos a la hora de cohonestar la historia de la noble Lucrecia y la publicitada Roma republicana, y es por ello que no dudaron en conectar ambos episodios de una forma singular, unida para siempre en la historia.

El presunto carácter etiológico del acto final de la vida de Lucrecia no nos parece lógico a la vista de las evidencias puestas en consideración a lo largo de todo el estudio dedicado a la misma. Bien es cierto que Guarino da visos de veracidad a la existencia de nuestra protagonista e incluso al episodio de la violación cometida por el hijo de Tarquinio el Soberbio, pero la presunción mítica de su suicidio, dando como cierta una relación adúltera que terminó con la muerte de la mujer, como se debía llevar a cabo en el primitivo derecho romano, no nos satisface por lo incompleto del planteamiento. Nada obsta a que el episodio de Lucrecia fuera veraz, sin negar las exageraciones cometidas por los autores clásicos –al servicio de la propaganda imperial– que mitificaron casi hasta el endiosamiento a una mujer romana que defendió con su vida su honor, y por ende, a su familia.

12. Lucrecia es una de las madres fundadoras de la República romana, con todo lo que ello supone, ya que justifica el cambio de un modelo agotado de gobierno como podía ser la Monarquía, por otro nuevo y aceptado unánimemente como resultó ser la República. Por lo tanto la figura de Lucrecia puede ser considerada como el símbolo del cambio, y su violación como el ultraje continuo que hacía a Roma el tirano Tarquinio. Tal comparación permite sublimar la personalidad valiente y decidida de Lucrecia, equiparada a la civitas romana, y situada en un plano de igualdad a la vez que de cambio de un sistema político injusto y corrompido, por uno nuevo y esperanzador, la República romana.

13. El *iudicium domesticum* no resulta un tema pacífico en el episodio de Lucrecia, y de hecho no existe unanimidad en la doctrina a la hora de evaluar la existencia de un tribunal familiar convocado al efecto. Y todas estas divergencias provienen, por una parte, derivadas de la confesión de la propia Lucrecia, que si bien fue tomada por la fuerza, podría ser considerada culpable –de no creer su versión– lo que supondría algo muy dañino para el honor del marido y de su familia, pero ayudaría a la versión del *consilium domesticum*; por otra parte estarían los que directamente niegan la existencia de un juicio familiar, ya que Lucrecia, al carecer de *patria potestas*, no estaría legitimada para convocar el *iudicium domesticum*, potestad reservada única y exclusivamente al *paterfamilias*, por lo que la convocatoria efectuada por una mujer sería nula de pleno derecho, o

inexistente desde el principio por cuanto no es el sujeto activo legitimado para la convocatoria de un tribunal familiar.

Con todo, y a pesar de que no resulte fácil valorar la realidad del tribunal familiar, nosotros creemos que lo más razonable a la vista de las fuentes literarias y jurídicas existentes es considerar al *iudicium domesticum* como un órgano consultivo, como un instrumento al servicio de la familia, pero de consumo interno, que carece de las facultades de un tribunal. No podemos olvidar que la denominación de *iudicium domesticum* se transforma en ocasiones en *consilium domesticum*, con un significado claro e inequívoco de "consejo", entendido como órgano asesor de la familia, corrector de determinadas conductas que podían apartarse de los *mores maiorum*, de las costumbres de los antepasados, que servía para refrendar las decisiones del *paterfamilias*, cuya *potestas* es innegable con respecto a los miembros de la unidad familiar, pero cuyo carácter preceptivo en todos los casos no nos parece acertado. Es evidente que en los casos relativos a esclavos la *dominica potestas* funciona de forma autónoma, no necesitando ningún órgano que avale el procedimiento que le asiste por la potestas que le pertenece.

De este modo, podemos entender la convocatoria del *consilium domesticum* cuando la gravedad de determinados asuntos lo hagan necesario, como sucedió en el episodio de Lucrecia, pero como un órgano interno, que ayude en las decisiones a tomar ante la violación acaecida, sin que nos encontremos ante un tribunal regulado como tal, con una jurisdicción propia dirigida a los miembros de la unidad familiar que se sustraen así a cualquier posible intromisión jurídica que venga del exterior.

14. Cornelia formó parte desde su nacimiento de una de las familias más importantes de la antigua Roma, reconocida como una *gens* prestigiosa, tanto por sus hazañas bélicas como por sus triunfos en la carrera política, por lo que podemos reconocer la vida de Cornelia desde un principio como privilegiada por su noble origen. Fue un modelo entre las matronas romanas, por su independencia, sustentada en su riqueza y su inteligencia, así como por la influencia política innegable ejercida sobre sus vástagos y la sociedad romana republicana, aunque será su condición de *univira*, casada tan sólo

una vez en la vida y permaneciendo fiel a la memoria de su marido, la que la convierta en un ejemplo virtuoso de comportamiento para las generaciones venideras.

Su madre, Emilia Tercia, de noble condición, estaba unida en matrimonio con el general romano que derrotó a Aníbal en la batalla de Zama, el irrepetible Publio Cornelio Escipión, apodado el Africano por su inolvidable triunfo. Conocida por su fuerte personalidad y la lealtad inquebrantable hacia su marido, era una de las mujeres más ricas de Roma, características que sin duda hacían de Emilia una mujer mucho más autónoma que el resto de las mujeres de la época, convirtiéndose sin duda en el modelo a seguir por su propia hija Cornelia. Tal autonomía era la tónica común para las mujeres pertenecientes a familias acaudaladas, cuya independencia económica adquiere cada vez mayores cotas de libertad con la ausencia prolongada de sus maridos en las guerras o la viudedad como consecuencia de las mismas. La escasez de hombres, titulares de la patria potestad y tutores legales de por vida de las mujeres, convierte a Emilia y sus contemporáneas en depositarias de los bienes de la familia, en herederas de ingentes patrimonios que deben saber salvaguardar para futuras generaciones.

15. A su fama contribuyó el reconocimiento explícito como una de las mujeres que esquivó, con habilidad e inteligencia, las restricciones impuestas por la *lex Voconia*, el plebiscito del que dijo Cicerón que era una injusticia total para las mujeres, del año 169 a.C. Dicho proyecto legislativo fue defendido por Catón el Censor, inspirador del proyecto, que restringía los derechos de la mujeres, ya que no podían ser instituidas como herederas por aquellos ciudadanos que, en el último censo, formaran parte de la primera clase. La *lex Voconia de hereditatibus mulierum* contiene en su propio título la delimitación de su contenido, dirigido sustancialmente a limitar la capacidad sucesoria de la mujer para mantener la preeminencia de poder histórica masculina, preservando la institución de heredero y por lo tanto, la eficacia del testamento –al margen de las limitaciones ya existentes que penalizaban a la mujer en el ámbito de la sucesión *ab intestato*– al establecer que nadie pueda recibir por legado más que los herederos. Con todo, poco se consiguió con la promulga-

ción de esta ley, ya que su principal objetivo, preservar la posición del heredero en detrimento de los legatarios –a menudo mujeres que obtenían una cuantiosa porción de la herencia– podía obviarse por parte del testador si distribuía su patrimonio entre un gran número de legatarios, ya que así quedaba tan reducida la masa hereditaria que al heredero no le compensaría soportar las cargas hereditarias a cambio de un mínimo beneficio.

Hubo en esta época una proliferación de normas hostiles, conocidas como las leyes suntuarias, conocidas por su discurso misógino y antifeminista, que se promulgan en un contexto de desconfianza cada vez más creciente por parte de la sociedad y de la organización política romana, protagonizada esencialmente por hombres, que parecen reaccionar de forma desproporcionada frente a una limitada emancipación femenina que parece preocupar en exceso al patriarcado dominante. De este modo, la legislación femenina, aunque no se denominase así ni pareciera estar dirigida única y exclusivamente a las mujeres, tiene como objetivo cercenar ese aumento de autonomía personal por parte de las mismas, con la clara intención de devolverlas a los hogares, al ámbito exclusivamente privado, evitando cualquier mínima participación en el mundo del derecho, público o privado, limitando además su capacidad patrimonial.

16. Cornelia contrajo matrimonio con Tiberio Sempronio Graco, personaje políticamente muy comprometido y reconocido en los círculos de poder, por utilizar su potestad tribunicia siempre al servicio del pueblo y en contra de los intereses de la clase senatorial a la que tenía sometida a un estricto escrutinio, y sobre todo enemigo de su padre, por lo que podemos considerar los esponsales como uno de los actos más importantes de la Roma tardorrepublicana. La unión entre una familia noble de la más alta alcurnia y grandeza y una familia plebeya, prestigiosa y sin tacha, convirtió al nuevo matrimonio en protagonistas del cambio social, cuyos máximos y mejores representantes serán sus propios hijos, los hermanos Graco.

La doctrina cree en el sentido mitológico de un episodio que describe la elogiosa y heroica actitud de Tiberio Graco cuando encuentra en su casa dos serpientes, macho y hembra, y consulta a los arúspices para que le ayuden a decidir qué debe hacer, porque entiende que tal aparición debe contener algún significado oculto que él mismo no puede descifrar sin la ayuda necesaria. El augurio no puede ser más funesto: Si deja escapar al macho, morirá de inmediato su mujer; sin embargo, si deja escapar a la hembra, será él quien fallezca al instante. Y él finalmente escoge la parte del augurio más favorable para su mujer, dejando escapar a la serpiente hembra. La elección de la serpiente en este episodio premonitorio ya había estado presente en otros momentos de la historia de la familia de Cornelia, aunque las dudas sobre la certeza de este episodio nos llevan a optar por un acto de publicidad gloriosa de la distinguida Cornelia más que en un relato real, en el que resulta beneficiada una mujer como excepción a la regla general de la historia. La longevidad de nuestra protagonista puso fácil la posibilidad de dar rienda suelta a la imaginación colectiva y a una visión sorprendente de una mujer que, contrariamente a la realidad social de su época, consiguió sobrevivir a la mayor parte de los miembros de su familia, algo inusual en una mujer con el esfuerzo añadido de todos los partos que tuvo, doce hijos, aunque todos menos tres murieran en edad temprana. Además, el deceso prematuro de su marido alimentó todavía más la leyenda, y la convirtió en una viuda ejemplar.

17. Debemos destacar la libertad de acción de la que gozó siempre Cornelia, ya que a pesar de existir todavía la *tutela mulierum*, más a efectos formales que como un instrumento real de control masculino sobre las mujeres tuteladas, parece tener una independencia real a la hora de intervenir en los actos jurídicos de su propia familia, como el matrimonio de su hija Sempronia, la educación de sus hijos –los tribunos de la plebe– el rechazo a un nuevo matrimonio y demás asuntos propios de la *domus* pero tradicionalmente asignados a la potestad del *pater familias*.

18. Adquirido el nuevo status de viuda, siendo todavía joven, no quiso cambiar de condición jamás, y ni siquiera el ofrecimiento por parte del Rey de Egipto, Ptolomeo VIII, de que contrajera matrimonio y compartiera su trono con él, consiguió hacerle cambiar de opinión, retirándose a su refugio familiar de *Misenum*, donde seguiría con su vida, rodeada de la élite intelectual que le ayudaría con la

educación deseada para sus hijos, y dedicada a las labores propias de una matrona romana, en su caso dotada de virtud extrema. No sabemos con certeza si este episodio es cierto, pero contribuye todavía más a la leyenda eterna de la mujer entregada a un solo hombre, dedicada a la educación de los hijos concebidos en el seno de dicha unión. Siempre se ha creído que el principal motivo del rechazo a una nueva unión matrimonial fue precisamente la total dedicación a sus hijos y a la supervisión de sus educadores, teniendo claro que su implicación diaria en los proyectos de vida de sus hijos les reportaría beneficios culturales, humanos y políticos indudables.

Tampoco podemos afirmar –como hace algún autor– que el Rey de Egipto hiciera la propuesta matrimonial a Cornelia sólo con la idea de sellar una fructífera alianza con una de las familias más importantes de Roma, ya que es una suposición, y darla como cierta en un episodio del que ni siquiera podemos probar su existencia nos parece poco apropiado. Si nos adentramos en el terreno de lo que pudo ser, podríamos incluso proponer la negativa de Cornelia ante el temor a perder la custodia de los hijos si contraía nuevo matrimonio, pero la independencia mostrada en todo momento por la venerada matrona no nos parece que pueda concordar con la figura de una mujer temerosa.

19. Cornelia, en su devenir diario, tendría que salir a menudo para realizar distintas actividades cotidianas, lo que nos permite ocuparnos de otro aspecto como es el de la protección del pudor y el honor de las *matresfamilias*, algo fundamental por cuanto el honor de una familia se garantizaba con el comportamiento ejemplar de la matrona, algo que se debía proteger con esmero y rigor. La enorme importancia de las costumbres sociales, como valores permanentes de moralidad y de justicia, se aprecia en el sentir de los romanos, que ven en los *mores* uno de los pilares de la solidez de la comunidad romana. Es por ello que cualquier atentado contra las buenas costumbres va a ser duramente castigado, en orden a preservar los *boni* mores tan respetados.

El decoro es considerado símbolo del honor de las matronas romanas, por lo que cualquier atentado contra el mismo es considerado un ultraje digno de ser castigado. Pero no consiste sólo en modestia, no lo podemos traducir como castidad o continencia, ya que el término *pudicitia* es una virtud moral superior que contiene todos los adjetivos posibles referentes al pudor, el honor, la dignidad de la prole y la condición de la persona, sobre todo mujer, protegida como un poder necesario en la vida romana.

De este modo, surge la intervención pretoria para evitar abusos y acoso contra las mujeres romanas, a través de un edicto especial, *de adtemptata pudicitia*. Aunque la fórmula no se nos ha transmitido, contamos con la reconstrucción realizada por LENEL para poder conocer el contenido del edicto, en el que podemos observar como la conducta punible reside en el hecho de apartar a un sirviente o acompañante de una *materfamilias* o en seguir a un joven importunándole, aunque a nosotros nos interese sobre todo el acoso realizado a la mujer. Además, podemos colegir que cortejar es atentar con dulces palabras a la honestidad de alguien, entendiendo ese alguien sobre todo como una mujer, cuyo bien más preciado debe ser su *pudicitia*, sin entender que esto sea un ultraje, sino un atentado contra las buenas costumbres. Cornelia representa la virtud legendaria, y como figura idealizada, es considerada también el mejor ejemplo de conducta decorosa, de pudor extremo y de matrona perfecta en todos los sentidos, por lo que hemos estimado necesario hacer referencia a este edicto protector. Su importancia deriva de una protección especial a las mujeres que se lo merecieran por su posición casta y pudorosa, algo realmente especial, y no dejamos de pensar que la protección a favor de las mujeres dignas de la misma estaba en vigor ya en la época de la pudorosa Cornelia. El pretor recoge en el edicto *de adtemptata pudicitia* las medidas dirigidas a la protección integral de la *materfamilias*, con una tradición anterior dirigida a preservar el honor de las matronas romanas, responsables de la transmisión perfecta de padres a hijos de una agnación revestida de auténtica y legítima cognación.

20. Cornelia tenía claramente una superioridad moral y cultural con respecto a las mujeres de su época. No podemos olvidar que la ostentación de riquezas era común en el ámbito femenino a fin de dar la publicidad necesaria a la gloria de su familia y a las posibilidades económicas de su *gens*, así como recordar continuamente a través

de joyas antiguas los ilustres ancestros que formaban parte del árbol genealógico. Las mujeres consideraban como un derecho adquirido la posibilidad de ostentar artículos de lujo demostrando los éxitos militares, políticos y económicos de los varones de la familia, consiguiendo así un reconocimiento explícito por parte de la sociedad romana. Pero a Cornelia no le hacía falta tal ostentación, porque pertenecía a una de las más ilustres familias patricias, con un reconocimiento ciudadano en el más alto nivel, y presumía de que las únicas joyas eran sus propios hijos. Con todo, y en referencia al estamento del lujo, consideramos necesario recordar la legislación impuesta por el Senado que limitaba la ostentación pública de riquezas, en un momento muy delicado de la historia de Roma en la que padecía los estragos derivados de la segunda guerra púnica. En el año 215 a.C., se propuso una ley para gravar el lujo de las mujeres romanas, la *lex Oppia*, dentro del elenco de las leyes suntuarias, *leges sumptuariae*, prohibiéndoles con su promulgación la ostentación pública de más de media onza de oro, y vestidos de colores llamativos, ni el uso de carruajes dentro la ciudad de Roma, o a mil pasos de ella, excepto en el caso de la realización de actos públicos de carácter religioso. La utilización de vestimenta colorida se prohibía enfáticamente en el caso de tejidos teñidos de púrpura, símbolo masculino de poder directamente relacionado con determinados cargos públicos, para el que se empleaba telas muy costosas, persiguiendo la involución hacia la indumentaria de lana, mucho más tradicional.

Evidentemente la suntuosidad perseguida pertenecía a las mujeres romanas de los sectores privilegiados, cuya supuesta falta de austeridad provocaba reacciones airadas en el resto de la población, sobre todo en la plebe, sometida a los rigores extremos de las guerras continuas en las que debían participar durante largos años, los hombres como efectivos militares y las mujeres soportando el hambre y la pobreza que acuciaban a la mayor parte de la sociedad. De este modo, la *lex Oppia* tenía como objetivo la sanción pública del lujo, con el fin de tranquilizar el espíritu de una población privada de casi todos los bienes básicos, sacrificada en aras del bien común, para el mayor fortalecimiento de la República romana, pero también para calmar los ánimos de un sector masculino tradicionalista que veía en el lujo y en la ornamentación excesiva de las mujeres un peligro para la *pudicitia* exigida a toda matrona respetable.

La situación fue mejorando hasta llegar al año 195 a.C., en el que Roma supera por completo la carestía anteriormente sufrida, como consecuencia de la victoria contra los cartagineses. Las arcas del Estado vuelven a llenarse, el final del conflicto bélico repercute en una mayor riqueza de los generales victoriosos y sus familias y también el pueblo participa de un mayor bienestar social. Llegados a este punto, los tribunos de la plebe Marco Fundanio y Lucio Valerio solicitan a los *concilia plebis tributa* la abrogación de la *lex Oppia* –en realidad un plebiscito– por innecesaria en un momento histórico en el que todo el mundo deseaba exhibir su adquirida riqueza. Pero no todos compartían el deseo de levantar la prohibición, y surge la polémica en el Senado. Por una parte, los tribunos a favor de la abrogación de la ley anterior, y por la otra, los dos Brutos, los tribunos Marco Junio y Tito Junio, capitaneados por Catón, defensor a ultranza de los valores tradicionales, que pregonan la necesidad de mantener la *lex Oppia*, con la amenaza de imponer su veto, la intercessio, para evitar la abrogación de la restrictiva ley. La novedad reside en la manifestación de las matronas que ocuparon todas las calles y los accesos al Foro, reclamando su derecho a exhibir sus joyas ahora que la República había recuperado su esplendor y las arcas del Estado auguraban una época floreciente para el pueblo romano. Bien es cierto que la movilización política femenina tenía ya algún precedente, pero la numerosa participación de mujeres, venidas incluso del rural, y su intención de no cejar en el empeño de conseguir su propósito final quebró la conciencia masculina, temerosa de perder la autoridad irrogada secularmente de sumisión femenina al poder marital.

21. Tiberio Graco era el hijo mayor del matrimonio entre Tiberio Sempronio Graco y Cornelia, y por lo tanto perteneciente a la oligarquía patricio-plebeya. El origen plebeyo del padre y la condición patricia de la madre hicieron de Tiberio un político equilibrado, perteneciente a la facción de los populares, consciente de sus responsabilidades con el pueblo romano, con una ideología política partidaria del principio de soberanía popular interiorizada desde el

punto de vista de la praxis democrática griega. Las reflexiones con respecto a personalidad revolucionaria del tribuno Tiberio han llevado a subrayar la influencia de su madre, Cornelia, que a través de una educación esmerada romana completada con la filosofía griega y el estoicismo, convierte a su hijo en el estandarte de una necesaria revolución en el estamento oligárquico romano, con una intención altruista que perseguía a la vez la estabilidad y el equilibrio de relaciones con la plebe desfavorecida.

22. La *lex Sempronia Agraria*, fue propuesta por Tiberio Graco durante el desempeño de su cargo como tribuno de la plebe, en el año 133 a.C. La ley contenía una reforma agraria para intentar paliar la difícil situación económica del campesinado de la península itálica, imponiendo un límite legal de 500 *iugera*, unas 125 hectáreas, como cantidad máxima de tierra estatal, *ager publicus*, que podía ocupar un poseedor para explotarla, debiendo devolver el terreno sobrante. Con todo, en caso de descendencia del *possessor*, la cláusula se ampliaba en 250 *iugera* por hijo hasta un máximo de 1000 *iugera* como tierra susceptible de posesión. El proyecto legislativo tenía en cuenta la devolución de los terrenos que debían revertirse, para convertirlos en pequeñas parcelas de una superficie no superior a 30 *iugera*, que se repartirían entre los campesinos sin recursos y la *plebs* Romana, como colonos a perpetuidad, sin posibilidad de enajenar las tierras para evitar la especulación y la tendencia al latifundio, y estando sometidos al pago de un canon o vectigal. Además, se tuvo en cuenta la situación de los afectados negativamente por la ley que se veían privados de las inversiones realizadas en unas tierras que ahora pasarían a manos de nuevos poseedores, creando un sistema de indemnizaciones que tendría en cuenta la reducción de sus terrenos. Como colofón del proyecto legislativo se contemplaba la creación de una comisión –elegida por el pueblo– de tres miembros, los *tresviri agris dandi adsignandis iudicandis*, con un cometido de carácter anual, que debía dirigir, por un lado, sus esfuerzos en las limitaciones prescritas del *ager publicus*, y por el otro, las adjudicaciones a los nuevos *possessores* de las tierras detraídas. El Senado, manifiestamente contrariado ante la actitud de Tiberio, contrarrestó la aprobación de la ley, utilizando al otro tribuno de la plebe, Octavio, como herra-

mienta útil a los intereses de la aristocracia, interponiendo su veto tribunicio a la propuesta, la *intercessio*, consiguiendo de este modo la paralización de la ley. Después de incontables cuitas legales, con la deposición del otro tribuno a instancias de Tiberio y la aprobación posterior de la ley, Tiberio Graco murió en un tumulto organizado por la oligarquía dominante que no quería perder sus derechos frente a la plebe protegida por el tribuno reformador.

23. Cayo Graco, hermano pequeño de Tiberio y también elegido como tribuno de la plebe, destaca por su producción legislativa, en cierto modo parecida a la anterior, pero con novedades que también serán consideradas como fruto de un populismo revolucionario frente al que actuará la aristocracia ante el temor de perder los derechos secularmente disfrutados. En los primeros meses de su mandato pronunció el discurso *de legibus promulgatis*, auténtico programa político con soluciones a los problemas más urgentes del estado Romano, lo que demuestran un vigor inusitado, sin trazas de un odio visceral hacia los asesinos de su admirado hermano.

24. Plutarco destaca la *lex Sempronia de abactis magistratu* como una buena medida, plebiscito votado en el 123 a.C., mediante la cual el magistrado destituido por el pueblo quedaba inhabilitado para poder ejercer cualquier otra magistratura, y relaciona tal legislación con la anterior deposición del tribuno Octavio propugnada por Tiberio Graco ante el veto interpuesto por aquél frente a la ley agraria.

25. Otra de las leyes, la *lex de capite civis* o *Lex Sempronia de provocatione*, del año 123 a. C., era un proyecto dirigido hacia el pasado, pero sin un fin muy claro ni una aplicación concreta. Era un plebiscito rogado que prohibía la constitución de *quaestiones* o comisiones judiciales extraordinarias siempre que no estuviesen sustentadas en un decreto popular, limitando así la capacidad del Senado para promover juicios capitales.

26. Otra ley, nombrada por Cicerón, con el nombre *ne quis iudicio circumveniretur*, contenía el juicio y posterior castigo de aquel magistrado o miembro del Senado que participase en una conspi-

ración dirigida a condenar a un inocente, lo que demuestra la incidencia repetida en un mismo objetivo: prevenir para el futuro la realización de juicios capitales al margen de la autoridad del pueblo, castigando la actitud senatorial arrogante y corrupta que acallaba los tribunales con prebendas y falsas pruebas ante un enemigo político molesto.

27. Este conjunto de medidas legislativas demuestra la visión retrospectiva de Cayo, recordando las vicisitudes del pasado, garantizándose un mejor destino que el de su hermano, pero que a la vista de la historia conocida de nada le sirvió el ser precavido con respecto a la oligarquía recelosa de su mandato. En compañía de Fulvio Flaco, Cayo intentó continuar la reforma agraria, aunque la comisión creada de antaño estuviera ahora paralizada por Escipión Emiliano. La *lex Rubria*, de marcado carácter colonial, será la que materialice Cayo con su proyecto agrario, consistente en una clara innovación con respecto a la legislación de Tiberio Graco. Así, frente a la disposición del *ager publicus* de suelo itálico, Cayo pretende también la de las provincias, fuera de Italia y con una conformación legal muy distinta. Además, promueve la concesión de atribuciones de porciones de tierra en bloque, con el establecimiento de colonias, mucho más fructífero que el reparto de tierras individuales, con escasos resultados y un trabajo ímprobo.

28. Con todo, uno de los mayores problemas era el del abastecimiento del grano, producto de primera necesidad en la dieta alimenticia, por lo que Cayo presentó a los comicios una *lex Sempronia* frumentaria, con la que consiguió una gran popularidad. En dicha ley rogada se aseguraba la distribución mensual de trigo a un precio estable, seis ases y un tercio el modio, y aunque las fuentes no nos permitan conocer el alcance efectivo de la ley, y su efectividad, medida en la proporcionalidad de la cantidad de trigo dependiendo del número de miembros de una familia, por ejemplo, su oportunidad fue magníficamente bien recibida ante un problema cotidiano y perenne agravado por las continuas guerras. Así se evitaba la especulación en los mercados y se conseguía subsidiar a una plebe ya de por sí carente de recursos, lo que provocó un sentimiento de agrade-

cimiento y admiración hacia el tribuno. Y así, de nuevo se repetirá el mismo sentimiento de envidia y recelo que tenía la oposición de Tiberio, ahora reflejada en su hermano menor Cayo, acusándoles de corromper al pueblo para ganar su apoyo popular.

29. Dentro de esta legislación directamente social, podemos añadir una *lex Sempronia militaris*, ley rogada propuesta por Cayo Graco en el 123 a.C., con el objetivo de dispensar a los menores de diecisiete años de la obligación de realizar el servicio militar y a la vez cargando el equipamiento para cada soldado en los gastos del tesoro público, antes proporcionado individualmente por cada ciudadano. En toda la legislación social parece asomar la innegable influencia griega de la educación recibida por Graco, como puede ser la protección del Estado al individuo, más relacionado con la *polis* griega que con la mentalidad tradicional romana, en la que cada individuo es el que procura apoyo al conjunto del Estado. La iteración del tribunado era el deseo de Cayo, que conseguirá en el año 122 a. C., para proseguir con su frenesí legislativo, convencido de que las leyes podrían cambiar la situación de monopolio senatorial. Pero nada más lejos de la realidad, y cuando Cayo no consigue la reelección de su cargo, muere de nuevo en un tumulto de forma parecida a su hermano.

30. Sempronia, hermana de los Graco y condenada al ostracismo en las fuentes, debía tener una gran personalidad para poder equilibrar su matrimonio con Escipión Emiliano, por un lado, enemigo de sus hermanos, y la relación fraternal evidente por el otro, sabiendo además que debía desempeñar un papel muy importante, más aún cuando se queda como única superviviente de la saga familiar. Sempronia, con su larga vida, debía transmitir positivamente a las nuevas generaciones las excelencias de su *gens*, publicitando con datos y recuerdos las gestas de sus hermanos. Ese fue su lugar relevante para la historia y sin duda contribuyó a la memoria eterna de sus hermanos, y, por ende, de su propia familia.

31. De acuerdo con la historia de los hijos de Cornelia, y del trágico final de los dos tribunos de la plebe, podríamos colegir que el resultado de la educación impartida no había obtenido sus frutos, por

lo menos de una forma ortodoxa, al ser reprimidas sus convicciones e injuriadas sus personas hasta conseguir doblegar la voluntad popular que apoyaba a los Gracos, y que por lo tanto los esfuerzos de su madre Cornelia no se habían visto recompensados en los éxitos civiles y militares de sus descendencia masculina. Sin embargo, no existió tal decepción, ni mostró rasgo alguno de debilidad, ira, rencor, odio o cualquier otro sentimiento de connotaciones negativas la ilustre Cornelia. Por el contrario, sobrellevó sus infortunios con entereza y magnanimidad, dedicó el resto de su vida en su refugio de *Misenum* a glorificar el recuerdo de sus hijos, sobre todo el de sus amados y venerados tribunos, que para ella habían muerto en acto de servicio a la República que tanto respetaban.

32. Desde el punto de vista histórico-literario Cornelia ha sido destacada mayoritariamente por la doctrina como justa representante de las mujeres que intervinieron con su literatura en el mundo romano. Con todo, y al margen de la necesaria reivindicación de la ilustre matrona en situación de igualdad con el género masculino en lo que se refiere a su educación y cultura, idealizar la faceta de Cornelia como escritora nos parece cuando menos discutible. No tenemos a nuestra disposición la información suficiente para comprobar fehacientemente los requisitos necesarios para reconocer a una escritora, ya que los dos fragmentos que se conservan de las cartas de Cornelia dirigidas a su hijo Cayo en el año 124 a.C., después del asesinato de su hijo Tiberio Graco, son de reducida extensión, y están incluidos en la obra de Cornelio Nepote, en su forma original, lo que da cuenta de la dificultad del reconocimiento de la epistolografía republicana, en este caso privada, por tradición historiográfica indirecta. Con todo, no dudamos de la autenticidad de los fragmentos a disposición, sino de la cualificación como escritora de la célebre matrona, de la que sí podemos destacar su habilidad innata para realizar discursos, organizar debates, y presenciar encuentros intelectuales en los que poder participar activamente y en los que sus hijos seguramente se adiestraron antes de comenzar su carrera política.

33. Por último, de acuerdo con el relato de Plutarco, los romanos erigieron en honor de Cornelia una estatua de bronce, con la ins-

cripción: "Cornelia, madre de los Gracos", homenaje póstumo que habría agradecido sin duda alguna, puesto que ya hemos insistido lo suficiente en el orgullo de Cornelia como madre de sus hijos, honor superior a cualquier otro que se le pudiera otorgar. A mayor abundamiento, era la primera vez que se concedía tal privilegio a una mujer, lo que da cuenta del impacto de la insigne matrona en la conciencia popular, dispuesta a romper con la tradición que excluía a las mujeres de cualquier representación triunfal debido al papel secundario que representaba en la sociedad romana, en un reconocimiento singular unánime de la sociedad romana con respecto a la categoría moral y el honor de esta magnífica mujer.

BIBLIOGRAFÍA

AGATI MADEIRA, E. M.

— *La lex oppia et la condition juridique de la femme*, en *RIDA* 51, 2004.

ALAIMO, B.

— *De suicidii nomine et quibusdam eius definitionibus*, en *Antonianum* 31, 1956.

ALBANESE, B.

— *Vita necisque potestas paterna e lex Iulia de adulteriis coercendis*, en *Studi Mussotto*, 2, Palermo, 1980.

— *Animi levitas femminile in Gai 1.144 e 190*, en *AUPA*, 48, 2003.

ALFÖLDY, A.

— *Early Rome and the Latins*, Ann Arbor, 1965.

ALFÖLDY, G.

— *Historia social de Roma*, trad. esp., V. Alonso Troncoso, 3ª ed. Madrid, 1996.

ALVAREZ, AL.

— *The Savage God. A Study of Suicide*, reimp. Londres, 2002.

AMUNÁTEGUI PERELLÓ, C. F.

— *Origen de los poderes del paterfamilias. El paterfamilias y la patria potestas,* Madrid, 2009.

APPLETON, CH.

— *Trois épisodes de l'histoire ancienne de Rome; les Sabines, Lucrèce, Virginie*, en *Revue historique de droit français et étranger,*4e sér., t. 3, n° 2, 1924.

ARANGIO RUIZ, V.

— *Storia del diritto romano*, Nápoles, 1966.

ARBIZU, J. M.

— *Res publica oppresa. Política popular en la crisis de la República*, Madrid, 2000.

ARJAVA, A.
— *Women and Law in Late Antiquity*, Oxford-Nueva York, 1966.

ARMSTRONG, J.
— *War and Society in Early Rome. From Warlords to Generals*, Cambridge, 2016.

ASTIN, E.
— *The Lex Annalis before Sulla*, en *Latomus* 32, Bruselas, 1958.
— *Scipio Aemilianus*, Oxford, 1967.

ASTOLFI, R.
— *Il matrimonio nel diritto romano preclassico*, 2, Padua, 2002.

BACHOFEN, J. J.
— *Die lex Voconia und die mit ihr zusammenhängenden Rechtsinstitute*, Basilea, 1843.

BADIAN, E.
— *Lex Acilia Repetundarum*, en *The American Journal of Philology*, 75, 4, 1954.
— *Tiberius Gracchus and the Beginning of the Roman Revolution*, en *ANRW*, 1, 1, Berlín, 1972.

BALDUCCI, A.
— *Intorno al iudicium domesticum*, en *Archivio Giuridico "Filippo Serafini"*, 191, 1976.

BARNARD, S.
— *Cornelia and the Women of Her Family*, en *Latomus* 49, 2, 1990.

BARTOLOMÉ GÓMEZ, J.
— *La leyenda de la violación de Lucrecia y el relato del reinado de Tarquinio en Tito Livio*, en *Veleia* 10, 1993.

BATTAGLINI, M.
— *Libertà e determinazione nel suicidio, in Roma antica*, en *Scritti in onore di Gaspare Ambrosini*, I, Milán, 1970.

BAUMAN, R. A.
— *The Rape of Lucretia "Quod metus causa" and the Criminal Law,* en *Latomus* 52, 3, 1993.
— *Women and Politics in Ancient Rome*, Londres-NuevaYork, 1994.

BAYET, A.
— *Le suicide et la morale,* París, 1922.

BEARD, M.
— *The Sexual Status of Vestal Virgins*, en *JRS* 70, 1980.
— *El triunfo romano*, trad. esp. Barcelona, 2007.

BEAUCAMP, J.
— *Le vocabulaire de la faiblesse féminine dans les textes juridiques romains du III au IV siècle*, en *RHDEF* 54, 1976.

BEHRENDS, O.
— *Die Prokuratur des klassischen röm. Zivilrechts,* en *SZ* 88, 1971.

BENESS, J. L. /HILLARD, T. W.
— *The Theatricality of the Deaths of C. Gracchus and Friends*, en *CQ* 51, 1, 2001.

BERGER, A.
— *Encyclopedic Dictionary of Roman Law*, Filadelfia 1953, reimp. 1991.

BERNSTEIN, A. H.
— *Tiberius Sempronius Gracchus. Tradition and Apostasy*, Londres-Nueva York, 1978.

BERRY, C. J.
— *The idea of Luxury. A conceptual and historical investigation*, Cambridge, 1994.

BESSONE, L.
— *La gente Tarquinia*, en *Rivista di Filologia e di Istruzione Classica*, 110, 1982.

BETTI, E.
— *Wesen des altrömischen Familienverbardes. Gausgemeinchaft und Agnatengenossenschaft,* en *ZSS* 71, 1954.

BETTINAZZI, M.
— *La legge nelle declamazioni quintilianee. Una nuova prospettiva per lo studio della lex Voconia, della lex Iunia Norbana e della lex Iulia de adulteriis,* Saarbrücken, 2014.

BETTINI, M.
— *Women and Weasels: Mythologies of Birth in Ancient Greece and Rome,* trad. inglés por E. Eisenach, Chicago, 2013.

BICKEL, E.
— *Historia de la literatura romana*, trad. esp., Madrid, 2009.

BILZ, K.
— *Die Politik des P. Cornelius Scipio Aemilianus,* Stuttgart, 1935.

BIONDI, B.
— *La legislazione di Augusto*, en *Conferenze augustee nel bimillenario della nascita*, Milán, 1939.

BISCARDI, A.
— *Postille Gaiane*, en *Gaio nel suo tempo. Atti del simposio romanistico,* A. GUARINO, L. BOVE (Eds.), Nápoles,1966.

BLANCH NOUGUÉS, J. M.
— *Certissima iuris regula de Gayo*, en *RIDA* 44, 1997.

BLEICKEN, J.
— *Tiberius Gracchus und die italischen Bundesgenossen*, en *Memoria rerum veterum. Festschrift für C.J. Classen*, Stuttgart, 1990.

BONFANTE, P.
— *Corso di diritto romano* I, Roma, 1925.

BOREN, H. C.
— *Tiberius Gracchus: The Opposition View*, en *The American Journal of Philology*, 82, 4, 1961.
— *The Gracchi*, Nueva York, 1968.

BORGO, A.
— *Lucrezia. Riflessioni sulla storia di un personaggio letterario*, en *Bolletino di Studi Latini* 41, 2011.

BOTTA, F.
— *Stuprum per vim illatum. Violenza e crimini sessuali nel diritto classico e dell'occidente tardoantico*, en *Violenza sessuale e società antiche. Profili storico-giuridici,* 2ª ed., F. LUCREZI/ F. BOTTA/G. RIZZELLI, Lecce, 2011.

BOTTIGLIERI, A.
— *La legislazione sul lusso nella Roma republicana*, Nápoles, 2002.

BOVE, L.
— *La consuetudine in diritto romano*, Nápoles, 1971.

BOYER, G.
— *Le droit successoral romain dans les auvres de Polybe,* en *RIDA* 4, 1950.

BRAVO BOSCH, M. J.
— *Algunas consideraciones sobre el Edictum de adtemptata pudicitia*, en *Dereito* vol. 5, 2, 1996.
— *La injuria verbal colectiva*, Madrid, 2007.
— *El ius honorum en la antigua Roma*, en *Anuario da Facultade de Dereito da Universidade da Coruña*, 14, 2010.
— *Los boni mores en el edictum de convicio*, en *Droit et Moeurs. Implication et influence des moeurs dans la configuration du droit*, Jaén, 2011.
— *Il bilinguismo in Roma (dal III sec. a.C. al II d.C.) attraverso le testimonianze delle fonti letterarie*, en *Ivra: rivista internazionale di diritto romano e antico*, 60, 2012.

BRISCOE, J.
— *Supporters and Opponents of Tiberius Gracchus,* en *The Journal of Roman Studies,* 64 1974.

BRIGUGLIO, F.

— *Introduzione allo studio delle Istituzioni di Gaio, Biblioteca Gaiana*, I, 2015.

BRINGMANN, K.

— *Weltherrschaft und innere Krise Roms im Spiegel der Geschichtsschreibung des zweiten und ersten Jahrhunderts v. Chr.*, A&A 23, 1977.

BRISCOE, J.

— *A commentary on Livy. Books XXXIV-XXXVII*, Oxford, 1981.

BRISSON, J. P.

— *Autonomisme et christianisme dans l'Afrique romaine*, París, 1958.

BROUGHTON, T. R. S.

— *The Magistrates of the Roman Republic, I*, Cleveland, 1968.

BROWN, P.

— *Agustín*, trad. esp. Madrid, 2001.

BROWN, T. S.

— *Greek Influence on Tiberius Gracchus*, en *The Classical Journal*, 42, 8, 1947.

BRUNT, P. A.

— *Italian Manpower 225 BC–AD 14*, Oxford, 1971.

— *Classi e conflitti sociali nella Roma republicana*, trad it. V. Calvani/M. Foladore, Roma, 1972.

BRUTTI, M.

— *Gaio e lo ius controversum*, en *AUPA* 55, 2012.

BUIGUES OLIVER, G.

— *La posición jurídica de la mujer en Roma. Presupuestos para un estudio de la capacidad negocial de la mujer*, Madrid, 2014.

CALDWELL, L.

— *Roman Girlhood and the Fashioning of Femininity*, Cambridge, 2015.

CALORE, E.

— *'Actio quod metus causa'. Tutela della vittima e azione in rem scripta,* Milán, 2011.

CANTARELLA, E.,

— *Adulterio, omicidio legittimo e causa d'onore in diritto romano*, en *Studi Scherillo*, Milán, 1972.

— *La calamidad ambigua*, Madrid, 1991.

— *La mujer romana*, Santiago de Compostela, 1991.

— *Passato prossimo: donne romane da Tacita a Sulpicia*, 3ª ed., Milán, 2003.

— *Dammi mille baci. Vere uomini e vere donne nell'Antica Roma*, 5ª ed., Milán 2016.

CARCOPINO, J.

— *Le mariage de Corneille, en Autour des Gracques,* París, 1928.

— *Des Gracques à Sylla*, Paris, 1929.

CARDINALI, G.

— *Studi Graccani*, Génova, 1912.

CASADO CANDELAS, M. J.

— *La tutela de la mujer en Roma*, Valladolid, 1972.

CASAMAYOR MANCISIDOR, S.

— *Impudicitia: la transgresión de la virtud sexual femenina en la Roma antigua*, en *Estudos de Arqueoloxía, Prehistoria e Historia Antiga: achegas dos novos investigadores*, R. CORDEIRO MACENLLE/A. VÁZQUEZ MARTÍNEZ (eds.), Santiago de Compostela, 2016.

CASINOS MORA, J.

— *La restricción del lujo en la Roma republicana*, Madrid, 2015.

CASTÁN PÉREZ, S.

— *El matrimonio como estrategia en la carrera política durante el último tramo de la República*, en *RIDROM*, 2011.

CASTELLO, C.

— *Studi sul diritto familiare e gentilizio romano*, Milán, 1942.

CENERINI, F.

— *La donna romana*, Bolonia, 2009.

J. CHAUVET,

— *Essai sur la loi Voconia*, Grenoble, 1891.

CHIUSI, T.

— *La fama nell'ordinamento romano. I casi di Afrania e di Lucrezia,* en *Storia delle donne* 6-7, 2010-2011.

CHRYSTAL, P.

— *Roman Women: The Women who influenced the History of Rome*, Londres-Nueva York, 2015.

CID, R. M.

— *La educación de la niña romana: de puella a matrona docta*, en *Bien enseñada: la formación femenina en Roma y el occidente romanizado*, V. ALFARO/R. FRANCIA (Coord.), Málaga, 2001.

— *Las matronas y los prodigios. Prácticas religiosas femeninas en los "márgenes" de la religión romana,* en *Norba. Revista de Historia,* 20, 2007.

CLARK, G.

— *Roman Women, Greece &Rome* 28, 2, 1981.

CLOUD, J. D.

— *The primary purpose of the Lex Cornelia de sicariis,* en *ZSS* 86, 1969.

COARELLI, F.

— *La statue de Cornélie, mère des Gracques, et la crise politique à Rome au temps du Saturninus*, en *Revixit Ars, arte e ideología a Roma,* F. COARELLI (ed.), Roma, 1996.

CONESA NAVARRO, P. D./GONZÁLEZ FERNÁNDEZ, R.

— *Honesta Mors. Suicidas y muertes inducidas de mujeres de la antigua Roma*, en *Mujeres en tiempos de Augusto: realidad social e imposición legal,* R. RODRÍGUEZ LÓPEZ/M. J. BRAVO BOSCH (Eds.), Valencia, 2016.

CORBIER, M.

— *Family Behavior of the Roman Aristocracy*, en *Women's History and Ancient History*, S. B. POMEROY (ed.), Carolina del Norte, 1991.

CORNELL, T. J.

— *Los orígenes de Roma, c. 1000-264 a. C: Italia y Roma de la Edad de Bronce a las guerras púnicas*, trad. esp., Barcelona, 1999.

CORSANEGO, C.

— *La repressione romana dell'adulterio*, Roma, 1936.

COURCELLE, P.

— *Histoire littéraire des grandes invasions germaniques*, 3ª ed., París, 1965.

CRESPIN, R.

— *Ministère et Saintetè: Pastorale du clergé et solution de la crise donatiste dans la vie et la doctrine de S. Augustine,* París, 1965.

CRIFÒ, G.

— *Ricerche sull'exilium nel periodo republicano*, Milán, 1961.

CROOK, J. A.

— *Law and Life of Rome, 90 B.C.- A. D. 212*, Ítaca-Nueva York, 1967.

— *Patria Potestas*, en *The Classical Quaterly*, 17, 1, 1967.

CUGUSI, P.

— *Studi sull'epistolografía latina. I. L'età-preciceroniana*, en *Annali della Facoltà di Lettere, Filosofia e Magistero della Università di Cagliari*, 33, 1979.

CULHAM, P.

— *The Lex Oppia*, en *Latomus*, 41, 4, 1982.

D'AMBRA, E.

— *Roman Women*, Cambridge-Nueva York, 2007.

DAREMBERG, C. V./SAGLIO, E.

— *Dictionnaire des antiquités grecques et romaines*, París, 1904.

DAUBE, D.

— *The accuser under the Lex Iulia de Adulteriis*, en *Salonica Congress of Byzantine Studies,* Atenas, 1955.

DE CERRATO, D.

— *La cultura dello stupro: miti antichi e violenza moderna*, en *Epistemología feminista: Mujeres e identidad*, E. JAIME DE PABLOS (Ed.), Sevilla, 2011.

DE CASTRO CAMERO, R.

— *Soluciones in iure a una controversia patrimonial: transacción, juramento y confesión*, Sevilla, 2006.

DELATTE, L.

— *Recherches sur quelques fêtes mobiles du calendrier romain*, París, 1937.

DE LAPUERTA MONTOYA, D.

— *El elemento subjetivo en el edictum de adtemptata pudicitia: la contravención de los boni mores como requisito esencial para la existencia de responsabilidad*, en *AFDUDC* 2, A Coruña, 1998.

— *Estudio sobre el Edictum de adtemptata pudicitia,* Valencia, 1999.

DE LIGT, L.

— *Poverty and demography: the case of the Gracchan land reforms,* en *Mnemosyne* 57, 2004.

DE LOS MOZOS TOUYA, J. J.

— *Los actos de intercesión y el Senadoconsulto Veleyano*, en *Derecho Romano de Obligaciones. Homenaje al profesor José Luis Murga Gener*, Madrid, 1994.

DE MARTINO, F.

— *Storia Economica di Roma antica,* Florencia, 1979.

— *s.v.* "Famiglia", en *NNDI* 7, Turín, 1981.

DE PIZAN, C.

— *La ciudad de las damas*, 2ª ed., trad. esp. M.J. Lemarchand, Madrid, 2001.

DESIDERI, P.

— *Catone e le donne. Il dibattito liviano sull'abrogazione della lex Oppia*, en *Opus* 3, 1984.

DIXON, S.

— *Breaking the Law to do the Right Thing: The Gradual Erosion of the Voconian Law in Ancient Rome*, en *Adelaide Law Review*, 9, 1983-85.

— *Infirmitas sexus: womanly weakness in Roman Law*, en *TI* 52, 1984.

— *Polybius on Roman Women and Property*, en *The American Journal of Philology*, 106, 2, 1985.

— *The Roman Family,* Baltimore, 1992.

— *Cornelia, Mother of the Gracchi*, Londres-Nueva York, 2007.

DONADIO, N.

— *Iudicium domesticum, riprovazione sociale e persecuzione pubblica di atti commessi da sottoposti alla patria potestas*, en *Index* 40, 2012.

DONALDSON, I.
— *The Rapes of Lucretia: A Myth and its Transformations*, Nueva York, 1982.

DOMINGO, R.
— *Marco Tulio Cicerón*, en *Juristas Universales*, Barcelona, 2004.

D'ORS, A.
— *Acerca de las acciones <ex SC velleiano>*, en *Estudios Álvarez Suárez*, Madrid, 1978.
— *El comentario de Ulpiano a los edictos del 'metus'*, en *AHDE* 51, 1981.
— *Derecho Privado Romano, 9ª* ed., Pamplona, 1997.

DOS SANTOS JUSTO, A.
— *O pensamento jusnaturalista no Direito romano*, en *Fundamenta Iuris. Terminología, principios e Interpretatio*, P. RESINA SOLA (Ed.), Almería 2012.

DÜLL, R.
— *Iudicium domesticum, abdicatio und apoceryxis*, en *ZSS* 63, 1943.

DUPLÁ ANSUÁTEGUI, A.
— *La «constitución romana» como mecanismo de inclusión y exclusión*, en *Stud. hist., H.ª antig.* 26, 2008.

DURKHEIM, E.
— *Le suicide. Étude de sociologie*, París, 1897.

EARL, D. C.
— *Tiberius Gracchus: A Study in Politics*, Bruselas, 1963.

EDWARDS, C.
— *The Politics of Immorality in Ancient Rome*, Cambridge, 2002.

EMPSON, W.
— *Introduction of the Poems of Shakespeare*, en *The Complete Signet Classic Shakespeare*, Nueva York, 1972.

EPSTEIN, D. F.
— *Inimicitia between M. Octavius and Ti. Gracchus, Tribuni plebis, 133*
— *B C.*, en *Hermes*, 111, 3, 1983.

ERNOUT- A. MEILLET, A.
— *Dictionnaire Etymologique de la Langue Latine*, París, 1959.

ESCUTIA ROMERO, R.
— *La difamación pública en derecho romano*, en *RJUAM*, 22, 2010-2.

ESMEIN, A.
— *Le délit d'adultère a Rome et la loi Julia de adulteriis coercendis, étude de droit pénal romain*, París,1878.

EVANS, A. E.
— *Custom and precedent in the Roman Law writers, en BIDR* 46, 1939.

EVANS GRUBBS, J.
— *Women and the Law in the Roman Empire: A Sourcebook on Marriage, Divorce and widowhood*, Londres-Nueva York, 2002.

FALCONE, G.
— *Appunti sul IV comentario delle Istituzioni di Gaio*, Turín, 2003.

FANIZZA, L.
— *Delatori et accusatori: l'iniziativa nei processi di età imperiale*, Roma, 1988.

FAYER, C.
— *Aspetti vi vita quotidiana nella Roma arcaica*, Roma, 1982.
— *La familia romana,* Roma, 1994.
— *La familia romana: aspetti giuridici ed antiquari. Sponsalia, matrimonio, dote*, vol. 2, Roma, 2005.
— *La familia romana. Parte Terza. Concubinato. Divorzio. Adulterio*, Roma, 2005.

FELDHERR, A.
— *Spectacle and Society in Livy's History*, Berkeley-Los Ángeles-Londres, 1998.

FERNÁNDEZ DE BUJÁN, A.
— *Reflexiones a propósito de la realidad social, la tradición jurídica y la moral cristiana en el matrimonio romano*, en *RGDR* 6, 2006.
— *En el matrimonio romano: Reflexiones a propósito de la realidad social, la tradición jurídica y la moral cristiana*, en *El Notario*, 2008.
— *Derecho Privado Romano,* 9ª ed. Madrid, 2016.
— *La legislación de Augusto*, en *Gerión* 35, 2017.

FERRARY, J. L.
— *Lex Cornelia de sicariis et veneficiis*, en *Athenaeum* 79, 1991.

FONTÁN, A.
— *Tito Livio. Historia de Roma desde la fundación de la ciudad (ab urbe condita)*, Libros I y II, traducción (con introducción y notas), *CSIC*, Madrid, 1997.

FORSÉN, B.
— *Lex Licinia-Sextia de modo agrorum-Fiction or Reality?* En *Societatis Scientiarum Fennica, Commentationes Humanarum Litterarum* 96, Helsinki,1991.

FRACCARO, P.
— *Studi sull'età dei Gracchi,* Castello, 1914.

FRAENKEL, E.
— *Leseproben aus Reden Ciceros und Catos*, Roma, 1968.

FRANCIOSI, G.
— *Famiglia e persone in Roma antica. Dall'età arcaica al principato*, Turín, 1989.

FREND, W. H. C.
— *Donatist Church. A Movement of Protest in Roman North Africa,* Oxford, 1952.

FREY, J. B.
— *Signification des termes 'monandros' et 'univirae'*, en *Recherches de Science Religeuse* 20, 1930.

GABBA, E.
— *Le origini della guerra sociale e la vita politica romana dopo l'89 a. C.*, en *Athenaeum*, 32, 1954.
— *Del buon uso della richezza*, Milán, 1988.

GAGÉ, J.
— *Matronalia: essai sur les dévotions et les organisations culturelles des femmes dans l'ancienne Rome*, Berchem, 1963.

GALLO, F.
— *La consuetudine grande sconosciuta*, en *Rivista di Diritto Romano* 13, http://www.ledonline.it/rivistadirittoromano/

GARCÍA CAMIÑAS, J.
— *La lex Remmia de Calumniatoribus*, Santiago de Compostela, 1984.
— *Acerca del Senadoconsulto Turpiliano*, en *Estudios de derecho romano en memoria de Benito Mª Reimundo Yanes*, A. MURILLO VILLAR, Vol.1, 2000.

GARCÍA GARRIDO, M.
— *Ius Uxorium. El régimen patrimonial de la mujer casada en derecho romano*, Roma-Madrid, 1958.

GARCÍA JURADO, F.
— *Las críticas misóginas a las matronas por medio de las meretrices en la comedia Plautina*, en *Cuadernos de Filología Clásica. Estudios Latinos*, 4, Madrid, 1993.
— *El patrimonio de la mujer casada en el Derecho civil*, Barcelona, 1982.

GARDNER, J. F.
— *Women in Roman Law and society*, Londres, 1986.
— *Family and Familia in Roman Law and Life*, Londres, 1998.
— *Mitos romanos*, trad. esp. I. Benasar/M. Morán, Madrid, 2008.

GARNSEY, P.
— *Adultery Trials and the survival of the Quaestiones in the Severan Age*, en *JRS* 57, 1-2, 1967.

GARNSEY, P./RATHBONE, D.
— *The Background to the Grain Law of Gaius Gracchus*, en *JRS* 75, 1985.

GAUDEMET, J.

— *Coutume et raison en droit romain, en Revue Historique de droit francais et étranger,* 17, 1938.

GEIB, G.

— *Geschichte des römische Criminalprozess*, Leipzig, 1842.

GEIGER, K. A.

— *Der Selbstmord im klassischen Altertum*, Ausgburg, 1888.

GELZER, M.

— *Marcus Tullius Cicero*, en *RE* VII A. 1, 1939.

— *Der Anfang der römischen Geschichtsschreibung*, en *Kleine Schriften* 3, 1964.

— *The Roman Nobility*, trad. ing. R. Seager, Oxford, 1975.

GERLACH, F. D.

— *Der Tod des P. Cornelius Scipio Aemilianus,* Basilea, 1839.

GIANNELLI, G.

— *Il sacerdocio delle Vestali romane*; Florencia, 1913.

GIDE, P.

— Étude sur la condition privée de la femme, 10ª ed., París, 1885.

GIOFFREDI, C.

— *s.v. mores*, en *NNDI* 10, Turín, 1964.

GIOMARO, A. M.

— *Spunti per una lettura critica di Gaio, Institutiones*, Urbino, 1994.

GIUNTI, P.

— *Adulterio e leggi regie. Un reato fra storia e propaganda*, Milán, 1990.

GJERSTAD, E.

— *Legends and Facts of Early Roman History*, Lund, 1963.

GLENDINNING, E.

— *Reinventing Lucretia: Rape, Suicide and Redemption from Classical Antiquity to the Medieval Era*, en *International Journal of the Classical Tradition,* 2013.

GLOVER, G.

— *Metus in the Roman Law of Obligations, Fundamina* 31, 2004.

GOLDSWORTHY, A.

— *Las guerras púnicas,* trad. esp. I. Hierro, Barcelona, 2002.

GÓMEZ BUENDÍA, C.

— *Exceptio utilis en el procedimiento formulario del derecho romano*, Madrid, 2016.

GONZÁLEZ ROLÁN, T./SAQUERO SUÁREZ-SOMONTE, P.,

— *Textos castellanos cuatrocentistas sobre dos mujeres de la antigüedad romana abocadas al suicidio*, en *Cuadernos de Filología Clásica. Estudios Latinos* 34, 1, 2014.

GORIA, F.

— *Il dibattito sull'abrogazione della lex Oppia e la condizione giuridica della donna romana, en La donna nel mondo antico,* Turín, 1987.

GRISÉ, Y.

— *Le suicide dans la Rome antique*, Montreal-París, 1982.

GROH, V.

— *La cacciata dei re romani. Analisi letteraria e storica*, en *Athenaeum* 6, 1928.

GUARINO, A.

— *Il dossier di Lucrezia*, en *Labeo* 5, 1959.
— *In difesa di Messalina*, en *Labeo* 20, 1974.
— *Lex Voconia*, en *Labeo* 28, 1982.
— *Il lusso delle donne*, en *Iusculum iuris*, Nápoles, 1985.
— *Romolo e l'adulterio*, en *PDR* 4, 1994.
— *Diritto Privato Romano,* 12ª ed., Nápoles, 2001.

GUIZZI, F.

— *Aspetti giuridizi del sacerdozio romano. Il sacerdozio di Vesta*, Nápoles, 1968.

HALLETT, J. P.

— *Fathers and Daughters in Roman Society*, Princeton, 1984.
— *Women writing in Rome and Cornelia, Mother of the Gracchi*, en *Women writing Latin*, L. J. CHURCHILL/P. R. BROWN, J. E. JEFFREY (Eds.), Londres-Nueva York, 2002.

HANELL, K.

— *Das altrömische eponyme Amt*, Lund, 1946.

HANSLIK, R.

— *Zur Sprache der Cornelia, der Muter der Gracchen und des hl. Benedikt*, en *WS* 79, 1966.

HARMAND, L.

— *Societé et économie de la République romaine*, París, 1976.

HASSE, J. C.

— *Zur lex Voconia*, in *Rheinisches Museum für Jurisprudenz*, 3, 1829.

HAURY, A.

— *Une année de la femme à Rome, en Mélanges off. à j. Heurgon,* Roma, 1976.

HEMELRIJK, E. A.

— *Matrona Docta: Educated Women in the Roman Elite from Cornelia to Julia Domna*, Nueva York, 2004.

HEUMANN H.G.-SECKEL, E.

— *Handlexicon zu den Quellen des römischen Rechts,* Jena, 1926.

HILL, T.

— *Ambitiosa mors. Suicide and Self in Roman Thought and Literature*, Nueva York-Londres, 2004.

HINOJO ANDRÉS, G.

— *Las designaciones de la muerte voluntaria en Roma*, en *Hápax* 3, 2010.

HONORÉ, A. M.

— *Gaius*, Oxford, 1962.

HÖBENREICH, E./RIZELLI, G.

— *Scylla. Fragmente einer juristischen Geschichte der Frauen im antiken Rom*, Viena-Colonia- Weimar, 2003.

HÖBENREICH, E.

— *Andróginas y monstruos. Mujeres que hablan en la antigua Roma*, en *VELEIA*, 22, 2005.

HÖBENREICH, E./KÜHNE, V.

— *Las mujeres en Roma antigua*, Lecce, 2009.

HUBEL, K.

— *Die Brieffragmente der Cornelia, der Mutter der Gracchen*, Erlangen, 1900.

HUMBERT, M.

— *Le Remariage à Rome: Etude d'histoire juridique et Sociale*, Milán, 1972.

IGLESIAS, J.

— *Derecho Romano*, 12ª ed., Barcelona 1999.

JONES, A. H. M.

— *The Cloth Industry under the Roman Empire*, en *The Economic History Review*, New Series, 13, 2, 1960.

KAJAVA, M.

— *Cornelia Africani f. Gracchorum,* en *Arctos,* 23, 1989.

KASER, M.

— *Der Inhalt der patria potestas*, en *ZSS* 58, 1938.

— *Zur altrömischen Hausgewalt*, en *ZSS* 67, 1950.

— *Gaius und die Klassiker*, en *ZSS*,70, 1953.

KELLY, D.

— *Gaius noster – Substructure of Western Social Thought*, en *The American Historical Review*, 84, 3, 1979.

KIENAST, D.
— *Cato der Censor. Seine Persönlichkeit und seine Zeit*, Heidelberg, 1954.

KILPATRICK, D. G./RESICK, P. A./VERONEN, L. J.
— *Effects of a Rape Experience: A Longitudinal Study*, en *Journal of Social Issues*, 37, 4, 1981.

KÜHNE, V.
— *La lex oppia sumptuaria y el control sobre las mujeres*, en *Mulier. Algunas Historias e Instituciones de Derecho romano*, R. RODRÍGUEZ LÓPEZ /M.J. BRAVO BOSCH (Eds.), Madrid, 2013.

KUNTZE, J. E.
— *Der Provinzialjurist Gajus, wissenschaftlich abgeschätzt*, Leipzig, 1883.

KNIEP, F.
— *Der Rechtsgelehrte Gajus und die Ediktskommentare*, Jena, 1910.

KRÜGER, P.
— *Geschichte der Quellen des römischen Rechts*, 2ª ed., Leipzig, 1912.

KUKOFKA, D. J.
— *Waren die Bundesgenossen an den Landverteilungen des Tiberius Gracchus beteiligt?*, en *Tyche* 5, 1990.

KUNKEL, W.
— *s.v. materfamilias*, en *PWRE* 14. 2, Stuttgart, 1930.
— *Das Konsilium im Hausgericht*, *ZSS* 83, 1966.

LAMBERTINI, R.
— *Ancora sui leggitimati a uccidere iure patris ex lege Iulia de adulteriis*, en *SDHI*, 58, 1992.

LANGLANDS, R.
— *Sexual morality in Ancient Rome*, Cambridge, 2006.

LARREMORE, W.
— *Suicide and the Law*, en *Harvard Law Review*, 17, 5, 1904.

LÁZARO GUILLAMÓN, C.
— *Mujer, comercio y empresa en algunas fuentes jurídicas, literarias y epigráficas*, en *RIDA* 50, 2003.

LEDLIE, J. C.
— *Gaius*, en *Journal of the Society of Comparative Legislation*, 13, 2, 1913.

LEFKOWITZ, M. R./FANT, M. B.
— *Women's Life in Greece and Rome. A Source Book in Translation*, 4 ed. Londres-Nueva York, 2016.

LEITNER, PH.
— *Die Plautinischen Komödien als Quellen des römischen Rechts*, en *Diritto e teatro in Grecia e Roma*, E. CANTARELLA/L. GAGLIARDI, Milán, 2007.

LENEL, O.
— *Das Edictum perpetuum3*, Leipzig 1927, reimp. 1957.

LEVI, M. A.
— *Una pagina di storia agraria romana*, en *A&R* 3, 1922.

LEVIN, R.
— *Sempronia the sister of the Gracchi,* Reino Unido, 2012.

LEWIS&SHORT,
— *A Latin Dictionary*, Oxford,1879, reimp.1995.

LIEBS, D.
— *Gayo*, en *Juristas Universales*, Barcelona, 2004.
— *Römische Provinzialjurisprudenz*, Friburgo, 2017.

LIGHTMAN, M./ZEISEL, W.
— *Univira: an Example of Continuity and Change in Roman Society*, en *Church History*, 46, 1, 1977.

LINDERSKI'S, J.
— *Patientia Fregit: M. Octavius and Ti. Gracchus (Cicero, Brutus 95)*, en *Athenaeum*, 60, 1982.

LINTOTT, A.
— *Tiberius Gracchus,* en *The Cambridge Ancient History,* 2ª ed., 9, Cambridge, 1994.
— *Gaius Gracchus, en The Cambridge Ancient History,* 2ª ed., 9, Cambridge, 1994.

LOBRANO, G.
— *Pater et filius eadem persona*, Milán, 1984.

LOMAS SALMONTE, F. J./LÓPEZ BARJA DE QUIROGA, P.
— *Historia de Roma*, Madrid, 2004.

LONGO, G.
— *Lex Voconia*, en *NNDI*, 9, Turín, 1963.
— *s.v.* "*Pater familias*", en *NNDI* 12, Turín, 1982.

LÓPEZ, A.
— *Cornelia, madre de la epistolografía latina*, en *Mnemosynum C. Codoñer a discipulis oblatum*, A. RAMOS GUERREIRA (ed.), Salamanca, 1991.
— *Las matronas romanas ante la vida pública: utilización de las palabras, en Revista Internacional de culturas y literaturas*, 1, 2014.

LÓPEZ BARJA DE QUIROGA, P./LOMAS SALMONTE, F. J.
— *Historia de Roma,* Madrid, 2004.

LÓPEZ FÉREZ, J. A.
— *Personaje históricos griegos o romanos en el Quijote*, en *Anales Cervantinos* 11, 2008.

LÓPEZ HUGUET, M. L.

— *Consideraciones generales sobre los conceptos de Patria Potestas, Filius, Pater, y Materfamilias: Una aproximación al estudio de la familia romana*, en *Redur* 4, 2006.

LLAMAZARES MARTÍN, A.

— *Reconstruyendo la carrera de Tiberio Graco Maior: algunas reconsideraciones en torno a las magistraturas menores*, en *Stud. hist., H.ª antig.*, 34, 2016.

MACLACHLAN, B.

— *Women in Ancient Rome: A Sourcebook*, Londres-NuevaYork, 2013.

MAIER, F. G.

— *Augustine und das antike Rom*, Stuttgart, 1955.

MALDONADO DE LIZALDE, E.

— *Lex Iulia de adulteriis coercendis del Emperador Cesar Augusto (y otros delitos sexuales asociados)*, en *Anuario Mexicano de Historia del Derecho*, 17, 2005.

MANGAS, J./BAJO, F.

— *Los orígenes de Roma*, Madrid, 1989.

MANLEY, I. J.

— *Publius Cornelius Scipio Aemilianus*, California, 1929.

MANTOVANI, D.

— *L'occupazione dell'ager publicus e le sue regole prima del 367 a. C.*, en *Athenaeum* 85, 1997.

— *Declamare le Dodici Tavole. Una parafrasi di XII Tab. V,3 nella Declamatio minor 264*, en *Fundamina*, 20, 2, 2014.

MARAÑÓN, G.

— *Tiberio. Historia de un resentimiento*, Buenos Aires, 1939.

MARINA SÁEZ, R. M.

— *Personajes legendarios femeninos de la Roma antigua en De civitate Dei*, en *Género y enseñanza de la Historia*, A. DOMÍNGUEZARRANZ/R.M. MARINA SÁEZ (eds.), Madrid, 2015.

MARROU, H -I.

— *Historia de la educación en la antigüedad,* 2ª ed. Madrid, 2004.

MARTÍNEZ MORCILLO, J. A.

— *Lucio Emilio Paulo y el derecho de guerra*, en *Studia Historica. Historia Antigua* 30, 2012.

MARTÍNEZ-PINNA, J.

— *Algunas observaciones sobre la monarquía romana arcaica*, en *Potestas. Religión, poder y monarquía. Revista del Grupo Europeo de Investigación Histórica*, 1, 2008.

— *Diodoro Sículo y los reyes de Roma*, en *Gerión* 29, vol. 1, 2011.

MARTINI, R.
— *Ricerche in tema di editto provinciale*, Milán, 1969.

MASIELLO, T.
— *Modelli culturali e prassi giuridica fra gli Antonini e Severi*, Nápoles, 1979.

MASTROCINQUE, A.
— *La cacciata di Tarquinio il Superbo. Tradizione Romana e letteratura greca*, en *Athenaeum*, 62, 1-2, 1984.

MATTHES, M. M.
— *The Rape of Lucretia and the Founding of Republics*, Pennsylvania, 2000.

MAY, G.
— *L'activitè juridique de l'empereur Claude*, en *RHDFE* 15, 1936.

McCABE, J.
— *St. Augustine and his age*, Nueva York-Londres, 1903.

MCCLINTOCK, A.
— *Polyb. 31.26-28: la successione di Emilia*, en *Index*, 33, 2005.
— *The lex Voconia and Cornelia's Jewels*, en *RIDA* 60, 2013.
— *Un analisi giuridica della lex Voconia*, en *Teoria e Storia del Diritto Privato*, 10, 2017.

MCDONALD, A. H.
— *Scipio Africanus and Roman Politics in the Second Century B.C.*, en *JRS* 28, 2, 1938.

MEDICUS, D.
— *Zur Geschichte des Senatus Consultum Velleianum*, Colonia-Graz, 1957.
— *s.v. Tergiversatio*, en *KP* 5, Múnich, 1979.

MELILLO, G.
— *La condizione femminile a Roma: Due norme di Claudio*, en *SDHI* 68, 2002.

MENTXACA ELEXPE, R.
— *El suicidio en la antigüedad clásica, en particular en el mundo romano*, en *IV Ciclo de Conferencias sobre el mundo clásico. De la humanidad en el Derecho a los derechos humanos: de Roma a los tiempos actuales*, Bilbao, 2008.
— *Los requisitos para acceder a las magistraturas locales con base en los escritos de los juristas clásicos*, en *Veleia* 28, 2011.

MEULI, K.
— *Altrömischer Maskenbrauch, en Mus. Helv.* 12, 1955.

MILLAR, F.
— *The Crowd in Rome in the Late Republic,* Michigan, 1998.

MINERS, N. J.
— *Lex Sempronia ne quis iudicio circumveniretur*, en *CQ* 52, 1958.

MOATTI, C.
— *La razón de Roma: El nacimiento del espíritu crítico a fines de la República*, trad. esp. Ana Rodríguez Mayorgas, Madrid, 2008.

MOMIGLIANO, A.
— *An interim report on the origins of Rome*, en *JRS* 53, Londres, 1963.
— *Fabius Pictor and the Origins of National History*, en *The Classical Foundations of Modern Historiography*, Berkeley-Los Angeles-Oxford, 1990.

MOMMSEN, TH.
— *Die Skipionenprozess*, en *Römische Forschungen* 2, Berlín 1864.
— *Römisches Strafrecht*, Leipzig, 1899.

MONCEAUX, P.
— *Histoire littéraire de l'Afrique chrétienne,* 5, París, 1920.

MOIR, K. M.
— *Pliny HN 7. 57 and the marriage of Tiberius Gracchus,* en *CQ,* 33, 1, 1983.

MORGAN, M. G./WALSH, J. A.
— *Ti. Gracchus (TR. PL. 133 B.C.), The Numantine Affair, and the Deposition of M. Octavius*, en *Classical Philology*, 73, 3, 1978.

MOURITSEN, H.
— *Caius Gracchus and the cives sine suffragio,* en *Historia* 55, 2006.

MÜNZER, F.
— *s.v. Cornelius*, en *RE PW* 4. 1, 1900.
— *Römische Adelsparteien und Adelsfamilien*, Stuttgart, 1920.

MUÑOZ CATALÁN, E.
— *El papel de la materfamilias en las instituciones romanas*, en *Experiencias de Género*, L. LAUREANO DOMÍNGUEZ/A. MALDONADO ACEVEDO/C. MESA GONZÁLEZ (Eds.), Huelva, 2015.

NACK, E./WÄGNER, W.
— *Roma. El país y el pueblo de los antiguos romanos*, trad. esp., Barcelona, 1960.

NAVARRO ANTOLÍN, F.
— *El suicidio como motivo literario en los elegíacos latinos*, en *Emerita* 65, 1, 1997.

NICOLET, C.
— *L'inspiration de Tibérius Gracchus (À propos d›un livre récent),* en *Revue des Études Anciennes,* 67, 1-2, 1965.
— *Les Gracques. Crise agraire et révolution à Rome,* París, 2014.

NÖRR, D.

— *The matrimonial Legislation of Augustus: an Early Instance of Social Engineering,* en *The Irish Jurist,* 16, 1981.

NUÑEZ PAZ, I.

— *Consentimiento matrimonial y divorcio en Roma*, Salamanca, 1988.

OGILVIE, R. M.

— *A Commentary on Livy Books 1-5*, Oxford, 1965.

— *Early Rome and the Etruscans*, Londres, 1976.

ORTUÑO PÉREZ, M. E.

— *Una limitación de la capacidad patrimonial de la mujer en el ámbito sucesorio: la lex Voconia*, en *Mulier. Algunas Historias e Instituciones de Derecho Romano,* R. RODRÍGUEZ LÓPEZ /M.J. BRAVO BOSCH (Eds.), Madrid, 2013.

— *Hortensia. Su discurso contra la imposición fiscal femenina*, en *Mujeres en tiempos de Augusto, Realidad social e imposición legal*, R. RODRÍGUEZ LÓPEZ/M. J. BRAVO BOSCH (Eds.), Valencia, 2016.

ORWELL, G.

— *1984*, Madrid, 1980.

OSSIER, J. F.

— *Greek cultural influence and the revolutionary policies of Tiberius Gracchus*, en *Stud, hist., Ha antig.* 22, 2004.

OTERO VIDAL, M.

— *¿"Si adultera, cur laudata"?,* en *Scriptura* 12, 1996.

OTTO, W.

— *Mania und Lares*, en *Arch. F. lat. Lexikog. U. Gramm.*, 15, 1906.

PAIS, E.

— *Ancient Legends of Roman History*, trad. M. Cosenza, Londres, 1906.

PANERO ORIA, P.

— *Ius occidendi et ius accusandi en la lex Iulia de adulteriis coercendis*, Valencia, 2001.

PARKER, H. N.

— *Why Were the Vestals Virgins? Or the Chastity of Women and the Safety of the Roman State*, en *The American Journal of Philology*, 125, 4, 2004.

PAVÓN, P.

— *Valerio Máximo y la asimetría sexual en la severidad del castigo*, en *Latomus* 67, 3, 2008.

PEPPE, L.

— *Posizione giuridica e ruolo sociale della donna romana in età repubblicana*, Milán, 1984.

—

PERNICE, A.

— *Zum römischen Gewohnheitsrecht*, en *ZSS* 20, 1899.

PERUZZI, E.

— *Origini di Roma. I. La famiglia*, Florencia, 1970.

H. PETER,

— *Historicum Romanorum reliquie*, 1914, ed. anast. Stuttgart, 1967.

PETKOVA, G.

— *Slavonic person names, derived from a Roman agnomen*, en *Speech and Context. International Journal of Linguistics, Semiotics and Literary Science*, 1-2, 8, 2016.

PETROCELLI, C.

— *La stola e il silenzio. Sulla condizione femminile nel mondo romano,* Palermo, 1989.

— *Cornelia the matron*, en *Roman Women*, A. FRASCHETTI, (Ed.), Chicago, 2001.

PINA POLO, F.

— *Ideología y práctica política en la Roma tardorrepublicana*, en *Gerión* 12, 1994.

— *Revista Digital de la Escuela de Historia*, 3, 4, 2011.

— *Impostores populares y fraudes legales en la Roma tardorrepublicana*, en *Fraude, mentiras y engaños en el mundo antiguo*, F. MARCO SIMÓN/F. PINA POLO/J. REMESAL RODRÍGUEZ (Eds.), Barcelona, 2014.

PLESCIA, J.

— *Patria potestas and Roman revolution*, en *The Conflicts of Generations in Ancient Greece and Rome*, Amsterdam, 1976.

— *The Development of the Doctrine of Boni Mores in Roman Law*, en *RIDA* 34, 1987.

PÓLAY, E.

— *Das 'regimen morum' des Zensors und die sogenannte Hausgerichtsbarkeit,* en *Studi in onore di Edoardo Volterra* 3, Milán, 1971.

— *Iniuria Types in Roman Law*, Budapest, 1986.

PÖLÖNEN, J.

— *Lex Voconia and Conflicting Ideologies of Succession. Privileging Agnatic Obligation over Cognatic Family Feeling*, en *Arctos* 33, 1999.

POMEROY, S. B.

— *Goddesses, Whores, Wives and Slaves: Women in Classical Antiquity*, Nueva York, 1975.

— *Donne in Atene e Roma*, Milán, 1978.

— *Diosas, rameras, esposas y esclavas. Mujeres en la antigüedad clásica*, 3ª ed., Madrid, 1999.

PONTE ARREBOLA, V.

— *Régimen jurídico de las vías públicas en derecho romano*, Madrid, 2007.

POSADAS, J. L.

— *Extranjeras en la historiografía romana del siglo II d. C.*, en *Gerión Anejos* 8, 2004.

PUGSLEY, D.

— *Gaius or Sextus Pomponius*, en *RIDA* 41, 1994.

QUADRATO, R.

— *Le Institutiones nell'insegnamento di Gaio: omissioni e rinvii*, Nápoles, 1979.

— *Infirmitas sexus e levitas animi: il sesso 'debole' nel linguaggio dei giuristi romani*, en *Scientia Iuris e Linguaggio nel sistema giuridico romano*, F. SINI/R. ORTU (eds.), Milán, 2001.

RABELLO, A. M.

— *Il ius occidendi iure patris della lex Iulia de adulteriis coercendis e la vitae necisque potestas del paterfamilias*, en *Atti Sem. Rom. Intern.*, Perugia, 1972.

— *Efetti personali della patria potestas,* Milán, 1979.

RATHBONE, D. W.

— *The Control and Exploitation of Ager Publicus in Italy under the Roman Republic* en J.J. AUBERT (Ed.), *Tâches publiques et entreprise privée dans le monde romain*, Génova, 2003.

RAWSON, B.

— *Children and Childhood in Roman Italy*, Nueva York, 2003.

RICH, J.

— *Lex Licinia, lex Sempronia: B.G. Niebuhr and the limitation of landholding in the Roman Republic,* en *People, Land and Politics*, L. de LIGT/ S. J. NORTHWOOD (Eds.), Leiden- Boston, 2008.

RICHARDSON, J. S.

— *The Ownership of Roman Land: Tiberius Gracchus and the Italians*, en *JRS*, 70, 1980.

— *Hispaniae. Spain and the development of Roman imperialism, 218-82BC*, Cambridge, 1986.

RIVES, J. B.

— *Magic, Religion and Law: The Case of the lex Cornelia de sicariis et veneficiis*, en *Religion and Law in Classical and Christian Rome*, Munich, 2006.

RIZZELLI, G.

— *Lex Iulia. Studi sulla disciplina di adulterium, lenocinium, stuprum*, Lecce, 1997.

— *In has servandae integritatis custodias nulla libido inrumpet (Sen. Contr.2. 7. 3). Donne, passioni, violenza*, en *Violenza sessuale e società antiche.*

Profili storico-giuridici, 2ª ed., F. LUCREZI/ F. BOTTA/G. RIZZELLI, Lecce, 2011.

— *La violenza sessuale su donne nell'esperienza di Roma antica. Note per una storia degli stereotipi*, en *El Cisne II. Violencia, proceso y discurso sobre género*, Lecce, 2012.

— *Note sul veneficium*, en *Mulier. Algunas historias e Instituciones de Derecho Romano*, R. RODRÍGUEZ LÓPEZ /M.J. BRAVO BOSCH (Eds.), Madrid, 2013.

ROBERT, J-N.

— *Eros romano: Sexo y moral en la Roma antigua,* Madrid, 1999.

RODRÍGUEZ LÓPEZ, R.

— *La mujer en el mundo laboral de la Roma antigua*, en *Mulier. Algunas historias e Instituciones de Derecho Romano*, R. RODRÍGUEZ LÓPEZ /M.J. BRAVO BOSCH (Eds.), Madrid, 2013.

— *La auctoritas de la gens Julia*, en *Mujeres en tiempos de Augusto, Realidad social e imposición legal*, R. RODRÍGUEZ LÓPEZ/M. J. BRAVO BOSCH (Eds.), Valencia, 2016.

RODRÍGUEZ ORTIZ, V.

— *Historia de la violación. Su regulación jurídica hasta fines de la Edad Media*, Madrid, 1997.

ROLDÁN HERVÁS, J. M.

— *Contraste político, finanzas públicas y medidas sociales: la lex frumentaria de Cayo Sempronio Graco*, en *Memorias de historia antigua*, 4, 1980.

— *Historia de Roma. I. La República Romana*, 6ª ed. Madrid, 2007.

ROSIVACH, V. J.

— *The Lex Fannia Sumptuaria of 161 BC.*, en *The Classical Journal*, 102, 1, 2006.

ROTONDI, G.

— *Leges publicae populi Romani*, Hildesheim, 1990.

ROWLAND, R. J.

— *C. Gracchus and the Equites*, en *Transactions and Proceedings of the American Philological Association*, 96, 1965.

RUEBEL, J. S.

— *Cato and Scipio Africanus*, en *The Classical World*, 71, 3, 1977.

RUGGIERO, A.

— *Nuovi riflessioni in tema di tribunale domestico*, en *Sodalitas, Scritti in onore di Antonio Guarino*, 4, Nápoles, 1984.

RUSSO RUGGERI, C.

— *Qualche osservazione in tema di ius occidendi ex lege Iulia de adulteriis coercendis, en BIDR*, 92-93, 1989-1990.

— *Ancora in tema di iudicium domesticum*, en *Iuris Antiqui Historia. An International Journal on Ancient Law*, 2, 2010.

SACHERS, E.

— *s.v. Potestas patria, en RE PW* 43, Munich, 1953.

SALAZAR REVUELTA, M.

— *Estatus jurídico y social de la materfamilias en el marco de la ciudadanía romana*, en *Mulier. Algunas historias e instituciones de Derecho Romano*, R. RODRÍGUEZ LÓPEZ/M.J. BRAVO BOSCH (Eds.), Madrid, 2013.

SALINAS DE FRÍAS, M.

— *El impacto económico de la conquista romana*, en *Stvd. hist., Hª antig.* 17,1999.

SALISBURY, J. E.

— *Encyclopedia of Women in the Ancient World*, Santa *Bárbara-Oxford, 2001.*

SAMTER, R.

— *War Gaius das männliche pseudonym einer Frau?*, en *Deutsche Juristenzeitung*, 13, 1908.

SANNA, M. V.

— *Matrimonium iniustum, accusatio iure viri et patris e ius occidendi*, en *AUPA*, 54, 2010-2011.

— *Matrimonio e altre situazioni matrimoniali nel diritto romano classico. Matrimonium iustum-matrimonium iniustum*, Nápoles, 2012.

— *Donne Honoratae, en Mujeres en tiempos de Augusto, Realidad social e imposición legal,* R. RODRÍGUEZ LÓPEZ/M. J. BRAVO BOSCH (Eds.), Valencia, 2016.

SANTACRUZ TEIJEIRO, J./D'ORS, A.

— *A propósito de los edictos especiales de iniuriis*, en *AHDE* 49, Madrid, 1979.

SANZ MARTÍN, L.

— *Fundamentos doctrinales en torno a la tutela mulierum. Naturaleza y esencia de la tutela mulierum*, en *Revista General de Derecho Romano*, 12, 2009.

— *Estudio y comentario de las diferentes clases de tutela mulierum a tenor de lo referido en las fuentes jurídicas romanas. Funciones y responsabilidad del tutor mulierum*, en *Revista General de Derecho Romano* 15, 2010.

— *La maternidad y el sacerdocio femenino: excepciones a la tutela perpetua de la mujer en Roma*, en *Anuario Jurídico y Económico Escurialense* 44, 2011.

SAUERWEIN, I.

— *Die leges sumptuariae als römische Maßnahme gegen den Sittenverfall*, Hamburgo, 1970.

SAVIO, E.

— *Intorno alle leggi suntuarie romane*, en *Aevum*, 14, 1, 1940.

SCARDIGLI, B.

— *Vestali integrate nella società romana*, en *Stud, hist., Ha. antig.* 21, 2003.

SCHEID, J.

— *Claudia, la vestale*, en *Roma al femminile*, Roma- Bari,1994.

SCHERILLO, G./DELL'ORO, A.

— *Manuale di Storia del Diritto romano*, Milán, 1958.

SCHILLER, A.

— *De consuetudine in iure Romano*, en *BIDR* 45, 1938.

SCHULZ, F.

— *Principios de Derecho Romano,* Madrid, 1990.

SCULLARD, H. H.

— *Scipio Aemilianus and Roman Politics*, en *JRS* 50, 1-2, 1960.

— *Scipio Africanus: Soldier and Politician*, Nueva York, 1970.

— *Roman Politics, 220-150 B.C.*, Oxford, 1973.

SENN, F.

— *La leçon de la Rome Antique sur le fondement de la forcé obligatoire de la notion de bonnes moeurs*, en *Recueil d'études sur les sources du Droit en l'honneur de F. Gény, T. I, Aspects historiques et philosophiques*, Sirey, 1935.

SERRAO, F.

— *Classi, partiti e legge nella repubblica romana*, Pisa, 1974.

SHERWIN-WHITE, A. N.

— *The Lex Repetundarum and the Political Ideas of Gaius Gracchus*, en *JRS* 72, 1982.

SHOCHAT, Y.

— *The lex agraria of 133 BC and the Italian allies*, en *Athenaeum* 48, 1970.

SIRKS, A. J. B.

— *Sacra, Succession and the Lex Voconia,* en *Latomus,* 53, 1994.

SOERGEL, J.

— *Cornelia Gracchorum matris epistolarum fragmenta genuina esse non posse*, en *Blätter für d. Bayer. Gymnas.* 3, 1867.

SOLAZZI, S.

— *Glosse a Gaio*, en *Studi Riccobono* 1, Palermo 1936.

SPAGNUOLO VIGORITA, T.

— *La data della lex Iulia de adulteriis*, en *Iuris Vincula, Studi Talamanca*, 8, Nápoles, 2001.

STANOJEVIC, O.
— *Gaius and Pomponius. Notes on David Pugsley*, en *RIDA* 44, 1997.

STEINWENTER, A.
— *s. v. Lex Voconia,* in *REPW*, XII. 2, Stuttgart, 1925.

STELLA MARANCA, F.
— *Il tribunato della plebe*, ed. an. Nápoles, 1982.

STEVENSON, T.
— *Women of Early Rome as Exempla in Livy, AB Urbe Condita, Book 1,* en *Classical World* 104, 2, 2011.

STOCKTON, D.
— *The Gracchi*, Oxford, 1979.

TAEGER, F.
— *Tiberius Gracchus*, Stuttgart, 1928.

TELLEGEN, O.
— *Tutela mulierum*, en *Mulier. Algunas historias e Instituciones de Derecho Romano*, R. RODRÍGUEZ LÓPEZ /M.J. BRAVO BOSCH (Eds.), Madrid, 2013.

TENGSTRÖM, E.
— *Donatisten u. Katholiken: soziale, wirtschaftliche u. politische Aspekte einer nordafrikanischen Kirchenspaltung*, Gotemburgo, 1964.

THE ENCYCLOPAEDIA BRITANNICA
— *A Dictionary of Arts, Science, Literature and general information*, 11 ed., Vol. 17, Nueva York, 1911.

THE OXFORD CLASSICAL DICTIONARY,
— N. G. L. HAMMOND/H. H. SCULLARD (Eds.), Oxford, 2ª ed., 1971.

THOMAS, J. A. C.
— *Custom and Roman Law*, en *Tijdschrift voor Rechtsgeschiedenis*, 31, 1963.

TORRENT, A.
— *El Senadoconsulto Messaliano y el crimen falsi*, en *Anuario de Historia del Derecho Español*, 50, 1980.
— *Derecho penal matrimonial romano y poena capitis en la represión del adulterium,* en *RIDROM,* 2016.

TREGGIARI, S.
— *Roman Marriage*, Oxford, 1991.
— *Roman Marriage. Iusti coniuges from the Time of Cicero to the Time of Ulpian*, Oxford, reimp. 2002.

TROUT, D.
— *Re-textualizing Lucretia: Cultural subversión in the city of God*, en *Journal of Early Christian Estudies* 2.1, 1994.

URBANIK, J.

— *Dioskoros and the Law (on succession): Lex Falcidia revisited*, en *Les archives de Dioscore d'Aphrodité cent ans après leur découverte. Histoire et culture dans l'Égypte byzantine*, J. L. FOURNET (ed.), París, 2008.

URSO, G.

— *I romani e la deportazione delle classi dirigente nemiche*, en *Aevum*, 72, 1, 1998.

USENER, H.

— *Beiläufige Bemerkungen*, en *RhM* 55, 1900.

VAN DER MEER, J. A. J. M.

— *Made for men. The lex Voconia: mulier heres institui non potest,* Eijsden, 1996.

VAN HOOFF, A. J. L.

— *Voluntary Death in Latin*, en *Ad Litteras. Latin Studies in Honour of J.H. Browers*, Nijmegen, 2000.

— *From Authotanasia to Suicide: Self-killing in ClassicalAntiquity,* Nueva York, 2002.

VELÁSQUEZ, O.

— *El 'de civitate dei' de San Agustín en la perspectiva romana de la gloria*, en *Onomazein* 2, 1997.

VENTURINI, C.

— *Leges Sumptuariae*, en *Studi di diritto delle persone e di vita sociale in Roma antica*. Nápoles, 2014.

— *Matrimonio, Divorcio, Repudio,* en *Studi di diritto delle persone e di vita sociale in Roma antica*, Nápoles, 2014.

VIGNERON, R.

— *L'antifeministe loi Voconia et les Schleichwege des Lebens*, en *Labeo* 29, 1983.

VIGNERON, R./GERKENS, J-F.

— The *emancipation of Women in Ancient Rome*, en *RIDA* 47, 2000.

VIÑAS, A.

— *Función del tribunado de la plebe: ¿Reforma política o revolución social?,* Madrid, 1983.

VOCI, P.

— *L'esame di coscienza di uno storico e i problema del più antico sviluppo costituzionale romano*, en *RISG* 2, 1948.

— *Storia della patria potestas da Augusto a Diocleziano*, en *Iura* 31, 1980.

VOGT, H.

— *Studien zum Senatus Consultum Velleianum*, Bonn, 1952.

VOLTERRA, E.

— *D. 48, 16, 1 e il Se. Turpilliano nel diritto giustinianeo* en *Studi econ. giu. di Cagliari* 17, 1929.

— *In tema di accusatio adulterii*, en *Studi Bonfante*, 2, Milán, 1930.

— *Sui mores della 'familia' romana, en Rendiconti Accademia Nazionale dei Lincei, ser.*, 8ª, IV, 1949.

— *s. v. Famiglia"*, en *ED* 16, 1967.

— *s.v. Senatus Consulta*, en *NNDI* 16, Turín, 1969.

— *Il preteso tribunale domestico in diritto romano*, *Scritti giuridici* II. *Familia e Successioni*, Nápoles, 1991.

VON ALBRECHT, M.

— *Historia de la literatura romana*, I, trad. esp., Barcelona, 1997.

VON PÖHLMANN, R.

— *Geschichte der Sozialen Frage und des Sozialismus in der antiken Welt,* 3ª ed., Munich, 1925.

VON SAVIGNY, FR. C.

— *Über die Lex Voconia*, en *Vermischte Schriften*, I, Berlin, 1850.

C. VON VANGEROW,

— *Über die Lex Voconia,* Heidelberg, 1863.

— VV. AA., *Gaio nel suo tempo. Atti del simposio romanistico*, A. GUARINO, L. BOVE (Eds.), Nápoles,1966.

WACKE, A.

— *Il suicidio nella storia del diritto*, en *Studi in onore di Cesare Sanfilippo*, III, Milán, 1983.

WALBANK, W.

— *A Historical Commentary on Polybius* 2, Oxford, 1967.

WALLINGA, H. T.

— *Official Roman Washing and Finishing Directions Lex Metilia Fullonibus Dicta*, en *Tijdschrift voor Rechtsgeschiedenis / Revue d'Histoire du Droit / The Legal History Review,* 64, 2, 1996.

WATSON, A.

— *The Development of the Praetor's Edict*, en *JRS* 60, 1970.

— *Rome of the XII Tables: Persons and Property,* Nueva Jersey, 1975.

WEISHAUPT, A.

— *Die lex Voconia*, Colonia- Weimar-Viena, 1999.

WESEL, U.

— *Über den Zusammenhang der lex Furia, Voconia und Falcidia*, en *ZSS*, 81, 1964.

WESENER, G.

— *s.v. Iudicium domesticum*, en *RE PW* 9, Stuttgart, 1962.

WESTBROOK, R.

— "*Vita necisque potestas*", en *Historia: Zeitschrift für Alte Geschichte* 48, 2, 1999.

WIEACKER, F.

— *Zur Geschichte des Gaiustextes*, en *Studi in onore di V. Arangio-Ruiz IV*, Nápoles, 1953.

WILLIAMS, G.

— *Some Aspects of Roman Marriage Ceremonies and Ideals in Journal of Roman Studies*, 48, 1958.

WILSON, K. M./MAKOWSKI, E. M.

— *Wykked Wives and the Woes of Marriage*, Nueva York, 1990.

WISEMAN, T. P.

— *Roman Republic, year one*, en *Greece&Rome* 45, 1, 1998.

— *The tragedy of Gaius Gracchus*, en *Roman Drama and Roman History*, 1998.

WOLBERT BURGESS, A./ LYTE HOLMSTROM, L.

— *Rape Trauma Syndrome*, en *Am. J. Psychiatry*, 131, 9, 1974.

WOLODKIEWICZ, W.

— *Attorno al significato della nozione di materfamilias*, en *Studi in onore di C. Sanfilippo* III, Milán 1983.

WORTHINGTON, I.

— *The Death of Scipio Aemilianus*, en *Hermes* 117, 2, 1989.

YARON, R.

— "*Vita Necisque Potestas*", en *Tijdschrift voor Rechtsgeschiedenis* 30, 1962.

ZABLOCKA, M.

— *Il "ius trium liberorum" nel diritto romano*, en *BIDR*, 30, 1988.

ZANNINI, P.

— *Studi sulla tutela mulierum*, II, *Profili strutturali e vicende storiche dell'istituto*, Milán, 1979.

ZANON, G.

— *La capacità patrimoniale della donna. Tra realtà e apparenza giuridica*, Padua, 2013.

ZIMMERMANN, R.

— *The Law of Obligations. Roman foundations of the Civilian Tradition*, Oxford-Nueva York, 1990.

ZUMPT, A. W.

— *Das Criminalrecht des römische Republik* I Berlín, 1865.

ÍNDICE DE FUENTES

I. FUENTES JURÍDICAS

A) PREJUSTINIANEAS

B) JUSTINIANEAS

Iustiniani Institutiones

Digesta Iustiniani

C) Otros libros jurídicos

Pauli Sententiae

Tit. ex. corp. Ulp.

II. FUENTES LITERARIAS

AULO GELIO

Noctes Atticae

MONOGRAFÍAS DE DERECHO ROMANO Y CULTURA CLÁSICA

Director: Antonio Fernández de Buján

Catedrático de Derecho Romano de la Universidad Autónoma de Madrid

Académico de Número de la Real Academia de Jurisprudencia y Legislación

Derecho Administrativo y Fiscal Romano

- La *superficies* en derecho romano (2017). *Ana Zaera García*
- Estudios de derecho fiscal romano (2016). *Alfonso Agudo Ruiz. Prólogo de Antonio Fernández de Buján*
- El derecho minero romano ante la Ilustración hispanoamericana (2016). *Francisco José Tejada Hernández. Prólogo de Luis Rodríguez Ennes.*
- Hacia un derecho administrativo, medioambiental y fiscal romano III (2016). *VV.AA. [Antonio Fernández de Buján y Andrea Triciuoglio (Directores). Gabriel Gerez Kraemer (Editor)]*
- La administración penitenciaria en el Derecho Romano: Gestión, tratamiento de los reclusos y mejora de la custodia carcelaria (2015). *José Luis Zamora Manzano*
- Los municipios de Italia y de España. Ley general y Ley modelo (2014). *Maria das Graças Pinto de Britto*
- Hacia un Derecho Administrativo y Fiscal Romano II (2013). *Fernández de Buján, Antonio (director) y Gerez Kraemer, Gabriel (editor)*
- Ordenamiento financiero de la antigua Grecia y el período helenístico (2013). *Sáinz de Bujanda, Fernando. Prólogo de Javier Sáinz Moreno e Introducción de Antonio Fernández de Buján*
- La Hacienda Pública en el Bajo Imperio Romano. Años 284 a 476 d. C. (2012). *Aparicio Pérez, Antonio*
- Urbanismo y Derecho en el Imperio de Justiniano. 527-565 d.C. (2012). *Rodríguez López, Rosalía*
- La regulación jurídico-administrativa del juego en el derecho romano y su proyección en el derecho moderno (2011). *Zamora Manzano, José Luis*
- Hacia un Derecho Administrativo y Fiscal Romano (2011). *Fernández de Buján, Antonio / Gerez Kraemer, Gabriel / Malavé Osuna, Belén (co-editores). Prólogo de Antonio Fernández de Buján.*
- Algunos aspectos sobre el régimen fiscal aduanero en el Derecho romano. Reglamentación jurídica del portorium, control de mercancías y comiso por fraude fiscal (2009). *Zamora Manzano, José Luis*
- El derecho de aguas en Roma (2008). *Gerez Kraemer, Gabriel M. Prólogo de Antonio Fernández de Buján*

- Régimen jurídico del domicilio en Derecho Romano (2008). *López Huguet, Mª. Luisa. Prólogo de Antonio Fernández de Buján*
- Régimen jurídico de las fundaciones en Derecho Romano (2007). *Blanch Nougués, José María*
- Abogacía y ciudadanía: biografía de la abogacía ibérica (2007). *Barcia Lago, Modesto*
- El estatuto jurídico del empleado público en Derecho Romano (2007). *Varela Gil, Carlos. Prólogo de Antonio Fernández de Buján*
- Régimen jurídico financiero de las obras públicas en el derecho romano tardío : los modelos privado y público de financiación (2007). *Malavé Osuna, Belén. Prólogo de Antonio Fernández de Buján*
- Régimen jurídico de las vías públicas en Derecho Romano (2007). *Ponte, Vanesa. Prólogo de Antonio Fernández de Buján*
- Tabulae Publicae. Archivos municipales y documentación financiera en las ciudades de la Bética (2005). *Rodríguez Neila, Juan Francisco*
- Gallaecia: Romanización y ordenación del territorio (2004). *Rodríguez Ennes, Luis. Prólogo de Antonio Fernández de Buján*
- La actividad económica en el derecho romano. Análisis contable (2003). *Giménez Barriocanal, Fernando. Prólogo de Antonio Fernández de Buján*
- La protección o defensa del uso colectivo de las cosas de dominio público. Especial referencia a los interdictos de publicis locis (loca, itinere, viae, flumina, ripae) (2002 / Reimpresión 2010). *Alburquerque, Juan Miguel. Prólogo de Antonio Fernández de Buján*
- Régimen jurídico de la prestación de servicios públicos en derecho romano (2002). *Pendón Meléndez, Esther. Prólogo de Antonio Fernández de Buján*
- Régimen jurídico de las concesiones administrativas en el derecho romano (1996). *Castán Pérez-Gómez, Santiago. Prólogo de Antonio Fernández de Buján*

Derecho Público y Privado Romano

- Mujeres y símbolos en la Roma republicana. Análisis jurídico-histórico de Lucrecia y Cornelia (2017). *María José Bravo Bosch*
- La forma estipulatoria. Una aproximación al estudio del lenguaje directo en el Digesto (2017). *Nuria Coch Roura*
- La deuda histórica del arbitraje moderno (2017). *Antonio Fernández de Buján*
- La empresa pública en forma privada. Antecedentes romanos y un apunte histórico en la legislación de régimen local preconstitucional en España (2017). *M ª Eugenia Ortuño Pérez.*
- Limitaciones a la libertad domiciliaria en derecho romano (2016). *M ª Luisa López Huguet. Prólogo de Antonio Fernández de Buján*
- *Exceptio utilis* en el procedimiento formulario del derecho romano (2016). *Carmen Gómez Buendía*

- Contribuciones al derecho romano de sucesiones y donaciones (2016). *M ª Eugenia Ortuño Pérez. Prólogo de Antonio Fernández de Buján*
- Usufructo de la pecunia. Aplicación a los fondos de inversión desde la Ley de Jurisdicción Voluntaria (2015). *Sonia M.A. Mollá Nebot*
- La restricción del lujo en la Roma republicana. El lujo indumentario (2015). *F. Javier Casinos Mora*
- La legislación religiosa en la compilación justinianea (2014). *Juan Antonio Bueno Delgado. Prólogo de Antonio Fernández de Buján*
- La cautio usufructuaria en derecho romano. Análisis jurisprudencial (2014). *Ana Mohino Manrique*
- La consensualidad contractual en derecho romano y el Código civil (2014). *Federico Fernández de Buján*
- Derecho de empresas en la Roma clásica (2014). *Guillermo Suárez Blázquez*
- La posición jurídica de la mujer en Roma (2014). *Gabriel Buigues Oliver*
- Ius hominum causa constitutum - Un derecho a medida del hombre (2014). *Sebastiano Tafaro // José Miguel Piquer Marí (traductor)*
- Mulier. Algunas historias e Instituciones de Derecho Romano (2013). *Rosalía Rodríguez López y Mª José Bravo Bosch (Editoras)*
- Digesto. Una auténtica obra legislativa (2013). Ana Martín Minguijón
- La *auctoritas* romana (2013). *Ana Isabel Clemente Fernández*
- El Padre Feijoo y el derecho de su tiempo: Una visión premonitoria de problemas candentes en la actualidad (2013). *Rodríguez Ennes, Luis*
- Las interrogationes in iure (2013). *Pendón Meléndez, Esther*
- Conspectus Constitutionum Diocletiani (2013). *Díaz Bautista, Antonio (coord.)*
- Las costas en el proceso civil romano (2013). *Agudo Ruiz, Alfonso*
- De la consignación en Derecho Romano a su proyección en el Derecho Civil (2013). *Martínez de Morentin Llamas, Mª Lourdes. Prólogo de Antonio Fernández de Buján*
- La vertiente iuspublicista de la institución adoptiva en derecho romano y su proyección en el derecho español (2013). *Ruiz Pino, Salvador. Prólogo de Juan Miguel Alburquerque*
- El valor del silencio en las fuentes literarias antiguas (2012). *Martínez Vela, José Antonio. Prólogo de Antonio Fernández de Buján*
- Las fuentes del derecho romano (2012). *Metro, Antonino. Traducción y comentario crítico realizado por María José Bravo*
- Concordia dicendi et exaudiendi. Claves del derecho romano para la interpretación jurídica moderna (2011). *Sainz-Ezquerra Foces, José María*
- La legítima defensa en el Derecho romano con referencia a la dogmática moderna (2011). *Domínguez López, Esther*
- Régimen jurídico de la tácita reconducción en derecho romano y su proyección en derecho actual (2011). *Martínez Vela, José Antonio*

- El binomio procesal. Derecho de acción. Derecho de defensa. Desde la concepción clásica romana hasta la actualidad (2011). *Calaza López, Sonia*
- La concurrencia de responsabilidad civil contractual y extracontractual en el contrato de arrendamiento. Del Derecho Romano al Derecho Civil histórico valenciano (2011). *Lázaro Guillamón, Carmen*
- La pluralidad hipotecaria. Excepciones al principio de prioridad temporal en Derecho Romano y en Derecho Civil españo (2010). *Bernard Segarra, Lucía*
- Las pruebas no racionales en Roma. Ab urbe condita hasta finales de la República (2010). *Piquer Marí, José Miguel*
- Estudios sobre Diocleciano (2010). *Díaz Bautista, Antonio (coord.)*
- Iudex Unus. Responsabilidad judicial e Iniuria Iudicis (2010). *Mollá Nebot, Sonia M.A.*
- La prestación de alimentos en derecho romano y su proyección en el derecho actual (2010). *Alburquerque, Juan Miguel. Prólogo de Antonio Fernández de Buján*
- Pacto de Melhor comprador: configuração no direito romano (in diem addictio) e projeções no direito actual (2010). *Bissoto Queiroz de Moraes, Bernardo. Dirección del Prof. Dr. D. Antonio Fernández de Buján*
- Origen de los poderes del paterfamilias. El pater familias y la patria potestas (2009). *Amunátegui Perelló, Carlos Felipe. Prólogo de Juan Miquél González*
- Magistrados, Jueces y Árbitros en Roma. Competencia civil y evolución (2009). *Robles, Juan Ramón*
- Sistema contractual romano 3ª edición (2008). *Fernández de Buján, Federico. Incluye CD-Rom*
- El largo camino de los hispani hacia la ciudadanía (2008). *Bravo Bosch, María José. Prólogo de Antonio Fernández de Buján*
- El huerto en la Roma antigua: : su problemática urbanística y agraria (2008). *Rodríguez López, Rosalía*
- Procedimiento concursal. La posición jurídica del bonorum emptor (2008). *Soza, Ma. Ángeles. Prólogo de Francisco Cuena*
- La eficacia real en las transacciones del comercio de esclavos (2008). *Mohino Manrique, Ana*
- La injuria verbal colectiva (2007). *Bravo Bosch, María José. Prólogo de Luis Rodríguez-Ennes*
- La responsabilidad objetiva en el transporte marítimo y terrestre en Roma: estudio sobre el receptum nautarum, cauponum et stabulariorum: entre la utilitas contrahentium y el desarrollo comercial (2007). *Salazar Revuelta, María. Prólogo de Antonio Fernández de Buján*
- Régimen jurídico de las presunciones (2007). *Martínez de Moretin Llamas, Mª Lourdes*
- De iure uerrino: el derecho, el aderezo culinario y el augurio de los nombres (2007). *García-Hernández, Benjamín*

- Instituciones políticas y sociales de Roma: Monarquía y República (2007). *Viñas, Antonio*
- El sistema jurídico ático clásico (2007). *Palao Herrero, Juan. Prólogo de Antonio Fernández de Buján*
- Terminología, definiciones y ritos de las nupcias romanas. La trascendencia de su simbología en el matrimonio moderno (2007). *Ortega Carrillo de Albornoz, Antonio*
- De hereditatis petitione. Estudios sobre el significado y contenido de la herencia y su reclamación en derech romano (2006). *Casinos Mora, F. Javier*
- Pactos en el contrato de compraventa en interés del vendedor (2006). *Mohino Manrique, Ana. Prólogo de Federico Fernández de Buján*
- De inutilibus stipulationibus (2006). *Casas León, Mª Etelvina de las. Prólogo de María Victoria Rodríguez Sansón*
- La vacante en los legados. A propósito de la Ley Única de Caducis Tollendi (C. 6,51) (2006). *Ortín García, Carmen*
- La argumentación retórica en Juvencio Celso (2005). *Parra Martín, Mª. Dolores*
- La injuria indirecta en Derecho romano (2005). *Guerrero Lebrón, Macarena*
- Régimen jurídico del tesoro en derecho romano (2005). *Agudo Ruiz, Alfonso. Prólogo de Antonio Fernández de Buján*
- De la filosofía personalista al ius personalismo (2005). *Viñas, Antonio*
- Pignus gordianum (2004). *Bueno Delgado, Juan Antonio*
- Teoría del derecho y experiencia jurídica romana (2002). *Viñas, Antonio*
- El proceso contra Jesús (2002). *AA.VV. Coordinadores: Amarelli y Lucrezi. Trad.: Antonio Fernández de Buján. Introducción: Federico Fernández de Buján. Prólogo: Francisco Paolo Casavola*
- Sine vitio nancisci possessionem. La adquisición de la posesión de los legados en el Derecho Romano Clásico (2003). *Salomón, Lourdes*
- La revocación de la donatio mortis causa en el derecho romano clásico (2003). *Tort-Martorell Llabrés, Carmen*
- Del trabajo como hecho social al contrato de trabajo como realidad normativa: Un apunte histórico-romanístico (1997). *Aleman Paez, Francisco/ Castán Pérez-Gómez, Santiago. Prólogo de Antonio Fernández de Buján*
- El edicto de los magistrados en el lenguaje de la jurisprudencia romana. Un estudio de Derecho Romano (1998). *Blanch Nougues, Juan Manuel*
- La intransmisibilidad de las acciones penales en derecho romano (1997). *Blanch Nougues, José Mª. Prólogo de Antonio Fernández de Buján*

Metodología docente. Causismo jurisprudencial. Fuentes de conocimiento

- Locuciones latinas y razonamiento jurídico. Una revisión a la luz del derecho romano y del derecho actual (2017). *Juan Manuel Blanch Nougués*

- Repensar la universidad. Reflexión histórica de un problema actual (2015). *Juan Alfredo Obarrio Moreno y José Miguel Piquer Marí*
- Gayo y el aprendizaje del Derecho Romano. Materiales didácticos para la adquisición de razonamiento jurídico. I. Personas y cosas (2012). *Rodríguez López, Rosalía / López-Muñoz, Manuel (eds.). Prólogo de Antonio Fernández de Buján*
- Innovación metodológica y Espacio Europeo de Educación Superior. Experiencias docentes en el ámbito del derecho (2011). *Pérez Álvarez, María del Pilar*

Sección Ius Commune

- La formación del derecho foral valenciano. Contribución al estudio de las tradiciones jurídicas hispánicas en el marco del ius commune (2012). *Masferrer, Aniceto / Obarrio Moreno, Juan Alfredo*
- Interdictum uti possidetis in regno valentiae (2011). *Obarrio Moreno, Juan Alfredo*
- Estudios de tradición romanística. Tutela et curatela (2011). *Obarrio Moreno, Juan Alfredo*
- El proceso por contumacia. Origen, pervivencia y recepción (2009). *Obarrio Moreno, Juan Alfredo*
- La preterición en el ámbito del ius commune: los comentarios de Tomás Cerdán de Tallada al fuero Declaran. Estudio, traducción y transcripción (2009). *Obarrio Moreno, Juan Alfredo*
- Testamentorum sollemnia iuris romani medii aevi memoria (2009). *Obarrio Moreno, Juan Alfredo*

Sección Cultura Clásica

- 'Iura et Humanitas. Diálogos entre el Derecho y la Literatura (2017). *Obarrio Moreno, Juan Alfredo*
- 'Nomos ágraphos - Nomos éngraphos' Estudios de Derecho griego y romano (2015). *Alvarado Planas, Javier / Hernández de la Fuente, David / López Melero, Raquel / Rodríguez González, Ana María*

Made in the USA
Las Vegas, NV
06 April 2026

44937564R00193